EUROPA-FACHBUCHREIHE
für Berufe in der Sozialpädagogik

Sozialpädagogik in Lernfeldern

Grundwissen

Lehrbuch für Schülerinnen und Schüler der Berufsfachschule Sozialassistentin/ Sozialassistent Schwerpunkt Sozialpädagogik sowie Schülerinnen und Schüler der Berufsfachschule Sozialpädagogik

Band 1

4. aktualisierte und neu bearbeitete Auflage

VERLAG EUROPA-LEHRMITTEL · Nourney, Vollmer GmbH & Co. KG

Düsselberger Straße 23 · 42781 Haan-Gruiten

Europa-Nr.: 61408

Autorin:
Alma Morgenstern (bis zur 3. Auflage)
Ulrike Marwedel (ab der 4. Auflage)

Verlagslektorat:
Claudia Nühs M. A.

Illustrationen:
Daniela Bühnen, 20144 Hamburg

Besonderer Dank gilt der Karl-Schubert-Schule Stuttgart, dem Sturclub und der Kindersportschule des TUS Stuttgart.

Das vorliegende Buch wurde auf Grundlage der aktuellen amtlichen Rechtschreibregeln erstellt.

4. Auflage 2011
Druck 5 4 3 2 1

ISBN: 978-3-8085-6153-9

Umschlag: Foto: Robert Thiele, Stuttgart; Ausführung: idüll, Ulrich Dietzel, 60329 Frankfurt/Main
Satz: Punkt für Punkt GmbH · Mediendesign, 40237 Düsseldorf
Druck: Media-Print Informationstechnologie, 33100 Paderborn

Vorwort zur vierten Auflage

Sozialpädagogik in Lernfeldern wurde für Schülerinnen und Schüler der zweijährigen Berufsfachschule Sozialassistenz entwickelt und richtet sich nach den Lehrplänen der Bundesländer für die Ausbildung zum/zur staatlich geprüften Sozialassistent/in und nach der Rahmenvereinbarung der Kultusministerkonferenz zur Ausbildung und Prüfung von Erziehern/Erzieherinnen. Die Berufsbezeichnung Sozialassistentin/Sozialassistent gilt stellvertretend auch für die Absolventinnen und Absolventen anderer Schulformen, deren Abschluss die Weiterqualifizierung zum/zur Erzieher/in oder Heilerziehungspfleger/in ermöglichen. Das Gesamtkonzept besteht aus zwei Bänden, in denen insgesamt acht Lernfelder behandelt werden (Band 1: Lernfeld 1 bis 4, Band 2: Lernfeld 5 bis 8). Die Lernfelder sind gleichbedeutend mit beruflichen Handlungsfeldern, die den komplexen Erziehungs-, Bildungs- und Betreuungsauftrag der Sozialassistentin abbilden. Aus diesem Grund ist das Buch curricular aufgebaut, d. h. dass ähnliche oder gleiche Themen wiederholt behandelt werden, aber jeweils unter einem anderen Gesichtspunkt betrachtet werden.

Ein wichtiges Anliegen besteht darin, die Komplexität und Mehrdimensionalität sozialpädagogischen Handelns aufzuzeigen. Die Qualität des beruflichen Handelns sozialpädagogischer Fachkräfte wird nicht nur durch Fachwissen, geplantes und zielgerichtetes Arbeiten und die Anwendung geeigneter Methoden und Medien bestimmt, sondern in besonderem Maße durch die Fähigkeit zur Beziehungsgestaltung. Diese unterschiedlichen Aspekte der beruflichen Handlungskompetenz sind nicht voneinander zu trennen, sondern kommen in den einzelnen Situationen des beruflichen Handelns gemeinsam zum Tragen.

Die 4. Auflage des ersten Bandes wurde vollständig überarbeitet und an den aktuellen Stand der Fachwissenschaft angepasst. Zudem wurden unterschiedliche Ausbildungsvoraussetzungen und -inhalte in den verschiedenen Bundesländern stärker einbezogen. Deswegen wurden u. a. die heilpädagogischen Inhalte neu bearbeitet und erweitert. Das Buch vermittelt somit die Grundlagen sowohl für den sozialpädagogischen als auch für den heilerziehungspflegerischen Schwerpunkt der späteren beruflichen Ziele und Tätigkeiten. Theoretische Ansätze (z. B. anthropologische Perspektiven oder Piagets Forschungsarbeiten zur kognitiven Entwicklung) wurden übersichtlicher dargestellt. Bei häufig diskutierten pädagogischen Fragestellungen möchte das Buch den Schülerinnen und Schülern helfen, sachlich und fundiert argumentieren zu können. Bei der Erweiterung der heilpädagogischen Themen war es ein besonderes Anliegen, eine wertschätzende Grundhaltung im Umgang mit Menschen mit Behinderungen zu vermitteln. Diese Haltung drückt sich auch in einer Wortwahl aus, mit der der Mensch mit seinen Ressourcen und Möglichkeiten in den Vordergrund gestellt wird. Das Ziel ist hier, darauf hinzuarbeiten, dass Entfaltung, Teilhabe und Präsenz im sozialen Umfeld für alle Menschen unabhängig von ihrem Unterstützungsbedarf selbstverständlich werden.

Sommer 2011   Autorin und Verlag

Inhaltsverzeichnis Band 1

Lernfeld 1:

Lern- und Arbeitstechniken für das sozialpädagogische Handeln erwerben und berufliche Identität entwickeln

Lernfeld 2:

Beziehungen zu Kindern und Jugendlichen aufbauen und pädagogische Prozesse begleiten

Lernfeld 3:

Grundlegende Bedürfnisse von Kindern und Jugendlichen im sozialpädagogischen Handeln berücksichtigen

Lernfeld 4:

Verhalten von Kindern und Jugendlichen in das sozialpädagogische Handeln einbeziehen

Lernen in Lernsituationen

Beim Lernen in Lernsituationen werden fachliche Inhalte eigenständig erarbeitet. Komplexe Aufgabenstellungen werden auf der Grundlage der im Lehrplan festgelegten Lernfelder als Lernsituationen formuliert und in Einzel-, Partner-, oder Gruppenarbeit selbstständig gelöst. Eine Lernsituation im Rahmen des Lernfeldes 1, die gut zum Beginn der Ausbildung passt, könnte beispielsweise lauten: Wir gestalten einen Informationsabend zum Thema „In welchen Einrichtungen arbeiten Sozialassistentinnen?"

Das selbstständige Erarbeiten von Lerninhalten kann nach dem Modell der vollständigen Handlung strukturiert werden. Es besteht aus sechs Phasen. Informieren, planen, entscheiden, ausführen, kontrollieren, bewerten.

Lernen nach dem Modell der vollständigen Handlung

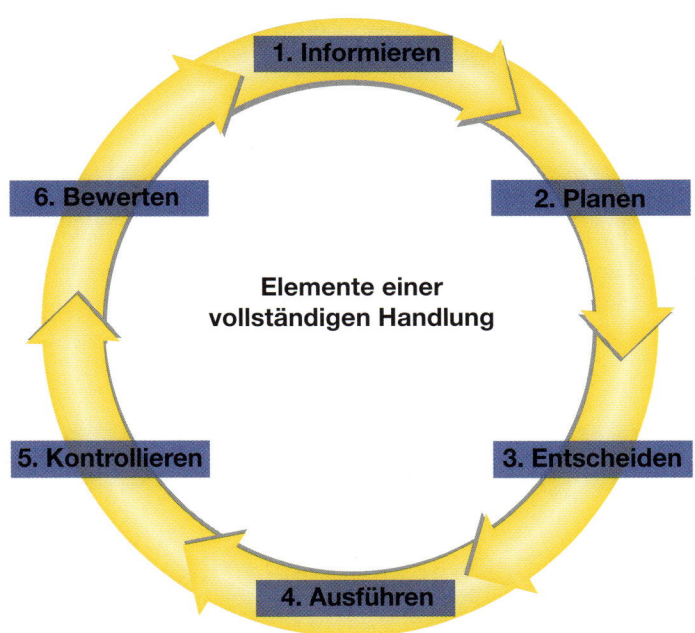

Phase	Aktivitäten der Lernenden	Vorschläge zu Methoden, Material, Medien
1. Informieren	▶ Analyse der Aufgabenstellung, ▶ Recherchen zum Thema, ▶ Klärung der Ziele, Anforderungen und zu beachtenden Vorschriften	▶ Einführung durch die Lehrkraft ▶ Einführungstext ▶ Leitfragen ▶ Fachliteratur, Internetrecherche ▶ Brainstorming ▶ Mind-Map
2. Planen	▶ Festlegen der einzelnen Arbeitsschritte und Qualitätskriterien, ▶ Verteilung von Einzelaufgaben, ▶ Klärung des Bedarfs an Zeit, Material und Mitteln für die Durchführung der Arbeit und die Präsentation der Ergebnisse, ▶ Erarbeitung von alternativen Lösungswegen	▶ Diskussion ▶ Moderationskarten, Pinnwand ▶ Flipchart ▶ Formular Arbeitsplan ▶ Protokoll

Phase	Aktivitäten der Lernenden	Vorschläge zu Methoden, Material, Medien
3. Entscheiden	▶ Zweckmäßigkeit der Alternativen bewerten und für den besten Lösungsweg entscheiden	▶ Gespräch mit der Lehrkraft ▶ Protokoll
4. Ausführen	▶ Handlung durchführen und Ergebnisse präsentieren	▶ Arbeitsmaterialien ▶ Vortrag ▶ Ausstellung ▶ Poster
5. Kontrollieren	▶ Soll-, Ist-Vergleich nach den aufgestellten Qualitätskriterien zunächst durch Selbstkontrolle, ▶ eventuell Fremdkontrolle	▶ Kontrollbogen ▶ Gespräch mit der Lehrkraft
6. Bewerten	▶ Resümee, positive und negative Erfahrungen, ▶ Folgerungen für die Zukunft	▶ Gespräch mit der Lehrkraft ▶ Moderationskarten, Pinnwand ▶ Flipchart ▶ Protokoll

Die Aktivitäten der Lehrkräfte und Praxisanleiter/innen richten sich nach der Erfahrung und dem Vorwissen der Lernenden. So sind zu Beginn der Ausbildung vorgefertigte Leitfragen, Beispiele zu Arbeitplänen und standardisierte Kontrollbögen hilfreich für die Schüler/innen. In allen Phasen sollte die Lehrkraft für eventuell auftretende Fragen zur Verfügung stehen. In der dritten und sechsten Phase ist das Gespräch mit der Lehrkraft besonders wichtig.

Zum Einstieg in den Beruf der Sozialassistentin

FALLBEISPIEL

Luisa und Kathrin treffen sich vor der Berufsbildenden Schule. Beide möchten den zweijährigen Bildungsgang Sozialassistentin/Sozialassistent besuchen.

Kathrin: „Wie bist du dazu gekommen, dich gerade zur Sozialassistentin ausbilden zu lassen?"

Luisa: „Ich habe ein Praktikum im Kindergarten gemacht, das hat mir sehr gut gefallen. Dabei habe ich gemerkt, dass ich gut mit Kindern umgehen kann. Mein ganzes Leben möchte ich nicht unbedingt in einem Kindergarten arbeiten. Später werde ich mich wohl für Jugendarbeit entscheiden. Wie ist es mit dir? Warum hast du dich für diesen Beruf entschieden?"

Kathrin: „Seit einigen Jahren arbeite ich als Babysitterin bei meiner Nachbarin. Sie hat drei kleine Kinder. Immer, wenn sie ausgehen möchte, passe ich auf die Kinder auf. Diese Arbeit macht mir viel Spaß. Ich lese den Kindern vor, spiele draußen im Garten mit ihnen und bastele mit den Dreien."

Luisa: „Dann bist du gut auf den Beruf vorbereitet."

Beide betreten das Klassenzimmer und freuen sich, dass sie einige Mitschülerinnen und sogar einen Mitschüler aus ihren früheren Schulen treffen. Mit einem großen Hallo beginnt der erste Tag an der Berufsbildenden Schule.

AUFGABE

Äußern Sie sich zu dem Gespräch zwischen Kathrin und Luisa. Können beide von sich sagen, dass sie gut auf den Beruf der Sozialassistentin vorbereitet sind?

Die Ausbildung zur staatlich anerkannten Sozialassistentin ist in den Bundesländern unterschiedlich geregelt und dauert zwei oder drei Jahre. In einigen Bundesländern ist ein Abschluss als Sozialassistentin Voraussetzung für die Ausbildung zur Erzieherin oder zur Heilerziehungspflegerin. Während der Ausbildung zur Sozialassistentin kann in einigen Bundesländern mit zusätzlichem Unterricht und längerem Praktikum sogar die Fachhochschulreife erworben werden.

Was macht man in diesem Beruf?

Sozialassistentinnen üben vielfältige pädagogisch-betreuende, hauswirtschaftliche oder sozialpflegerische Tätigkeiten aus. Sie arbeiten mit Gruppen oder Einzelpersonen jeden Alters. In Kindergärten unterstützen sie Erzieherinnen, in der Jugendarbeit Sozialarbeiter und Sozialpädagogen, in Altenpflegeeinrichtungen die Pflegekräfte. Sie helfen Menschen, die vorübergehend oder dauerhaft auf Unterstützung angewiesen sind, bei alltäglichen Aktivitäten wie kochen, waschen, einkaufen. Im Rahmen der Familienpflege führen sie z. B. den Haushalt in Familien, wenn beispielsweise die Mutter erkrankt ist. Sie unterstützen Heilerziehungspflegerinnen bei der Arbeit mit Menschen mit Behinderungen. Als Integrationshelferinnen begleiten sie einzelne Schülerinnen und Schüler mit speziellem Förderbedarf im Unterricht. Auch in Ganztagsschulen können sie bei der Betreuung mitwirken.

Ein Arbeitstag im Kindergarten

Im Laufe eines Arbeitstages fallen für die Sozialassistentin viele verrschiedene Aufgaben an. An einem Tag im Kindergarten muss sie z. B.

► an Teambesprechungen teilnehmen,
► Kinder beobachten,
► mit den Kindern in einer Kleingruppe arbeiten,
► hauswirtschaftliche Tätigkeiten verrichten,
► Maßnahmen der Gesundheitsvorsorge und Körperpflege durchführen,
► bei der Planung des Tagesablaufes mitwirken,

▶ bei der Durchführung von Fördermaßnahmen und Freizeitaktivitäten
mitwirken,

▶ mit den Eltern sprechen,

▶ Arbeitsergebnisse dokumentieren,

▶ besondere Ereignisse, z. B. Unfälle
schriftlich festhalten,

▶ Streit schlichten,

▶ Vorbild sein,

▶ gute Beziehungen in einer Gruppe
fördern

und viele weitere Tätigkeiten ausführen.

Was sollte die angehende Sozialassistentin mitbringen?

AUFGABE

*Welche Fähigkeiten schätzen Sie als be-
sonders wichtig für eine erfolgreich arbeitende
Sozialassistentin ein? Begründen Sie Ihre Antwort.*

Die Sozialassistentin muss sich der Verantwortung, die sie übernimmt, bewusst sein. Sie
muss einfühlsam und respektvoll mit Menschen
aller Altersgruppen umgehen können. Die
Arbeit umfasst ganz unterschiedliche Tätigkeiten, auf die sich die Sozialassistentin flexibel
einstellen muss. Psychische Stabilität ist erforderlich, um in schwierigen Situationen angemessen reagieren zu können. Kooperations-
bereitschaft und kommunikative Fähigkeiten
sind wesentlich, um im Team arbeiten zu
können. Wer sich gerne kreativ betätigt, singt,
Theater spielt oder ein Musikinstrument spielt,
bringt weitere nützliche Eigenschaften für die
Arbeit der Sozialassistentin mit.

Wie kann es nach dem Abschluss weitergehen?

Nach dem Abschluss als Sozialassistentin kann
man eine Ausbildung zur Erzieherin oder Heilerziehungspflegerin machen. Wenn mit der
Ausbildung zur Sozialassistentin gleichzeitig
die Fachhochschulreife erworben wurde, kann
man an einer Fachhochschule studieren.

Weitere Bildungsgänge in der Sozialpädagogik
sind die Ausbildungen zur Kinderpflegerin, Heilpädagogin, Sozialarbeiterin oder Sozialpädagogin.

Erzieherin

Heilerziehungspflegerin

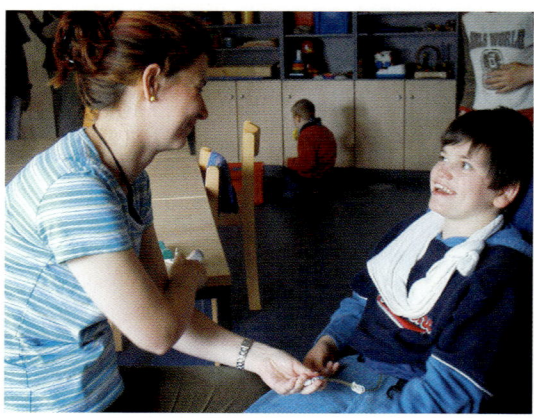

AUFGABE

*Informieren Sie sich über die Ausbildung in
den folgenden Berufen*

– *Erzieherin*
– *Heilerziehungspflegerin*
– *Sozialpädagogin*
– *Kinderpflegerin*
– *Heilpädagogin*

Abb. oben: Nühs
Abb. unten: Morgenstern

Lernfeld 1:

Lern- und Arbeitstechniken für das sozialpädagogische Handeln erwerben und berufliche Identität entwickeln

Im Lernfeld 1 werden grundlegende Fähigkeiten vermittelt, die die Voraussetzung für ein erfolgreiches Lernen und Arbeiten in der Schule und im Beruf bilden. Um auch schwierige Aufgabenstellungen lösen zu können, muss man:

▶ Informationen zu dem betreffenden Thema auffinden und erschließen können,

▶ die gefundenen Informationen übersichtlich sortieren und systematisieren können,

▶ Informationen in Bezug auf ihre Richtigkeit und ihre Aktualität bewerten können,

▶ das durch die Bewertung der Informationen gewonnene Wissen dokumentieren und in die gemeinsame Arbeit des Teams einbringen können,

▶ die daraus resultierenden im Team getroffenen Entscheidungen gewinnbringend in der täglichen Arbeit umsetzen können.

Zur erfolgreichen Informationsbeschaffung benötigt man Kenntnisse im Umgang mit Medien. Auch diese Fähigkeiten werden im Lernfeld 1 vermittelt.

Darüber hinaus regt das Lernfeld 1 dazu an, auf der Grundlage der ersten Erfahrungen in der Betreuung von Kindern, den Beruf und das vielfältige Aufgabenspektrum der Sozialassistentin zu überdenken. Nur wenn eine zukünftige Sozialassistentin einschätzen kann, welche Aufgaben auf sie zukommen und welche Fähigkeiten sie benötigt, um erfolgreich im Berufsleben bestehen zu können, kann sie diese Ausbildung zielgerichtet mitgestalten. Deshalb sind die Orientierung im Beruf und die Entwicklung einer beruflichen Identität gleich zu Beginn der Ausbildung besonders wichtig.

Beispiele für Lernsituationen zu diesem Lernfeld:

1. *Der Arbeitsplatz der Sozialassistentin*
2. *Betreuung und Beschäftigung des Kindes in der Kinderkrippe*
3. *Elementarbildung im Kindergarten*
4. *Vorbereitung des Kindes auf den Besuch der Grundschule*
5. *Der Umgang mit Kindern mit speziellem Förderbedarf*
6. *Freizeitangebote für Kinder und Jugendliche*
7. *Elternmitarbeit fördert die Arbeit im Kindergarten*
8. *Anforderungen an die Persönlichkeit der Sozialassistentin*
9. *Vorbereitung, Durchführung und Nachbereitung des Praktikums*
10. *Weiterqualifizierung im Beruf*

Abb. Nühs

1 Sozialpädagogische Einrichtungen für Kinder

Die Erziehung der Kinder ist in fast allen Gesellschaften Aufgabe der Familie, in die ein Kind hineingeboren wird.

In Bauern und Handwerkerhaushalten im 18. und 19. Jahrhundert hatte nur das Kleinkind Zeit zum zweckfreien Spiel. Die älteren Kinder wurden zur Arbeit erzogen. Mit ca. 12 Jahren galten sie als vollwertige Arbeitskraft.

Im Zuge der Industrialisierung entstand die Arbeiterfamilie, in der meist nur die Kernfamilie in einem Haushalt lebte. Da hier Wohnung und Arbeitsplatz getrennt waren und auch die Frauen arbeiteten, waren die Kinder sehr früh einen großen Teil des Tages sich selbst überlassen. Auch die Kinderarbeit war weit verbreitet. 1839 wurde in Preußen Kinderarbeit unter 9 Jahren verboten. Verwahrlosung und Kindersterblichkeit waren sehr häufig. Ende des 18. Jahrhunderts entstanden Fabrikkindergärten und Waisenhäuser, die jedoch nur Bewahranstalten waren.

In der Industrialisierung entstand ein weiterer Familientyp, die Bürgerfamilie. Auch hier war die Voraussetzung die Trennung von Wohnung und Arbeit. Da hier die Frauen nicht arbeiteten, reduzierte sich ihr Wirkungsbereich auf Ehe, Haushalt und Kinder. Die Bürgerfrauen beschäftigten sich zunehmend mit der Erziehung unter pädagogischen Gesichtspunkten.

Heute hat die Sozialpädagogik die Aufgabe, die Familienerziehung zu unterstützen oder zu ergänzen. Zu diesem Zweck wurde die Jugendhilfe geschaffen, deren rechtliche Grundlage das Grundgesetz (GG) und das Kinder- und Jugendhilfegesetz (KJHG) ist. Schwerpunkt des **KJHG** ist, dass der Staat außerhalb der Schule kein Erziehungsrecht mehr hat, das mit dem Elternrecht konkurriert. Der Staat darf nur noch „partnerschaftliche" Hilfen unter Wahrung der familiären Autonomie (Selbstständigkeit) anbieten. Das Ziel der familienergänzenden Einrichtungen besteht darin, das Kind zu einer eigenständigen, urteils- und gemeinschaftsfähigen Persönlichkeit heranzubilden.

Tageseinrichtungen für Kinder werden in drei Gruppen eingeteilt:
▶ **Kinderkrippe:** für Säuglinge und Kinder bis zu drei Jahren
▶ **Kindergarten:** für Kinder von drei bis zu sechs Jahren
▶ **Kinderhort:** Kinder im Schulalter

Diese traditionellen Altersgrenzen werden jedoch immer durchlässiger. Viele Kindergärten bieten inzwischen Plätze für unter Dreijährige an, entweder in Krippengruppen (0–3 Jahre) oder in noch stärker altersgemischten Gruppen.

AUFGABEN

1. Befragen Sie Ihre Eltern und Großeltern nach ihrer Kindheit und vergleichen Sie diese mit Ihrer eigenen Kindheit.
2. Welche Tageseinrichtungen für Kinder gibt es in Ihrer Umgebung?

1.1 Kinderkrippe

AUFGABE

Woher kommt der Name „Kinderkrippe"?

Abb. links: Ullstein, Abb. rechts: Nühs

In der Kinderkrippe sind Kinder bis zum Alter von drei Jahren. Erzieherinnen, Sozialassistentinnen und Kinderkrankenpflegerinnen betreuen die Kinder, die in Abhängigkeit vom Konzept der Tagesstätte in altersgleiche oder altersgemischte Gruppen eingeteilt werden. Bei den altersgleichen Gruppen unterscheidet man:

Liegegruppe, Krabbelgruppe und Laufgruppe.

Bei den altersgemischten Gruppen sind alle Altersstufen zusammengefasst, ähnlich wie in der Familie. Das ältere Kind lernt bei dieser Form der Gruppenbildung mit jüngeren Kindern umzugehen und umgekehrt.

1.1.1 Betreuung in der Kinderkrippe

Kinder im Alter bis zu drei Jahren sind besonders sensibel. Daher benötigen sie eine behutsame Erziehung. Sie machen grundlegende Erfahrungen, die ihre späteren Einstellungen prägen können.

Besonders wichtig ist für diese Kinder das Umfeld. Sie möchten alles ausprobieren und erforschen. Bei ihrem Bewegungsdrang dürfen sie nur begrenzt eingeengt werden. Je selbstständiger ein Kind seine Umwelt erforschen kann, desto mehr Selbstbewusstsein erwirbt es.

Abb. Thiele

Alle erreichbaren Gegenstände werden in die Hand genommen und genau erkundet. Meistens wird daran noch gerochen und geleckt. Bei Gegenständen, die nicht für Kleinkinder geeignet sind, können Vergiftungen, Erstickung oder Allergien die Folge sein. Kleinkinder sind daher stets auf eine Aufsichtsperson und eine kindgerechte Umgebung angewiesen. So fühlen sie sich geborgen und sind vor Gefahren geschützt.

Von der Krippenerzieherin und der sie unterstützenden Sozialassistentin werden in hohem Maße **zügige und gut durchdachte pädagogische Entscheidungen** gefordert. Jedes Kind benötigt eine **individuelle Erziehung**, die auf sein Elternhaus abgestimmt ist. Mit einem Kind, das zu Hause nicht selbstständig isst, muss beispielsweise anders umgegangen werden, als mit einem Kind, das bereits allein essen kann. Die Eltern und die Erzieherinnen sollten sich daher intensiv austauschen, denn nur so können die Fähigkeiten des Kindes richtig eingeschätzt und gefördert werden.

Wichtig für alle Kinder ist ein geregelter Tagesablauf. Er kann, wie in der folgenden Übersicht dargestellt, aussehen.

Beispiel für den Tagesablauf in einer Kinderkrippe

Ab 7.00 h:
Ankunft der Kinder in der Krippe

8.00 h bis 9.00 h:
Gleitendes Frühstück und freies Spielen, Windel wechseln bzw. Toilette, Hände waschen

9.00 h bis 9.45 h:
Freies Spielen (offene Gruppe), Spielangebote

9.45 h bis 10.00 h:
Trinken nach Wahl (Tee, Milch, Mineralwasser, Kakao u. a.),
Toilette, Windel wechseln und Hände waschen

10.00 h bis 11.00 h:
Spielen auf dem Spielplatz oder Spazieren gehen

11.30 h bis 12.15 h:
Gemeinsames Mittagessen, Toilette bzw. Windel wechseln und Hände waschen

12.15 h bis 12.45 h:
Freies Spielen im Bewegungsraum

12.45 h bis 14.15 h:
Mittagsschlaf,
Toilette bzw. Windel wechseln und Hände waschen

15.00 h bis 15.30 h:
Kleine Zwischenmahlzeit

15.30 h bis 17.30 h:
Freies Spielen (offene Gruppe), Spielangebote

Anfänglich sind die meisten Kinder sehr ängstlich, wenn sie in einer Kinderkrippe untergebracht werden. Daher ist eine **langsame Eingewöhnung** wichtig.

Kinder sollten an den ersten Tagen nur eine bis zwei Stunden in einer Kinderkrippe bleiben, um die **Schwellenangst** zu überwinden.

In vielen Kinderkrippen wird eine 14-tägige Eingewöhnungszeit eingeplant. Dem Kind müssen Zeit und Ruhe für die Eingewöhnung gegeben werden.

Die folgende Übersicht zeigt ein Beispiel:

Beispiel für die Eingewöhnungszeit in einer Kinderkrippe

1. Woche

Montag:	*Die Mutter oder der Vater bzw. beide bleiben von 9.00 h bis 10.00 h mit dem Kind in der Kinderkrippe.*
Dienstag:	*Das Kind bleibt von 9.00 h bis 11.00 h in der Kinderkrippe. Die Eltern gehen evtl. um 10.00 h.*
Mittwoch:	*Das Kind bleibt von 9.00 h bis 11.00 h. Die Eltern gehen nach ca. 30 Minuten.*
Donnerstag:	*Das Kind bleibt alleine von 8.00 h bis 11.00 h und frühstückt mit den anderen Kindern.*
Freitag:	*Das Kind bleibt von 8.00 h bis 12.30 h.*

2. Woche

Montag:	*Das Kind bleibt allein von 8.00 h bis 12.30 h und nimmt an allen Aktivitäten teil.*

Abb. Bachmann

Dienstag:	*Das Kind bleibt ebenfalls von 8.00 h bis 12.30 h allein.*
Mittwoch:	*Das Kind bleibt von 8.00 h bis 14.30 h. Ein Elternteil ist ab 13.00 h in der Krippe, jedoch nur bei Bedarf im Raum der Gruppe.*
Donnerstag:	*Das Kind bleibt allein von 8.00 h bis 15.00 h in der Krippe.*
Freitag:	*Das Kind bleibt von 8.00 h bis 16.00 h.*

Die Erzieherin muss sich in der Eingewöhnungszeit dem neu aufgenommenen Kind vermehrt widmen, um ihm zu zeigen, dass man es gern hat und dass es in der Kinderkrippe sein zweites Zuhause hat.

Körperpflege des Kleinkindes muss die Erzieherin besonders gut beherrschen. Sie ist mehr als die Versorgung des Körpers.

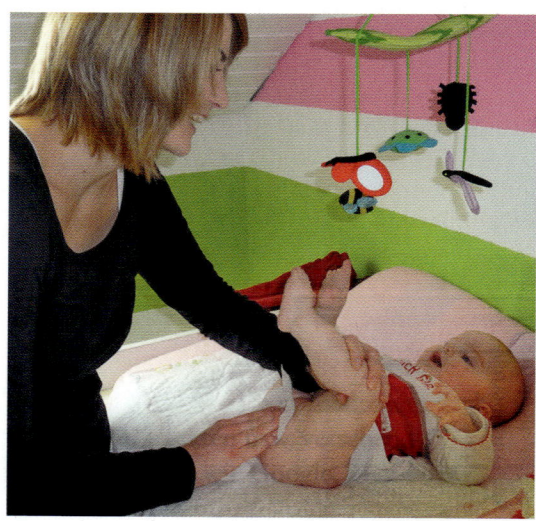

Sie entscheidet über sein Wohlgefühl bzw. Unwohlsein. Kinder empfinden ihren Körper ganzheitlich, da Körper und Psyche viel stärker eine Einheit bilden als beim Erwachsenen.

Körpererfahrungen sind Grundlage für geistige Leistungen: So führt das Greifen und Fühlen eines Gegenstandes, z.B. Teddy oder Ball, zu einem geistigen Begreifen.

Pflegerische Aufgaben enthalten stets auch pädagogische Aspekte. So beeinflusst die Erwartungshaltung der Sozialassistentin beim

Essen die Einstellung des Kindes zum Essen. Die Art und Weise, wie sie es zum **Essen** ermuntert, zeigt dem Kind, wie wichtig die Mahlzeiten sind. Es darf nicht zum Essen gezwungen werden, wenn es nicht essen möchte. Die Folge einer falschen Erwartungshaltung können Essstörungen im Erwachsenenalter sein.

Ähnlich ist es beim **Wechseln der Windeln**: Vom Verhalten der Sozialassistentin hängt es ab, wie das Verhältnis des Kindes zu seinen Ausscheidungen und zu seinem gesamten Körper wird. Das Windelwechseln muss vom Kind als etwas Normales empfunden werden. Die frische Windel, liebevolles Waschen und die freundliche Atmosphäre am Wickeltisch führen beim Kind zu einem wohligen Gefühl. So wird auch der Jugendliche und Erwachsene Körperpflege als angenehm und wohltuend empfinden.

MERKSATZ

Körper und **Psyche** bilden besonders bei kleinen Kindern eine Einheit, die über das Wohlbefinden entscheidet.

1.1.2 Die Krippe als Ergänzung zur Familie

In vielen Ländern Europas, z. B. in Frankreich und in den skandinavischen Ländern, stellt die Kinderkrippe schon für wenige Wochen alte Kinder die Tagesbetreuung sicher. Eine unter pädagogischen und kinderpflegerischen Gesichtspunkten geführte Krippe ersetzt nicht die Familie, sie bildet eine gute Ergänzung zur Familie:

Abb. Morgenstern

Vorteile der Krippe sind:
▶ In der Krippe lebt das Kind in der Gruppe.
▶ Es sammelt Sozialerfahrungen mit außerfamiliären Kontaktpersonen.
▶ Das Kind lernt:
  – eigene Interessen gegenüber anderen Kindern durchzusetzen und gleichzeitig gemeinschaftlich zu handeln,
  – auf andere Kinder Rücksicht zu nehmen und Hilfestellung zu geben,
  – selbstständig Kontakte zu fremden Kindern aufzubauen.
▶ Das Krippenkind wird fachkundig betreut und unter pädagogischen Aspekten zum Spielen angeregt.
▶ Kinder mit Entwicklungsstörungen werden gezielt gefördert.
▶ Darüber hinaus sind das Mobiliar und das Spielmaterial in der Krippe oft kindgerechter und abwechslungsreicher als zu Hause.

MERKSATZ

Im Alter bis zu drei Jahren machen Kinder **grundsätzliche Erfahrungen**, die ihre weitere Entwicklung prägen können.

AUFGABEN

1. *Erarbeiten Sie Regeln für den Umgang mit Kindern in der Kinderkrippe.*

2. *Stellen Sie in einem Rollenspiel dar, welche Absprachen zwischen den Eltern eines zweijährigen Kindes und der Sozialassistentin getroffen werden müssen.*

3. *Stellen Sie eine Übersicht über die in einer Kinderkrippe anfallenden Pflege- und Erziehungsaufgaben zusammen. Erkundigen Sie sich dazu in einer Kinderkrippe.*

4. *Werten Sie ihre Übersicht im Plenum aus und ergänzen Sie Ihre Ausführungen durch die nachfolgenden Informationen.*

1.1.3 Mobiliar und Spielmaterial in der Kinderkrippe

Grundsätzlich gilt, dass die Räume der Kinderkrippe hell und freundlich sein sollten und einen Zugang zu einem Platz im Freien mit Spielgeräten haben sollten. Der Fußboden muss pflegeleicht sein und die Wände sollten im unteren Bereich abwaschbar sein.

Im Einzelnen gehört zur Einrichtung:

▶ Kinderbettchen mit Wickelkommoden für die Säuglinge,
▶ niedrige und stabile Tische und Stühle, die gleichzeitig zum Klettern benutzt werden können,
▶ Spielgeräte und Regale in Griffhöhe der Kinder, damit sie sich ihr Spielmaterial selber aussuchen können,
▶ Podeste, Matratzen und Rutschbahnen zum Springen und Rutschen,
▶ große Spielgegenstände wie Schaukelpferde, Dreiräder oder Spielhäuser,
▶ Spiel- und Turngeräte im Freien.

Wichtig ist, dass die Kinder genug Platz zum Spielen und Erforschen der Umwelt haben. Die Einrichtung sollte daher großzügig und unempfindlich sein. Das gleiche trifft auch für Spiel- und Sportgeräte zu: Sie müssen dem Kind die Möglichkeit des vielseitigen Einsatzes bieten, damit es sich sein Umfeld kreativ erschließen kann.

AUFGABEN

1. *Besorgen Sie sich Kataloge aus Versandhäusern. Beurteilen Sie das darin enthaltene Spielzeug und die Einrichtungsgegenstände für ein- bis dreijährige Kinder. Vergleichen Sie die Preise mit den Preisen aus Kinderfachgeschäften.*

2. *Stellen Sie einen Tagesplan für ein Krabbelkind auf, der die Spiel-, Essens- und Schlafzeiten enthält.*

3. *Nennen Sie Beispiele, wie Sie Krabbelkinder beschäftigen können.*

1.1.4　Ernährung des Kindes

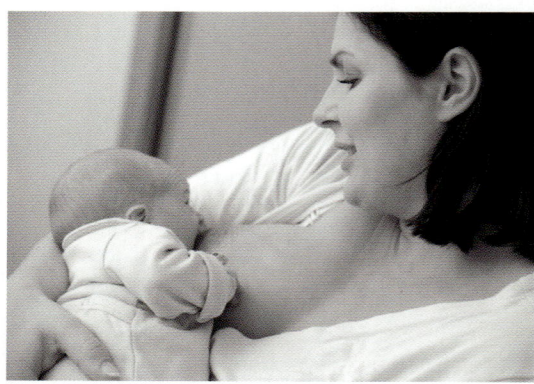

AUFGABE

Erkundigen Sie sich in Fachbüchern, Zeitschriften oder Internet nach den Vorteilen des Stillens.

Die Entwicklung des Säuglings hängt entscheidend von der richtigen Zusammensetzung seiner Nahrung ab. Bis zum fünften Monat bekommt der Säugling nur Milch, da der Verdauungsapparat noch keine andere Nahrung verwerten kann.

In der Kinderkrippe wird meistens Fertignahrung angeboten, weil es zu aufwändig wäre, die Nahrung täglich selbst zuzubereiten.

Weil die Kinder den ganzen Tag in der Kinderkrippe bleiben und dort ihre wichtigsten Mahlzeiten einnehmen, ist die Ernährung der Kinder eine wichtige Aufgabe der Erzieherin und der Sozialassistentin.

Auf die Frage nach den bevorzugten Mittagsmahlzeiten antworteten Kinder in dieser Weise:

1. Pizza
2. Spaghetti mit Tomatensauce
3. Hamburger mit Cola
4. Pommes frites mit Mayonnaise
5. Grießbrei mit Erdbeeren und Zucker

6. Hühnerfrikassee mit Reis
7. Suppe mit Würstchen

MERKSATZ

Fastfood sollten Kinder nur in Ausnahmefällen erhalten, da es zu viel Fett und Salz, zu wenig Ballaststoffe und zu viel Energie enthält.

Die Mahlzeiten sollten auf drei Haupt- und zwei Zwischenmahlzeiten verteilt werden. Eine Hauptmahlzeit sollte aus warmen Speisen bestehen. Die übrigen Mahlzeiten müssen leicht verdaulich und vielseitig sein, z. B. Joghurt, Quark mit Früchten oder Obst enthalten.

MERKSATZ

Kinderkost muss abwechslungsreich sein. Fertige Kindermenüs in Gläschen sind altersgemäß zusammengesetzt, aber teurer als selbst gekochte Mahlzeiten.

AUFGABE

Beurteilen Sie die aufgezählten Lieblingsgerichte der Kinder hinsichtlich ihrer Nährstoffe und ihrer Preise.
Setzen Sie dazu eine Nährwerttabelle oder ein Nährwertprogramm ein.

1.1.5 Beschäftigung mit dem Kind in der Krippe

Genau so wichtig wie die richtige Ernährung ist das Spiel für das Kind.

Abb. Krill

FALLBEISPIEL

Baby Nadine wird ein Jahr alt. Frau Meyer, die Mutter des Kindes, lädt ihre beiden Freundinnen mit Kleinkindern zu diesem besonderen Ereignis ein. Ihre Nachbarinnen Sabrina und Tatjana bittet Frau Meyer um das Organisieren eines schönen Spielnachmittags für die Kinder.
Sabrina und Tatjana besuchen die Fachschule Sozialpädagogik. Im letzten Jahr haben sie die Ausbildung zur Sozialassistentin mit Erfolg abgeschlossen. Es dürfte ihnen daher nicht schwer fallen, Kinder im Alter von ein bis zwei Jahren zu beschäftigen.
Die Sozialassistentinnen beraten sich einen Moment. Schließlich meint Sabrina: „Das Einweihen der neuen Sandkiste bietet sich als erstes an, dann könnten die Kinder mit den Bausteinen spielen und zum Schluss könnten wir mit ihnen ein einfaches Geburtstagslied vorsingen." „Einverstanden!", meint Tatjana, „wir dürfen aber nicht vergessen, dass die drei Kinder selbst entscheiden müssen, was sie spielen möchten!"

AUFGABE

Beurteilen Sie das Vorgehen der beiden Sozialassistentinnen im Fallbeispiel.

Das kindliche Spiel hat ein wesentliches Ziel: Mit dem Spielen erobern Kinder die Welt, sammeln Erfahrungen über die Beschaffenheit ihrer Umgebung, erwerben durch Nachahmung wichtige Fähigkeiten und üben die in ihrer Kultur wichtigen Verhaltensweisen.

Das Kind sollte immer selbst entscheiden, was es spielen möchte. Die Rolle der Erwachsenen beschränkt sich darauf, Vorbild und Spielpartner zu sein sowie zur rechten Zeit die passende Anregung und das richtige Spielzeug anzubieten. Spielzeug sollte vor allem interessant und ungefährlich sein.

Aus der Fülle der angebotenen Spielsachen fühlen sich Kinder besonders von den Spielzeugen angesprochen, die es ihnen ermöglichen, die Welt der Erwachsenen nachzuspielen.

Erwachsene sollten Kinder beim Spielen be-obachten. Nur so können sie feststellen, welches Spielzeug Kinder jeweils benötigen.

MERKSATZ

Spielen ist für Kinder Lust, Lernen und Verarbeiten von Erlebnissen.

AUFGABEN

1. *Denken Sie sich Spiele und Lieder für Kinder im Alter von ein bis drei Jahren aus.*
2. *Schneiden Sie aus einem Katalog geeignetes Kinderspielzeug aus und kleben Sie es in Ihre Arbeitsmappe.*

1.2 Kindergarten

FALLBEISPIEL

Tatjana arbeitet bereits in der zweiten Woche als Praktikantin in einem Kindergarten. Während der Abwesenheit der für sie zuständigen Erzieherin kommt Herr Schröder mit einem etwa dreijährigen Kind in den Kindergarten und fragt sie nach den Voraussetzungen, die ein Kind für den Eintritt in den Kindergarten erfüllen muss.

„Wissen Sie", sagt Herr Schröder, der Vater des Kindes, „ich bin etwas unsicher, ob unsere Tochter Klara überhaupt schon einen Kindergarten besuchen kann. Wenn wir Besuch von fremden Menschen bekommen,

versteckt sie sich. Aber meine Frau möchte ihren Beruf als kaufmännische Angestellte wieder aufnehmen und der Betrieb hat ihr mitgeteilt, dass sie in einem Monat wieder arbeiten muss, sonst vergebe man die Stelle an jemand anderen. Klara kann auch schon alleine auf die Toilette gehen, das Problem ist aber, dass sie so schüchtern ist. Was sollen wir machen?" Dazu meint Tatjana: „Ich empfehle ihnen, Klara zunächst einmal für ein bis zwei Stunden im Kindergarten zu lassen. Da kann geprüft werden, ob Klara bereits ‚kindergartenreif' ist. Nach und nach kann ihr Aufenthalt bei uns verlängert werden. Sie hat es hier ja fast ausschließlich mit Kindern zu tun, da müsste sie ihre Schüchternheit schnell überwinden. Bevor Sie Klara zu uns bringen, sollten Sie aber noch mit Frau Weber, der Leiterin des Kindergartens, sprechen und ihr Ihre Probleme vortragen."
Zufrieden verlässt Herr Schröder mit Tochter Klara den Kindergarten.

AUFGABEN

1. *Beurteilen Sie das Vorgehen der Praktikantin. Hätte sie weitere Informationen zu Klara erfragen sollen?*
2. *Welche Fähigkeiten sollte ein Kind besitzen, damit es in den Kindergarten gehen kann?*

Die häufigste Wirkungsstätte der Sozialassistentin ist der Kindergarten.

Abb. links: Nühs
Abb. rechts: Morgenstern

Früher wurde ein Kind erst dann in den Kindergarten aufgenommen, wenn es selbstständig zur Toilette gehen konnte. Inzwischen haben viele Kindergärten ihre Gruppen auch für jüngere Kinder geöffnet.

Es gibt verschiedene Arten von Kindergärten:
▶ Integrative Kindergärten,
▶ Teilzeitkindergärten,
▶ Ganztagskindergärten.

In den meisten Kindergärten werden die Gruppen altersgemischt zusammengesetzt, um das **Sozialverhalten** der Kinder zu fördern. Die älteren Kinder lernen, die kleineren zu unterstützen.

Die Aufgaben der Kindergärten haben sich in den letzten 30 Jahren stark verändert. Während sie in früheren Jahren als Aufbewahrungsstätte für Kinder dienten, haben sie heute einen **Bildungsauftrag** zu erfüllen. Die vielfältigen Anregungen und Lernanreize, die der Kindergarten bietet und das Zusammenleben in einer Gruppe werden als unbedingt notwendig für die Entwicklung eines Kindes angesehen und gelten heute als unentbehrlich für den Eintritt in die Schule. Daher besuchen in Deutschland so gut wie alle Kinder einen Kindergarten. Die Erziehung in der Kinderkrippe und im Kindergarten zählt zum **Elementarbereich**. Die Grundschulzeit wird dem **Primarbereich** zugeordnet.

1.2.1 Erziehungs- und Bildungsauftrag

Die wichtigste Voraussetzung für die Erziehung ist die Beziehung zwischen den Menschen. Eine Beziehung entsteht durch Gespräche und gemeinsame Handlungen, d. h. durch Kommunikation und Interaktion.

Im Kindergarten müssen sich Kinder in eine Gruppe einfügen und treten damit aus dem kleinen Kreis der Familie heraus, in dem durchschnittlich nur die Eltern und ein bis zwei Kinder leben.

Im Kindergarten lernen sie wichtige **Grundfertigkeiten:**
▶ sich in eine Gruppe von Kindern einzufügen,
▶ sich gegenüber anderen Kinder durchzusetzen,

▶ Führungsaufgaben zu übernehmen, Verantwortung für gemeinsames Handeln zu tragen, Spielzeug mit anderen Kindern zu teilen,
▶ Fähigkeiten und Wissen mit anderen Kindern zu teilen, ihnen etwas zu zeigen oder zu erklären,
▶ sich in andere Kinder hineinzudenken und deren Gefühle zu respektieren.

Darüber hinaus ist der Kindergarten eine wichtige **Vorbereitung für die Schule**:
▶ Kinder lernen den **Umgang mit Autoritäten**, d. h. sie lernen sich gegenüber der Erzieherin und der Sozialassistentin angemessen zu verhalten.
▶ Sie erhalten vielfältige **Lernanreize** durch die Erzieherin, durch die Gruppe und das vorhandene Beschäftigungs- und Spielmaterial. Die natürliche Neugierde und Lernfreude werden dadurch geweckt.
▶ Im Kindergarten werden Kinder durch verbindliche Aktivitäten, z. B. eine gemeinsame Turnstunde, spielerisch an das Schullernen herangeführt.

MERKSATZ
Der **Kindergarten** erfüllt einen Erziehungs- und Bildungsauftrag gegenüber dem Kind.

AUFGABE
Erstellen Sie eine Collage über die Aufgaben des Kindergartens. Besorgen Sie sich dafür Informationen aus verschiedenen Kindergärten.

FALLBEISPIEL
Ein Vormittag in einem Kindergarten

Ein Erzieher und eine Sozialassistentin betreuen gemeinsam eine aus 28 Kindern bestehende Kindergartengruppe. Es ist Montagmorgen. Drei Kinder, Nicole, Michelle und Lena betreten den Gruppenraum. Nicole schaut sich zunächst um, dann holt sie sich Spielmaterial und beginnt zu spielen. Nach einer Weile gesellt sie sich zu einer Gruppe und baut mit diesen Kindern zusammen einen hohen Turm aus Holzbauklötzen. Michelle und Lena setzen sich zur Sozialassistentin und betrachten mit ihr zusammen ein Bilderbuch. Die Kinder können selbst entscheiden, wann sie frühstücken möchten. Das Essen steht auf einem Tisch in der Ecke des Gruppenraumes. Zum Frühstücken müssen sich die Kinder dazu an einen Tisch setzen. Der Platz muss hinterher wieder sauber verlassen werden.

Später räumen alle Kinder ihr Spielmaterial in Regale bzw. in dafür vorgesehene Spielkisten. Nach dem freien Spiel beginnt eine gemeinsame Turnstunde, an der sich alle Kinder beteiligen müssen.

Bei gutem Wetter können sich die Kinder auf dem Freigelände des Kindergartens nach eigenen Vorstellungen bewegen und unterschiedliche Geräte und Materialien ausprobieren.

Gegen Ende des Vormittages treffen sich alle Kinder im Stuhlkreis. Jedes Kind erzählt, was es am Wochenende gemacht hat.

Die Sozialassistentin hat mit der Erzieherin zusammen eine verhältnismäßig große Gruppe zu betreuen. Die Gruppe kann bis zu 28 Kinder umfassen. Die Aufgaben der Sozialassistentin und Erzieherin bestehen darin, den Kindern Anregungen für das freie Spiel zu geben sowie die gemeinsamen Beschäftigungen vorzubereiten. Darüber hinaus gehören intensive Beobachtungen zu ihren Aufgaben, um den Entwicklungsstand der Kinder zu erfassen und ihnen Anreize zu ihrer **Weiterentwicklung** zu geben.

Den Eltern gegenüber müssen die Erzieherin und die Sozialassistentin jederzeit als **Beraterinnen** zur Verfügung stehen und ihre **Arbeit offen** legen, damit die Eltern Einblicke in die Aktivitäten, die für ihre Kinder geplant sind, erhalten.

Viele Kindergärten haben einen hohen Anteil an Kindern mit **Migrationshintergrund**. Aufgabe des Kindergartens ist es hier, diese Kinder mit der deutschen Sprache und der deutschen Kultur vertraut zu machen. Vorurteile müssen abgebaut und die gegenseitige Akzeptanz erreicht werden.

MERKSATZ

Sozialassistentinnen haben in Zusammenarbeit mit den Erzieherinnen die Kinder zu beaufsichtigen, zu beobachten und sie entsprechend ihres Entwicklungsstandes zu fördern.

AUFGABEN

1. Beschreiben Sie den Ablauf des Vormittags für Nicole.
2. Erarbeiten Sie Vorschläge für Maßnahmen, mit denen das Sozialverhalten der Kinder in besonderem Maße gefördert wird.

1.2.2 Tagesablauf und Zeitplanung

Grundsätzlich ist zu unterscheiden zwischen Ganztagskindergärten und Teilzeitkindergärten, die in der Regel vormittags vier Stunden und nachmittags zwei Stunden geöffnet sind. Für beide Einrichtungsformen ist es wichtig, dass der Vormittag und der Nachmittag so eingeteilt werden, dass die Kinder ausreichend Zeit für spontane und für geplante Aktivitäten haben. Hektik ist weder für die Kinder noch für die Erziehenden gut.

Das setzt eine qualifizierte personelle Besetzung voraus. Die **Atmosphäre innerhalb der Mitarbeitergruppe** muss stimmen. Sie hat Auswirkungen auf das soziale Klima im Kindergarten. Die Kinder spüren, wenn Erwachsene rücksichtsvoll und respektvoll miteinander umgehen. Zwischen der Erzieherin bzw. der Sozialassistentin und den Eltern muss ebenfalls ein **freundlicher Umgangston** herrschen, der den Kindern deutlich macht, dass man sich gegenseitig akzeptiert. Anhaltende Unstimmigkeiten bedeuten eine Belastung besonders für sensible Kinder.

Die Planung im Kindergarten muss den **gesamten Tagesablauf** umfassen. Bereits die Ankunft des Kindes ist in die Planung einzubeziehen. Dem freien Spiel ist die gleiche Bedeutung einzuräumen wie der Beschäftigung mit dem Kind.

Im Tagesablauf sollten die Kinder ausreichend zusammenhängende Zeit zum Spielen und für andere **Aktivitäten** haben. Das Zusammenfinden und Spielen in kleinen Gruppen macht den Kindern sehr viel Freude.

AUFGABEN

1. Sammeln Sie Tagesablaufpläne aus unterschiedlichen Kindergärten und werten Sie die Unterschiede und Gemeinsamkeiten aus.

2. Erkundigen Sie sich bei den zuständigen Erzieherinnen nach den Gründen für die jeweilige Einteilung.

1.2.3 Raumgestaltung und Ausstattung

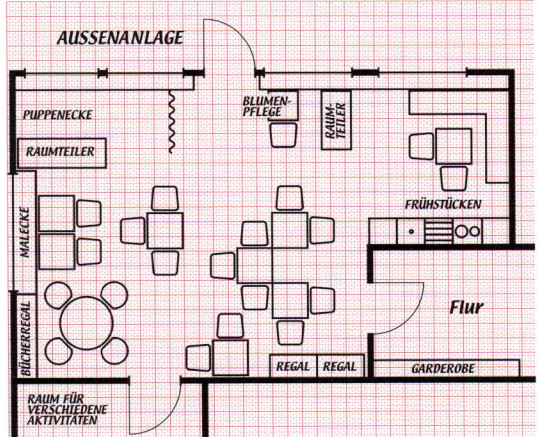

Bei der Einrichtung und Ausstattung der Räume muss man den kindlichen Interessen entgegen kommen. Durch Trennwände, leicht bewegliche Möbel, die als Raumteiler angeboten werden, unempfindliche Vorhänge, bunte Zäune und Tische wird eine Atmosphäre geschaffen, in der sich die Kinder wohl fühlen. Als günstig hat es sich erwiesen, wenn die Zugänge zu Nebenräumen wie Garderobe, Waschraum und Toilette vom Gruppenraum aus eingesehen werden können. Die Kinder können sich dann selbstständig umziehen und auf die Toilette gehen und sind trotzdem im Aufsichtsbereich.

Genau so wichtig wie die richtige Einrichtung der Räume ist der außerhalb des Gebäudes liegende **Spielplatz**. Er sollte unmittelbar an die Gruppenräume angrenzen, so dass die Kinder jederzeit bei gutem Wetter nach draußen gehen können.

Für die körperliche, geistige sowie für die psychische Entwicklung des Kindes bietet der Spielplatz viele Möglichkeiten. Das sind:

▶ Unterstützung der gesundheitlichen und motorischen Entwicklung,

▶ Begegnung mit der Natur zu allen Jahreszeiten.

Das Spiel im Freien ist ein wesentlicher Bestandteil des Lebens im Kindergarten. Zur Planung der pädagogischen Arbeit gehört auch die Aufgabe, die Möglichkeiten, die der Spielplatz den Kindern bietet, auszuschöpfen.

MERKSATZ
Der Tagesablauf und die Raumgestaltung müssen die Bedürfnisse der Kinder berücksichtigen, so dass sie ihren Interessen nachgehen können.

AUFGABE
Beurteilen Sie die Räume und den Spielplatz Ihres Praktikumskindergartens. Kann etwas verbessert werden?

1.2.4 Gesetzlicher Rahmen für die Arbeit

Die Kindergartenarbeit basiert auf Bundes- und Landesgesetzen.

Ein wichtiges Gesetz ist das **Kinder- und Jugendhilfegesetz** oder das Achte Buch des Sozialgesetzbuches (SGB VIII). Von diesem Gesetz sind die meisten Landesgesetze abgeleitet worden.

> **SGB 8 § 1 [Recht auf Erziehung, Elternverantwortung, Jugendhilfe]**
> „Jeder junge Mensch hat ein Recht auf Förderung seiner Entwicklung und auf Erziehung zu einer eigenverantwortlichen und gemeinschaftsfähigen Persönlichkeit."

AUFGABE
Laden Sie sich das Kinder- und Jugendhilfegesetz aus dem Internet herunter oder leihen Sie es sich aus der Schul- bzw. Stadtbücherei aus. Suchen Sie sich ein Schwerpunktthema aus dem Gesetz aus und halten Sie darüber ein Referat.

Das Kinder- und Jugendhilfegesetz ist ein Instrument zur Vorbeugung, zur Hilfestellung und zum **Schutz von Kindern und Jugendlichen**, Mädchen und Jungen, jungen Frauen und jungen Männern. Das Gesetz verpflichtet die **Jugendämter zur Hilfe** und schafft den Rahmen für die Unterstützung von Sorgeberechtigten zum Wohle ihrer Kinder.

Im Einzelnen regelt das Kinder- und Jugendhilfegesetz folgende Hilfen zur Erziehung:

- Erziehungsberatung,
- Soziale Gruppenarbeit,
- Erziehungsbeistand, Betreuungshelfer,
- Sozialpädagogische Familienhilfe,
- Erziehung in einer Tagesgruppe,
- Vollzeitpflege,
- Heimerziehung, betreute Wohnform und
- Intensive sozialpädagogische Einzelbetreuung.

Neben dem Kinder- und Jugendhilfegesetz gibt es in allen **Bundesländern weitere Gesetze und Verordnungen**, die den Aufenthalt von Kindern und Jugendlichen in unterschiedlichen Einrichtungen betreffen. Sie enthalten beispielsweise folgende Regelungen:

- Grundsätze der Erziehung, Bildung und Betreuung in Kindertagesstätten
- Tagesbetreuung von Kleinkindern und Schulkindern
- Übergang zur Grundschule
- Mitwirkung der Eltern
- Qualitätssicherung und Qualitätsentwicklung in Einrichtungen der Kinder- und Jugendhilfe
- Personalbedarf
- Gruppengrößen

Die Aufgabe des **Jugendamtes** besteht darin sicherzustellen, dass die materiellen und organisatorischen Bedingungen in den Einrichtungen den Anforderungen entsprechen. Bei Neubauten und baulichen Veränderungen wird geprüft, ob die pädagogischen Arbeiten geleistet werden können. Im Einzelnen haben die Richtlinien folgende Schwerpunkte:

- Die Fachkräfte in den Einrichtungen haben Konzepte für ihre Arbeit zu erstellen und diese nach Bedarf fortzuschreiben
- Mit den Eltern und anderen Bezugspersonen ist eng zusammmen zu arbeiten.

- Gesundheitsfördernde Maßnahmen, wie gesunde Ernährung, Raumklima oder Sport, sind in die tägliche Arbeit einzubeziehen.
- Die Gruppengröße in den Kindergärten darf 25 Kinder nicht überschreiten. Ein Kindergarten sollte nicht mehr als sechs Gruppen haben.
- Die Betreuungspersonen müssen Fachkräfte sein.

Insgesamt achten die Jugendämter darauf, dass die Einrichtungen das körperliche, geistige und seelische Wohl der Minderjährigen gewährleisten und sie zu **eigenverantwortlichen und gemeinschaftsfähigen Persönlichkeiten** heranbilden.

Zu den wichtigsten Aufgaben der Erzieherinnen und Sozialassistentinnen eines Kindergartens gehört die **Aufsichtspflicht**. Sie ist nach § 1631 Abs. 1 BGB (Bürgerliches Gesetzbuch) ein Teil der Personensorge. Laut Gesetz liegt sie in der Regel bei den Eltern. Wenn diese ihr Kind im Kindergarten anmelden, geht die Aufsichtspflicht auf den Träger des Kindergartens über. Dieser gibt sie an die Kindergartenleiterin und ihre Mitarbeiterinnen weiter.

Die Aufsicht ist insbesondere erforderlich bei

- jungen Kindern,
- entwicklungsverzögerten Kinder,
- Kindern mit Verhaltensauffälligkeiten,
- Gefahrenquellen im Innen- und/ oder Außenbereich, z. B. bei brennenden Kerzen,
- in besonderen Situationen, z. B. bei gefährlichen Spielen oder Anleitungsaufgaben,
- großen Gruppen.

Aufsichtspflicht ist nicht so zu verstehen, dass die Kinder dauernd beobachtet und ihr Verhalten ständig kontrolliert wird, sondern sie sollen auch lernen mit Gefahren und Risiken umzugehen. Dazu müssen sie schrittweise an Gefahren herangeführt werden und das richtige Verhalten möglichst selbstständig lernen.

Sozialassistentinnen und Erzieherinnen werden, wenn Sie für einen öffentlichen Träger arbeiten, nach dem Tarifvertrag für den öffentlichen Dienst (TVÖD) bezahlt. Das Gehalt richtet sich nach der Tabelle für den Sozial- und Erziehungsdienst. Private und kirchliche Träger orientieren sich häufig am TVÖD. Die Bezahlung kann mit einem nichtöffentlichen Träger aber auch frei vereinbart werden.

AUFGABEN

1. Laden Sie sich die Gesetze und Verordnungen Ihres Bundeslandes herunter, die den Aufenthalt von Kindern in Kindertageseinrichtungen regeln und vergleichen Sie diese mit den hier gemachten Aussagen.

2. Halten Sie die Vorschriften Ihres Bundeslandes für ausreichend?

1.2.5 Grundsätze der Kindergartenpädagogik

Die ganzheitliche sinnliche Wahrnehmung steht bei drei- bis sechsjährigen Kindern im Mittelpunkt ihrer Lern- und Spielbedürfnisse. Es reicht daher nicht aus, dass über Dinge gesprochen wird, sondern Kinder müssen vieles ertasten und mit dem Körper wahrnehmen. Beispielsweise erhält Wasser eine ganz neue Bedeutung, wenn Kinder es als Regen spüren, eine Pfütze erproben oder durch einen Bach waten.

Auch wenn es im Kindergartenalter schon möglich ist, Erinnerungen über das Hören und Sehen, z. B. über das Bilderbuch, ins Gedächtnis zu rufen, so ist die direkte sinnliche Erfahrung doch noch der Kern des kindlichen Lebens und Lernens.

Die Kindergartenpädagogik hat in den letzten Jahren die **Sinneswahrnehmung** kleiner Kinder verstärkt in ihr Programm aufgenommen. Das zeigt sich an der Innen- und Außenraumgestaltung, die sich auffallend verändert hat. So sind Tische und Stühle reduziert worden und **zweite Ebenen** eingebaut worden. Außenanlagen versucht man, **naturnah** zu gestalten.

Richtiges **Spielmaterial** und **Experimentiergeräte** können die Sinnestätigkeit und Denkfähigkeit des Kindes unterstützen. Lupen, ein Fernglas, ein Kaleidoskop oder ein ausgedienter Fotoapparat eignen sich dafür, Ausschnitte aus der Umgebung zu betrachten.

Ein übergeordnetes Ziel der Erziehung im Kindergarten besteht darin, dem Kind bei der Bewältigung seiner Lebenssituation zu helfen.

Das wird erreicht durch die Vermittlung von:

▶ Selbstvertrauen,

▶ Kenntnissen über die Umwelt,

▶ Bereitschaft zur Kommunikation.

Voraussetzung für das Selbstvertrauen, das Umweltverständnis und die Bereitschaft zur Kommunikation ist, dass das Kind um seine ihm gegebenen **Ausdrucksmöglichkeiten** weiß und sie in Bildern, Lauten und Bewegungen anwenden kann. Die **Sprechentwicklung** des Kindes hat daher eine große Bedeutung, das Sprechen muss bei allen Gelegenheiten geübt werden.

Kinder müssen dazu angeregt werden, **eigene Aktivitäten** zu entwickeln. Das trägt ebenfalls dazu bei, dass Kinder zunehmend **Lebenssituationen selbstständig** bewältigen.

Entstehung der Kindergärten

Erste Kindergärten entstanden Mitte des 19. Jahrhunderts. Teilweise war es die wirtschaftliche Not der Familien, die die Mitarbeit der Mutter erforderlich machte. Daher waren Kindergärten anfänglich „Aufbewahrungseinrichtungen für Kinder", es kam in erster Linie auf die Unterbringung der Kinder an. Erst durch Pädagogen, die die Bedeutung der frühkindlichen Erziehung erkannten, entstanden „richtige" Kindergärten bzw. Kinderhäuser mit Fachkräften und mit einem strukturierten Tagesablauf.

Abb. Nühs

Bis zum heutigen Tag haben folgende Persönlichkeiten Einfluss auf die Arbeit in den Kindergärten genommen: Friedrich Fröbel (1782–1852), Maria Montessori (1870–1952) und Rudolf Steiner (1861–1925).

Darüber hinaus prägte das pädagogische Konzept nach Reggio Emilia die heutige Form des Kindergartens.

Friedrich Fröbel

Die Entstehung der Kindergärten geht auf Friedrich Fröbel zurück. 1840 gründete er den ersten Kindergarten in Blankenburg. Fröbel nannte seine Einrichtung Kindergarten, weil die Kinder „wie in einem Garten" unter der Sorgfalt erfahrener Gärtner gepflegt werden.

Friedrich Fröbel

Maßgebliche Grundlage der Kindergartenarbeit war für Fröbel die **Pflege des kindlichen Spieltriebes und der kindlichen Selbstständigkeit** mit dem Mittel des kindlichen Spieles. Für das Spiel hat er besonderes Spielzeug (er nennt es Spielgaben) entwickelt, wie die Kugel, den Ball, den Würfel, die Walze, die Bauklötze und die Säule.

Daran schließen sich bei ihm Beschäftigungen an, wie Stäbchen legen, Flecht- und Faltarbeiten, Erbsen legen, Zeichnen; Gemeinschafts- und Bewegungsspiele und auch Gartenarbeit. Viele dieser Fröbel-Beschäftigungen sind aus den Kindergärten verschwunden, da sie als altmodisch galten. Heute greift man jedoch auf **Fröbels Gedankengut** wieder zurück, um die **Selbsttätigkeit** des Kindes zu fördern.

Zur Umsetzung seines Gedankengutes hat Fröbel Kurse für „Kinderführer" eingerichtet. Daraus haben sich die Berufe der Sozialassistentin, der Kinderpflegerin und der Erzieherin entwickelt.

Viele Gedanken der Pädagogik Fröbels sind im Kindergartenalltag heute selbstverständlich, ohne dass bekannt ist, dass sie von ihm stammen. Seine Pädagogik zeigt viele Wege auf, Kinder zur Selbstständigkeit zu führen. Die Beschäftigung mit dieser Pädagogik ist daher notwendiger denn je.

Heute gilt Fröbel als der **Begründer des ganzheitlichen Denkens** in der Pädagogik.

AUFGABEN

1. *Informieren Sie sich anhand von Literatur oder mit Hilfe des Internet über die Kindergartenpädagogik von Fröbel.*
2. *Fragen Sie während des Praktikums in Ihren Kindergärten nach, wie weit die Pädagogik von Fröbel umgesetzt wird.*

Maria Montessori

Maria Montessori war eine italienische Ärztin und Pädagogin. Schon 1907 gründete sie in Rom das erste Montessori-Kinderhaus für drei- bis siebenjährige Arbeiterkinder als Ort kindlicher Selbsttätigkeit und Selbsterfahrung. Im Unterschied zu vielen anderen Pädagogen ist sie nicht

Maria Montessori

vergessen, im Gegenteil: Kindergärten, die nach ihren Ideen arbeiten, gelten heute als etwas Besonderes.

Erziehung zur Selbstständigkeit und zum **schöpferischen Lernen** ist bei Maria Montessori die Grundlage für die positive Entwicklung des Kindes. Diese vollzieht sich nach ihrer Meinung nur durch eigenes Tun. Das Kind muss von sich aus aktiv werden und aus seinen Fähigkeiten heraus Aktivitäten entwickeln. „Es ist schwierig", sagt Montessori, „Erwachsene zu finden, die sich nicht in die Tätigkeit eines Kindes einmischen!" Jeder Erwachsene müsste von sich aus wissen, wie wenig es ihn motiviert, wenn die Arbeit unterbrochen wird, weil Vorgesetzte meinen, es besser zu wissen.

Abb. Friedrich Fröbel Museum
Abb. Ullstein Bild

Spaß macht es dagegen, selbst Dinge zu entwickeln, Entscheidungen vorzubereiten und zu treffen.

Maria Montessori geht davon aus, dass die **sinnliche Wahrnehmung** die unverzichtbare Voraussetzung für die **begriffliche Wahrnehmung** ist. Mit Hilfe der Sinnesmaterialien (Gegenstände mit bestimmten Eigenschaften wie Farbe, Maß oder Klang) sollen die Beobachtung, das Zuordnungs- und Unterscheidungsvermögen sowie die Wahrnehmung geübt werden. Das Kind wird dadurch vom **konkreten Schauen** zum abstrakten Denken gelangen.

Die Schulung der Sinne wird nicht einseitig betrieben, sondern verläuft immer parallel mit der Sprecherziehung. Dies führt unter anderem zu der **Drei-Stufen-Lektion**. Sie ist wie folgt aufgebaut:

▶ **Erste Stufe:** Die Verbindung der Sinneswahrnehmung mit dem Namen.
   Das Kind bekommt zwei Farben in die Hand gelegt. Die Erzieherin sagt: „Dies ist Rot. Dies ist Blau."
▶ **Zweite Stufe:** Erkennen des Namens.
   Die Erzieherin sagt: „Gib mir Rot. Gib mir Blau".
▶ **Dritte Stufe:** Erinnerung an den Namen.
   Die Erzieherin zeigt dem Kind den Gegenstand und fragt: „Was ist das?" Das Kind antwortet: „Das ist Rot. Das ist Blau."

Die Leitlinie der Erzieherin muss nach Montessori der Ruf des Kindes nach Selbsthilfe sein: „Hilf mir, es selbst zu tun!"

Die **Umgebung** des Kindes muss so gestaltet sein, dass das Kind darin **Möglichkeiten zu seiner Entwicklung** findet.

Montessori geht davon aus, dass jedes Lebewesen die Fähigkeit besitzt, aus der Umgebung genau das auszuwählen, was für die Erhaltung seines Lebens notwendig ist.

So wird das Kind das **Material** wählen, das in seiner Situation momentan für seine **Entwicklung** wichtig ist.

Neben der Gestaltung von kindgerechtem Material richtete Montessori **Kinderhäuser** ein. Sie entsprechen in ihrer Größe, den Kräften und den psychischen Fähigkeiten der Kinder. In diesen Häusern haben die Kinder die Möglichkeit, sich frei zu entfalten und zu leben, wie sie es möchten.

Von Bedeutung sind für Montessori auch Entwicklungsphasen des Kindes, die sie **sensible Perioden** nennt und in denen das Kind besonders empfänglich für jeweils bestimmte Lernprozesse und Umwelteinflüsse ist.

▶ Von der Geburt bis zum Alter von drei Jahren verfügt das Kind über eine gesteigerte Aufnahmebereitschaft für alle Umwelteinflüsse und Sinneserfahrungen.
▶ Von eineinhalb bis drei Jahren entwickeltes vor allem seine sprachlichen Fähigkeiten.
▶ Im Alter von eineinhalb bis vier Jahren entwickelt und koordiniert das Kind seine Muskeln und interessiert sich für Gegenstände.
▶ Die Bewegungen verfeinern sich im Alter von zwei bis vier Jahren. Nun entwickelt es eine Vorstellung von Zeit und Raum und es beschäftigt sich mit Wahrheit und Wirklichkeit.
▶ Von zwei bis sechs Jahren verfeinert sich die Wahrnehmung mit Hilfe der Sinneserfahrungen.
▶ Im Alter von drei bis sechs Jahren nimmt sich das Kind die Erwachsenen besonders gerne zum Vorbild.
▶ Mit dem Alter von dreieinhalb bis viereinhalb Jahren beginnt es zu zeichnen.
▶ Der Tastsinn und die taktile Wahrnehmung entwickeln sich im Alter von vier bis viereinhalb Jahren.
▶ Mit dem Lesen beginnt das Kind im Alter von viereinhalb bis fünfeinhalb Jahren.

Das Kind formt sich von sich aus zu dem Menschen, der es einmal sein wird, und ist damit sein eigener Baumeister. Aufgabe der Erziehenden ist es, dem Kind das richtige Material und die passende Umgebung zur Verfügung zu stellen und es gewähren zu lassen. Der Ruf des Kindes nach **Selbsthilfe** muss im Vordergrund stehen.

AUFGABEN

1. Besuchen Sie einen Montessori-Kindergarten und erkundigen Sie sich, wie dort gearbeitet wird.
2. Stellen Sie eine Ausstellung mit dem Spielmaterial von Montessori zusammen.
3. Erklären Sie, wie mit diesem Material die Selbsttätigkeit des Kindes gefördert werden kann.

Rudolf Steiner

Alles pädagogische Bemühen ruht nach Meinung des Anthroposophen Rudolf Steiner auf den folgenden Säulen:

▶ **Vorbild**,
▶ **Nachahmung**,
▶ **Rhythmus**,
▶ **Wiederholung**.

Die Anthroposophie (wörtlich: Weisheit vom Menschen) ist eine Weltanschauung, die davon ausgeht, dass der Mensch höhere geistige Fähigkeiten entwickeln und dadurch übersinnliche Erkenntnisse erlangen kann.

Rudolf Steiner

Die Anthroposophie Steiners (1861–1925) ist Bestandteil der **Waldorf-Pädagogik**, der anthroposophischen Medizin und des biologisch-dynamischen Landbaus. 1919 wurde Rudolf Steiner von dem Firmenchef der Stuttgarter Zigarettenfabrik „Waldorf-Astoria" damit beauftragt, eine Schule für die Kinder der Firmenbelegschaft zu gründen und pädagogisch zu leiten. Er hielt viele Vorträge und seine Ansätze wurden von Pädagogen und Eltern übernommen und führten zu weiteren Schulgründungen. Heute gibt es hunderte Waldorfschulen und Waldorfkindergärten in aller Welt.

Nach Steiner verbindet sich in einem Kind ein **individuelles geistiges Wesen** mit einer **physischen**, von den Eltern gespendeten **Körperlichkeit**. Diese Körperlichkeit ist aber noch sehr offen, bildsam und unfertig. Nach sechs bis sieben Lebensjahren erhalten die inneren Organe ihre endgültige Form. Danach findet im Wesentlichen nur noch Wachstum statt.

In den ersten Lebensjahren sind Kinder von ihren Sinnen abhängig. Eindrücke von außen können nach Steiner sogar den Organbildungsprozess positiv oder negativ beeinflussen.

Das kleine Kind ist aber auch ein **Willenswesen**. Vertrauensvoll nimmt es das auf, was um es herum geschieht, und ergreift es mit dem **Willen zum Nachahmen**.

In dem nachahmenden Verhalten lassen sich drei voneinander verschiedene Entwicklungsstufen bis zur Schulreife beobachten:

▶ Erste Entwicklungsstufe

Bis zum Alter von etwa $2^{1/2}$ Jahren lernt das Kind allein durch **Nachahmung**. Es lernt zu gehen, zu sprechen und erwirbt damit die Voraussetzungen für das **Denken**. Das Kind benötigt in dieser Zeit Ruhe und Konzentration, um jeden Fortschritt aus **eigener Kraft** zu vollziehen. Jedes selbst Erreichte macht es glücklich und zufrieden. Sobald das Kind laufen kann, ergreift es Gegenstände im Haushalt, mit denen es die Erwachsenen arbeiten sieht. Nicht nur Töpfe und Löffel, sondern Handfeger und Kehrschaufel nimmt es in die Hand und führt damit die Bewegungen aus, die es am arbeitenden Erwachsenen wahrgenommen hat. Das Mittun ist dabei das Entscheidende.

▶ Zweite Entwicklungsstufe

Im dritten Lebensjahr ändert sich dieses Verhalten, die Gegenstände werden **zweckentfremdet**. So kann ein Kochlöffel ein Telefonhörer oder ein kleiner runder Korb ein Topf oder ein Feuerwehrhelm sein.

Die **Fantasie** ist erwacht und bildet den Mittelpunkt des kindlichen Spieles. So ist die Puppe oder ein Stofftier nicht nur dazu da, liebkost zu werden, sondern ist zugleich ein **Lebensbegleiter**. Kummer und Sorgen werden ihm anvertraut, z. B. wenn die Mutter geschimpft hat.

Besonders geeignet für das kindliche Spiel sind **natürliche Dinge** wie Zweige und Äste, Steine oder Muscheln. Rudolf Steiner sagt, dass in ihnen ein lebendiger Bildungsprozess manifestiert ist, der die Organbildung im Kind beeinflussen und die Sinneswahrnehmung sensibilisieren kann.

Abb. Verlag am Goetheanum

Tücher sind in der Waldorfpädagogik ein Universalspielzeug. Sie werden daher in verschiedenen Größen angeboten. Sie eignen sich zum Verkleiden, zum Bauen oder zum Kuscheln.

▶ Dritte Entwicklungsstufe

Ab dem fünften Lebensjahr kommen die Impulse zum Spiel zunehmend von innen, aus der **Vorstellungswelt** des Kindes. Ereignisse der vergangenen Tage, z. B. der Besuch beim Arzt oder ein Mittagessen in einer Gaststätte, werden möglichst **lebensecht** nachgespielt. So suchen sich die Kinder geeignete Dinge aus, um eine „Arztpraxis" einzurichten. Neues Spielzeug ist für diese Altersstufe nicht erforderlich, sondern die vorhandenen Materialien können dafür verwendet werden.

Ruhender Pol für das Kind ist nach Rudolf Steiner der Erwachsene, an dem es sich orientiert. Durch ihn lernt es, dass der Mensch für den **Fortgang des Lebens** verantwortlich ist.

Der Tagesablauf im Waldorfkindergarten erfolgt in dieser Weise:

- ▶ Der Tag beginnt mit einem **Freispiel**. Die Kinder können spielen, was sie möchten.
- ▶ Kleine Lieder und Verse sowie rhythmische Spiele bilden den Übergang zum **gemeinsamen Frühstück**.
- ▶ Nach dem gemeinsamen Frühstück gibt es eine **zweite Freispielzeit**, die jetzt aber an der frischen Luft, im Park oder im Garten, stattfindet. Die Kinder können sich auch an der Gartenarbeit beteiligen.
- ▶ Zum Abschluss des Vormittages wird den Kindern **ein Märchen** erzählt oder es wird ihnen ein **Puppenspiel** vorgetragen.

AUFGABEN

1. *Vergleichen Sie den Tagesablauf dieses Kindergartens mit dem Tagesablauf des Kindergartens, in dem Sie Ihr Praktikum absolviert haben.*
2. *Vergleichen Sie die Entwicklungsstufen Steiners mit den Entwicklungsstufen Montessoris. Nennen Sie Unterschiede und Gemeinsamkeiten.*
3. *Besuchen Sie einen Waldorf-Kindergarten und erkundigen Sie sich, wie dort gearbeitet wird.*

An der Vorgehensweise Steiners wird deutlich, dass er die im Menschen schlummernden Anlagen durch gezielte Schulung entwickeln will.

Reggio-Emilia-Pädagogik

Loris Malaguzzi

Reggio Emilia ist eine Stadt in Norditalien. Durch die Initiative von Eltern entstanden nach dem zweiten Weltkrieg in Reggio Emilia Kindertagesstätten, die nach einem neuen Erziehungskonzept geführt werden sollten. **Loris Malaguzzi** übernahm die pädagogische Beratung in der Elterninitiative und entwickelte eine eigene Pädagogik. Sie fand nicht nur Anhänger in Reggio Emilia, sondern in weiten Teilen Italiens. Heute ist sie in vielen Ländern bekannt.

Im Mittelpunkt der **Reggio-Pädagogik** stehen die **Wahrnehmung des Kindes** und die **Darstellung seiner Eindrücke**. Auf vielfältige Weise versuchen die Erzieherinnen die Wahrnehmung des Kindes zu fördern. Sie machen Angebote und beobachten, wie die Kinder auf die Vielfalt der Angebote reagieren und was sie annehmen. Nicht die Kinder sollen die Erwachsenen verstehen, sondern die Erwachsenen wollen die Kinder verstehen.

Künstler und Kunstpädagogen sind in den Kindergärten angestellt, um das Kind in seinem Ausdruck zu bestärken. Dabei geht es nicht nur um Malen, Formen und Bauen, sondern auch um Bewegung, Sprache, Musik und Rollenspiel.

Spielpädagogik ist nach der Reggio Emilia-Theorie die Entwicklung vorhandener Fähigkeiten, auf denen das Kind seine vielfältigen Wahrnehmungen spielend zum Ausdruck bringt. Das Kind braucht also nicht zum Erwachsenen hin erzogen zu werden, sondern es ist von sich aus entwicklungsfähig. Allerdings benötigt es eine entsprechende Wertschätzung und einen angemessenen Rahmen, in dem es sich selbsttätig bewegen kann.

Abb. (c) Preschools and Infant-toddler Centers – Instituzione of the Municipality of Reggio Emilia, Italy, published by Reggio Children, 1996.

AUFGABEN

1. Lesen Sie ergänzende Fachliteratur zu den hier vorgestellten pädagogischen Richtungen und halten Sie darüber Referate.
2. Halten Sie die Ergebnisse der Referate in einer Wandzeitung in Ihrer Klasse fest.
3. Führen Sie eine Podiumsdiskussion zu den vier pädagogischen Richtungen durch. Laden Sie dazu Ihre Betreuerinnen aus den Kindergärten ein.

1.2.6 Pädagogisches Konzept

Die Konzepte der Tageseinrichtungen für Kinder lassen sich auch in Zeitungsanzeigen feststellen. In einer Zeitung für Fachkräfte der Sozialpädagogik waren folgende Stellenanzeigen zu lesen.

1. Beispiel:

St. Joseph-Kinderzentrum in C.

Im Juli 20.. eröffnen wir einen dreigruppigen Kindergarten. Deshalb suchen wir erfahrene Mitarbeiter/-innen:

Gesucht werden:

– *Eine Kindergartenleiterin bzw. ein Kindergartenleiter,*
– *drei Erzieherinnen bzw. Erzieher,*
– *drei Sozialassistentinnen bzw. Sozialassistenten.*

Wenn Sie interessiert sind, am Aufbau eines christlich orientierten Kindergartens mitzuwirken, bei dem christliche Grundsätze Richtschnur für das Handeln sind, dann sind Sie richtig bei uns.

Darüber hinaus möchten wir die Kinder in altersgemischten Gruppen unterbringen, um soziales Verhalten zu fördern.

Wir bieten Vergütung nach TVÖD mit den Sozialleistungen des öffentlichen Dienstes.

Bitte senden Ihre Bewerbungsunterlagen an das St.-Joseph-Kinderzentrum in C.

2. Beispiel:

DRK-Kindergarten in G.

Wir suchen zum 01. 08. 20.. folgende Mitarbeiterinnen:

2 Erzieherinnen bzw. Erzieher.

1 Sozialassistentin bzw. Sozialassistenten

Für unsere 60 drei- bis sechsjährigen Kinder suchen wir Mitarbeiterinnen, die Interesse haben, unser Konzept mit uns umzusetzen:

▶ *Mischung von Kindergruppen unterschiedlichen Alters,*
▶ *Arbeit in offenen Gruppen nach dem situationsorientierten Ansatz.*

Teilzeitarbeit ist ebenfalls bei uns möglich! Die Bezahlung erfolgt nach TVÖD.

Bitte richten Sie Ihre Bewerbung an das DRK-Zentrum in G.

3. Beispiel:

Montessori-Kindergarten in U.

Für den Montessori-Kindergarten in U. suchen wir bis spätestens zum 01. Oktober 20.. eine geeignete Gruppenleiterin sowie eine Sozialassistentin zu ihrer Unterstützung. Unser Kindergarten hat zur Zeit 4 Gruppen.

Sie sind für uns geeignet, wenn Sie in einer überschaubaren Gemeinde an der Grenze zur Schweiz arbeiten möchten. Wichtig ist, dass Sie Ihren Erziehungsauftrag aus der Sicht von Maria Montessori sehen, d. h., dass die kindliche Selbsttätigkeit und Selbsterfahrung im Mittelpunkt Ihrer Arbeit stehen. Die sinnliche Wahrnehmung muss dabei vor der begrifflichen Wahrnehmung stehen.

Die Kindergruppen sind in altersgleiche Gruppen eingeteilt. Jede Gruppe wird von einer Erzieherin und Sozialassistentin betreut. Eine gute Teamarbeit der beiden ist für uns sehr wichtig.

Die Vergütung erfolgt nach TVÖD mit den Sozialleistungen des öffentlichen Dienstes.

Wenn Sie sich für geeignet halten, richten Sie Ihre Bewerbungsunterlagen bitte an den Montessori-Kindergarten in U.

AUFGABE

Vergleichen Sie die Stellenanzeigen und nennen Sie das jeweilige Konzept der oben genannten Kindergärten.

Das Konzept einer Kindertageseinrichtung hat in der Regel drei Schwerpunkte:

▶ Ziele und deren Begründung,
▶ vorrangige oder grundlegende Methoden,
▶ evtl. Kontrollmöglichkeiten der pädagogischen Arbeit.

Das **Konzept einer Kindertageseinrichtung** kann unterschiedlich umfassend sein. Es kann sich auf wesentliche Aussagen beschränken oder detailliert dargestellt sein. Der Kern des

Konzeptes müssen aber die Ziele sein. Sie leiten sich häufig aus der Situation und dem Umfeld ab. So haben Kindergärten in kleinen Dörfern andere Konzepte und Ziele als in Städten.

In Kindergärten mit einem **kirchlichen Träger** kann es sein, dass die Kirche Konzepte entwickelt und damit die Heranführung der Kinder an den christlichen Glauben in Grundzügen festlegt. Diese Konzepte können aber nur **Rahmenbedingungen** liefern. Die Umsetzung muss das Kindergartenteam leisten.

Konzepte können innerhalb allgemeingültiger Ziele ihre **speziellen Schwerpunkte** enthalten, die sich aus ihrer jeweiligen Situation und dem Auftrag der Einrichtung ergeben. So kann eine Einrichtung für einzelne Kinder oder für Teilgruppen während eines bestimmten Zeitabschnittes besondere Ziele benennen, z. B. Vorbereiten der sechsjährigen Kinder auf den Besuch der Schule. Wichtig ist, dass die Konzepte und Ziele begründet werden, damit sie dem Team, das sie umsetzen muss, geläufig sind und es danach handeln kann.

Die **Erstellung eines Konzeptes** ist eine sehr aufwendige Aufgabe. Alle Teammitglieder müssen daran beteiligt werden, da es sich um die Festlegung der Grundzüge ihrer Arbeit handelt. Untergruppen oder einzelne Erzieherinnen können zwar Teile des Konzeptes erarbeiten, das **Gesamtteam** muss aber über die Schwerpunkte der Arbeit entscheiden und sie aufeinander abstimmen.

Ein Konzept sollte **schriftlich** festgehalten werden. So kann es jederzeit nachgelesen werden und außen stehende Personen wie Eltern, Behörden oder Praktikantinnen können sich schneller über die Einrichtung informieren. Außerdem kann festgestellt werden, ob sich Teammitglieder daran gehalten haben oder ob aus bestimmten Gründen Veränderungen erforderlich sind. Neue Mitarbeiter können in ein schriftlich festgelegtes Konzept schneller eingearbeitet werden. Missverständnisse können vermieden oder schneller ausgeräumt werden.

DEFINITION

Das **Konzept einer Einrichtung** enthält die Grundzüge der pädagogischen Arbeit und benennt deren Schwerpunkte. Es wird vom Team der Einrichtung erstellt und von Zeit zu Zeit auf seine Gültigkeit überprüft.

AUFGABEN

1. *Bringen Sie aus den Kindergärten, in denen Sie Ihre Praktika absolviert haben, die Konzepte mit und vergleichen Sie den Aufbau und die Inhalte.*

2. *Erarbeiten Sie in Gruppen Teile eines Konzeptes für einen Kindergarten. Werten Sie Ihre Ergebnisse im Plenum aus.*

1.2.7 Bildungspläne in der Kindergartenarbeit

Kindergärten haben einen Bildungsauftrag zu erfüllen. Er ergibt sich aus dem Kinder- und Jugendhilfegesetz und aus den Kindergartengesetzen der Bundesländer. In selbst erarbeiteten oder von den Trägern vorgegebenen Bildungsplänen setzen Kindergärten den von ihnen geforderten Bildungsauftrag um.

In den Bildungsplänen sind unterschiedliche Ansätze zu finden:

▶ **Orientierung an den Fächern in der Schule**
Diese Gliederung ist in den meisten Rahmenplänen zu finden. Die Vorgehensweise bezeichnet man auch als **geschlossene Planung**. Die Erzieherin plant mit der Sozialassistentin nach vorgegebenen Lernprogrammen. Das Lernen wird in Lernschritte gegliedert und durch speziell entwickelte Lernmaterialien unterstützt. Erzieherin und Sozialassistentin beobachten die Lernfortschritte der Kinder und korrigieren die Lernleistungen. Die Kinder lernen nicht das Lernen selbst, da ihnen die Lernhandlungen vorgegeben werden.

▶ **Funktionsorientierter Ansatz**
Die Funktionen (Fähigkeiten) des Kindes bieten den Ansatz für die Entwicklung von Lernzielen und Lernangeboten. Mit systematischen Lernprogrammen werden die Fähigkeiten, die das Kind für sein späteres Leben benötigt, geschult. Im Vordergrund stehen zunächst **kognitive Fähigkeiten**, wie Wahrnehmung, Zuordnung, Herstellung von Beziehungen oder Begriffsbestimmungen. Für andere Lernbereiche, wie das **soziale Lernen** oder die **Weiterentwicklung der motorischen Fähigkeiten** gibt es Hilfen und Hinweise.

So werden fünf- bis sechsjährige Kinder mit Hilfe von Vorschulmappen angeleitet, feinmotorische Voraussetzungen für das

Schreibenlernen, etwa durch Schwungübungen, zu entwickeln. In einem systematischen Aufbau, meist vom Leichten zum Schwierigen, werden die ausgewählten Fähigkeiten mit der Kindergruppe geübt.

Solche funktionsorientierten Programme sind heute noch in den Kindergärten üblich. Die Vorgehensweise wird als geschlossene Planung bezeichnet, da nach vorgegebenen Programmen gearbeitet wird und die Wünsche der Kinder weitgehend unberücksichtigt bleiben.

▶ Der Ausgang von der Lebenssituation des Kindes – situationsorientierter Ansatz

Bei dieser Vorgehensweise setzen die verschiedenen Fachbereiche der Kindergärten an der Lebenssituation der Kinder an:
– Geburtstage der Kinder werden berücksichtigt,
– auf die Jahreszeiten wird Rücksicht genommen,
– Feier- und Festtage gehören zum Kindergartenprogramm.

Ein mitbestimmender Faktor bei der Planung ist die soziale Entwicklung des Kindes. Wenn diese bei einzelnen Kindern verzögert ist, wird durch Gespräche oder gezielte Aufgabenstellung nachgeholfen. Diese Planung wird auch als **offene Planung** bezeichnet, da die Ideen der Kindergruppe mit in die Planung einbezogen werden.

Der situationsbezogene Ansatz entstand, als sich Kindergartenpädagogen gegen die geschlossene Planung mit ihren verschulten Inhalten und Methoden wehrten. Als Gegenströmung gegen die Verschulung der Kindergärten wurde nach Wegen gesucht, lebensnahes Lernen in den Mittelpunkt zu stellen und wissenschaftlich zu begründen. Gleichzeitig sollte das Kind in seinen eigenen Lernanreizen und Motivationen bestärkt werden.

Von der Arbeitsgruppe „Vorschulerziehung" des Deutschen Jugendinstitutes in München unter der Leitung von Jürgen Zimmer wurde das situationsorientierte Vorgehen Anfang der siebziger Jahre entwickelt und begründet.

Heute empfehlen die meisten Sozial- und Kultusministerien in den Bundesländern eine offene und situationsorientierte Vorgehensweise.

Beim Vorgehen nach dem situationsbezogenen Ansatz kann auf eine konkrete Situation der Kinder eingegangen werden. Der situationsbezogene Ansatz bietet die Möglichkeit:
– an die Interessen des Kindes bzw. der Gruppe anzuknüpfen und auf aktuelle Ereignisse flexibel einzugehen,
– die erlebnis-, gedanken- und handlungsbezogene Lernweise des Kindes zu berücksichtigen,
– auf den vorhandenen Erfahrungsbereich aufzubauen,
– Defizite durch entsprechende kompensatorische Maßnahmen abzubauen,
– die unterschiedlichen Erfahrungen, Erlebnisse der Kindes für die Kommunikation zu nutzen,
– den Kindern angemessene Hilfen zur Verarbeitung von Konflikten zu geben,
– dem einzelnen Kind Anregungen anzubieten, ihm andererseits den Freiraum zu lassen, jeweils seine Absichten und Möglichkeiten im Rahmen seiner Fähigkeiten zu verwirklichen.

Wichtig ist, dass die Erzieherin mit der Sozialassistentin aus der großen Anzahl von Lernangeboten das heraussucht, was für die Kinder angemessen ist.

Untersuchungen haben ergeben, dass sich Kinder in Kindergärten mit einer offenen Planung wohler fühlen als in einer geschlossenen, da sie sich aktiv an der Programmgestaltung beteiligen können.

MERKSATZ

Sozialpädagogische Einrichtungen sollten ihre Planung **so offen wie möglich** und **so geschlossen wie nötig** gestalten, damit die Kinder die Möglichkeit haben, ihre Ideen in das Programm einzubringen.

AUFGABE

Welche pädagogischen Konzepte lassen sich in den nachfolgenden Texten erkennen?

Kindergarten I

Schon draußen an den Fensterscheiben ist zu erkennen, dass das Thema „Ostern" aktuell ist. Bilder von Osterhasen und Eiern sind im Eingangsbereich aufgehängt. Die Kinder durften die Osterhasen und Ostereier nicht so gestalten, wie sie es wollten, sondern die Erzieherin und die Sozialassistentin haben die Hasen und Eier aus weißem Papier ausgeschnitten und von den Kindern anmalen lassen und dabei auf sorgfältiges Arbeiten geachtet. „Es ist wichtig, dass die Kinder von klein auf an ordentliches Anmalen gewöhnt werden", meint die Erzieherin. Die Sozialassistentin nickt zustimmend. Nun bilden die Osterhasen und -eier einen bunten Fries im Eingangsbereich des Kindergartens. In den Gruppenräumen sollen ebenfalls Osterhasen und Ostereier an den Wänden aufgehängt werden. Daher erhalten die Kinder von der Erzieherin und Sozialassistentin den Auftrag, weitere Osterhasen und Ostereier anzumalen, obwohl sie keine Lust mehr haben.

Gegen Mittag bittet die Erzieherin die Kinder, sich zu einem Stuhlkreis zusammen zu setzen. Die Sozialassistentin hat die Aufgabe, ein Gespräch über Vögel zu beginnen. Die Kinder erfahren, dass es Vögel gibt, die im Herbst in den Süden ziehen und Vögel, die den Winter über in Deutschland bleiben. Obwohl noch nicht alle Zugvögel zurückgekehrt sind, stimmt die Erzieherin das Lied „Alle Vögel sind schon da!" an. Die Kinder singen mit.

Kindergarten II

Die Kinder treffen nach und nach ein. Obwohl es Frühling ist, haben einige Kinder kalte Hände, weil sie ihre Handschuhe zu Hause liegen gelassen haben. Die Sozialassistentin macht eine Bemerkung über kalte Hände. Die Kinder und Sozialassistentin stellen gemeinsam fest, wie unangenehm kalte Hände sind und dass es besser ist, warme Hände zu haben. Sie fassen sich gegenseitig an den Händen an, um festzustellen, wie sich warme oder kalte Haut anfühlt. Dann gehen sie zusammen nach draußen und beobachten die Vögel, die auf den Bäumen und Büschen sitzen, und hören sich das Gezwitscher an. Schließlich meint eines der Kinder: „Viele Vögel fliegen im Herbst in den Süden und im Frühjahr sind sie wieder da!" An einer Bildtafel mit Vögeln stellen die Kinder mit Unterstützung der Sozialassistentin fest, welche Vögel das jeweils sind.

Plötzlich meint ein Kind: „In 14 Tagen ist Ostern. Können wir nicht irgendetwas basteln, was mit Ostern zusammen hängt!" Auf die Frage der Sozialassistentin, was sie denn basteln möchten, schlagen die Kinder Osterhasen und -eier vor.

Gegen Mittag kommen die Kinder auf die Beobachtung der Vögel am Morgen zurück. Ein Kind meint ganz aufgeregt: „Ich kenne ein Lied mit Vögeln." Die Erzieherin bittet sie, das Lied anzustimmen. Bald kennen alle Kinder das Lied: „Kommt ein Vogel geflogen!"

1.2.8   Planung der Erziehungsarbeit nach dem situationsorientierten Ansatz

Die Erzieherin muss die individuelle Situation jedes Kindes kennen, um den situationsbezogenen Ansatz in ihrer pädagogischen Arbeit umsetzen zu können. Dazu gehört die **Auswertung der Daten**, die über die Kinder und ihre familiären Verhältnisse bekannt sind. Durch Beobachtung der Kinder und Analysen von Gesprächen mit den Kindern und den Eltern kann die Erzieherin zu weiteren Daten kommen. Diese Informationen sind die Grundlage für die Auswahl der Angebote und die Strukturierung der Erziehungsarbeit.

Alle Erlebnisbereiche der Kinder sollten zu den Inhaltsbestimmungen für die pädagogische Arbeit beitragen. Dazu gehören:

LF 1

- ▶ **die Familie:** Eltern, Kindern, Geschwistern, Großeltern, usw.,
- ▶ **die mitmenschliche Umwelt:** Nachbarschaft, befreundete Kinder und Spielkameraden aus dem Kindergarten u. a.,
- ▶ **die gesellschaftliche Umwelt:** Geschäfte, öffentliche Einrichtungen, Arbeitsbereiche der Eltern usw.,
- ▶ **die Natur:** Pflanzen, Tiere, Witterung, Naturereignisse, Jahreszeiten usw.,
- ▶ **die Technik:** Haushaltsgeräte, Radio, Fernsehen, Telefon, Handwerkszeug usw.,
- ▶ **die Kultur:** Bücher, Musik, Mode, Raumgestaltung, usw.
- ▶ **der religiöse** bzw. **weltanschauliche Wert- und Lebensbereich** des Elternhauses.

Die Arbeitsplanung beginnt mit einer **Situationsanalyse**, die den konkreten Bezug zu den Erlebnisbereichen des Kindes und zu den angestrebten Lernzielen herstellt. Dabei ist zu prüfen, ob die kindliche Persönlichkeit hinreichend berücksichtigt wird und ob keine einseitigen rationellen Kenntnisse vermittelt werden.

Auf der Grundlage des situationsbezogenen Ansatzes wird eine für alle Kinder erlebbare und bedeutsame Situation beispielhaft herausgestellt und schrittweise erarbeitet (siehe dazu Lernen in Lernsituationen).

Im Verlauf der Arbeit muss ebenfalls geprüft werden, ob die Aspekte der kindlichen Persönlichkeit wie das Emotionale, das Motorische, das Kognitive und das Soziale angemessen zur Geltung kommen.

MERKSATZ

Der situationsbezogene Ansatz orientiert sich an den Interessen des Kindes. Dabei wird eine für das Kind bedeutsame Situation schrittweise erarbeitet.

AUFGABEN

1. *Planen Sie mit Ihrer Klasse ein Kinderfest nach dem situationsbezogenen Ansatz.*
2. *Setzen Sie die Planung mit den Gruppen eines Kindergartens um und werten Sie Ihre Arbeit aus.*

1.2.9 Aufgabenteilung und Teamarbeit der Mitarbeiterinnen

FALLBEISPIEL

Nach einem achtwöchigen Aufenthalt im Kindergarten berichten die Schülerinnen der ersten Klasse des Bildungsganges Sozialassistenz voller Begeisterung von dieser Zeit und den vielen Erlebnissen mit den Kindern. Schließlich meint Sabrina, eine der älteren Schülerinnen in der Klasse, voller Überzeugung: „Besonders schön war es, dass wir wie voll ausgebildete Mitarbeiterinnen aufgenommen und in das Planungsteam mit einbezogen wurden. An einem Elternabend hat mich eine Mutter gefragt, wie lange ich schon in diesem Kindergarten arbeiten würde. Sie würde mich noch gar nicht kennen. Daraufhin habe ich ihr mitgeteilt, dass ich nur eine Praktikantin sei." „Das war bei mir ähnlich", fügt Paul, ein jüngerer Mitschüler, hinzu, „ein Ehepaar hat meinen guten Kontakt zu seiner Tochter gelobt. Genau wie Du, Sabrina, fand ich die Zusammenarbeit im Team klasse!"

AUFGABEN

1. *Bewerten Sie die Zusammenarbeit des Teams in dem Kindergarten, in dem Sie Ihr Praktikum gemacht haben.*
2. *Nennen Sie Gründe dafür, wenn die Zusammenarbeit nicht Ihren Vorstellungen entsprach.*

Die Arbeit in Tageseinrichtungen für Kinder erfordert eine Vielzahl von Fähigkeiten und Fertigkeiten. Eine wirksame Kindergartenarbeit setzt sowohl ein arbeitsteiliges Vorgehen als auch eine intensive Zusammenarbeit aller in der Einrichtung tätigen Mitarbeiterinnen voraus. Am besten geeignet ist die Teamarbeit, die einerseits klare Strukturen für jede Mitarbeiterin aufzeigt, andererseits aber die Möglichkeit einer flexiblen Arbeitsteilung beinhaltet. Teamarbeit kann nicht von einem auf den anderen Tag gelernt werden, sondern ein längerer Prozess ist erforderlich, in dem jede Mitarbeiterin Entwicklungsmöglichkeiten haben muss, die ihren Fähigkeiten entsprechen.

Die tatsächliche Aufgabenteilung ist abhängig von:

▶ den trägerspezifischen Anforderungen, die in den unterschiedlichen Dienstanweisungen der freien und kommunalen Träger fest gehalten sind,
▶ den jeweiligen Gegebenheiten vor Ort, wie z. B. das soziale Umfeld und die Art der Einrichtung.

Die Gruppe bedeutet für die Kinder die Ausgangs- und Rückzugsebene. In ihr fühlen sie sich geborgen und sicher, eine Art Zuhause im Kindergarten. Für jede Gruppe ist daher eine **Erzieherin** als ständige Bezugsperson notwendig. Darüber hinaus muss eine **Zweitkraft** mindestens zeitweise in jeder Gruppe vorhanden sein. Die Zweitkraft wird in vielen Fällen durch die Sozialassistentin gestellt.

Folgende **Aufgaben** ergeben sich aus der Erziehungstätigkeit in der Gruppe:

1. **Analyse und Auswertung** von Erziehungsbedingungen und Lernvoraussetzungen, z. B. durch Wahrnehmen der körperlichen und seelischen Bedürfnisse, Interessen, Lernfähigkeiten der einzelnen Kinder und der Gruppe,

2. **Planung und Durchführung** der Ziele und Inhalte für die Kinder, Auswahl von ziel- und inhaltsbezogenen Methoden, Mitteln und Materialien oder Erarbeiten differenzierterer Angebote für die Kinder,

3. **Gestaltung der Erziehungspraxis** durch eine situationsbezogene und flexible Durchführung von Angeboten, Förderung der Kinder beim Spiel sowie Ergänzung und Pflege des Spiel- und Beschäftigungsmaterials.

4. **Zusammenarbeit mit anderen Personengruppen**, z. B. Eltern, Träger der Einrichtung, Kindergartenrat oder Praktikantinnen.

Die **Aufgabe der Zweitkraft** besteht darin, die Gruppenerzieherin zu unterstützen und zu entlasten. Sie wirkt bei der Planung der Erziehungsarbeit mit, assistiert bei der Erziehungspraxis und kann bei den anfallenden hauswirtschaftlichen Arbeiten eingesetzt werden.

Die **Leiterin** trägt die Hauptverantwortung für die Einrichtung. Sie muss daher umfassende Kenntnisse über die Situation in den Gruppen haben, Kontakte zu den Kindern und Eltern pflegen sowie wissen, wie sie ihre Mitarbeiterinnen einsetzt.

Sie muss in der Lage sein:

▶ mit ihren Mitarbeiterinnen pädagogische Konzepte auszuarbeiten,
▶ die Mitarbeiterinnen bei der Erziehungstätigkeit zu unterstützen,
▶ mit den Mitarbeiterinnen für eine sinnvolle und aufgabengerechte Raum- und Materialausstattung und deren zweckmäßige Nutzung zu sorgen,
▶ bei der Ausbildung von Praktikantinnen mit den zuständigen Schulen zu kooperieren,
▶ gesetzliche Bestimmungen, Verwaltungs- und sonstige Vorschriften umzusetzen,
▶ eine Zusammenarbeit mit dem Träger und den Elterngremien zu entwickeln,
▶ mit anderen Einrichtungen, z. B. Grundschulen, Jugendamt, Gesundheitsamt zusammenzuarbeiten,
▶ die Einrichtung nach außen hin zu repräsentieren.

Wichtig ist, dass die Leiterin Vertrauen zu ihren Mitarbeiterinnen aufbaut und in der Lage ist, ausgleichende Hilfestellungen zu geben.

MERKSATZ

Eine gute Kindergartenarbeit ist abhängig von:

▶ einer **engen Zusammenarbeit** der Mitarbeiterinnen in einer Einrichtung,
▶ **vertrauensvollen Kontakten** zu den Eltern, dem Träger der Einrichtung und zu den mit der Einrichtung verbundenen Institutionen.

Eine gute Kindergartenarbeit kann entstehen, wenn sich die Leiterin, Erzieherinnen, Zweitkräfte und der Träger der Einrichtung regelmäßig treffen und alle Fragen und Probleme **miteinander besprechen**. Sinnvoll ist auch die gemeinsame Planung der anfallenden Arbeiten. Fachzeitschriften und eine fachlich orientierte Handbücherei können Anregungen und Hilfen für die tägliche Arbeit geben.

Themen der **Arbeitsbesprechungen** können sein:

LF 1

▶ **Arbeitsplanung**, z. B. für das kommende Halbjahr,
▶ **Auswertung der Arbeit**, z. B. nach einem Kinderfest.
▶ **Diskussion pädagogischer Grundlagen**, z. B. über den situationsbezogenen Ansatz,
▶ **Austausch von Verhaltensbeobachtungen** bei den Kindern,
▶ **Austausch über Problemfälle** bei den Kindern,
▶ **Festlegung formaler und organisatorischer Voraussetzungen** für die pädagogische Arbeit (Gesetze, Verordnungen, Richtlinien, Finanzfragen...)
▶ **Gespräch über mögliche Formen der Elternarbeit**, z. B. bei der Gestaltung eines Kinderfestes
▶ **Entwicklung von Möglichkeiten der Zusammenarbeit mit der Grundschule**,
▶ **Austausch über aktuelle bildungspolitische Tendenzen** und deren Konsequenzen für die zukünftige Arbeit.

Arbeitsbesprechungen tragen dazu bei, die Kommunikation zu verbessern und Spannungen untereinander abzubauen. Daher ist eine demokratische Vorgehensweise bei der Durchführung der Arbeitsbesprechungen erforderlich, z. B. durch einen Wechsel der Gesprächsleitung oder durch die gemeinsame Aufstellung der Tagesordnung.

In großen Kindergärten sind gruppeninterne Arbeitsbesprechungen sinnvoll.

AUFGABEN

1. Wie waren die Kontakte des Kindergartens, in dem Sie Ihr Praktikum gemacht haben, zu den Eltern, dem Träger der Einrichtung und zur Grundschule?
2. Erläutern Sie Beispiele für die aktive Mitarbeit der Eltern im Kindergarten.

1.2.10 Zusammenarbeit mit den Eltern

FALLBEISPIEL

Herr und Frau Meyer bringen ihre Tochter Ida zum ersten Mal in den Kindergarten. Alle drei sind gleich aufgeregt. Nach einer Weile des Schweigens meint Herr Meyer: „Frau Bergmeister, die Leiterin des Kindergartens, machte zwar einen sehr aufgeschlossenen Eindruck, aber Ida hat nicht direkt mit ihr zu tun. Eine der Erzieherinnen wird sich um Ida kümmern." „Mir gefielen die Erzieherinnen und Sozialassistentinnen ebenfalls sehr gut", fügt Frau Meyer hinzu, „daher hoffe ich, dass Ida eine schöne Zeit im Kindergarten haben wird!" „Wenn uns etwas nicht gefällt", meint Herr Meyer nachdenklich, „können wir es am Elternabend oder im Gespräch mit Frau Bergmeister äußern." „An Beschwerden sollten wir noch nicht denken", erwidert Frau Meyer, „sondern wir sollten uns freuen, dass unsere Ida einen Kindergartenplatz bekommen hat. Das war gar nicht so einfach." Voller Erwartung betreten alle drei den Kindergarten.

AUFGABEN

1. Beurteilen Sie die Aussagen von Herrn und Frau Meyer.
2. Welche Möglichkeiten haben Eltern, auf die Arbeit im Kindergarten Einfluss zu nehmen? Berichten Sie über Ihre Erfahrungen während Ihres Praktikums.

Im Kindergarten gibt es viele Möglichkeiten der Zusammenarbeit mit den Eltern. Die gemeinsame Verantwortung der Eltern und der Erzieherinnen für die Entwicklung der Kinder wird als **Erziehungspartnerschaft** bezeichnet. Wie weit davon Gebrauch gemacht wird, hängt ab von

▶ der jeweiligen Kindergartensituation,
▶ der Bedürfnislage der Eltern,
▶ den Fähigkeiten der Erzieherinnen und Sozialassistentinnen,
▶ den Zielsetzungen der Erziehungspartnerschaft.

Grundsätzlich soll die Erziehungspartnerschaft eine Hilfe für die Entwicklung des einzelnen Kindes sein. Jeder Kindergarten muss für sich entscheiden, welche Formen der Elternarbeit notwendig und durchführbar sind. Von der Zusammensetzung der Elternschaft hängt auch die Mitarbeit ab. So werden Eltern, die beruflich oder privat stark belastet sind, wenig Zeit für Angelegenheiten des Kindergartens haben. Konkret beginnt die Erziehungspartnerschaft mit dem Aufnahmegespräch.

Das **Aufnahmegespräch** wird geführt, sobald über die Aufnahme eines Kindes entschieden worden ist. Es kann im Kindergarten oder im Elternhaus stattfinden. Den Eltern werden Bedingungen, die mit dem Kindergartenbesuch verbunden sind, mitgeteilt. Sie werden, z. B. über den Tagesablauf, Zielsetzungen der pädagogischen Arbeit oder über Mitwirkungsgremien der Eltern, unterrichtet.

Einzelgespräche können zu bestimmten, für diesen Zweck festgesetzten Zeiten oder auch auf Grund einer sich spontan ergebenden Situation zwischen Gruppenerzieherinnen, evtl. der Leiterin des Kindergartens und den Eltern stattfinden. Besonders bei verhaltensauffälligen Kindern oder wenn Sprachstörungen vorliegen, ist die enge Abstimmung mit den Eltern erforderlich. Darüber hinaus gibt es folgende Möglichkeiten, die Eltern in das Geschehen im Kindergarten einzubinden:

▶ **Spielnachmittage** für Eltern und Kinder,
▶ **Hospitation** von Eltern im Kindergarten,
▶ **gemeinsame Feste**, Ausflüge, Theaterbesuche für Eltern und Kinder,
▶ **Wochenendfreizeiten** für Eltern und Kinder,
▶ **Mitarbeit** der Eltern im Eltern- und Kindergartenrat,
▶ **praktische Mitarbeit** der Eltern,
▶ **Arbeitsgemeinschaften** zu bestimmten Fragestellungen, z. B. Sexualität, Spielerziehung.

Dem Einfluss der Eltern sind Grenzen gesetzt, wenn Anforderungen unrealistisch sind oder den pädagogischen Erkenntnissen nicht entsprechen. Grundsätzlich ist die Mitsprache der Eltern positiv zu bewerten. Sie trägt entscheidend dazu bei, die Arbeit in den Kindergärten zu fördern.

MERKSATZ

Die Erziehungspartnerschaft mit den Eltern ist nicht nur eine Hilfe zur Förderung des einzelnen Kindes, sondern trägt entscheidend dazu bei, die Arbeit im Kindergarten zu beleben und weiter zu entwickeln.

Abb. Morgenstern

AUFGABEN

1. *Erstellen Sie einen Fragebogen, in dem Sie Eltern nach den Erfahrungen mit dem Kindergarten befragen.*
2. *Setzen Sie diesen Fragebogen nach Rückfrage bei der Kindergartenleiterin während Ihres Praktikums ein.*

1.2.11 **Zusammenarbeit mit der Grundschule und anderen Institutionen**

Die Zusammenarbeit zwischen dem Kindergarten und der Grundschule ist zwingend erforderlich, um Kindern einen problemlosen Übergang in die Schule zu ermöglichen. Wichtig ist, dass jeder etwas von der Arbeit des anderen weiß.

Dazu bieten sich folgende **Formen der Zusammenarbeit** an:

▶ Teilnahme der Erzieherinnen an Konferenzen der Grundschule und umgekehrt,
▶ gegenseitige Hospitationen,
▶ Veranstaltungen mit Eltern, Erzieherinnen und Lehrerinnen im Kindergarten und in der Grundschule,

▶ Fortbildungsangebote der Verbände der Öffentlichen und Freien Wohlfahrtspflege, der Jugendämter und Landesjugendämter zu besonderen Fragen des Übergangs vom Kindergarten in die Grundschule für Erzieherinnen und Lehrerinnen

▶ Organisation von und Teilnahme an gemeinsamen Aktivitäten des Kindergartens und der Grundschule

Bei Problemen innerhalb der Zusammenarbeit zwischen dem Kindergarten und der Grundschule aufgrund institutioneller und organisatorischer Bedingungen, sollten diese mit den Fachberatern des zuständigen Spitzenverbandes diskutiert werden. Für die Grundschule ist die Schulaufsichtsbehörde anzusprechen.

In einigen Gemeinden wurde eine Arbeitsgruppe „Kindergarten und Grundschule" eingerichtet. Auch dort können Möglichkeiten der Zusammenarbeit erörtert werden.

Erzieherinnen und Lehrerinnen müssen sich aus folgenden Gründen die Situation des Kindes im Kindergarten bzw. in der Schule verdeutlichen:

▶ Die Vorbereitung des Kindes auf die Schule kann situationsorientiert erfolgen, wenn die Erzieherin für möglicherweise auftretende Probleme sensibilisiert ist.

▶ Kinder müssen in ihrer Persönlichkeit stabilisiert werden, um mit den neuen Anforderungen in der Grundschule fertig zu werden.

▶ Die Kontinuität im Umgang mit den Kindern muss erhalten bleiben.

▶ Eltern müssen für kontinuierliche Erziehungsprozesse Verantwortung mit übernehmen.

Bei allen Bemühungen um eine gute Zusammenarbeit von Kindergarten und Grundschule ist zu berücksichtigen, dass das Zusammenwirken zwischen Erzieherinnen und Eltern im Kindergarten sowie zwischen Lehrerinnen und Eltern in der Grundschule die Basis der Arbeit in beiden Institutionen darstellt und damit auch für die Zusammenarbeit von Kindergarten und Grundschule grundlegend ist.

Abb. Nühs

MERKSATZ

Die Grundlage für die Bildungsarbeit im Kindergarten und in der Grundschule wird durch gute Zusammenarbeit beider Einrichtungen gelegt.

AUFGABE

Erstellen Sie eine Mind-Map zu dem Thema: Zusammenarbeit von Kindergarten und Grundschule.

1.2.12 Alternativen zum herkömmlichen Kindergarten

Neben dem Waldorfkindergarten stellen von Elterninitiativen gegründete Tagesstätten, altersgemischte Familiengruppen und Kindergemeinschaftsgruppen, integrative Kindergärten sowie Schulkindergärten und Vorklassen Alternativen zum herkömmlichen Teilzeit- oder Ganztagskindergarten dar. Für Mitarbeiterinnen dieser Tageseinrichtungen ist es unerlässlich, dass sie sich mit dem jeweiligen pädagogischen Konzept identifizieren können.

Von Elterninitiativen gegründete Tagesstätten

Tageseinrichtungen, die auf Initiative von Eltern gegründet wurden, verfolgen häufig einen **eigenen pädagogischen Ansatz**. Oft bilden sich Elterninitiativen, wenn die Kinder keinen Krippen- oder Kindergartenplatz finden.

Die Eltern sind zugleich Träger der Einrichtung: Sie übernehmen die Finanzierung, stellen das Personal ein und legen die pädagogische Grundrichtung des Kindergartens fest. Für die praktischen Arbeiten, wie Kochen, Raumpflege und Einkaufen, sind sie noch zusätzlich verantwortlich.

Die Kindergruppe weist häufig eine größere **Altersspanne** auf, sie kann von 0 bis 6 Jahren reichen. Die Erzieherinnen müssen sich auf diese Situation einstellen und eventuell die Gruppe noch einmal entsprechend dem Alter aufteilen.

Die **Räumlichkeiten und das Spielmaterial** sind in den meisten Einrichtungen wenig aufwendig. Das liegt an den begrenzten finanziellen Mitteln aber auch an der pädagogischen Einstellung, Kinder nicht mit Spielzeug zu überlasten. Dafür wird die Beschaffenheit des Spielmaterials kritisch unter die Lupe genommen und auf Stabilität besonderer Wert gelegt.

Vollwerternährung wird in den meisten Fällen gegenüber der üblichen Ernährung bevorzugt.

DEFINITION

In von Elterninitiativen gegründeten Tagesstätten sorgen die Eltern für die Finanzen, stellen das Personal ein und bestimmen die pädagogische Zielsetzung.

AUFGABE

Stellen Sie fest, ob es in Ihrer Stadt eine von Eltern gegründete Einrichtung für Kinder gibt und erkundigen Sie sich nach den pädagogischen Zielen der Einrichtung.

Altersgemischte Familiengruppen und Kindergemeinschaftsgruppen

In den letzten Jahren wurde in **Modellversuchen** bei öffentlichen und kirchlichen Trägern versucht, Kinder in der Altersstufe von 0 bis 16 Jahren in Gruppen zusammenzufassen. Die Versuche haben unterschiedliche Namen wie Familiengruppe, Gemeinschaftsgruppe, Orte für Kinder oder Kindergemeinschaftshaus.

Kinder erhalten in einer Gruppe mit einer großen Altersspanne **große Lernanreize** im emotionalen Bereich. Sie sammeln wesentlich intensivere Erfahrungen als in einer gleichaltrigen Gruppe, da sie sich mit den Problemen der älteren bzw. kleineren Kinder noch zusätzlich auseinandersetzen.

Die Erzieherin oder Sozialassistentin kommt in dieser Gruppe nur zurecht, wenn sie eine **differenzierte Vorgehensweise** wählt, die allen Altersstufen gerecht wird. Die Familiengruppen sind daher kleiner als die Kindergartengruppen und werden meistens von zwei Fachkräften betreut. Das Zusammenleben der verschiedenen Altersstufen bringt vielseitige Anregungen, verlangt aber auch **gegenseitige Rücksichtnahme**, besonders der älteren Kinder gegenüber den jüngeren. Von der Erzieherin und Sozialassistentin ist gründliches Beobachten und sensibles Vorgehen gefordert.

MERKSATZ

Familiengruppen mit einer großen Altersspanne bringen den Kindern vielfältige Lernanreize und fordern von den Betreuerinnen eine differenzierte Vorgehensweise, um den verschiedenen Altersstufen gerecht zu werden.

AUFGABE

Nennen Sie Probleme, die bei der Betreuung von Kindergruppen mit einer großen Altersspanne auftreten können.

Abb. Nühs

Integrative Kindergärten

Die gemeinsame Betreuung von Kindern mit und ohne Behinderungen gibt es seit einigen Jahren. Erfahrungen beweisen, dass das Zusammenleben für beide Seiten Vorteile hat. Kinder mit speziellem Förderbedarf versuchen sich an Kindern ohne Behinderung zu orientieren und Kinder ohne Behinderung entwickeln ein Sozialgefühl für Menschen, die ihrer Hilfe bedürfen. Auch hier dürfen die Gruppen nicht zu groß sein.

Voraussetzung für die Zusammenarbeit ist die **Offenheit** der Erzieherin und Sozialassistentin für die **Probleme der Kinder mit speziellem Förderbedarf**. Pädagogische Fachkräfte müssen mit Sensibilität und einer genauen Beobachtungsgabe die Fähigkeiten der Kinder erkennen und dürfen nicht außer acht lassen, dass sie in manchen Bereichen genauso kompetent sind wie Kinder ohne Behinderung.

Kindern mit speziellem Förderbedarf gegenüber dürfen sich die Erzieherin und die Sozialassistentin nicht zu nachgiebig verhalten, sondern sie müssen sie im Rahmen ihrer **Fähigkeiten fördern**.

Menschen mit Behinderungen müssen als eigenständige Persönlichkeiten akzeptiert werden. Überbehütung und Überfürsorge haben, wie bei allen Menschen, Bequemlichkeit, Unselbstständigkeit und überhöhtes Anspruchsdenken zur Folge. Ziel jeder Förderung und Hilfe ist es, dass erlernt wird, sich soweit wie möglich selbst zu helfen.

MERKSATZ

Das Zusammenleben von Kindern mit und ohne Behinderungen führt zur Rücksichtnahme und gegenseitigem Verständnis.

AUFGABEN

1. Bereiten Sie den Besuch eines integrativen Kindergartens vor. Welche Vorüberlegungen müssen Sie anstellen?
2. Erstellen Sie eine Checkliste über mögliche Fragen an die Erzieherinnen.

Schulkindergärten und Vorklassen

Schulpflichtige aber nicht schulfähige Kinder werden in einem Schulkindergarten aufgenommen. In einem Jahr sollen sie so weit gefördert werden, dass sie am Unterricht in der ersten Klasse der Grundschule teilnehmen können. In einigen Schulen gibt es Vorklassen, die von allen Kindern vor dem Schulbeginn besucht werden. Der Schulunterricht wird spielerischer begonnen und die Kinder haben zwei Jahre Zeit, das Pensum der ersten Klasse zu erlernen.

Die Bezeichnungen für Schulkindergärten mit Vorklassen sind in den einzelnen Bundesländern sehr unterschiedlich.

1.3   Kinderhort

FALLBEISPIEL

Am Mittag in einem Kinderhort

„Das war vielleicht blöd in der Schule", sagt Matthias und ist noch ganz verärgert über alles, was geschehen ist. „Was war denn?", fragt die Erzieherin voller Anteilnahme. „Morgens hatte ich Streit mit Tim, er wollte meine Matheaufgaben abschreiben – und das sah ich nicht ein. Schließlich hat Louisa sie ihm gegeben. Beim Vokabeltest in Englisch habe ich Frank eine Vokabel vorgesagt und prompt hat mir der Englischlehrer, Herr Lehmann, eine Fünf angeschrieben. Zu guter Letzt musste ich in der Pause feststellen, dass ich mein Pausenbrot nicht mitgenommen hatte und auch kein Geld in der Tasche hatte, um mir ein Brötchen beim Hausmeister zu kaufen. Anne-Kathrin hat mir das Geld ausgeliehen, aber nur, wenn sie morgen meine Matheaufgaben abschreiben darf. Das finde ich überhaupt nicht gut, sie soll sich selbst bei der Mathematik anstrengen, denn sie kann es." „Da ist heute ja viel passiert", erwidert die Erzieherin, „du hast doch trotzdem alles ganz gut auf die Reihe bekommen bis auf die Fünf in Englisch. Aber bis zu den Zeugnissen ist noch genug Zeit, die Fünf wieder auszugleichen." Beruhigt setzt sich Matthias auf seinen angestammten Platz am Ende des Tisches hin. Nach

Matthias erzählen die anderen Kinder, was sie erlebt haben.
Nachdem jeder seine Sorgen mitgeteilt hat, gibt es Mittagessen. Danach sind die Hausaufgaben angesagt und schließlich bleibt noch etwas Zeit zum Spielen in der frischen Luft.

AUFGABEN

1. Besuchen Sie einen Kinderhort und berichten Sie von den nachmittäglichen Aktivitäten der Kinder.
2. Nennen Sie Gründe dafür, dass sich die Erzieherin zunächst die Sorgen der Kinder anhört.

Der Hort ist eine außerschulische und familienergänzende Einrichtung für **Kinder im Schulalter** außerhalb der Unterrichtszeiten. Hauptsächlich wird die Hortbetreuung von Kindern berufstätiger Eltern in Anspruch genommen.

Abb. Nühs

Die Horte entstanden im 18. und 19. Jahrhundert während der Industrialisierung als **Bewahranstalten** und **Arbeitsschulen**. Die Kinder der Fabrikarbeiter wurden hier mit Werk- und Handarbeiten beschäftigt, damit sie nicht auf der Straße verwahrlosten, da ihre Eltern meistens beide in der Fabrik arbeiten mussten. Zielsetzung des Hortes bestand darin, ihnen eine strenge Arbeitshaltung beizubringen.

Die Kinder besuchen den Hort nach dem Unterricht, manchmal auch schon morgens vor Schulbeginn sowie in den Ferien. Sie erhalten eine **warme Mahlzeit**, werden bei den **Hausaufgaben** betreut und können an **Freizeitaktivitäten** teilnehmen.

Das Leben im Kinderhort unterscheidet sich deutlich vom Schulleben. Während das Verhalten der Kinder in der Schule nach vorgegebenen Regeln erfolgen muss, haben die Kinder im Kinderhort nach der Erledigung der Schularbeiten die Möglichkeit, sich frei zu entfalten.

Die Aufgabe der Erzieherin und der Sozialassistentin besteht darin, sich in die unterschiedlichen Unterrichtsinhalte einzuarbeiten, um den Kindern bei den Schularbeiten helfen zu können. Meistens sind die Kinder mit ihren Schularbeiten so stark beschäftigt, dass für das Spiel und die **Freizeitangebote** nur noch wenig Zeit bleibt. Obwohl sie im Hort mehr Freiraum haben als in der Schule, leben sie dennoch in einer Gruppe und müssen **Gruppenregeln** einhalten. Das Verlangen der Kinder nach Rückzug und nach individueller Tätigkeit ist oft sehr groß. Allgemein ziehen die Kinder es vor, ohne Anleitung im Freien zu spielen oder sich in die Spielecke zurückzuziehen. Die Horterzieherin und die Sozialassistentin haben die Bedürfnisse der Kinder zu berücksichtigen.

Dennoch wird einmal in der Woche, meistens am Freitag, ein **gemeinsames Programm** durchgeführt. Das kann eine Besichtigung sein, eine Wanderung im Wald oder der Besuch im Schwimmbad. Vor Weihnachten macht es vielen Kindern Spaß, kleine Geschenke für die Eltern oder Freunde selbst zu basteln. Auch das kann ein Programmpunkt im Kinderhort sein. An diesem Tag stehen nicht die Schularbeiten im Mittelpunkt, sondern etwas, was den Kindern Freude macht.

LF 1

In den Ferien sind die meisten Horte geöffnet, so dass ein Freizeitprogramm wie Wanderungen, Besichtigungen oder Besuche im Schwimmbad für die Kinder zur Verfügung steht. Auch eine Lesenacht kann Inhalt der Freizeitgestaltung sein.

Zur ganzheitlichen Förderung der Kinder arbeiten die Erzieherin und die Sozialassistentin mit den **Eltern** der Kinder, mit der **Schule**, dem **Jugendamt** und den **Erziehungsberatungsstellen** eng zusammen.

Die Erzieherin und die Sozialassistentin können ihren vielfältigen Aufgaben nur gerecht werden, wenn

- ▶ die Gruppen nicht größer als 10 bis 15 Kinder sind,
- ▶ hinreichend gut ausgestattete Räume für unterschiedliche Aktivitäten zur Verfügung stehen,
- ▶ eine Öffnung nach außen möglich ist, d. h, dass Hortkinder auch andere Kinder am Nachmittag besuchen dürfen bzw. im Hort besucht werden können.

AUFGABE

Beurteilen Sie die nachfolgenden Äußerungen von Kindern über den Hort:

a) Ich würde immer gern im Hort bleiben.

b) Mir gefällt, dass ich hier spielen kann.

c) Mir ist manchmal langweilig im Hort.

d) Ich möchte manchmal allein sein.

1.4 Alternativen zu sozialpädagogischen Tageseinrichtungen

Nicht immer kann für die Betreuung von Kindern auf sozialpädagogische Einrichtungen zurückgegriffen werden. Eine Alternative zur Krippe, zum Ganztagskindergarten oder Kinderhort kann die Betreuung durch die Großeltern sein. Ihr Vorteil ist, dass sie das Kind gut kennen und mit ihm durch familiäre Liebe verbunden sind. Der Nachteil ist, dass sie die Enkel manchmal mehr verwöhnen als erziehen.

Abb. Morgenstern

1974 entstand das erste **Tagesmutterprojekt**. Dabei handelte es sich um einen Modellversuch des Bundesministeriums für Jugend, Familie und Gesundheit.

Dieses Projekt wurde eingerichtet, um festzustellen, ob sich die Betreuung durch eine Tagesmutter von der Betreuung in einer Kinderkrippe oder einem Kindergarten in ihren Auswirkungen unterscheidet.

In der Regel hat die Tagesmutter eigene Kinder und betreut sie mit den Tageskindern zusammen. Es gibt spezielle Ausbildungskurse für Tagesmütter, in denen Wissen über Kindererziehung, Organisation und rechtliche Grundlagen der Betreuung vermittelt wird.

Vorteile der Tagespflegestelle sind, dass das Kind in einer familiären Umgebung aufwächst und zur Tagesmutter eine stabile und verlässliche Beziehung aufbauen kann. In einer Tageseinrichtung hat es hingegen mehrere Bezugspersonen und kann damit überfordert werden.

Tagespflegestellen sind besonders für ländliche Gegenden geeignet, da es dort nur selten eine

Kinderkrippe gibt. Sie können sich z. B. durch Nachbarschaftskontakte ergeben.

Einzelkinder können durch die Tagespflegestelle „Geschwister" bekommen, mit denen sie dann zusammen aufwachsen.

Nachteilig kann sein, dass die Tagesmutter nicht ausreichend qualifiziert ist, so dass die Kinder nicht fachgerecht angeleitet werden. Die Gefahr besteht, dass sie eigene Kinder gegenüber den Tageskindern vorzieht.

Probleme können sich auch durch die Erkrankung der Tagesmutter ergeben, weil dann nicht sofort Ersatz zur Stelle ist.

Die Vermittlung der Tagesmutter erfolgt durch das Jugendamt, durch Zeitungsanzeigen, durch Bekannte oder durch nachbarschaftliche Kontakte.

DEFINITION

Die Kindertagespflege ist eine gesetzlich anerkannte, familienähnliche Betreuungsform für Kinder durch eine Tagespflegeperson (Tagesmutter oder auch Tagesvater).

AUFGABEN

1. *Befragen Sie eine Tagesmutter nach ihren Erfahrungen mit ihrer Arbeit.*
2. *Werten Sie die Antworten in der Klasse aus.*

Beliebte Artikel auf Tagesmutter.net

Tagesmutter werden

Tagesmutter zu werden, umfasst neben der eigenen Entscheidung auch behördliche Schritte: Eine Tagesmutter benötigt Qualifikationen zur Kinderbetreuung sowie Unterlagen und Nachweise verschiedener Institutionen.

Tagesmutter finden

Kindergarten, Kita, Hort, private Betreuung – die Angebote sind so vielfältig und vielversprechend wie die Menschen. Was für Sie und Ihr Kind die passende Lösung ist, müssen Sie herausfinden. Wo und wie finden Sie eine Tagesmutter?

Erziehungsstile

Ist die passende Tagesmutter gefunden, geht es in Vorgesprächen darum, über die Erziehung des Kindes und den Alltag mit der Tagesmutter zu sprechen. Eltern sollten genau vorgeben, was sie für eine Erziehung für ihre Kinder wünschen.

---

2 | **Angebote für Menschen mit speziellem Förder- oder Unterstützungsbedarf**

AUFGABE

Berichten Sie über Ihre Erfahrungen mit Menschen mit Behinderungen.

Menschen mit Behinderungen haben einen sehr unterschiedlichen Bedarf an Unterstützung. Manche können arbeiten und ihren Haushalt selbstständig führen. Manche benötigen nur ab und zu Assistenz, etwa bei rechtlichen Fragen. Andere haben sehr schwere, mehrfache Behinderungen und sind pflegebedürftig. Die Angebote für Menschen mit Behinderungen müssen daher an den individuellen Bedarf angepasst werden. Verschiedene Berufsgruppen können an der Planung und Umsetzung der individuellen Förder- und Unterstützungsangebote beteiligt sein, z. B.:

▶ Ärzte und Psychologen,
▶ Lehrer und Sonderpädagogen,
▶ Erzieherinnen und Sozialassistentinnen,
▶ Heilerziehungspflegerinnen,
▶ Kranken- und Altenpflegerinnen,
▶ Ergo- und Physiotherapeuten.

2.1 | **Arbeitsfelder für Sozialassistentinnen im Bereich der Sonderpädagogik**

Die Sonderpädagogik ist das pädagogische Fachgebiet, das sich mit der Unterstützung und Begleitung von Menschen mit Behinderungen

---

Abb. links: www.tagesmutter.net; Bildungsweb Media GmbH, Hamburg
Abb. rechts: Morgenstern

beschäftigt. Sonderpädagogische Maßnahmen zielen darauf ab, Menschen mit Behinderungen gesellschaftliche Teilhabe, Bildung, selbst bestimmte Beschäftigung und eine weitgehend selbstständige Lebensführung zu ermöglichen.

Für Sozialassistentinnen eröffnen sich auf dem Gebiet der Sonderpädagogik zahlreiche Arbeitsfelder in den verschiedenen Einrichtungen für Kinder, Jugendliche oder Erwachsene mit speziellem Unterstützungs- oder Förderbedarf.

Zu nennen sind beispielsweise

▶ Wohnheime für Kinder, Jugendliche oder Erwachsene,
▶ Wohngemeinschaften, die ambulant unterstützt werden,
▶ Tagesstätten,
▶ Fachkliniken,
▶ Werkstätten, in denen Erwachsene einer Erwerbstätigkeit nachgehen können,
▶ Förderkindergärten,
▶ Förderschulen mit unterschiedlichen Schwerpunkten,
▶ integrative Kindergärten, in denen Sozialassistentinnen als Integrationshelferinnen für einzelne Kinder mit speziellem Förderbedarf arbeiten können,
▶ Schulen mit integrativen Konzepten, in denen ebenfalls Integrationshelfer/innen gebraucht werden.

2.1.1 Der Begriff Behinderung

Im Sozialgesetzbuch IX, § 2 wird Behinderung folgendermaßen definiert:

DEFINITION

Menschen sind behindert, wenn ihre körperliche Funktion, geistige Fähigkeit oder seelische Gesundheit mit hoher Wahrscheinlichkeit länger als sechs Monate von dem für das Lebensalter typischen Zustand abweichen und daher ihre Teilhabe am Leben in der Gesellschaft beeinträchtigt ist.

AUFGABE

Diskutieren Sie: Gibt es überhaupt Menschen ohne Behinderungen?

Je nachdem, in welcher Situation der Begriff Behinderung verwendet wird, kann er **diskrimi-**

nierend und **ausgrenzend** wirken. Kritiker empfinden den Begriff als problematisch, da er den Unterschied zwischen Menschen betont, also eine Einteilung in Behinderte und nicht Behinderte vornimmt. Eine respektvolle Bezeichnung soll das **Menschsein** in den Vordergrund stellen und nicht eine bestimmte Schwierigkeit, ein Defizit oder eine Beeinträchtigung. Daher spricht man in Fachkreisen inzwischen in der Regel von „Menschen mit Behinderungen" und nicht mehr von „behinderten Menschen". Auf starke Ablehnung unter Betroffenen stößt die Bezeichnung „geistig behindert." So setzt sich der Verein „**Mensch zuerst**" dafür ein, dass der Begriff „geistige Behinderung" ganz abgeschafft und statt dessen von Menschen mit Lernschwierigkeiten gesprochen wird. In den Einrichtungen für Menschen mit Behinderungen wird statt Behinderung häufig der Ausdruck spezieller Förderbedarf verwendet.

In vielen Bundesländern wurden die Sonderschulen in **Förderschulen** umbenannt, um zu verdeutlichen, dass es nicht das Ziel dieser Schulen ist, „gesonderte" Bedingungen für Menschen mit Behinderungen außerhalb des Blickfeldes der Öffentlichkeit zu schaffen.

Förderschulen in Rheinland-Pfalz:

▶ Schule mit dem Förderschwerpunkt Lernen,
▶ Schule mit dem Förderschwerpunkt ganzheitliche Entwicklung,
▶ Schule mit dem Förderschwerpunkt Sprache,
▶ Schule mit dem Förderschwerpunkt motorische Entwicklung,
▶ Schule mit dem Förderschwerpunkt sozial-emotionale Entwicklung,
▶ Schule für Gehörlose und Schwerhörige,
▶ Schule für Blinde und Sehbehinderte,
▶ Förderzentren, die Unterricht zu allen Förderschwerpunkten anbieten.

Andere Stimmen in der Diskussion um den Begriff Behinderung sprechen von einer „Euphemismus-Tretmühle" (Euphemismus = beschönigendes Wort). Eigentlich ist es eher eine Euphemismus-Spirale. Man versucht ein besseres, nicht abwertendes Wort zu finden, aber nach einiger Zeit wird das neue, politisch korrekte Wort doch wieder in diskriminierendem Sinne verwendet.

2.1.2 Arten von Behinderungen

Behinderungen können eingeteilt werden in

1. Körperbehinderungen
   Die Ursachen sind vielfältig. Häufig entstehen Körperbehinderungen durch
   ▶ Erkrankungen des Bewegungsapparates (Knochen und Muskeln)
   ▶ Erkrankungen des Gehirns und des Nervensystems, z. B. Schlaganfall
   ▶ Erkrankungen von inneren Organen
   ▶ Stoffwechselstörungen, wie z. B. Diabetes mellitus

2. Behinderungen der Sinnesorgane
   Hier sind die häufigsten:
   ▶ Sehbeeinträchtigungen, Blindheit
   ▶ Schwerhörigkeit, Gehörlosigkeit

3. Sprachbehinderungen
   Sie können das Sprechen und das Sprachverständnis betreffen, z. B.
   ▶ Sprachentwicklungsstörungen
   ▶ Störungen des Redeflusses
   ▶ Aussprachestörungen aufgrund von Schädigungen der Sprechorgane oder der beteiligten Nerven
   ▶ Aphasien aufgrund von Hirnschädigungen, wobei die Sprechorgane intakt sind

4. Beeinträchtigungen der Intelligenz
   Eine gängige Unterteilung unterscheidet
   ▶ Lernbehinderungen
   ▶ geistige Behinderungen

5. Psychische Behinderungen und Verhaltensauffälligkeiten
   Psychische Krankheiten gelten als Behinderungen, wenn sie länger als ein halbes Jahr durchgängig auftreten. Beispiele sind
   ▶ Psychosen, d. h. schwere psychische Erkrankungen wie z. B. eine Schizophrenie,
   ▶ demenzielle Erkrankungen
   ▶ Abhängigkeitserkrankungen
   ▶ Angst- und Zwangserkrankungen
   ▶ Essstörungen
   ▶ Depressionen

Wenn eine Person von mehr als einer Behinderungsart betroffen ist, spricht man von Mehrfachbehinderung.

AUFGABE

Informieren Sie sich über Einrichtungen für Menschen mit speziellem Förder- oder Unterstützungsbedarf.

2.1.3 Hilfen durch Früherkennung von Behinderungen

Je eher Krankheiten und Störungen erkannt werden, desto günstiger sind die Aussichten auf Besserung und Heilung.

Kinder und Jugendliche haben einen Anspruch auf kostenlose Früherkennungsuntersuchungen. Die Untersuchungen werden von Kinderärzten durchgeführt und von der Krankenkasse bezahlt. Jede Untersuchung hat eine besondere Bedeutung für den jeweiligen Entwicklungsstand des Kindes. Daher ist es notwendig, mit dem Kind an allen Untersuchungen teilzunehmen. Bei der Geburt des Kindes erhalten die Eltern im Krankenhaus ein **Früherkennungsuntersuchungsheft**, in dem alle Untersuchungen eingetragen werden. Stellen die Eltern Verzögerungen bei der Entwicklung des Kindes fest, so können sie zusätzlich den Kinderarzt aufsuchen.

Abb. MEV

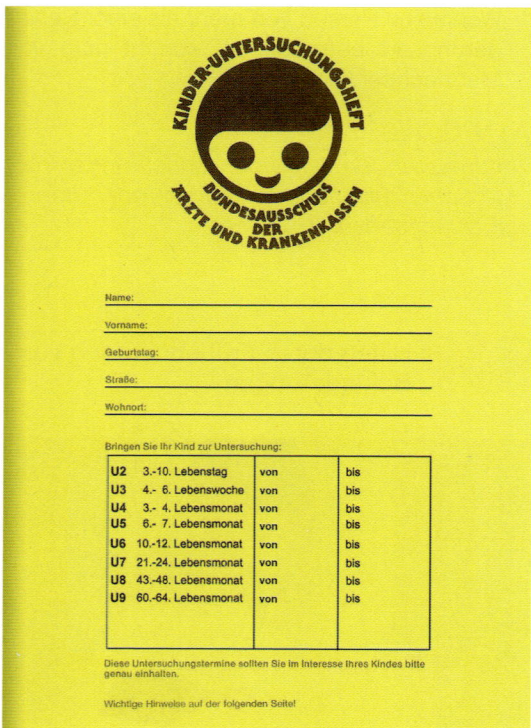

Ziel der Untersuchung ist die Früherkennung von Entwicklungsverzögerungen, möglichst noch in ihrer Entstehung, um rechtzeitig etwas dagegen zu unternehmen.

Entwicklungsverzögerungen oder Behinderungen sind an folgenden Merkmalen zu erkennen:

▶ Säuglinge und Kleinkinder greifen nicht nach Spielzeug.

▶ Sie reagieren wenig auf die Eltern.

▶ Sie können in einem bestimmten Alter noch nicht sitzen oder laufen.

▶ Sie reagieren nicht auf Geräusche oder wenn sie angesprochen werden.

▶ Sie können sich nicht altersgemäß sprachlich ausdrücken.

Sonderpädagogische Fachkräfte bieten Beratung zur Frühförderung von Kindern mit speziellem Förderbedarf an:

– in Beratungssprechstunden,

– bei Hausbesuchen,

– durch Einladung von Kindern und Eltern in Kleingruppen zur Frühförderstelle.

Die Frühförderung hat immer zum Ziel, im Zusammenwirken mit den Eltern die Entwicklung des Kindes anzuregen und zu unterstützen.

Auch für ältere Kinder gibt es vielfältige Möglichkeiten der Hilfe und Unterstützung.

2.1.4 Anforderungen an die Sozialassistentinnen

Erzieherinnen und Sozialassistentinnen arbeiten in integrativen Kindergärten immer auch mit Heilerziehungspflegerinnen zusammen und erhalten eine spezielle Einführung in die Arbeit mit Kindern mit besonderem Förderbedarf.

Folgende Faktoren sind bei der Arbeit mit Menschen mit Behinderungen zu berücksichtigen:

▶ Alle Fortschritte müssen sensibel wahrgenommen werden.

▶ Eine intensive Zuwendung zum einzelnen Kind oder Jugendlichen ist möglich, da die Gruppen kleiner sind.

▶ Gefühle wie Freude, Zorn, Trauer oder Eifersucht werden besonders bei Menschen mit geistiger Behinderung deutlicher gezeigt. Die Erzieherin bzw. die Sozialassistentin kann so das Gefühl des Kindes leicht einschätzen.

▶ Jedes Kind mit Förderbedarf benötigt eine auf seine Person abgestimmte Betreuung, Pflege und Erziehung.

▶ Die Kinder müssen im Rahmen ihrer Möglichkeiten gefördert und gefordert werden.

2.1.5 Erziehungspartnerschaft mit den Eltern

Probleme bei der Zusammenarbeit mit den Eltern ergeben sich durch weite **Entfernungen**. Der Einzugsbereich ist meistens groß, daher werden die Kinder in Bussen zu der Einrichtung gebracht und wieder abgeholt. Ein konstanter Elternkontakt sowie die täglichen „Tür- und Angelgespräche" fehlen hier. Kurzmitteilungen werden den Eltern in einem **Mitteilungsheft**, das die Kinder in der Tasche haben, aufgeschrieben. Diese Mitteilungen können Aussagen über das Verhalten des Kindes enthalten oder sie informieren über geplante Unternehmungen, z. B. Baden im Schwimmbad. Aus Zeitmangel sind die Mitteilungen oft sehr kurz. Längere Auskünfte können über das Telefon gegeben werden. Elternabende oder Elternsprechtage bieten den Eltern ebenfalls die Möglichkeit, sich über Lern- und Entwicklungsfortschritte ihrer Kinder bzw. Jugendlichen zu erkundigen. Wichtig ist, dass Eltern und Einrichtung konstruktiv zusammenarbeiten und sich gegenseitig unterstützen.

Für alle Eltern, die erfahren, dass ihr Kind mit einer Behinderung zur Welt kommt, ist dies ein großer Einschnitt in ihrem Leben und in ihre Lebensplanung. Oft herrschen zunächst Gefühle von Scham, Aussichtslosigkeit und Überforderung vor. Das **Verhältnis** der Eltern zu ihrem Kind kann ganz unterschiedlich sein: Manchmal ist es sehr stark belastet, wenn die Mutter der Meinung ist, sie trage die **Schuld an der Behinderung** ihres Kindes, weil sie sich vor und während der Schwangerschaft nicht richtig verhalten habe. Andere Eltern empfinden die Behinderung ihres Kindes als eine **ungerechtfertige Belastung**, mit der sie sich nicht abfinden können. Sie sehen die Pläne ihres Lebens durch die Betreuung ihres Kindes gefährdet. Wieder andere Eltern nehmen die Behinderung ihres Kindes an und sind stolz, wenn ihr Kind trotz seiner Beeinträchtigung körperliche und geistige Fortschritte macht.

Die Arbeit mit den Eltern von Kindern mit speziellem Förderbedarf verlangt viel **Einfühlungsvermögen** von der Erzieherin und der Sozialassistentin. Konsequentes Verhalten der Eltern im Umgang mit ihrem Kind ist wichtig. Viele Eltern trauen ihrem Kind zu wenig zu. Sie verhindern dadurch das notwendige Einüben von Fähigkeiten.

Die **Integration** eines Kindes mit speziellem Förderbedarf in eine Gruppe kann mit Schwierigkeiten verbunden sein. Dies ist besonders dann der Fall, wenn das Kind seine Wünsche nicht äußern kann und auch nicht auf die Anliegen der anderen Kinder eingehen kann. Die Probleme erledigen sich meistens von allein, wenn das Kind etwas länger in der Einrichtung lebt und sein soziales Umfeld kennt. Das Hinzuziehen eines Physiotherapeuten (Physiologie: Wissenschaft von den Lebensvorgängen; Therapie: Behandlung von Krankheiten), eines Logopäden (Logopädie: Sprachheilkunde) oder eines Psychotherapeuten (Psychologie: Wissenschaft vom Verhalten und Erleben) kann die Situation des Kindes verbessern. Die genannten **Fachkräfte** können Anleitungen und Rat für den Umgang und die Förderung des Kindes geben.

MERKSATZ

Die Arbeit mit Kindern mit speziellem Förderbedarf kann für Erzieherinnen und Sozialassistentinnen zu einer befriedigenden und erfüllenden beruflichen Tätigkeit werden, wenn sie mit **Geduld und Einfühlung** ausgeübt wird und auch scheinbar **kleine Fortschritte** anerkannt werden.

AUFGABEN

1. *Nennen Sie Fähigkeiten, die eine Sozialassistentin im Umgang mit Kindern und Jugendlichen mit speziellem Förderbedarf haben muss.*
2. *Beschäftigen Sie sich mit einer Behinderung genauer und halten Sie darüber ein Referat. Leihen Sie sich dazu Literatur aus der Schul- bzw. Stadtbücherei aus.*
3. *Wie können Sie als Sozialassistentin zu einer positiven Einstellung der Eltern gegenüber ihrem Kind mit Behinderung beitragen?*
4. *Äußern Sie Ihre Meinung zu den nachfolgenden Aussagen:*
   - *Nach einer repräsentativen Meinungsumfrage möchten 76 % der Menschen nicht zusammen mit Menschen mit Behinderungen in einem Haus wohnen, 63 % waren dagegen, dass ein Kind mit Fehlbildung durch ärztliche Bemühung am Leben gehalten wird.*
   - *Es gibt tatsächlich Menschen, die sich beschweren, wenn sich in ihrem Hotel Menschen mit Behinderungen aufhalten. Und es gibt Richter, die ihnen das Recht auf Schadensersatz gegenüber dem Hotelbesitzer wegen „verminderter Erholung" zusprechen, weil „ihre Augen durch den Anblick von Menschen mit Behinderung beleidigt wurden."*

Menschen mit einer Behinderung sind in die Gesellschaft zu integrieren und als gleichwertig anzukennen.

AUFGABE

Informieren Sie sich, was unter Inklusion von Menschen mit Behinderungen zu verstehen ist.

LF 1

2.2 Einrichtungen für Menschen mit speziellem Förder- oder Unterstützungsbedarf

Hilfe für Menschen mit speziellem Förder- oder Unterstützungsbedarf wird von vielen Einrichtungen geleistet. Die wichtigsten Einrichtungen sind Heime, schulvorbereitende Einrichtungen für Kinder und Förderschulen, auf die nachfolgend eingegangen wird.

2.2.1 Tagesstätten und Heime

Kinder mit einer starken oder mehrfachen Behinderung können oft nicht bei den Eltern bleiben, weil sie rund um die Uhr betreut werden müssen. Die beste Betreuung ist dennoch zu Hause, mit Unterstützung einer Fachkraft, die ins Haus kommt. Wenn diese Angebote nicht vorhanden sind oder das Familienleben zu stark belastet ist, gehen Kinder mit speziellem Förderbedarf in die Tagesbetreuung und sind abends zu Hause. Viele ziehen im Erwachsenenalter in ein Heim. Hier haben sie die Möglichkeit, durch Fachleute gefördert zu werden. Neben der Heilerziehungspflegerin und der Sozialassistentin gibt es dort z. B. folgende Fachkräfte:

- Krankengymnastin,
- Psychotherapeutin,
- Physiotherapeutin,
- Ärztin.
- Logopädin,

Die Aufgabe der Fachkräfte besteht in der Förderung des Kindes in den Fachbereichen, für die sie zuständig sind. Neben den Fachkenntnissen müssen sie über ein starkes Einfühlungsvermögen verfügen, um sich in die Situation des Kindes hineinzudenken.

Neben den üblichen Behandlungsmethoden wird häufig mit Musik gearbeitet, um das Wohl-

Abb. Lobetalarbeit e. V., Markus Weyel

befinden zu fördern. Musik entspannt und hebt die Stimmung.

Heilerziehungspflegerin, Sozialassistentin und Eltern haben folgende **Regeln** beim Umgang mit dem Kind mit Behinderung zu berücksichtigen:

- Es sind andere Maßstäbe bei der Entwicklung und Leistungsfähigkeit als beim Kind ohne Behinderung anzulegen.
- Dem Kind ist mit einfühlsamer Konsequenz zu begegnen.
- Medizinische, pflegerische, pädagogische und therapeutische Fachkenntnisse sind von den Menschen zu fordern, die das Kind betreuen.
- Erzieherin und Sozialassistentin haben den Eltern beratende Hilfe anzubieten. Sie sollten zur Wertschätzung des Kindes beitragen.
- Die Erzieherin und die Sozialassistentin unterstützen und beraten die Eltern in Bezug auf eine angemessene körperliche und psychische Versorgung und Erziehung, wenn die Kinder zu Hause sind.

MERKSATZ

Bei Kindern mit speziellem Förderbedarf sind individuelle Maßstäbe anzulegen und alle Fortschritte zu loben.

2.2.2 Schulvorbereitende Einrichtungen

Wenn das Kind seine Entwicklungsverzögerung aufgeholt hat, kann es in den Regelkindergarten oder in die Grundschule wechseln. Bei vielen Kindern hält die Entwicklungsverzögerung aber länger an, so dass die Förderung weiterhin erfolgen muss. Je nach der Art der Behinderung gibt es unterschiedliche schulvorbereitende Einrichtungen (SVE):

- Für **Kinder mit Sehbehinderungen und Blindheit** gibt es SVE ab dem dritten Lebensjahr. Die Kinder lernen vor allem, sich in ihrer Umgebung zurechtzufinden.
- Das Aufnahmealter für **Kinder mit geistigen Behinderungen** in eine SVE beträgt vier Jahre. Neben der geistigen Behinderung leiden diese Kinder meistens auch an Beeinträchtigungen der Sprachentwicklung, so dass beides gefördert werden muss.
- Ab dem dritten Lebensjahr nehmen **Kinder mit Hörschäden** an den Angeboten einer SVE teil. Sie sind oft auch in ihrer Gesamtentwicklung verzögert.

Angebote der SVE für **entwicklungsverzögerte und sprachauffällige Kinder** beginnen mit dem vierten Lebensjahr. Die Kinder benötigen in den meisten Fällen längerfristige Fördermaßnahmen.

▶ **Kinder mit Sprachbehinderungen** können ab dem dritten Lebensjahr die Angebote einer SVE nutzen.

▶ **Kinder mit Körperbehinderungen** gehen ab dem vierten Lebensjahr in eine SVE. Aufgabe der Physiotherapeutin und Krankengymnastin ist es, die motorische Entwicklung zu fördern.

In der Regel benötigen Kinder mit speziellem Förderbedarf zwei bis vier Jahre länger, um die **Schulfähigkeit** zu erreichen. Die Kinder gehen dann entweder in eine Förderschule oder in eine Regelschule mit integrativem Konzept.

DEFINITION

Schulvorbereitende Einrichtungen haben die Aufgabe, Kinder mit speziellem Förderbedarf in der Weise zu unterstützen, dass sie die Schulreife erwerben können.

2.2.3 Förderschulen

Schülerinnen und Schüler mit Behinderungen absolvieren ihre Schulpflicht in **Förderschulen oder in integrativen Schulen**, die durch ihre Ausstattung und die Ausbildung des Personals (Sonderschullehrer und Heilpädagogen) auf die unterschiedlichen Lernbedürfnisse zugeschnitten sind. Die Lehrpläne werden an das Lernvermögen der Schüler angepasst. In den integrativen Schulen werden die Schüler mit speziellem Förderbedarf zeitweilig von einer Integrationshelferin betreut. Diese Aufgabe kann von einer **Sozialassistentin** übernommen werden. Integrative Schulen haben den Vorteil, dass sie einer Ausgrenzung und Isolierung der Schüler mit speziellem Förderbedarf vorbeugen.

Die **Schulen für Kinder mit Beeinträchtigungen des Seh- oder Hörvermögens, Körperbehinderungen, Verhaltensauffälligkeiten und Sprachbehinderungen** unterrichten nach den Lehrplänen der Regelschulen, aber mit speziellen Methoden.

Die Schule für **Kinder mit geistigen Behinderungen** versucht den Lernbedürfnissen ihrer Schüler dadurch gerecht zu werden, dass sie einen Lebensraum für ihre Schüler schafft, der ganzheitliche Entwicklungsmöglichkeiten bereitstellt. Sie nennt sich daher auch **Förderschule mit dem Schwerpunkt ganzheitliche Entwicklung.** Die Förderschulen bieten häufig auch therapeutische Dienste an, z. B. Krankengymnastik, Logopädie oder Beschäftigungstherapie.

MERKSATZ

Förderschulen und integrative Schulen tragen den Lernbedürfnissen ihrer Schüler in besonderer Weise Rechnung. Die Lehrpläne und Unterrichtsmethoden werden dem Lernvermögen der Kinder und Jugendlichen angepasst bzw. es werden entsprechende Lebensräume geschaffen.

AUFGABEN

1. *Erstellen Sie eine Mind-Map über Einrichtungen für Menschen mit Behinderungen.*
2. *Können Sie sich vorstellen, in einer Einrichtung für Menschen mit Behinderungen zu arbeiten? Bilden Sie dazu in Ihrer Klasse drei Gruppen:*
   - *In eine Gruppe setzen sich alle diejenigen, die das später möchten,*
   - *in die zweite Gruppe gehen alle diejenigen, die unentschlossen sind,*
   - *in die dritte Gruppe versammeln sich alle diejenigen, die das nicht möchten.*
3. *Sprechen Sie in Ihrer Gruppe über die Gründe, warum Sie sich in diese Gruppe gesetzt haben.*
4. *Fassen Sie danach die Ergebnisse zusammen und stellen Sie sie der Klasse vor.*
5. *Sprechen Sie anschließend im Klassenverband darüber, was das Gespräch für Sie bedeutet hat.*

Abb. Karl-Schubert-Schule

3 Freizeiteinrichtungen für Kinder und Jugendliche

AUFGABEN

1. Notieren Sie stichpunktartig Freizeitangebote für Kinder und Jugendliche.
2. Wie sieht Ihre Freizeitgestaltung aus?

Der Freizeitmarkt hat sich zu einer lukrativen Branche entwickelt, da er immer wieder neue Marktnischen entdeckt. Kein Freizeitwunsch bleibt unerfüllt!

3.1 Grundlagen der Kinder- und Jugendgruppenarbeit

Freizeiteinrichtungen mit sozialpädagogisch geschultem Personal sind für die Entwicklung von Kindern und Jugendlichen aus folgenden Gründen besonders wichtig:

▶ Oft sind beide Eltern berufstätig und können sich nach der Schule nicht um die Kinder kümmern.
▶ Viele Jugendliche verbringen ihre freie Zeit lieber mit Gleichaltrigen.
▶ Durch Freizeitaktivitäten wird das Einfügen in die Gruppe gefördert.
▶ Mit Unterstützung von Sozialpädagoginnen können Kinder und Jugendliche ihre handwerklichen Tätigkeiten und technisches Wissen ohne die Hilfe der Eltern erweitern. Dadurch wird das Selbstbewusstsein gefördert.

▶ In der Gruppe können Führungsaufgaben übernommen und somit Pflichtgefühl gegenüber Kleineren entwickelt werden.
▶ Die Freizeit unter sozialpädagogischer Betreuung wird sinnvoller genutzt. Jugendliche genießen die Gemeinschaft mit Gleichaltrigen, gleichzeitig werden sie davor geschützt in die „No-Future" oder Drogenszene abzugleiten.
▶ Das geschulte, oft junge Personal hat meistens einen leichteren Zugang zu den Jugendlichen als die Eltern. Durch Diskussionen kann gezielt auf Problematiken, z. B. auf den Umgang mit Alkohol und Drogen aufmerksam gemacht werden, ohne Abwehrhaltungen der Jugendlichen hervorzurufen.

Träger der Tageseinrichtungen für Kinder und Jugendliche sind in den allermeisten Fällen: Kommunen, Kirchen, Sportverbände oder Elterninitiativen.

Die Angebote werden danach unterschieden, ob sie in konstanten bzw. gleich bleibenden Gruppen stattfinden, oder ob sich die Gruppe regelmäßig ändert, also offen ist.

Zu den Angeboten mit konstanten Gruppen zählen:

▶ Jugendgruppenarbeit,
▶ Ferienfreizeiten,
▶ Volkshochschulkurse,
▶ Sportvereine.

Offene Gruppen findet man:

▶ In Jugendzentren,
▶ auf betreuten Spielplätzen,
▶ im Spielmobil,
▶ bei der Stadtranderholung,
▶ in Feriencentern und Freizeitheimen.

Offene Gruppen haben sich ständig ändernde Zusammensetzungen. Sie bieten eine Vielzahl von Aktivitäten an, die an die Fähigkeiten und Bedürfnisse der Kinder und Jugendlichen individuell angepasst werden.

Freizeitangebote mit sozialpädagogisch geschultem Personal bereiten Kindern und Jugendlichen in der Regel viel Freude. Wichtig ist, dass auch ihre Vorschläge angenommen werden.

Abb. MEV

3.2 Einrichtungen mit konstanten Kinder- und Jugendgruppen

Bei den Einrichtungen mit konstanten Kinder- und Jugendgruppen können Kinder und Jugendlichen regelmäßig an den Veranstaltungen teilnehmen.

3.2.1 Jugendgruppenarbeit

Teilweise werden Erzieherinnen als Leiterinnen für Kinder- und Jugendgruppen eingestellt. Die Kinder und Jugendlichen treffen sich regelmäßig an bestimmten Nachmittagen oder Abenden, um gemeinsam etwas zu unternehmen. Die Gestaltung der Freizeit und das soziale Zusammenleben in der Gruppe stehen im Mittelpunkt. Bestimmte pädagogische Richtungen können durch die Träger vorgegeben sein, z. B. kirchliche Themen, wenn die Kirche der Träger ist. Bei Pfadfindern ist der Naturbezug sehr wichtig. Beim Roten Kreuz, den Maltesern, den Johanniter und weiteren Gruppen stehen helfende Tätigkeiten im Mittelpunkt. Die Aufgabe der Erzieherinnen besteht darin, den Kindern bzw. Jugendlichen Anregungen für ihre Arbeit zu geben und auf mögliche Gefahren aufmerksam zu machen.

3.2.2 Ferienfreizeiten

Öffentliche und freie Träger bieten Schulkindern und Jugendlichen Ferienfreizeiten an. Die Gruppen fahren in Schullandheime oder auf Zeltplätze.

Das soziale Miteinander bei gleichzeitiger materieller Einschränkung lassen diese Freizeiten zu einem Höhepunkt werden. Beim Zelten kann noch zusätzlich die freie Natur erlebt werden.

Für die mitfahrenden Betreuungspersonen geht der Dienst über den Achtstundentag hinaus bis in die Nacht hinein. Sozialassistentinnen werden bei Freizeiten gern als zusätzliche Fachkräfte eingesetzt.

3.2.3 Volkshochschulkurse

Volkshochschulen bieten auch für Kinder und Jugendliche Kurse an, z. B. Kurse im kreativen Bereich, mit sportlichen Inhalten und Sprach- und Computerkurse. Sozialpädagoginnen, Erzieherinnen und Sozialassistentinnen können hier tätig werden.

3.2.4 Sportvereine

In den Sportvereinen gibt es vielfältige Angebote für Kinder und Jugendliche: Neben den üblichen Sportarten wie Turnen, Leichtathletik, Mannschaftsspiele, kann in vielen Sportvereinen auch Tennis und Golf gespielt werden. Sport hat in den letzten Jahren an Bedeutung gewonnen. Das hängt damit zusammen, dass viele Kinder und Jugendliche lieber zu Hause vor dem Fernseher oder Computer sitzen, als sich zu bewegen, was bereits zu Haltungsschäden in

Abb. links: MEV
Abb. rechts: Nühs

jungen Jahren geführt hat. Sportliche Betätigung ist daher unbedingt erforderlich, denn sie fördert nicht nur die körperliche Beweglichkeit, sondern auch die Konzentrations- und Denkfähigkeit.

3.3 Einrichtungen mit offenen Kinder- und Jugendgruppen

Nachfolgend werden Einrichtungen mit offenen Kinder- und Jugendgruppen beschrieben, d. h. dass die Zusammensetzung in den Gruppen sich ständig ändern kann.

3.3.1 Jugendzentrum

Größere Kommunen, Kirchen oder Vereine unterhalten Jugendzentren. Hier können Kinder und Jugendliche ihre Freizeit verbringen, ohne Anmeldung und feste Terminbindung. Räumlichkeiten wie der Clubraum, die Teestube und Werkräume sowie Spiele bzw. Materialien wie Tischfußball, Billard, Brettspiele und Handwerkszeug bieten ihnen Möglichkeiten, sich nach Lust und Neigungen zu beschäftigen. Darüber hinaus werden den Jugendlichen Kurse angeboten, die eine Anmeldung und regelmäßige Teilnahme erforderlich machen. Diese Kurse können am Wochenende, in der Woche oder in den Ferien stattfinden. Inhaltlich bieten sich Kurse wie Werken, Laienspiel oder Arbeit mit dem Computer an.

Das Jugendzentrum gibt auch die Möglichkeit, sich in kleinen Gruppen mit Freunden und Bekannten zu treffen. Für private Interessen stehen Rückzugsmöglichkeiten in entsprechenden Räumen zur Verfügung.

In den Jugendzentren sind vor allem Sozialpädagoginnen eingesetzt, die für den Umgang mit Jugendlichen geschult sind. Aber auch Erzieherinnen und Sozialassistentinnen arbeiten hier, da das Jugendzentrum auch für Kinder geöffnet ist.

Die Betreuerinnen bieten einerseits ein festes Programm an, das von den Jugendlichen meistens mitgestaltet wird, andererseits ist das nicht vorgeplante Zusammensein für alle Beteiligten sehr wichtig. So finden in der Teestube **Gespräche** statt, die die Kontakte der Jugendlichen und Betreuer miteinander vertiefen und ein Gefühl der Gemeinschaft vermitteln. Das Miteinander ohne Leistungsdruck hilft Jugendlichen, ihre Probleme besser mit jemandem besprechen zu können und dadurch schneller zu verarbeiten. Zeit und Ruhe hilft Jugendlichen, ihren Standort zu finden und das Erwachsenwerden besser zu bewältigen.

3.3.2 Betreuter Spielplatz

In vielen größeren Städten gibt es pädagogisch betreute Spielplätze. Handwerkszeug, Spielmaterial und Sportgeräte werden ausgegeben und Aktivitäten unter Anleitung von Fachkräften angeboten. Der Spielplatz selbst bietet ebenfalls ein breites Spektrum an Beschäftigungsmöglichkeiten. Es gibt sogar Spielplätze mit Tieren, die von den Kindern versorgt werden müssen.

Abb. Nühs

Die Gruppengröße und Zusammensetzung kann an jedem Tag anders sein. Bei den zuständigen Sozialpädagoginnen, Erzieherinnen und Sozialassistentinnen ist **Flexibilität und Kreativität** erforderlich. Wichtig ist, dass das Spiel- und Beschäftigungsangebot jeweils auf das Interesse der Gruppe trifft.

Höhepunkte sind größere Unternehmungen und gemeinsame Feste. Sie tragen dazu bei, das Zusammengehörigkeitsgefühl der Gruppen zu fördern.

3.3.3 Offene Jugendarbeit im Spielmobil

Das Spielmobil ist in der Regel ein Bus, der mit Spielmaterial und Anregungen für Spiele ausgestattet ist und regelmäßig in unterschiedlichen Orten den Kindern und Jugendlichen Spiel- und Freizeitmöglichkeiten anbietet. Die Tage, an denen der Bus kommt, werden den Kindern und Jugendlichen rechtzeitig durch die Zeitung mitgeteilt, damit sie an dem Programm teilnehmen können. Da die Gruppen immer wieder anders zusammengesetzt sind, ist Flexibilität im Angebot und im Umgang mit den Kindern und Jugendlichen angesagt.

Erzieherinnen und Sozialassistentinnen sind gemeinsam mit Sozialpädagoginnen verantwortlich für das Spielmobil. Sie geben die Spiele und das Spielmaterial aus und kümmern sich um die richtige Anwendung desselben.

3.3.4 Stadtranderholung

Die Stadtranderholung ist besonders für Kinder aus Großstädten geeignet, aber auch in kleineren Städten gibt es diese Art des Freizeitangebots.

Die Kinder und Jugendlichen treffen sich an bestimmten Plätzen in der Stadt oder am Stadtrand und wandern oder fahren dann mit Bussen in Naherholungsgebiete. Gemeinsame Ausflüge und Wanderungen, verbunden mit kleinen Festen, bieten Abwechslung und lassen diese Zusammenkünfte attraktiv werden. Wichtig ist,

dass sich die Betreuerinnen ständig etwas Neues ausdenken, um die Kinder und Jugendlichen bei der „Stange" zu halten. Zielsetzung ist auch, dass der materielle Aufwand niedrig gehalten wird, denn die Kinder sollen diese Freizeit nicht mit Geld verbinden, sondern ihre Zusammenkünfte in der Einfachheit, im sozialen Zusammensein und in der Begegnung mit der Natur erleben. Die Kreativität der Kinder und Jugendlichen wird auf diese Weise besonders gefördert und angeregt.

3.3.5 Feriencenter und Freizeitheime

Für die Beschäftigung von Kindern und Jugendlichen in Feriencentern und Freizeitheimen werden während der Saison gerne Erzieherinnen und Sozialassistentinnen eingestellt. Sie wissen, mit den Kindern und Jugendlichen umzugehen und haben es gelernt, sie gezielt zu beschäftigen. Der Naturbezug und das Gruppenerleben stehen auch hier im Mittelpunkt des Miteinanders.

MERKSATZ

Freizeiteinrichtungen bieten Kindern und Jugendlichen interessante und erlebnisreiche **Aktivitäten.** Sie lernen neue Bezugspersonen kennen und finden Ansprechpartner für ihre Probleme.

Abb. MEV

AUFGABEN

1. *Erkundigen Sie sich nach Freizeiteinrichtungen und -angeboten in Ihrem Wohnort und befragen Sie die Kinder und Jugendlichen nach ihrer Zufriedenheit mit dem Programm. Werten Sie Ihre Ergebnisse in Ihrer Klasse aus.*

2. *Nehmen Sie an dem Angebot einer Freizeiteinrichtung teil und berichten Sie Ihrer Klasse über die gemachten Erfahrungen.*

3. *Stellen Sie Spiele und Bastelarbeiten für einen Nachmittag im Jugendzentrum für Kinder bis zu zehn Jahren zusammen.*

4. *Beurteilen Sie das nachfolgende Fallbeispiel:*

Angebote super genutzt

Wittingen (ola) Wie in jedem Jahr organisierte die Stadtjugendpflege Wittingen auch in diesen Osterferien ein umfangreiches Ferienprogramm. „Osterbasteleien" war das Motto der ersten Ferienwoche. Sowohl im Haus der Jugend als auch im Jugendtreff wurden Kränze aus Heu gebunden, Ostereier marmoriert und kleine Gipsfiguren bemalt. Großen Anklang fand das Angebot „Serviettentechnik auf alten Dachziegeln". Bei dieser Aktion entstanden wahre Kunstwerke.

Die zweite Woche stand im sportlichen Zeichen: Das Badeland Wolfsburg wurde besucht. „Fotoworkshop für Kinder" war Thema in der dritten Woche, alles, was vor die Linse kam, wurde fotografiert. Die Negative wurden in der Dunkelkammer selbst entwickelt, was für die Teilnehmer ein kleines Wunder war. Außerdem bastelten die Jugendlichen und die Kinder Bilderrahmen und Passepartouts.

„Wir haben wieder einmal ein schönes ausgebuchtes Ferienprogramm erlebt", ist sich das Team der Stadtjugendpflege einig. „Wir freuen uns auf den kommenden Herbst." (Isenhagener Kreisblatt)

6. *Erklären Sie die Begriffe „Stadtjugendpflege", „Haus der Jugend", „Jugendtreff" mit Hilfe eines Lexikons.*

7. *Beschreiben Sie den Arbeitseinsatz der Betreuungskräfte. Unterteilen Sie dabei in Planung und Durchführung der Veranstaltung.*

---

4   Vollzeitbetreuung von Kindern

Manchmal, meist in Notsituationen, haben Eltern keine Möglichkeit ihr Kind selbst zu betreuen. Sie müssen die oft schwere Entscheidung treffen, welche Form der Vollzeitpflege für das Kind und sie selbst am besten geeignet ist. Die Eltern erhalten dabei Hilfe durch das Jugendamt oder durch kirchliche Institutionen. Möglichkeiten der Vollzeitbetreuung von Kindern sind: Die Pflegefamilie, die Adoption, das Kinderheim und das SOS-Kinderdorf.

4.1   Pflegefamilie

FALLBEISPIEL

Als Lukas zwei Jahre alt war, kam er zu einer Pflegefamilie. Bis dahin hatte er bei seiner Mutter gelebt. Seine Mutter war gerade 17 Jahre alt, als sie ihn bekam.

Um ihn und sich zu versorgen, nahm Lukas Mutter eine Stelle als Verkäuferin an. Da sie keine Ausbildung hatte, erhielt sie nur einen Mindestlohn. Das Geld reichte hinten und vorne nicht. Sie bat ihre Eltern, ihr bei der Betreuung von Lukas zu helfen. Die Eltern waren nicht davon zu überzeugen, das Kind aufzunehmen, da beide Elternteile berufstätig waren. So wurde das Kind hin- und hergereicht. Mal war es bei den Großeltern, mal bei der Patentante, dann wieder bei Freunden.

Schließlich wurde das Jugendamt auf diese Situation aufmerksam. Lukas kam in eine Pflegefamilie. Anfänglich war Lukas überhaupt nicht bereit, bei der neuen Familie zu bleiben. Jede Nacht schrie er aus Sehnsucht nach seiner Mutter, die er nach wie vor über alles liebte. Für ihn war es unverständlich, dass sie ihn nicht mehr haben wollte. Der Trennungsschmerz war so groß, dass er sich weigerte, Neues hinzuzulernen. Mit vier Jahren konnte er noch nicht richtig sprechen, so dass er in einen Förderkindergarten kam. Mit der dortigen Sozialassistentin verstand er sich prächtig. Ihr gelang es, ihn zum Sprechen zu motivieren. Innerhalb eines Jahres lernte er, ganze Sätze zu sprechen und sich zusammenhängend auszudrücken. Mit sechs Jahren konnte er eingeschult werden. Zunächst ging er in eine Förderschule, aber nach einem Jahr konnte er in eine Regelschule wechseln.

Zwischenzeitlich entstand auch wieder der Kontakt zu seiner Mutter. Als sie darum bat, Lukas wieder aufzunehmen, sträubte sich Lukas und bat, bei seiner Pflegefamilie bleiben zu dürfen. Seine Entscheidung löste Unverständnis bei der Mutter aus.

AUFGABEN

1. *Beurteilen Sie den Text. Gehen Sie auf das Verhalten von Lukas genauer ein.*

2. *Kann die Mutter von Lukas als „Rabenmutter" bezeichnet werden?*

Eine Pflegefamilie hat den Vorteil gegenüber dem Heim, dass sie für das Kind überschaubar ist. Zu den Mitgliedern der Pflegefamilie kann das Kind ein Vertrauensverhältnis aufbauen. Es hat nur zwei Erzieher, nämlich die Pflegeeltern, und nicht mehrere Erzieherinnen, wie im Heim. Das Kind übernimmt in seiner neuen Familie auch feste Aufgaben, z. B. das Einkaufen mit den Pflegeeltern. In den Heimen hat sich ebenfalls einiges geändert: Heutzutage gibt es dort familienähnliche Gruppen. Auch dort haben die Kinder feste Aufgaben, z. B. Putzen, Aufräumen usw.

Die Pflegefamilie hat aber auch einige Nachteile. Während die Erziehung der Kinder in der eigenen Familie im Privaten stattfindet, wird die Pflegefamilie vom **Jugendamt kontrolliert**. Die Pflegeeltern vertreten nur die leiblichen Eltern in der Ausübung der elterlichen Sorge.

Folgendes ist für Pflegeeltern zu beachten:

▶ Sie dürfen nicht über den Aufenthaltsort des Kindes entscheiden. Ein Urlaub im Ausland muss genehmigt werden.

▶ Sie dürfen keiner Operation zustimmen, obwohl sie das Kind Tag und Nacht betreuen. Dazu muss das Jugendamt befragt werden.

▶ Bei der Wahl der Schulausbildung dürfen sie höchstens ihre Meinung abgeben.

Die Pflege ist zeitlich begrenzt. Der Trennungsschmerz kann für beide heftig werden, wenn das Kind in eine andere Institution kommt oder zu den Eltern zurückkehrt.

4.2 Adoption

FALLBEISPIEL

Ein sehr junges Paar, beide ohne Ausbildung, wird ungeplant Eltern. Schon in den ersten Wochen bringt die Mutter das Baby oft zum Arzt, ihm fallen Schürfwunden und Blutergüsse bei Mutter und Kind auf. Die Mutter bestreitet die Verantwortung des Vaters für die Verletzungen. Als das Baby mit schweren Knochenbrüchen ins Krankenhaus kommt, wird das Jugendamt verständigt. Das Kind kommt in eine Pflegefamilie. Als die Frau ein zweites Kind zur Welt bringt, geben die Eltern das Neugeborene zur Adoption frei.

AUFGABEN

1. *Hat sich die Mutter richtig verhalten?*

2. *Wie beurteilen Sie die Entscheidung, das Neugeborene zur Adoption freizugeben?*

Die einschneidendste Form der Fremdunterbringung ist die **Adoption**. Vor der Adoption müssen sich die leiblichen Eltern ausführlich beraten und über die positiven, möglicherweise aber auch die negativen Folgen für das Kind nachdenken. Auch die Adoptiveltern sollten sich

Abb. MEV

der lebenslangen Verpflichtung, die sie mit der Adoption eines Kindes übernehmen, bewusst sein.

Die Adoption des Kindes sollte möglichst schnell nach der Geburt erfolgen, damit es von Anfang an bei seinen Adoptiveltern wie ein eigenes Kind aufwächst. Auch später adoptierte Kinder werden heimisch, manchmal sind jedoch die Beziehungen nicht so problemlos herzustellen wie beim Neugeborenen. Oft haben sie schon schlimme Erfahrungen hinter sich, so dass sie erst das Misstrauen gegen neue Kontakte abbauen müssen.

Das **Vormundschaftsgericht** beschließt die Adoption, wenn sie dem Wohl des Kindes dient und wenn damit zu rechnen ist, dass ein gutes Eltern-Kind-Verhältnis entsteht.

Mit der Adoption hat das Kind zu seinen Adoptiveltern die gleiche verwandtschaftliche und erbrechtliche Stellung wie ein eigenes Kind. Das Kind ist rechtlich nicht mehr verwandt mit seinen leiblichen Eltern und deren Verwandten und kann auch keine Ansprüche mehr geltend machen.

MERKSATZ

Während das Leben in einer **Pflegefamilie** für das Kind nur eine Bindung auf Zeit ist, bedeutet **Adoption** den Eintritt in eine neue Familie und die Trennung von den leiblichen Eltern.

AUFGABEN

1. *Kennen Sie Familien, die ein Kind adoptiert haben, oder eine Mitschülerin, die adoptiert worden ist? Berichten Sie über Ihre Erlebnisse und Erfahrungen.*

2. *Können Sie es sich vorstellen, adoptiert worden zu sein? Welche Gefühle haben Sie bei diesem Gedanken?*

4.3 Kinderheim

Ausspruch

„Ich hasse meine Familie, aber ich vermisse sie!"

AUFGABE

Beurteilen Sie diesen Ausspruch, den man immer wieder von Heimkindern hört.

Die Gründe, aus denen Kinder ins Heim kommen, können ganz unterschiedlich sein. Die meisten kommen aus so genannten Multiproblemfamilien, d. h. aus Familien, die viele Schwierigkeiten gleichzeitig haben. Beispiele für diese Familien sind:

▶ Ein-Eltern-Familien (z. B. nach einer Scheidung), die aufgrund der Mehrfachbelastung mit den oft zahlreichen Kindern nicht zurechtkommen,
▶ Familien mit unerwünschten Kindern,
▶ wirtschaftlich benachteiligte Familien (geringes Einkommen, Arbeitslosigkeit, schlechte Wohnverhältnisse),
▶ Familien mit schwer erziehbaren Kindern,
▶ Familien, in denen Kindesmisshandlung stattfindet.

Aufgabe des Heimes ist es, Kinder und Jugendliche aus Problemfamilien aufzunehmen und ihnen eine positive Lebenseinstellung zu vermitteln. Das Ziel ist, sie zu eigenständigen, lebensbejahenden Persönlichkeiten heranzubilden.

In den Heimen leben die Kinder oft in kleinen Wohngruppen unterschiedlichen Alters zusammen, ähnlich wie in einer Familie.

Wenn sich die Problemsituation in der Herkunftsfamilie ändert, wird der Versuch gestartet, das Kind wieder in diese Familie einzugliedern. Zusätzlich sind Beratung und Unterstützung notwendig, um die Erziehungsbedingungen in der Herkunftsfamilie so zu verbessern, das sie ihr Kind aufnehmen kann.

Nur dann, wenn die Beziehung des Kindes zu seinen Eltern in einem angemessenen Zeitraum nicht verbessert werden kann, wird eine andere Lebensperspektive für das Kind gesucht.

Das Heim hat neben vielen Vorteilen auch einige Nachteile:

▶ Heime sind räumlich oft sehr abgelegen, z. B. am Stadtrand, so dass eine soziale Isolierung eintreten kann.
▶ Für alle Kinder gilt der gleiche Tagesablauf.

▶ Ein Umzug ins Heim hat oft zur Folge, dass die Kinder die Kontakte zu ihren Freunden und Bekannten verlieren.

MERKSATZ

Das **Heim** kann eine intakte Familie nicht ersetzen. Es hat aber viele Möglichkeiten, Kinder in ihrer Entwicklung zu fördern.

AUFGABE

Besichtigen Sie ein Kinderheim in Ihrer Nähe und unterhalten Sie sich mit den Erzieherinnen und Sozialassistentinnen über die Fördermöglichkeiten, die von den Kindern in Anspruch genommen werden.

4.4 SOS-Kinderdorf

Einen besonderen Weg, Kindern in Not und Verlassenheit zu helfen, ging nach dem zweiten Weltkrieg der Medizinstudent Hermann Gmeiner. Er gründete die SOS-Kinderdörfer.

Abb. Hermann-Gmeiner-Fonds-Deutschl.

AUFGABE

Beschäftigen Sie sich mit dem Leben von Hermann Gmeiner genauer, indem Sie dafür Fachliteratur und Lexika einsetzen.

Das erste SOS-Kinderdorf entstand 1949 in Imst in den Tiroler Bergen. Es wurde zum Ausgangspunkt des weltweit bedeutendsten Sozialwerkes für allein gelassene Kinder. Neben den SOS-Kinderdörfern entstanden SOS-Jugendhäuser, SOS-Jugenddörfer, Wohngruppen, Mädchenwohngemeinschaften, Lehrwerkstätten, Schulen, Mutter-Kind-Stationen, Zentren für Menschen mit Behinderungen und viele weitere Einrichtungen, die in aller Welt, in Europa, im Nahen und Fernen Osten, in Afrika und Amerika zu finden sind. Neben den SOS-Kinderdörfern von Hermann Gmeiner gibt es Kinderdörfer in kirchlicher Trägerschaft.

Die wichtigste Person im SOS-Kinderdorf ist die **SOS-Kinderdorf-Mutter**. Zu ihr sollen die Kinder ein ähnliches Vertrauensverhältnis aufbauen, wie zur richtigen Mutter. Bei psychischen Schäden, die die Kinder durch den Verlust oder das Versagen des Elternhauses erlitten haben, wird die Kinderdorf-Mutter versuchen, entsprechende Hilfe in Anspruch zu nehmen. Sie ist die ständige Bezugsperson für die Kinder. Unterstützt wird die Kinderdorf-Mutter von Erzieherinnen und Sozialassistentinnen.

Das Haus ist die bleibende Heimat der Kinder. Auch als Erwachsene dürfen sie jederzeit wieder in das Haus zurückkehren.

Eine SOS-Kinderdorf-Familie besteht aus etwa fünf bis sieben Kindern verschiedenen Alters, die mit ihrer SOS-Kinderdorf-Mutter wie in einer Familie leben. Leibliche Geschwister werden nicht getrennt, sondern bleiben zusammen.

Ein SOS-Kinderdorf umfasst in der Regel 15 bis 20 Familienhäuser. Für die Heranwachsenden ist dies eine kleine, überschaubare Welt. Die Kinder besuchen die öffentlichen Schulen und haben Kontakt zu den Kindern außerhalb des Kinderdorfes.

MERKSATZ

SOS-Kinderdörfer bieten Kindern, die nicht in ihren Herkunftsfamilien aufwachsen können, ein Zuhause mit den Strukturen und Funktionen einer Familie.

AUFGABEN

1. *Schreiben Sie an ein SOS-Kinderdorf und erkundigen Sie sich dort nach der Herkunft und den anfänglichen Problemen der Kinder im SOS-Kinderdorf sowie nach den Kontakten, die nach dem Verlassen des Kinderdorfes bestehen.*

2. *Fragen Sie an, ob Sie dort ein Praktikum absolvieren können und berichten Sie von Ihren Erfahrungen.*

| 4.5 | Betreutes Wohnen |

Das betreute Wohnen ist ein Übergang für junge Erwachsene und Jugendliche zwischen dem Aufenthalt in einem Kinderheim und dem **Selbstständigwerden**. Für junge Erwachsene (18 Jahre alt) und Jugendliche, die über die entsprechende Reife verfügen, werden Wohnungen von den Kinderheimen, in denen sie leben, angemietet und mit Möbeln ausgestattet. Bevor die Jugendlichen diese Wohnungen bezie-

hen, durchlaufen sie einen **Prozess der Verselbstständigung**. Während dieses Prozesses haben sie unterschiedliche Aufgaben in eigener Verantwortung zu erledigen. Das kann das Einkaufen für die Gruppe, zu der sie gehören, sein oder die Reinigung der Gemeinschaftsräume. Dieser Verselbstständigungsprozess dauert etwa 4 Jahre. Im Alter von 14 Jahren wird damit begonnen. Während des betreuten Wohnens sind die Jugendlichen und jungen Erwachsenen nicht auf sich allein gestellt, sondern sie werden weiterhin durch ihre Sozialpädagoginnen betreut. Allerdings nicht mehr den ganzen Tag, sondern nur noch 14 bis 16 Stunden wöchentlich. Nach und nach wird die Betreuungszeit reduziert, bis die jungen Erwachsenen allein zurechtkommen.

DEFINITION

Das betreute Wohnen ist eine Übergangszeit zwischen dem Aufenthalt im Kinderheim und dem Selbstständigwerden. Die **Betreuungszeit** wird nach und nach **stark reduziert** bis der junge Erwachsene allein zurechtkommt.

AUFGABE

Bitten Sie eine junge Erwachsene, die im betreuten Wohnen lebt, über ihre Erfahrungen mit dem Verselbstständigungsprozess und mit Problemen im betreuten Wohnen zu berichten.

Abb. SOS-Kinderdorf, e. V.

5 Anforderungen an die Persönlichkeit sozialpädagogischer Fachkräfte

FALLBEISPIEL

Die Sozialassistentin Luisa hat an einem Tag gezählt, wie oft sie die Schuhe bei den Kindern zumachen musste, obwohl diese Handlung bereits beim Eintritt der Kinder in den Kindergarten intensiv geübt worden war: 15-mal an einem Tag. Das eigentliche Schließen der Schuhe war immer gleich. Luisa ist aber individuell auf jedes Kind eingegangen. Einem Kind, das sich verzweifelt mit seinen Schuhbändern abmühte, hat sie geholfen und Mut zugesprochen: „Das üben wir jetzt jeden Tag. Bis zu deinem Geburtstag kannst du das bestimmt." Ein ängstliches Kind hat sie gelobt, als es mit ein wenig Anleitung die Schuhbänder selbst zu einer Schleife knotete. Ein älteres Kind, das bereits seine Schuhe schließen konnte, hat sie dazu angeregt, kleineren Kindern zu helfen. Es berichtete seiner Mutter stolz von seinem Erfolg.

Am Abend dachte sie über das „lästige" Schuheschließen nach und stellte fest, dass sie doch nicht 15-mal das Gleiche getan hatte.

AUFGABEN

1. Bewerten Sie die Vorgehensweise der Sozialassistentin.
2. Entwickeln Sie weitere Lösungsvorschläge, wie die Sozialassistentin den Kindern bei dem alltäglichen Problem des Schuheschließens helfen könnte.

Die beruflichen Anforderungen an die Sozialassistentin sind vielfältig. Sie sollte daher vielseitig begabt sein und eine stabile und belastbare Persönlichkeit haben.

Sie muss folgende ganz unterschiedliche Tätigkeiten, individuell auf die Kinder, Eltern und Kolleginnen abgestimmt, ausführen:

▶ **Pädagogische Tätigkeiten**, wie z. B. Kinder beim Freispiel beobachten und ermutigen, Spiele mit den Kindern planen und durchführen, Spazieren gehen, Bastelarbeiten anfertigen usw.

▶ **Hauswirtschaftliche Tätigkeiten**, wie z. B. mit den Kindern das Mittagessen zubereiten, den Frühstückstisch decken, Feste planen und gestalten oder den Gruppenraum verschönern.

▶ **Pflegerische Tätigkeiten** wie z. B. mit den Kindern das Zähneputzen und das Händewaschen üben, auf den rechtzeitigen Gang zur Toilette achten, Windeln wechseln, Kinder mit Förderbedarf unterstützen.

Im Praktikum kann man schnell feststellen, wie wichtig umfassende Erfahrungen bei der Betreuung kleiner Kinder sind.

In einer sozialpädagogischen Einrichtung stehen der Sozialassistentin erfahrene Erzieherinnen zur Seite, die sie jederzeit in Problemsituationen um Rat bitten kann. Die Sozialassistentin sollte über eine ausgeprägte Sensibilität verfügen. Sie muss sich den Kindern gegenüber rücksichtsvoll und einfühlsam, aber auch konsequent verhalten und dazu bereit sein, eigene Interessen zurückzustellen.

AUFGABE

Führen Sie eine Kartenabfrage durch, in der Sie stichpunktartig, die von Ihnen geforderten Fähigkeiten als fertige Sozialassistentin notieren und strukturieren.

5.1 Erwerb von Kenntnissen in der Schule

Der Unterricht in der Schule zielt darauf ab, den Schülerinnen grundlegende Kompetenzen (Fähigkeiten) für die Tätigkeit in verschiedenen sozialpädagogischen Arbeitsfeldern zu vermitteln.

Die Sozialassistentin soll den Bildungs-, Erziehungs- und Betreuungsauftrag der verschiedenen sozialpädagogischen Einrichtungen im Team umsetzen.

Dazu benötigt sie:

▶ Fachkompetenz, d. h. sie muss sozialpädagogisches Wissen aufbauen und zielorientiert anwenden,
▶ Personalkompetenz, d. h. sie muss sich selbst einschätzen können und ihren Aufgaben im Beruf offen gegenüberstehen,
▶ Sozialkompetenz, d. h. sie muss verantwortungsbewusst mit den ihr anvertrauten Kindern und kooperativ mit den Eltern und Kolleginnen umgehen,
▶ Methoden- bzw. Lernkompetenz, d. h. sie muss aus der Methodenvielfalt eine Auswahl treffen können, die sie befähigt, die gestellten Aufgaben erfolgreich bearbeiten zu können.

Die genannten Fähigkeiten führen zur beruflichen Handlungskompetenz. Der Schwerpunkt der Handlungskompetenz besteht darin, auf An-

Abb. rechts: Nühs

forderungen flexibel, kreativ und effektiv reagieren zu können.

DEFINITION

Unter beruflicher Handlungskompetenz versteht man die Fähigkeit, berufliche Aufgaben selbstständig planen, durchführen und kontrollieren zu können.

5.2 Persönlichkeitsmerkmale

Der Beruf der Sozialassistentin wird von Außenstehenden oft als ein einfach auszuübender Beruf empfunden, da die Leistungen nach außen hin kaum sichtbar gemacht werden können. Dieses Vorurteil veranlasst Sozialassistentinnen (in Zusammenarbeit mit ihren Teams) dazu, ihre Arbeit durch Ausstellen von Kinderarbeiten oder durch Arbeiten in Vorschulmappen darzustellen. Das konzentrierte Spielen eines Kindes, das durch die richtige Spielatmosphäre erreicht wurde, oder die Konfliktbewältigung, zu der die Kinder hingeführt wurden, sowie weitere Erlebnisse und Lernleistungen sieht der Außenstehende zumeist nicht.

Zur Durchsetzung ihrer pädagogischen Ziele und zur gezielten Umsetzung von pädagogischem Handeln muss die angehende Sozialassistentin über folgende Persönlichkeitsmerkmale verfügen:

▶ Belastbare Persönlichkeit

Weil viele Eindrücke zur gleichen Zeit auf die Sozialassistentin einströmen und sie viele Dinge gleichzeitig zu erledigen hat, muss sie besonders **belastbar** sein. Zudem muss die Sozialassistentin Wichtiges von Unwichtigem unterscheiden können, um sich einzelnen Problemen vertieft zuwenden zu können. Die von ihr betreuten Kinder müssen dennoch das Gefühl haben, dass ihrer Sozialassistentin alle Anliegen gleich wichtig sind.

Das Abschalten vom Beruf in der freien Zeit ist nicht immer einfach, es ist aber notwendig, um in dieser Zeit neue Kraft für den nächsten Tag zu schöpfen.

Im Einzelnen muss sie nachfolgende Eigenschaften besitzen:

▶ Positive Grundeinstellung zum Beruf und feste Erziehungsrichtlinien

Die Sozialassistentin muss für die Kinder ein Klima schaffen können, das nicht einengt, sondern entfalten und wachsen lässt. Ein Gefühl der Sicherheit und Geborgenheit im Rahmen fester Abläufe und Regeln muss vermittelt werden.

▶ Wertschätzende Einstellung gegenüber Menschen

Ein Kind oder Jugendlicher kann sich nicht entwickeln, wenn seine Persönlichkeit nicht anerkannt wird. Wertschätzendes Verhalten bedeutet, dass die Sozialassistentin das Kind in seiner Ganzheit bejaht, auch wenn es sich nicht immer richtig verhält. Sie versucht positiv auf

das Kind einzuwirken und ihm zu helfen, ohne es in seiner Entwicklung einzuschränken.

▶ Einfühlungsvermögen

Ein Mensch mit einem starken **Einfühlungsvermögen** kann sich in einen anderen Menschen hineindenken und dessen Gefühle nachempfinden. Diese Eigenschaft wird besonders von der Sozialassistentin gefordert, denn Kinder können ihre Gedanken und Wünsche oft nicht in Worten ausdrücken.

▶ Echtheit im Umgang mit den Kindern

Echtheit bedeutet Offenheit und hilfreiche Ehrlichkeit, bei der Kopf und Herz übereinstimmen. Die **Mimik**, die **Gestik** und die **Stimme** müssen das Gleiche ausdrücken, wie das gesprochene Wort. So sollte ein Kind mit einem freundlichen Lächeln gelobt und mit einem besorgten oder kritischen Gesichtsausdruck getadelt werden.

▶ Ausgeprägtes Verantwortungsgefühl

Ausgeprägtes Verantwortungsgefühl ist für eine Sozialassistentin besonders wichtig. Das bedeutet, dass sie im Vordergrund ihrer Tätigkeit die positive Entwicklung der von ihr betreuten Kinder und Jugendlichen sehen muss. Im Unterschied zu anderen Berufstätigen, bei denen die Ergebnisse der Berufsarbeit sichtbar und kontrollierbar sind, gibt es bei ihr nur wenige Nachweise für eine gute bzw. nicht so gute Arbeit. Der Lernzuwachs und die positive Entwicklung der Kinder und Jugendlichen können niemals ausschließlich auf eine Sozialassistentin zurückgeführt werden. Viele andere Aspekte, nicht zuletzt das Elternhaus, spielen hier eine wichtige Rolle.

Für die Sozialassistentin ist es daher wichtig, dass sie sich ihrer pädagogischen Ziele bewusst ist und über das eigene pädagogische Handeln und dessen mögliche Auswirkungen nachdenkt. Dazu sind regelmäßige **Reflexionen** notwendig.

Teamarbeit und Kooperation mit den Mitarbeiterinnen sind erforderlich. Unterschiede im pädagogischen Verhalten müssen wahrgenommen werden, die Vorgehensweise muss aufeinander abgestimmt werden. Manchmal ist es auch sinnvoll, die Teampartnerin zu wechseln, wenn die Meinungen zu konträr sind. Das ist aber nur in den größeren Kindergärten mit mehreren Gruppen möglich. In den kleineren Kin-

LF 1

dergärten heißt es immer wieder, aufeinander zu zugehen und sich gegenseitig zu akzeptieren.

MERKSATZ

Die beruflichen Anforderungen an die Sozialassistentin sind vielfältig. Die **berufliche** Handlungskompetenz gibt ihr Sicherheit bei der Ausübung des Berufes.

AUFGABEN

1. Über welche Eigenschaften muss eine Sozialassistentin verfügen, um den Anforderungen im Beruf gewachsen zu sein.
2. Erstellen Sie einen kurzen Fragebogen zum Berufsbild der Sozialassistentin, der möglichst nur mit „ja" oder „nein" beantwortet werden muss. Befragen Sie Menschen auf der Straße oder in Ihrem Bekanntenkreis nach ihren Ansichten zu diesem Beruf. Werten Sie die Ergebnisse in Ihrer Klasse aus.
3. Entwickeln Sie im Team Strategien, wie man bestimmte Eigenschaften „trainieren" könnte.
4. Der Beruf der Sozialassistentin ist von dem Vorurteil geprägt, einfach zu sein. Wie kann man diesem Vorurteil begegnen?

5.3 Entwicklung von verantwortungsvollem Problemlösungsverhalten

FALLBEISPIEL

Sabrina hat die Abschlussprüfung zur Sozialassistentin bestanden und arbeitet nun seit etwa vier Wochen als Zweitkraft im Kindergarten G. mit der Erzieherin Karin zusammen. Karin ist gleichzeitig die Gruppenleiterin. Sie betreuen zusammen 25 Kinder. Seit einer Woche ärgert sich Sabrina über ihre Gruppenleiterin. Immer wieder greift sie bei Streitigkeiten der Kinder ein, obwohl Sabrina das selbst klären möchte. Sabrinas Ärger hat dazu geführt, dass sie seit ein paar Tagen nicht mehr mit ihrer Gruppenleiterin

spricht. Im Laufe des Vormittages eskaliert der Streit. Der vierjährige Lukas tritt der dreijährige Anne vor das Schienbein. Sozialassistentin Sabrina ermahnt Lukas. Als die Gruppenleiterin von dem Vorfall hört, schickt sie Lukas vor die Tür. Daraufhin fährt Sabrina die Gruppenleiterin an: „Das lasse ich mir nicht mehr gefallen, man kann nicht mit dir zusammenarbeiten. Das war schon immer so!" Sie verlässt den Raum und schlägt die Tür zu.

AUFGABEN

1. Beurteilen Sie das Verhalten von Sabrina.
2. Schlagen Sie Möglichkeiten vor, wie die Zusammenarbeit der Sozialassistentin mit ihrer Gruppenleiterin verbessert werden könnte.

In sozialpädagogischen Einrichtungen treten sehr leicht Probleme auf, die möglichst schnell gelöst werden müssen. Die Sozialassistentin muss daher schon in ihrer Ausbildung lernen, richtig mit Problemen umzugehen.

In einer Einrichtung, z. B. in einem Kindergarten, stehen drei Gruppen von Menschen eng miteinander in Kontakt:

▶ die zu betreuenden Kinder,
▶ die Eltern,
▶ die Betreuerinnen, d. h. die Erzieherinnen und Sozialassistentinnen.

Sowohl zwischen den Menschen innerhalb einer Gruppe als auch zwischen Menschen, die zu unterschiedlichen Gruppen zählen, kann es zu Konflikten kommen.

Beispiele für Streitigkeiten innerhalb einer Gruppe sind:

▶ Zwei Kinder bekommen Streit wegen eines Spielzeugs. Jedes Kind will das Spielzeug alleine für sich haben.
▶ Ein Kind hat mehrfach ein anderes geschlagen. Daraufhin entbrennt ein Streit zwischen den Müttern, den sie im Kindergarten austragen. Die eine Mutter wirft der anderen vor, ihr Kind nicht streng genug erzogen zu haben; die andere Mutter wendet ein, dass zu streng erzogene Kinder ängstlich sind und nicht mit anderen Kindern umgehen können.

▶ Eine Sozialassistentin ist mit der pädagogischen Vorgehensweise der Erzieherin, mit der sie im Team arbeitet, nicht einverstanden. Bei einer Teambesprechung wirft sie ihr vor, zu streng mit den Kindern umzugehen.

Beispiele für Konflikte der Gruppen untereinander sind:

▶ Eine Mutter schimpft mit ihrem Kind, weil seine Kleidung im Kindergarten schmutzig geworden ist.
▶ Ein Kind will nicht auf die Anweisungen der Sozialassistentin hören, es reagiert trotzig und zieht sich in die Ecke des Raumes zurück.
▶ Eine Mutter wirft der Sozialassistentin vor, dass sie sich nicht intensiv genug um die Kinder kümmert.

Man unterscheidet drei Möglichkeiten, mit Problemen umzugehen:

▶ Ein Problem kann durch einen Streit ausgefochten werden, an dessen Ende ein **Sieger** und ein **Verlierer** stehen. Der Sieger fühlt sich stark, der Verlierer ist enttäuscht oder zornig. Als Folge dieser Konfliktlösung wird ein nächster noch heftiger ausgetragener Streit folgen.
▶ Ein Problem wird **ignoriert**. Die beteiligten Personen sprechen nicht über ihren Konflikt, vielleicht ist das Problem einem der Beteiligten nicht einmal bewusst. Die Folge dieses nicht ausgetragenen Konfliktes kann ein heftiger Streit über eine Kleinigkeit sein, bei dem das eigentliche Problem möglicherweise nicht einmal angesprochen wird.
▶ Das Problem wird in einem Gespräch erörtert. Die beteiligten Personen suchen gemeinsam einen **Kompromiss**. Nur wenn diese Lösung von allen verstanden wird, kann ein erneuter Streit vermieden werden.

5.3.1 Problemlösung durch Selbst- oder durch Fremdbestimmung

Im Umgang mit erwachsenen und verständigen Menschen stellen das Gespräch und das gemeinsame Entwickeln einer Lösung die beste Problemlösetechnik dar. Auf diese Weise kann

die Sozialassistentin zur Lösung der Konflikte mit den Eltern der Kinder, mit den Kolleginnen oder auch den Eltern und den Kolleginnen untereinander beitragen.

Wenn hingegen Probleme mit den zu betreuenden Kindern und Jugendlichen zu lösen sind, muss die Sozialassistentin entscheiden:

▶ ob eine Möglichkeit besteht, die zu Betreuenden zur **Selbstbestimmung** anzuregen. In diesem Fall erarbeiten sie gemeinsam mit den Kindern oder Jugendlichen einen Kompromiss, mit dem alle einverstanden sind.
▶ ob ein Kompromiss aufgrund der Verantwortung der Sozialassistentin ausgeschlossen und nur eine **Fremdbestimmung** möglich ist. In diesem Fall bestimmt sie, wie das Problem zu lösen ist, auch wenn die Kinder oder Jugendlichen nicht mit der Entscheidung einverstanden sind.

Selbstbestimmung bietet sich an, wenn sich zwei Kinder um ein Spielzeug streiten. Da Kinder streiten lernen müssen, kann sich die Sozialassistentin bei Kindern einer Altersgruppe, aus dem Streit heraushalten. Wenn zu schnell eingegriffen wird, haben die Kinder keine Chance ihre eigenen Konflikte selbstständig zu lösen.

Fremdbestimmung ist unvermeidbar, wenn es um die Gesundheit oder Sicherheit der Kinder geht oder wenn andere Menschen durch das Verhalten der Kinder geschädigt werden können. Kinder müssen lernen, dass sie nur über die Straße gehen dürfen, wenn die Ampel grün zeigt. Ebenso gibt es keine Kompromisse, wenn es darum geht, dass das Kindergartengelände nicht verlassen werden darf.

Abb. Nühs

Kinder und Jugendliche brauchen sowohl Freiheiten als auch feste Regeln, um sich frei entwickeln und in die Gesellschaft einfügen zu können. Erziehende müssen über umfangreiche Erfahrungen verfügen, damit sie das Gleichgewicht zwischen Selbst- und Fremdbestimmung individuell richtig einstellen und ihren Erziehungsauftrag durch das Fällen richtiger Entscheidungen verantwortungsvoll erfüllen können.

5.3.2 Schritt-für-Schritt-Anleitung zur Problemlösung durch Selbstbestimmung

Wenn zwei Streitende sich miteinander auseinandersetzen, haben die Gefühle oft die Oberhand. So kommt es vor, dass man sich nicht nur wegen des aktuellen Problems streitet, sondern in diesem Moment viele weitere Enttäuschungen und Kränkungen, die man im Laufe des Lebens erfahren hat, auf den Kontrahenten überträgt.

Vielleicht geht es bei dem Konflikt zwischen der Sozialassistentin und der Erzieherin nur um die Frage, ob die Kinder mehr Zeit zum freien Spiel bekommen sollen. Die Stimmung kann gleichzeitig dadurch beeinflusst werden:

▶ dass sich z. B. die Erzieherin über die legere Kleidung der Sozialassistentin ärgert,
▶ dass sich z. B. die Sozialassistentin über die wenig modische Frisur der Erzieherin ärgert.

Eine wesentliche Voraussetzung für das Lösen des Problems ist, dass die Emotionen abgebaut werden. Die Streithähne müssen auf einer sachlichen Ebene miteinander reden und Schritt für Schritt das Problem in folgender Weise lösen:

1. Problem erfassen

Das Problem muss für jeden verständlich benannt und von anderen, vielleicht unterschwellig vorhandenen Problemen abgegrenzt werden.

2. Situation aus eigener Sicht beschreiben und analysieren

Die Situation, die zu dem Problem geführt hat, muss aus der Sicht jedes Kontrahenten dargestellt werden. Auf der Grundlage der unterschiedlichen Darstellungen wird die Situation überdacht.

3. Entwicklung von Lösungsvorschlägen

Jede Beteiligte schlägt vor, wie das Problem aus ihrer Sicht am besten gelöst werden kann. Anschließend überlegen sie gemeinsam, ob es eine weitere Möglichkeit gibt, den Konflikt zu beseitigen.

4. Entscheidung

Die Beteiligten entwickeln einen Kompromiss, mit dem jeder einverstanden ist. Gemeinsam entscheidet man sich für einen Lösungsweg, bei dem es keinen Sieger und keinen Besiegten geben darf, sondern nur Zustimmung.

5. Ausführen der Handlung

Die Beteiligten setzen ihre Entscheidung in die Realität um und versuchen so, ihr gemeinsames Problem optimal zu lösen.

6. Auswertung

Nachdem die Versuche, das Problem zu lösen, aktiv ausgeführt worden sind, setzen sich die Beteiligten noch einmal zusammen und beraten, ob die Lösung für alle zufriedenstellend ist. Wenn das Problem nicht beseitigt werden konnte, müssen neue Lösungsvorschläge gesucht werden.

Abb. Nühs

Diese Problemlösetechnik kann von den beteiligten Personen selbst angewandt werden. Besonders bei streitenden Kindern ist es aber hilfreich, wenn die Erziehende behutsam zur Lösung des Konfliktes lenkt. Oft hilft die Meinung eines Dritten, damit „Streithähne" bereit sind, sich wieder zu vertragen.

MERKSATZ

Die Gründe für einen Konflikt sind vielschichtig. Sie lassen sich durch das Gespräch, die Selbst- oder Fremdbestimmung und durch die Problemlösetechnik aufarbeiten. Entscheidend ist, dass alle Beteiligten zufrieden aus dem Konflikt hervorgehen.

AUFGABEN

1. *Setzen Sie sich in Kleingruppen zusammen. Jede notiert, welche Konfliktsituationen sie während ihres Praktikums in einem Kindergarten erlebt hat und wie damit umgegangen wurde. Nach ca. 5 Min. berichtet jede in der Gruppe darüber. Die Aufgabe der Gruppe besteht nun darin:*
   - *die Ursachen des Konfliktes zu ermitteln und die Konfliktlösung zu bewerten,*
   - *verschiedene Aspekte für die Konfliktlösung zusammenzustellen.*
2. *Entwickeln Sie ein Streitgespräch mit einer Mitschülerin. Sie oder die Mitschülerin ist ein Jugendlicher, der Alkoholprobleme hat, es aber nicht zugeben will. Der Jugendliche soll dazu gebracht werden, seine Alkoholprobleme zuzugeben und zu einer Therapie bereit zu sein.*
3. *Mobbing in der Schule bzw. am Arbeitsplatz ist eine besondere Konfliktart. Schreiben Sie auf, was Sie darunter verstehen. Setzen Sie dazu ein englisches Wörterbuch ein.*

6 Informationsbeschaffung und -verarbeitung

AUFGABE

Welche Möglichkeiten gibt es, sich Informationen zu beschaffen.

6.1 Quellen zur Informationsbeschaffung

Sozialpädagogisches Fachwissen unterliegt regelmäßigen Veränderungen. Neue Erkenntnisse in der Kinder- und Jugendpsychologie führen zu verbesserten Erziehungsmethoden, diese werden diskutiert und verworfen, oder sie setzen sich durch und bilden die Grundlage für neue Untersuchungen und Erkenntnisse. Darüber hinaus werden gesetzliche Regelungen in oft kurzen Abständen auf Bundes- oder Landesebene verändert. Mitarbeiterinnen im sozialpädagogischen Bereich müssen über Änderungen, die ihre Arbeit betreffen, immer auf dem aktuellen Stand sein.

Bei den Informationsquellen ist zu unterscheiden zwischen Print-Produkten (print: Druck), wie Büchern und Zeitschriften, und elektronischen Medien, wie Internet, Rundfunk und Fernsehen. Darüber hinaus sind der Besuch von Messen und anderen Fachveranstaltungen, das Befragen von Experten und erfahrenen Kolleginnen oder auch die Diskussion mit Betroffenen wichtige Informationsquellen.

Abb. Görke

Bei der Verwendung der verschiedenen Informationsquellen muss man die Vorteile, aber auch mögliche Nachteile wissen:

▶ **Fachbücher** stellen das Fachwissen zum Zeitpunkt der Drucklegung dar. Sie sind als Informationsquelle für wesentliche Grundkenntnisse bestens geeignet. Wird ein Buch jedoch nicht regelmäßig aktualisiert (neue Auflagen innerhalb kurzer Zeiträume, z. B. innerhalb von zwei bis drei Jahren), darf nicht davon ausgegangen werden, dass die im Buch vermittelten Kenntnisse den Ergebnissen neuester Untersuchungen entsprechen. Beim Kauf sollte man sich stets vergewissern, dass man die neueste Auflage hat.

▶ **Nachschlagewerke** enthalten Fachwissen in kompakter Form. Ihre Aktualität entspricht ihrem Erscheinungsjahr.

▶ **Fachzeitschriften** erscheinen zumeist monatlich. In ihnen werden z. B. aktuelle Gesetzesänderungen erläutert oder neue pädagogische Trends vorgestellt und diskutiert. Die Vermittlung von Grundlagen kann jedoch nicht erwartet werden, da die Artikel in der Regel auf den Kenntnissen und Erfahrungen ausgebildeter sozialpädagogischer Fachkräfte aufbauen. Viele sozialpädagogische Einrichtungen abonnieren Fachzeitschriften, damit sich ihre Mitarbeiterinnen regelmäßig über Neuerungen informieren können.

▶ **Informationsmaterial** in Form von Broschüren wird häufig von den Pressestellen der Ministerien kostenfrei abgegeben. Es dient zur schnellen Weitergabe wichtiger gesetzlicher Änderungen oder von Statistiken.

▶ **Broschüren von Vereinen oder Firmen** enthalten oft interessante Informationen, die aber von den Einstellungen der Herausgeber geprägt sind.

▶ Bei den **Radio- und Fernsehsendungen** ist davon auszugehen, dass sie aktuelle Informationen enthalten, da häufig Fachleute zu aktuellen Themen und Fragen direkt gehört werden.

▶ Bei **elektronischen Medien** wird oft fälschlich vorausgesetzt, dass die Informationen topaktuell sind. Für eine CD-ROM gilt aber ebenso wie für ein Buch oder eine Zeitschrift: Die Aktualität hängt vom Zeitpunkt des Erscheinens ab. Auch bei Internetseiten ist der letzte Zeitpunkt der Überarbeitung zu beachten. Darüber hinaus ist zu berücksichtigen, dass die Inhalte der Homepages ebenso wie die Informationen aus Broschüren von den Meinungen des jeweiligen Vereins oder von den Verkaufsabsichten der Firma abhängen. Es besteht keine fachliche Sicherheit, wie bei Büchern oder Zeitschriften.

▶ Durch die **Besichtigung** von **sozialpädagogischen Einrichtungen** sowie durch den **Besuch von Fachmessen** können ebenfalls wertvolle Informationen beschafft werden.

MERKSATZ

Print- und elektronische Medien, Radio- und Fernsehsendungen, die Besichtigung sozialpädagogischer Einrichtungen und der Besuch von Fachmessen geben der angehenden Sozialassistentin die Möglichkeit, sich schnell zu informieren.

AUFGABEN

1. Stellen Sie eine Liste von Fachzeitschriften, Fachbüchern und Fachmessen zusammen, die Sie als Sozialassistentin lesen bzw. besuchen sollten. Benutzen Sie dazu die Schulbibliothek und das Internet.

2. Bibliotheken führen immer wieder Informationsnachmittage durch. Nehmen Sie an einer solchen Führung teil und berichten Sie über Ihre Eindrücke.

3. Halten Sie stichpunktartig Aussagen aus unterschiedlichen Informationsquellen zum Thema „Konfliktlösung unter Kindern" fest. Bewerten Sie die gefundenen Ergebnisse.

| 6.2 | Zielgerichteter Umgang mit Informationsquellen |

FALLBEISPIEL

Im Mitarbeiterinnenraum eines Kindergartens stehen viele alte und neue Fachbücher. Außerdem kann man sich dort in drei unterschiedlichen Fachzeitschriften über sozialpädagogische und rechtliche Neuerungen informieren. Patrick, der Sozialassistent, schlägt der Erzieherin Jennifer vor, auch einen Laptop mit Internetzugang anzuschaffen. Er meint: „Nur mit Hilfe des Internets bekommen wir alle wichtigen Informationen. Man gibt einfach einen Begriff in die Suchmaschine ein und schon hat man jede Menge Links zu Veröffentlichungen. Auf Bücher und Fachzeitschriften können wir eigentlich verzichten. Es ist an der Zeit, dass die moderne Technik in den Kindergarten einzieht." Die Erzieherin verspricht über die Anschaffung eines Laptops nachzudenken und ihre Entscheidung in den nächsten Tagen bekanntzugeben.

AUFGABEN

1. *Bewerten Sie Patricks Einstellung zum Umgang mit Informationsquellen.*

2. *Informieren Sie sich darüber, ob Ihre Mitschülerinnen bevorzugt Bücher, Zeitschriften oder Veröffentlichungen im Internet lesen. Stellen Sie dafür eine Strichliste zusammen.*

3. *Stellen Sie ein Thesenpapier zusammen, in dem Sie sich über Bücher und Zeitschriften äußern.*

In Büchern, in Zeitschriften aber auch im Internet werden Informationen in Form von Texten vermittelt. Nur wenn man gelernt hat, richtig zu lesen, kann man die vielfältigen Informationen verstehen und bewerten. Nicht jedes geschriebene Wort entspricht der Realität, oft vermittelt der Verfasser eines Textes seine persönliche Meinung. Er möchte seinen Leser dazu bewegen, seine Einstellung zu übernehmen und sich in einer bestimmten Weise zu verhalten.

Man unterscheidet die drei Funktionen von Texten:

Darstellungsfunktion, z. B. Bericht, Protokoll, Nachricht. Der Text will den Leser über einen Sachverhalt oder ein Ereignis möglichst objektiv informieren.

Ausdrucksfunktion, z. B. Tagebuch, Kommentar. Der Text will die Meinung des Verfassers,

seine Gedanken und Gefühle dem Leser mitteilen.

Appellfunktion, z. B. Werbung, Spendenaufruf. Der Text will den Leser in seinen Gedanken und in seinem Tun beeinflussen.

Oft überwiegt in Texten eine der drei Funktionen. In der Tageszeitung sollten politische Ereignisse so objektiv wie möglich dargestellt werden. Wenn man aber die Artikel verschiedener Zeitungen zu einem Thema vergleicht, stellt man leicht fest, dass politische oder gesellschaftliche Meinungen der Journalisten einfließen, die den Leser in einer bestimmten Richtung beeinflussen sollen.

Nur, wenn man die Funktion eineTextes kennt, kann man die von ihm vermittelten Inhalte richtig bewerten.

6.2.1 Fragen zur Erschließung des Textes

AUFGABEN

1. *Welche Anforderung stellen Sie an den Text in einem Fachbuch. Schreiben Sie dazu Stichwörter an die Tafel.*

2. *Nennen Sie zwei Texte aus einem Ihrer Fachbücher, die Ihren Vorstellungen entsprechen.*

Abb. Görke

Schriftliche Informationen können mit Hilfe folgender Fragen bewertet und richtig eingeordnet werden:

▶ Welches Hauptthema wird in dem Text behandelt?

▶ Welche Einzelaspekte werden besonders angesprochen?

▶ Worin bestehen die wesentlichen Aussagen des Textes?

▶ Wie aktuell ist der Text?

▶ Mit welchen sprachlichen Mitteln werden die Informationen dargestellt? (Wortwahl, Sprachstil, rhetorische Mittel u. a.)

▶ Wer ist der Verfasser des Textes?

▶ Stellt der Verfasser das Thema nur objektiv dar oder kommentiert er auch die Inhalte? Lässt er seine persönliche Meinung einfließen?

▶ An welche Leser richtet sich der Text? Steht der Verfasser mit dem Leser in einer bestimmten Beziehung?

▶ Verfolgt der Verfasser mit seinem Text bestimmte Absichten und Ziele? Will er den Leser in einer bestimmten Richtung beeinflussen?

Nur wenn man die subjektiven von den objektiven Informationen, d. h. die Meinung des Verfassers von den realen Gegebenheiten trennen kann, kann man die Aussagen eines Textes richtig erfassen.

AUFGABEN

1. Beurteilen Sie die Kinderbücher Ihrer Schulbibliothek hinsichtlich der genannten drei Funktionen.

2. Ordnen Sie die nachfolgenden Beispiele jeweils der dazugehörigen sprachlichen Funktion zu:

   – Auf der zweiten Seite Ihrer Tageszeitung finden Sie eine Übersicht über Veranstaltungen.

   – In einer Wochenzeitung schreibt ein Journalist einen kritischen Kommentar über Kindererziehung.

   – In einer Anzeige heißt es: Happy Holiday – Top Angebote für die Freizeit mit Kindern!

6.2.2 Sichern der erfassten Informationen

Damit man angesichts der Fülle von Informationen, die man durch eine Recherche (Nachforschung) in den alten und neuen Medien findet, nicht den Überblick verliert, muss jede Einzelinformation systematisch gesichert werden.

Für das Sammeln von Informationsquellen kann ein Ordner oder ein Karteikasten angelegt werden. Die Inhalte auf den Karten können – wie folgt – gegliedert werden:

▶ Angaben zur Informationsquelle, d. h. Buchtitel, Verlag, Zeitschriftentitel, Internetadresse der betreffenden Internetseite

▶ Angaben zum Verfasser des Textes, d. h. Name, Funktion, Bezug zum Thema

▶ Angaben zum Zeitpunkt der Veröffentlichung, d. h. Auflage des Buches, Nummer der Zeitschrift, Erscheinungsjahr

▶ Wesentliche Informationen aus dem Text in Form von Stichworten oder Textauszügen (wörtliche Übernahme des Textes)

▶ Bewertung der Objektivität der Darstellung

▶ Weiteres Material wie Kopien aus Fachbüchern, Fachzeitschriften oder Broschüren oder Ausdrucke aus dem Internet kann beigelegt werden. Die wichtigsten Informationen findet man schnell wieder, wenn man die Textstelle mit einer auffälligen Farbe kennzeichnet.

Auf diese Weise entsteht ein Ordner oder Karteikasten, in dem alle gefundenen Informationen systematisch eingeordnet sind. Auf der Grundlage dieser Sammlung können Ergebnisse der Recherche später leicht dokumentiert und präsentiert werden.

MERKSATZ

Das Auseinandersetzen mit Informationen ist ein aktiver Prozess. Er verlangt eine **differenzierte Wahrnehmung und Auswertung** sowie die Sicherung der Informationen.

AUFGABE

Legen Sie sich einen Ordner oder Karteika-sten an, in dem Sie wichtige Informationen für sich sammeln. Bitten Sie Ihre Klassenleh-rerin, Ihnen bei der Anlage dieses Ordners oder Karteikastens behilflich zu sein.

6.3	Präsentation, Dokumentation und Visualisierung von Informationen

FALLBEISPIEL

Nach dem ersten Praktikum haben die an-gehenden Sozialassistentinnen die Auf-gabe, den Kindergarten, in dem sie Ihr Prak-tikum absolviert haben, zu präsentieren und sein vielseitiges Engagement nach außen hin darzustellen. „Die Aufgabe ist nicht ein-fach, aber wenn wir uns etwas gründlicher damit beschäftigen, wird sie Spaß machen", meint Simone zu Steffi. „Du hast Recht", stimmt Steffi ihr zu, „ wir haben eine Menge Material mitgebracht, damit könnten wir bei-spielsweise eine Collage erstellen!" „Was hältst du von einer Mind-Map, mit der wir die vielen Aufgaben eines Kindergartens darstellen könnten!" „Das ist auch eine gute Idee, " sagt Steffi, „ich bin schon gespannt, was uns sonst noch alles einfällt!"

AUFGABE

Nennen Sie weitere Möglichkeiten, wie man die Ergebnisse einer Aufgabenstellung prä-sentieren kann.

Wenn ausreichend Informationsmaterial vorhan-den ist, wird die Recherche (Nachforschung) beendet. Nach der kritischen Auswahl des Ma-terials müssen die Ergebnisse in einer über-sichtlichen Form dargestellt werden.

Die Ergebnisse einer Recherche können auf fol-gende Weise übermittelt werden:

▶ durch eine **Präsentation**, d. h. die Ergeb-nisse werden mündlich oder in Form einer Ausstellung übermittelt,

▶ durch eine **Dokumentation**, d. h. die Infor-mationen werden in einer schriftlichen Aus-arbeitung festgehalten und zugänglich ge-macht.

Die Präsentation und die Dokumentation sind an eine **Visualisierung** gebunden, wenn sie an-schaulich sein sollen. Bilder, Schemata oder Tabellen tragen dazu bei, dass die Zusammen-hänge vom Publikum oder vom Leser leichter erkannt werden und sich im Gedächtnis besser einprägen.

Bei der Präsentation und auch beim Verfassen einer Dokumentation steht die vortragende oder schreibende Sozialassistentin im Vorder-grund. Sie gibt einem Publikum Auskunft über ihre Arbeit. Nur wenn die Inhalte gut strukturiert und zielgruppengerecht vermittelt werden, kön-nen die Zuhörer oder Leser die übermittelten Informationen richtig verstehen. Gegenüber Fachkolleginnen oder Mitschülerinnen sollten Fachbegriffe verwendet werden. Wenn das Publikum aus den Eltern der betreuten Kinder besteht, sollten Fachbegriffe, wenn möglich, vermieden werden. Die Sprache sowie die Art der Übermittlung von Informationen müssen sich immer an die Anforderungen der Zielgrup-pe anpassen, z. B. sollte sie „locker" oder eher förmlich sein.

Bei einer Präsentation ist es darüber hinaus wichtig, dass die Sozialassistentin selbstbe-wusst und sympathisch auftritt.

Nur wenn das Publikum zu ihr steht, erhält sie auch die notwendige Aufmerksamkeit für ihren Vortrag und erreicht so ihr Ziel. Die Raum-verhältnisse und die Sitzordnung müssen ebenfalls stimmen. Das Publikum muss sich wohl fühlen.

Unabhängig davon, ob Informationen durch einen Vortrag präsentiert oder schriftlich doku-mentiert werden sollen, muss in folgender Weise vorgegangen werden:

▶ Die **Struktur** wird stichpunktartig festgelegt. An den Anfang sollte eine Einführung gesetzt werden, die an das Thema heranführt. Dann werden alle Informationen einschließlich Fo-tos übersichtlich zugeordnet. Am Ende kann die Gesamtaussage noch einmal verständ-lich zusammengefasst werden und ein Aus-blick für die Zukunft eingeplant werden.

▶ Der **Umfang** muss festgelegt werden. Ein Vortrag ist so zu planen, dass noch hinreichend Zeit für eine anschließende Diskussion verbleibt. Eine Dokumentation muss so umfangreich sein, dass alle Informationen vermittelt werden können. Sie darf aber auch nicht zu lang sein, da sie dann nicht vollständig gelesen wird.

▶ Auf der Grundlage der Überlegungen zur Struktur und zum Umfang wird ein **Inhaltsverzeichnis** erstellt. Dabei ist viel Wert darauf zu legen, dass die Informationen, die vermittelt werden sollen, in einer sinnvollen Reihenfolge stehen. Sie müssen in der Weise präsentiert werden, dass der Zusammenhang leicht zu verstehen ist.

▶ Die **Überschriften** des Inhaltsverzeichnisses sollten kurz sein und die wesentlichen Inhalte vermitteln.

▶ Die zu vermittelnden Informationen werden **stichpunktartig** den einzelnen Überschriften zugeordnet.

▶ Wichtige Informationen werden zusätzlich **bildlich dargestellt** (visualisiert), z. B. durch Fotos, Tabellen oder durch ein Fließschema.

▶ Die Überschriften werden mit den Stichpunkten und den erstellten Bildern u. a. zusammengeführt:
  – Wenn ein Vortrag geplant ist, sollten **Folien** (wenn ein Tageslichtprojektor zur Verfügung steht) oder eine **Power-Point-Präsentation** (wenn ein PC und ein Beamer vorhanden sind) vorbereitet werden.
  – Jede den Zuhörern gezeigte Seite sollte eine Überschrift und **relativ wenige**, übersichtlich dargestellte Informationen, d. h. vorbereitete Bilder und Stichpunkte enthalten. Auf ausformulierte Texte sollte verzichtet werden.
  – Wenn eine Dokumentation geplant ist, werden die Informationen in **zusammenhängenden Texten** geschrieben und durch vorbereitete Bilder, Tabellen u. a. ergänzt. Der Schreibstil muss immer an die Bedürfnisse und fachlichen Voraussetzungen angepasst sein

▶ Schließlich wird die Präsentation oder Dokumentation noch einmal korrigiert, am besten von einer an der Recherche nicht beteiligten Person.

AUFGABE

Erarbeiten Sie eine Präsentation und Dokumentation zu dem Thema:

Persönlichkeitsmerkmale der Sozialassistentin

| 6.3.1 | Montage, Fotomontage, Collage und Wandzeitung |

AUFGABE

Aufgabe: Notieren Sie stichpunktartig die Merkmale des Fotos.

Informationen können durch einzelne Bilder visualisiert werden oder Bilder und Text werden zu einem Gesamtbild zusammengefügt.

Von einer **Montage** spricht man, wenn verschiedene Bildausschnitte zu einem Gesamtbild zusammengestellt werden.

Bei einer **Fotomontage** werden verschiedene fotografische Aufnahmen zu einem neuen Bild zusammengestellt, z. B. wenn die bei einem Sommerfest im Kindergarten aufgenommenen Fotos zu einem Gesamtbild zusammengeklebt werden. Die Fotomontage findet vor allem in der Werbung Anwendung. Der Textanteil muss so gering wie möglich sein, damit das Gesamtbild auf den Betrachter wirkt.

Abb. Nühs

Bei einer **Collage** werden unterschiedliche Materialien, d. h. Fotos, aus Zeitschriften ausgeschnittene Bilder oder Textpassagen, selbst gefertigte Zeichnungen und selbst geschriebene Schriftzüge oder Texte miteinander zu einem Gesamtbild zusammengefügt. Der besondere Eindruck entsteht durch das geschickte Verbinden der Materialien. Das Prinzip der Collage geht auf die Künstler G. Braque und P. Picasso zurück.

Die **Wandzeitung** ist ein meist handgeschriebener Anschlag mit Informationen, Meinungen oder Appellen. Sie kann mehrere Seiten umfassen. Wie bei einer normalen Zeitung überwiegt der Textanteil, der durch Bilder, Zeichnungen und Fotos ergänzt wird.

Die Montage, Collage oder Wandzeitung darf nicht zu viele Informationen enthalten. Der Betrachter sollte möglichst mit einem Blick die wesentlichen Inhalte erfassen können. Auf das Gesamtbild kommt es an, daher dürfen einzelne Teile nicht in den Vordergrund treten.

Für die Gruppenarbeit ist die Erarbeitung einer Montage, Collage bzw. Wandzeitung gut geeignet, da unterschiedliche Informationen miteinander verbunden werden und jedes Gruppenmitglied eine Teilaufgabe übernehmen kann. Bei der Erstellung wird wie folgt vorgegangen:

▶ Das Thema und die Form der Visualisierung werden festgelegt.

▶ Arbeitsmaterialien, wie Plakatpappe, Klebstoff, Scheren, Filzstifte usw. werden zusammengestellt.

▶ Informationsmaterial unterschiedlichster Art wird gesammelt und gesichtet.

▶ Ausgewähltes Material wird geordnet und auf Pappe aufgeklebt.

AUFGABEN

1. Erstellen Sie jeweils in Gruppen eine Montage, eine Fotomontage, eine Collage oder eine Wandzeitung zu dem Thema „Der Kindergarten in unserem Dorf oder Stadtteil".

2. Vergleichen Sie die Arbeiten miteinander und bewerten Sie sie.

Abb. BZGA

6.3.2 Plakat

Plakate sollen auffallen und auf einen Blick wesentliche Informationen übermitteln. Dazu müssen sich die Informationen kontrastreich vom Hintergrund und von dem Umfeld abheben. Das Bild sollte eindeutig auf die Information hinweisen oder eine die Information unterstützende Atmosphäre vermitteln. Durch außergewöhnliche Bildausschnitte wird oft eine überraschende Wirkung erreicht. Je größer sie sind, umso intensiver wirken die übernatürlichen Großdarstellungen.

Vor dem Entwurfsbeginn muss unbedingt geklärt werden, ob dem **Bild** oder dem **Text** der Vorrang eingeräumt werden soll und welche Farben verwendet werden sollen, daher empfiehlt es sich, vorweg einen oder mehrere Entwürfe zu erstellen, in denen

▶ das Plakatformat festgelegt ist,

▶ die geplanten Bilder bzw. Bildausschnitte eingearbeitet sind,

▶ der vorgesehene Text enthalten ist,

▶ die vorgesehene Schrift eingesetzt ist,

▶ die richtigen Farben ausgewählt sind.

AUFGABE

Vergleichen Sie die obigen Plakate miteinander und nennen Sie Beispiele für ein Bild/Textplakat bzw. ein Text/Bildplakat.

6.3.3 Mind-Map

Die Mind-Map ist eine Methode zum Aufschreiben und Aufzeichnen von Gedanken. Anwenden lässt sich die Mind-Map-Technik überall dort, wo Ideen produziert, geordnet und notiert werden, z. B. bei Planungen, Manuskripten oder bei Konzepten für Veranstaltungen.

Regeln für die Mind-Map

Die Waagerechte suchen:
Die Mind-Map wird in der Regel auf einem großen Blatt Papier oder an der Tafel im Querformat erstellt.

Verästelungen beschränken:
Um Übersichtlichkeit zu gewähren, sollte die Zahl der Hauptäste beschränkt und die Nebenäste sollten nach Möglichkeit nicht zu sehr verästelt werden.

Im Uhrzeigersinn anordnen:
Wenn Mind-Maps nicht spontan entstehen, sondern zu Präsentationszwecken vorbereitet sind, ist es für den Betrachter nützlich, die Hauptäste und Schlüsselwörter im Uhrzeigersinn nacheinander anzuordnen. Das kommt der Wahrnehmung sehr entgegen.

Auch Bilder verwenden:
So oft es geht, sollen in Mind-Maps Wörter durch Bilder ersetzt werden. Sie sind schneller aufzunehmen, leichter einzuprägen und regen das Weiterdenken an.

AUFGABEN

1. Erarbeiten Sie eine Mind-Map mit dem Thema: Wir planen einen Elternabend.
2. Nennen Sie Regeln für das Erarbeiten von Montagen, Fotomontagen, Collagen und Plakaten.
3. Wiederholen Sie das Vorgehen bei der Erstellung einer Präsentation oder Dokumentation an einem Beispiel Ihrer Wahl.
4. Nennen Sie Beispiele dafür, wie Sie schnell und ohne großen Aufwand an Informationen herankommen.
5. Teilen Sie die Texte in Ihrer Tageszeitung danach ein, ob sie eine Darstellungs-, Ausdrucks- oder Appellfunktion haben.

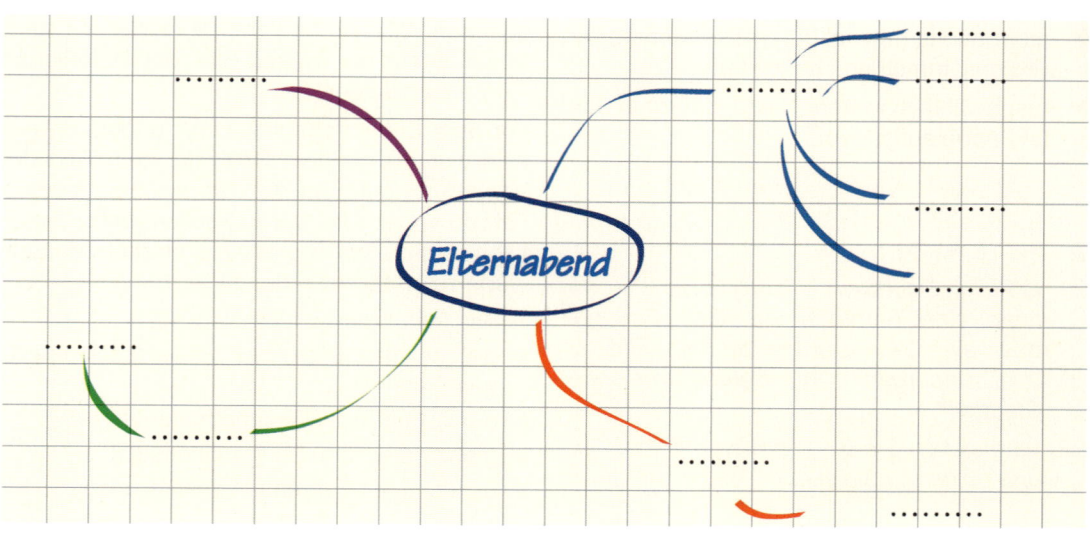

Abb. BZGA

Jeder Mensch lebt in unterschiedlichen Gruppen wie Familie, Schule, Arbeitsplatz oder Vereinen. In diesen Gruppen übernimmt er unterschiedliche Rollen. So verhält er sich als Schwester oder Bruder anders als als Mitschülerin in einer Schulklasse, als Sozialassistentin in einem Kindergarten oder als Mitglied in einem Sportverein. Mit zunehmendem Alter nimmt die Zahl der Gruppen, denen er angehört, aber auch der Rollen, die er damit übernimmt, ständig zu. Das Verhalten in diesen Gruppen verläuft nicht nach einem vorgegebenen Muster, sondern kann sich verändern. So verhalten sich ältere Kinder gegenüber ihren Eltern anders als jüngere. In vielen Familien kann es sogar zu einem Rollentausch kommen, d. h. dass die erwachsenen Kinder die Verantwortung für ihre Eltern übernehmen. Der Zusammenhalt und das Rollenverhalten in einer Schulklasse können sich im Verlauf eines Schuljahres ebenfalls ändern. Wie wir uns in einer Gruppe verhalten und fühlen wird entscheidend von drei Bedürfnissen geprägt:

▶ Bedürfnis nach **Zugehörigkeit**
▶ Bedürfnis nach **Anerkennung**
▶ Bedürfnis nach **Sicherheit**

Diese Bedürfnisse sind bei jedem Menschen unterschiedlich stark ausgeprägt.

Wenn man in einer Gruppe akzeptiert wird und die Position nicht gefährdet ist, fühlt man sich wohl. Ein großes Maß an Sicherheit ist auch gewährleistet, wenn man abschätzen kann, was in der Gruppe passieren wird und wie sich die anderen verhalten werden.

Das Verhalten einzelner Gruppenmitglieder wird nicht nur von den eigenen Wünschen und Bedürfnissen bestimmt, sondern es hängt auch von den Erwartungen der anderen Gruppenmitglieder ab. Das Verhalten in der Gruppe wird von den so genannten **Gruppennormen** bestimmt.

Normen sind Verhaltensregeln, die aus der bewussten oder unbewussten Übereinstimmung der Gruppenmitglieder entstanden sind.

Mit Hilfe der Normen werden Verhaltensweisen der Gruppe reguliert, was durch Urteile, Aussagen und Auffassungen in bestimmten Situationen deutlich wird. Normen schaffen eine gewisse Selbstverständlichkeit und Stabilität für den Einzelnen und die Gruppe. Neben der entlastenden Funktion können Gruppennormen auch einengen: Sie sollten daher nicht zu starr sein und nicht zu zahlreich sein, um einer Konformität der Meinung und Einstellung entgegenzuwirken.

AUFGABEN

1. Welchen Gruppen gehören Sie an und wie fühlen Sie sich darin?

2. Werden die drei genannten Bedürfnisse für Sie in diesen Gruppen erfüllt?

3. Überlegen Sie, wie sich die anderen Gruppenmitglieder fühlen? Gibt es Außenseiter?

7.1 Gruppenprozesse

Psychologen und Sozialwissenschaftler sind den Fragen zur Entstehung von Gruppen und zu den Prozessen innerhalb von Gruppen nachgegangen. Sie untersuchten dabei:

- Freizeitgruppen,
- die amerikanische Armee während des Zweiten Weltkrieges,
- Diskussionsgruppen,
- gruppendynamische und therapeutische Gruppen,
- Gruppen in Betrieben,
- Jugendbanden.

7.1.1 Phasenmodell von Bernstein und Lowy

Saul Bernstein und Louis Lowy unterscheiden fünf Phasen der Gruppenentwicklung. Dabei stellen sie fest, dass die Phasen nicht geradlinig verlaufen, sondern dass die Übergänge fließend sind und dass es sogar Gruppen gibt, die in den ersten Phasen verharren. Auch der Rückfall in frühere Phasen ist möglich.

▶ **Voranschluss- und Orientierungsphase:**
In dieser Phase lernen sich die Gruppenmitglieder kennen. Sie erkunden sich gegenseitig und haben noch kein Vertrauen zueinander. Die Phase ist durch Neugierde, Freude, aber auch durch Vorsicht und Unsicherheit geprägt.

▶ **Machtkampfsphase:**
Für diese Phase ist typisch, dass es zu kämpfen um die Rangordnung und zu einer ersten Rollenverteilung kommt. Gefühle können verletzt werden, Sympathie und Antipathie wird deutlich.

▶ **Vertrautheits- und Intimitätsphase:**
Diese Phase ist weitgehend durch das Entstehen von Harmonie gekennzeichnet: Positive Beziehungen werden gesucht, Interaktionsbedarf zwischen den Gruppenmitgliedern besteht.

▶ **Differenzierungsphase:**
Eine große Stabilität kennzeichnet diese Phase: Die Gruppe kann konstruktiv ihre Ziele erreichen. Zwischen den Mitgliedern besteht ein gegenseitiges Vertrauen. Unterschiede werden akzeptiert und als Bereicherung erlebt.

▶ **Abschluss- und Trennungsphase:**
Die Gruppe löst sich in dieser Phase auf, wenn die Gruppenziele erreicht worden sind und keine neuen geplant sind. Der Abschied kann für Einzelne oder die gesamte Gruppe schmerzlich sein.

AUFGABEN

1. Erstellen Sie eine Tabelle mit Problemen und Chancen der jeweiligen Phase und den Aufgaben der Gruppenleitung in den einzelnen Gruppenphasen.

2. Nennen Sie Beispiele dafür, wie die Sozialassistentin die einzelnen Phasen der Gruppenbildung im Kindergarten positiv begleiten kann.

3. Stellen Sie fest, in welchem Stadium der Gruppenbildung sich Ihre Klasse befindet.

Abb. Görke

7.2 Gruppenstrukturen

Gruppen haben eine unterschiedliche Struktur (Aufbau, inneres Gefüge). Sie hängt von den Aufgaben ab, die die Gruppe übernehmen möchte oder zu übernehmen hat. So ist die Primärgruppe (z. B. Familie) anders strukturiert als die Sekundärgruppe (z. B. Schule). Nachfolgend ist eine Übersicht über Möglichkeiten, Gruppen zu klassifizieren, dargestellt.

Gesichtspunkte	Einteilung in
Größe	Klein- und Großgruppe
Interpersonelle Beziehungen	Primär- und Sekundärgruppe
Grad der Formalität	Formelle und informelle Gruppe
Art der Beziehungen des Individuums zur Gruppe	Bezugs-, Eigen- und Fremdgruppe
Grad des Zwanges der Mitgliedschaft	Freiwillige und unfreiwillige Gruppe

AUFGABEN

1. Beurteilen Sie die Einteilung der Gruppen.
2. Nennen Sie weitere Gesichtspunkte für die Einteilung von Gruppen.

7.2.1 Größe der Gruppe

Gruppenstrukturen entstehen durch unterschiedliche Zusammensetzungen. Ein wesentlicher Gesichtspunkt ist die Gruppengröße.

Nach der Zahl der Mitglieder kann man die Gruppen in **Klein- und Großgruppen** einteilen. Eine **Kleingruppe** hat eine überschaubare Zahl von 4 bis 20 Personen, die regelmäßig und direkt Kontakt miteinander haben.

Mit einer **Großgruppe** hingegen ist z. B. ein Volk, eine Nation, eine Religionsgemeinschaft oder es sind politische und wirtschaftliche Verbände gemeint. Die Menschen in einer Großgruppe haben nur indirekt Kontakt miteinander. Die gemeinsame Sprache, Geschichte, Kultur und

Abb. MEV

Politik trägt ebenfalls dazu bei, eine Großgruppe zusammenzuhalten.

Die optimale **Gruppengröße** einer Klasse oder Jugendgruppe hängt zusammen mit:

▶ dem Alter der Gruppenmitglieder,
▶ den Gruppenzielen,
▶ den Eigenschaften der Mitglieder.

Eine Schulklasse mit Problemschülerinnen kann beispielsweise nicht so groß sein wie eine Klasse, in der es diese Schwierigkeiten nicht gibt. Eine Gruppe mit Krabbelkindern sollte höchstens sechs Kinder umfassen, da Kinder in diesem Alter noch nicht so viele Kontakte aufbauen können.

AUFGABEN

Finden Sie weitere Beispiele zu diesen Zusammenhängen.

7.2.2 Primär- und Sekundärgruppen

FALLBEISPIEL

Jessica unterhält sich am Abendbrottisch mit ihrer Mutter. Während des Gespräches meint Jessica ganz nachdenklich: „Heute hatte ich es mit den unterschiedlichsten Menschen zu tun: Am Frühstückstisch saß ich mit Vati und Bruder Timo zusammen. In der Schule war ich mit meinen Mitschülerinnen und den Lehrerinnen in Englisch, Mathematik und Deutsch zusammen. Am

Nachmittag traf ich Opa und Oma und jetzt sitze ich mit dir zusammen!" „Mir geht es heute auch nicht anders", antwortet die Mutter, „beim Einkaufen traf ich Tante Doreen, auf der Straße Onkel Jürgen, der Tante Doreen beim Einkaufen behilflich war, in der Straßenbahn traf ich meine Arbeitskolleginnen aus dem Anwaltsbüro."

AUFGABE

Erklären Sie die Beziehungen der Menschen zueinander.

Gruppen können in **Primär- und Sekundärgruppen** eingeteilt werden.

Primärgruppen sind die Gruppen, zu denen der Mensch zu Beginn des Lebenslaufs gehört. Das sind:

- Die Familie,
- die Spielgruppe,
- die Nachbarschaft,
- der Freundeskreis.

Das Wort **„sekundär"** bedeutet an zweiter Stelle. Damit sind die Gruppen gemeint, die zeitlich erst später im Leben eines Menschen eine Rolle spielen und deren Mitglieder nicht so eng miteinander verbunden sind:

- Die Kindergartengruppe,
- die Schulgruppe,
- die Berufsgruppe.

Primärgruppen haben eine fundamentale Bedeutung für die Entwicklung der menschlichen Persönlichkeit, was an den nachfolgenden Merkmalen deutlich wird:

- intensive emotionale Kontakte zwischen den Gruppenmitgliedern,
- Kontakt auf verschiedene Arten: verbal (mündlich), taktil (durch Berührungen) und optisch,
- häufige Kontakte.

In den **Sekundärgruppen** ist der Kontakt nicht so eng. Er erfolgt vorwiegend verbal und in sachlicher Form.

Eine Sekundärgruppe kann aber auch die Merkmale der Primärgruppe annehmen, wenn sich ein Teil der Schulklasse zu einem Freundeskreis entwickelt. Umgekehrt kann die Primärgruppe zu einer Sekundärgruppe werden. Das ist der Fall, wenn in der Familie nur noch der notwendige sachliche und verbale Kontakt unterhalten wird.

7.2.3 Formelle und informelle Gruppen

Neben der Einteilung von Gruppen in Primär- und Sekundärgruppen gibt es die formellen und informellen Gruppen. Mit **formell** und **informell** wird der Grad der Festlegung von Zielen, Rollen und Normen bezeichnet.

Zu den formellen Gruppen gehören:

- Sportvereine,
- Schulklassen,
- Kindergartengruppen,
- ein eingetragener Verein.

Die formelle Gruppe ist an eine **Satzung**, eine **Verordnung**, eine **Vereinbarung** oder sogar an ein Gesetz (z. B. Schulklasse) gebunden und kann sich nicht willkürlich verhalten.

Informelle Gruppen haben keine Satzung. Sie entstehen spontan und sind nicht an eine von außen festgelegte Ordnung gebunden. Das Verhalten der Gruppenmitglieder ist überwiegend zwanglos und höchstens an lockere Regeln gebunden, z. B. einmal im Monat Treffen der Gruppenmitglieder. Zu den informellen Gruppen zählen:

- Spielgruppen für Kinder,
- Freundesgruppen,
- Stammtischgruppen.

7.2.4 Bezugsgruppen

FALLBEISPIEL

Jens M. hat im Gegensatz zu seinen Eltern eine radikale politische Einstellung, er ist auffällig gekleidet, liebt Mutproben und Härte und äußert sich sehr provokativ. Seit einem Jahr gehört er einer Jugendgang an, was in seinem Verhalten zum Ausdruck kommt. Aus finanziellen Gründen wohnt er zu Hause, am liebsten würde er lieber heute als morgen ausziehen. Mit seinen Eltern spricht er so gut wie gar nicht. Von seiner Zugehörigkeit zu einer Gang wissen sie nichts. Das findet Jens gut, sonst würden sie ihm ständig in den Ohren liegen, da doch nicht mehr mitzumachen.

Seine Eltern sind als konservativ einzuordnen, was an ihrer Kleidung, ihrem Verhalten und ihrer politischen Einstellung festzustellen ist. Sie lieben eine gepflegte Sprache und ein gepflegtes Umfeld.

AUFGABEN

1. *Beurteilen Sie das Verhalten von Jens M.*
2. *Nennen Sie Gründe dafür, dass er sich mehr zu seiner Gang als zu den Eltern hingezogen fühlt.*

Menschen können Mitglieder einer Gruppe sein, ohne sich mit deren Zielen und Normen zu identifizieren. Das kann z. B. der Fall sein, wenn sich eine Familie auseinander gelebt hat.

Gruppen, mit denen man sich identifiziert, werden **Bezugsgruppen** genannt. Die starke Orientierung einer Person an ihrer Bezugsgruppe zeigt sich in gruppenkonformen Meinungen und Einstellungen und bei einigen Gruppen auch daran, dass ein Symbol für die Zugehörigkeit verwendet wird, z. B. ein bestimmter Stil, sich zu kleiden.

Bezugsgruppen können sein z. B.

▶ der Freundeskreis,
▶ eine politische Gruppierung,
▶ ein Fan-Club.

AUFGABEN

1. *Überlegen Sie, welche Bezugsgruppen Sie haben.*
2. *Welchen Gruppen möchten Sie angehören? Begründen Sie Ihre Aussage.*

7.2.5 Eigen- und Fremdgruppe

Nach der **aktuellen Zugehörigkeit** unterscheidet man die Eigengruppe und die Fremdgruppe.

Die **Eigengruppe** (ingroup) ist die Gruppe (es können auch mehrere sein), der man zur Zeit

Abb. Thiele

angehört. Als **Fremdgruppe** bezeichnet man eine Gruppe, bei der man nicht Mitglied ist, die aber durchaus ähnliche Ziele wie die Eigengruppe haben kann. Es kommt vor, dass die Mitglieder einer Gruppe einer Fremdgruppe gegenüber Vorurteile haben und eine feindselige Haltung entwickeln.

FALLBEISPIELE

Olaf ist Mitglied im Fan-Club von Bayern-München. Die Fans von Mainz 05 kann er nicht leiden.

Carinas Schulklasse, die 7a, ist auf die Parallelklasse, die 7b, nicht gut zu sprechen. Carina erzählt ihren Eltern, die 7b werde von den Lehrern bevorzugt, denn diese Klasse bestehe nur aus Strebern und Schleimern. Auf dem Heimweg nach dem Unterricht wäre es neulich beinahe zu einer Prügelei zwischen einigen Schülern aus den beiden Klassen gekommen.

7.2.6 Freiwillige und unfreiwillige Gruppe

Manche Gruppen kann man sich auswählen und man kann auch nach eigenem Gutdünken die Mitgliedschaft wieder beenden. So kann man aus einem Verein wieder austreten. In die Familie aber wird man hineingeboren, sie ist daher, zumindest so lange man sie nicht verlassen kann, eine unfreiwillige Gruppe. Auch die Schulklasse ist eine unfreiwillige Gruppe, so lange man schulpflichtig ist.

AUFGABEN

1. *Wie ist es Ihnen am ersten Tag in Ihrer Klasse ergangen? Welche Gefühle haben Sie jetzt?*
2. *Handelt es sich bei einer Kindergartengruppe um eine freiwillige oder eine unfreiwillige Gruppe?*
3. *Stellen Sie zusammen, welche Gruppen in Ihrem Leben eine Rolle spielen. Ordnen Sie diese Gruppen in die unterschiedlichen Arten von Gruppen ein.*

7.3 Gruppenregeln

FALLBEISPIEL

Im Kindergarten St. gibt es folgende Gruppenregeln:
- Die Kinder müssen bis um 9.00 Uhr im Kindergarten sein.
- Vor dem Frühstück haben sie ihre Hände zu waschen.
- Das Frühstück muss in der Zeit von 9.00 Uhr bis 10.00 Uhr eingenommen werden.
- Nach dem Freispiel findet eine Anleitung statt oder die Kinder fahren zum Sport.
- Für die Anleitung haben die Kinder das entsprechende Material mitzubringen.
- Für den Sportunterricht sind Sportsachen mitzubringen.
- Mittags sind die Kinder spätestens um 13.00 Uhr abzuholen oder sie bleiben im Kindergarten.
- Die Monatsbeiträge richten sich nach dem Einkommen der Eltern, höchstens ist ein Betrag von 80,– EUR zu bezahlen.

AUFGABEN

1. Beurteilen Sie die oben genannten Regeln.

2. Ergänzen Sie diese Regeln durch Regeln zum Verhalten der Kinder im Kindergarten.

Ein Zusammenleben in einer Gruppe ist ohne das Einhalten von Regeln nicht möglich. Das betrifft sowohl das Zusammenleben in der Familie als auch in den öffentlichen Einrichtungen.

▶ Gruppenregeln haben eine entlastende Funktion. Der Einzelne weiß, wie er sich zu verhalten hat. Weiterhin weiß er, wie sich andere Menschen verhalten. Die Sozialassistentin, die morgens in den Kindergarten geht, weiß, dass die Kinder pünktlich da sind.

▶ Gruppenregeln vereinheitlichen das Verhalten und Zusammenleben verschiedener Menschen. Sie gewähren damit eine Sicherheit und Stabilität für den Einzelnen. Die Vereinheitlichung bedeutet aber auch eine **Begrenzung**, da die Vielfalt der Möglichkeiten eingeengt wird. Der Einzelne wird nicht nur in seinem Verhalten, sondern auch in seiner Meinung und Einstellung durch Gruppenregeln festgelegt.

▶ Eine Gruppe kommt ohne Regeln nicht zurecht. Die Gruppenregeln fördern das **Wir-Gefühl** und damit den Zusammenhalt der Gruppenmitglieder. Durch die Gruppenregeln wird die Gruppe von den anderen Gruppen abgegrenzt. Die Gruppenregeln fördern die Kooperation der Mitglieder und damit die Verwirklichung der Ziele.

AUFGABE

Erarbeiten Sie ein Info-Blatt mit dem Thema „Regeln über das Verhalten in unserer Klasse".

7.4 Kommunikation in Gruppen

FALLBEISPIEL

Die Gruppe Meise des Kindergartens P. besteht aus 25 Kindern im Alter von drei bis sechs Jahren, der Erzieherin Annika, der Sozialassistentin Olga und dem Praktikant Jens. Seitdem Jens in der Gruppe ist, gibt es ständig Probleme. Jens meint, er wüsste alles besser als die beiden anderen. Schließlich käme er gerade aus der Schule und wüsste daher über die neuesten wissenschaftlichen Erkenntnisse besser Bescheid. Die beiden anderen sehen das anders: Sie meinen, sie hätten ihre Erfahrungen und die dürfe man nicht unberücksichtigt lassen. Besonders unangenehm war es nach einer Anleitung. Jens hatte den Auftrag, mit den Kindern Windmühlen zu basteln. Das Material hatte ihm die Erzieherin Annika besorgt. Die Kinder zeigten während der Anleitung wenig Interesse und äußerten den Wunsch, lieber in der Bauecke spielen zu wollen. Der Praktikant gab dem Wunsch der Kinder nach und ließ sie in der Bauecke spielen, ohne vorher die Erzieherin gefragt zu haben. Diese war empört und meinte, Jens hätte die Kinder stärker für die Aufgabe motivieren müssen, dann wären diese auch bereit gewesen, die Windmühlen zu basteln. Darüber hinaus könne er nicht von sich aus beschließen, die Anleitung nicht durchzuführen. Auf die Vorwürfe der Erzieherin meinte der Praktikant ganz selbstbewusst, er sei dem

Wunsch der Kinder nachgekommen und diese hätten lieber in der Bauecke spielen wollen. Außerdem würde man heute verstärkt auf die Wünsche der Kinder hören und müsse eigene Vorstellungen aufgeben.

AUFGABEN

1. Beurteilen Sie das Verhalten des Praktikanten.
2. Wie lassen sich die Spannungen im Team bereinigen?

Eine Gruppe kann nur dann gut miteinander zusammenleben bzw. arbeiten, wenn die Kommunikation, die gegenseitige Verständigung, stimmt. Dazu ist erforderlich, dass jeder auf den anderen zugeht und persönliche Wünsche zurückstellt. Darüber hinaus wird die Zusammenarbeit in einer Gruppe beeinflusst von

▶ der Gruppengröße,
▶ der Gruppenatmosphäre,
▶ der Aufteilung der Aufgaben in der Gruppe.

Gruppengröße:

Mit zunehmender Gruppengröße verringert sich die Intensität der emotionalen Bindungen. Das hängt damit zusammen, dass man nicht zu allen Gruppenmitgliedern den gleichen engen Kontakt haben kann.

▶ Mit **zunehmender Gruppengröße** nimmt der Grad der Einigkeit ab: Es kommt eine größere Zahl unterschiedlicher Meinungen zusammen, die zuerst ausdiskutiert werden müssen.

▶ Mit **zunehmender Gruppengröße** verhalten sich die Gruppenmitglieder untereinander weniger rücksichtsvoll. Jeder versucht, seine Meinung durchzusetzen und hört nicht unbedingt auf den anderen.

▶ Mit **zunehmender Gruppengröße** nimmt die Zahl der Untergruppen zu. In Untergruppen ist es leichter, Meinungsverschiedenheiten auszugleichen.

Die Zusammenarbeit in der Gruppe wird auch beeinflusst vom Alter, Geschlecht, von der Nationalität, dem Wohnort und dem Entwicklungsstand der Gruppenmitglieder. In einer kleinen Gruppe lassen sich die Unterschiede besser ausgleichen.

Gruppenatmosphäre:

Mit der Gruppenatmosphäre in einem Kindergarten ist die **Stimmung, bzw. das Wohl- oder Unwohlgefühl** gemeint. Sie wird beeinflusst von

▶ der Gruppenleitung,
▶ den Gruppenmitgliedern,
▶ dem Erreichen der Gruppenziele,
▶ den gefühlsmäßigen Beziehungen der Gruppenmitglieder untereinander,
▶ den äußeren Umständen, z. B. Räumlichkeiten, Tageszeit.

Ein **demokratischer Führungsstil** hat einen positiven Einfluss auf die Gruppenatmosphäre, während ein autoritärer belastend wirkt. Aggressive Gruppenmitglieder beeinflussen die Atmosphäre negativ. Förderlich ist das gemeinsame Erreichen von Zielen.

Aufteilung der Aufgaben in der Gruppe:

Wichtig ist, dass die Aufgaben der Gruppenmitglieder klar beschrieben und verteilt werden. Gleichzeitig sollte darauf geachtet werden, dass nicht immer die gleichen Personen die gleichen Aufgaben übernehmen. Es ist wichtig, dass alle die Aufgabenverteilung als gerecht ansehen.

Kommunikationsstruktur:

Die **Kommunikationsstruktur** in einer Gruppe kann sich entsprechend der zu leistenden Aufgaben ändern. Es gibt die folgenden Strukturen:

▶ Beim **Kreis** haben alle Mitglieder dieselbe Position. Keiner ist über- oder untergeordnet.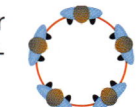

▶ Bei der **Kette** haben **einige Mitglieder** eine mehr zentrale, andere eine mehr randständige Position.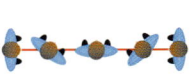

▶ Beim **Stern** hat ein Mitglied eine zentrale Position. Die anderen Mitglieder haben die Meinung dieses Mitgliedes zu berücksichtigen.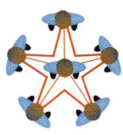

Beim **Lösen komplexer Probleme** hat sich der Kreis bewährt, da die Informationen und die Verantwortung auf alle Gruppenmitglieder verteilt werden.

Der Stern ist bei der Lösung **einfacher Probleme** günstiger, da eine Person, die jeweils den Mittelpunkt stellt, in der Lage ist, die Informationen zu sammeln.

Erfahrungen zeigen, dass Arbeitsgruppen, die gut zusammenpassen, nicht unbedingt immer die besten Leistungen zeigen. Hier hat manchmal die **gegenseitige Akzeptanz** Vorrang vor der objektiv guten Arbeitsleistung. Mit Kritik sind die Gruppenmitglieder oft vorsichtig, da sie den anderen nicht kränken möchten.

Arbeitsgruppen hingegen, die sich nicht mögen, bringen auch keine guten Leistungen, weil sie ständig damit beschäftigt sind, sich **gegenseitig Schwierigkeiten** in den Weg zu legen und die Arbeit des anderen zu untergraben.

Gute Leistungen bringen Arbeitsgruppen, deren Mitglieder untereinander keine großen emotionalen Spannungen aufweisen und eine gewisse Distanz zueinander haben. Ihre Zusammenarbeit wird vom **Arbeitsauftrag** bestimmt und nicht von den Kontakten zueinander.

AUFGABEN

1. *Wissenschaftler haben nachgewiesen, dass Gruppen bessere Leistungen erbringen als Einzelpersonen. Begründen Sie diese Aussage.*
2. *Welche Erfahrungen haben Sie mit großen und kleinen Gruppen gemacht?*
3. *Berichten Sie über den Einfluss der Atmosphäre auf die Leistungen in Ihrer Klasse und auf Ihre persönlichen Leistungen.*
4. *Wie können Sie zur Verbesserung der Klassenatmosphäre beitragen?*
5. *Zeichnen Sie die Kommunikationsstruktur auf, die in Ihrer Klasse in Gesprächen überwiegend zu beobachten ist.*

7.5 Gruppenkonflikte

Abb. Morgenstern

FALLBEISPIEL

Im Kindergarten B. gibt es nur vier Sandschaufeln, die von allen Kindergruppen genutzt werden müssen. Fast täglich gibt es Auseinandersetzungen, wer die Schaufeln benutzen darf. Schließlich hat Sabine, die Kindergartenleiterin, entschieden, dass die drei Gruppen des Kindergartens die Schaufeln täglich wechseln sollen, d. h. dass die Gruppe Sperling sie am Montag nutzen darf, die Gruppe Meise am Dienstag und die Gruppe Nachtigall am Mittwoch und dann geht es wieder von vorne los. Mit dieser Einteilung können sich die Kinder der Gruppe Meise (die jüngsten) nicht abfinden. Sie möchten täglich mit den Schaufeln im Sand spielen und können nicht einsehen, dass sie nur an bestimmten Tagen damit spielen dürfen. Eigenartigerweise reagieren die Kinder auch nicht auf andere Sandspiele, z. B. Tunnel bauen, die ihnen die Erzieherin und Sozialassistentin anbieten. Die Anschaffung weiterer Schaufeln wurde aus Kostengründen abgelehnt.

AUFGABEN

1. *War die Entscheidung der Kindergartenleiterin sinnvoll?*
2. *Nennen Sie weitere Möglichkeiten, wie den Wünschen der Kinder, täglich mit den Schaufeln spielen zu dürfen, nachgekommen werden kann.*
3. *Gibt es alternative Spielmöglichkeiten, die den Kindern genau so viel Spaß machen?*

Zwischen und innerhalb der Gruppen kann es zu Konflikten kommen.

▶ Ein **Intragruppenkonflikt** liegt vor, wenn sich ein Gruppenmitglied bzw. einige Gruppenmitglieder nicht in die Gruppe einfügen wollen und eigene Wege gehen. In diesen Fällen ist das klärende Gespräch zu führen und den Gruppenmitgliedern sind Wege der Integration in die Gruppe aufzuzeigen.

▶ Ein **Intergruppenkonflikt** besteht, wenn sich zwei oder mehrere Gruppen nicht verstehen und sich gegenseitig Schwierigkeiten machen.

In diesen Fällen ist ebenfalls das klärende Gespräch erforderlich. Die räumliche Trennung der Gruppen kann die angespannte Lage entschärfen.

Vom Konflikt unterschieden werden müssen der **Wettbewerb** und die **Rivalität**. Beim Wettbewerb möchten zwei oder mehrere Gruppen ein Ziel erreichen, das nur eine Gruppe erreichen kann. Den Verlierern muss deutlich gemacht werden, dass mitmachen wichtiger ist als zu gewinnen. **Rivalität** bedeutet, dass zwei oder mehrere Gruppen ein Ziel erreichen möchten, um damit nach außen hin aufzufallen. In diesem Fall ist das klärende Gespräch erforderlich.

AUFGABE

Berichten Sie über Gruppenkonflikte während Ihres Praktikums und beurteilen Sie, wie sie gelöst wurden.

---

8 **Der Beruf der Sozialassistentin**

Jeder Mensch, der mit einer Berufsausbildung beginnt, hat eine bestimmte Vorstellung, ein Bild von seinem zukünftigen Beruf. Das Berufsbild kann realitätsbezogen sein, d. h. er schätzt seinen Beruf so ein, wie er ist, oder seine Vorstellungen gehen über die Realität hinaus und verbinden sich mit Idealvorstellungen. Im letzteren Fall kann es sehr leicht zu Enttäuschungen kommen, die in der Aufgabe der Berufsausbildung enden können.

Bei den Berufsinformationszentren der Agentur für Arbeit kann man eine Beschreibung des Berufes der Sozialassistentin erhalten mit

▶ den Ausbildungsvoraussetzungen,
▶ dem Ablauf der Ausbildung,
▶ den beruflichen Aufgaben und Tätigkeiten,
▶ dem Verdienst und
▶ den Aufstiegsmöglichkeiten.

AUFGABE

Denken Sie über Ihr eigenes Berufsbild als Sozialassistentin nach. Was hat Sie veranlasst diese Ausbildung zu wählen?

8.1 **Die Entscheidung für den Beruf der Sozialassistentin**

FALLBEISPIEL

Anja, Schülerin der 10. Klasse der Schiller-Realschule in U., möchte zunächst Sozialassistentin und darauf aufbauend Erzieherin werden. Auf Anraten ihrer Eltern nimmt sie Kontakt mit Frau Jordan, einer erfahrenen Erzieherin, auf, um sich mit ihr über den Beruf der Sozialassistentin zu unterhalten. Anja meint zu Frau Jordan: „Sozialassistentin und später einmal Erzieherin zu werden, war immer schon mein Berufswunsch. Ich liebe Kinder über alles. Zur Zeit betreue ich die Kinder der Familie Schneider bei mir in der Nachbarschaft. Die Kinder können gar nicht abwarten, dass ich wieder komme, so viel Spaß haben wir miteinander." „Die Beschäftigung von Kindern ist sicher eine gute Voraussetzung für diesen Beruf", antwortet

Frau Jordan, „aber das ist nur ein Teilbereich. Neben der Arbeit mit den Kindern darf die Elternarbeit nicht zu kurz kommen. Die Eltern möchten Hilfen und Anregungen für die Erziehung ihrer Kinder bekommen.
Übersehen werden darf natürlich nicht die Arbeit im Kolleginnenteam. Hier werden die Arbeitsschwerpunkte und die Vorgehensweisen festgelegt. Der Beruf der Sozialassistentin und später einmal der Beruf der Erzieherin fordern den ganzen Menschen."
Bei den Ausführungen von Frau Jordan ist Anja nachdenklich geworden. Ihr wird bewusst, dass der Beruf der Sozialassistentin und darauf aufbauend der Beruf der Erzieherin gut überlegt sein will.

Die Arbeit im Kindergarten wird oft idealisiert. Sie reicht weit über das Spielen und Basteln mit den Kindern hinaus. Die Sozialassistentin hat eine sehr verantwortungsvolle Aufgabe zu verrichten. Sie besteht darin,

► die Kinder entsprechend ihres Entwicklungsstands anzunehmen und anzuleiten,
► die Kinder unabhängig von ihrem Charakter, häuslichen Problemen oder Sprachschwierigkeiten zu akzeptieren und auf sie einzugehen,
► sie zu fördern,
► ihnen ein Vorbild zu sein,
► gute Teamarbeit mit den Kolleginnen und Zusammenarbeit mit den Eltern zu leisten.

Häufig wird die Tätigkeit der Sozialassistentin unterbewertet. Die vielfältigen Anforderungen, die die Arbeit im Kindergarten mit sich bringt, kann oft nicht richtig eingeschätzt werden. Besonders junge Männer haben es schwer, in diesen Beruf zu gehen. Sie müssen sich noch stärker als Frauen gegenüber Vorurteilen durchsetzen.

Der Beruf hat gute Zukunftsaussichten, da der Bedarf an Kinderbetreuung ansteigt.

AUFGABE

Welche Fähigkeiten und Begabungen muss die angehende Sozialassistentin mitbringen, um in ihrem Beruf zurechtzukommen? Führen Sie dazu eine Kartenabfrage durch.

Viele Sozialassistentinnen besuchen nach ihrer Ausbildung die Fachschule Sozialpädagogik, um Erzieherin zu werden. Sie können auch als Zweitkräfte in einem Kindergarten oder Kinderheim arbeiten. Ihre Aufgaben in Zusammenarbeit mit der Erzieherin sind:

► ein angemessenes **Programm** zusammenzustellen, durch das die Kinder und Jugendlichen gefordert und gefördert werden,
► bei den **Spiel- und Arbeitsprozessen** eine lenkende Funktion zu übernehmen,
► positiv auf die **Gruppenatmosphäre** einzuwirken und die Beziehungen in der Gruppe zu fördern,

Darüber hinaus muss die Sozialassistentin in Zusammenarbeit mit ihrer Erzieherin folgende Verwaltungsaufgaben übernehmen:

► die Anwesenheit der Kinder und Jugendlichen überprüfen,
► Beobachtungsprotokolle schreiben,
► Elternbriefe anfertigen,
► bei Problemfällen die Behörden, z. B. das Jugendamt, anschreiben.

Die Arbeit im Team mit den anderen Kolleginnen im Kindergarten oder Kinderheim muss ebenfalls eingeplant werden.

Der Erziehungspartnerschaft mit den Eltern kommt eine besondere Bedeutung zu.

AUFGABEN

1. *Nennen Sie Aufgabenbereiche der Sozialassistentin, die Sie für besonders wichtig halten. Begründen Sie Ihre Aussage.*
2. *Nennen Sie Gründe dafür, warum Männer verstärkt in sozialpädagogischen Berufen arbeiten sollten.*

8.1.1 **Persönlichkeit und berufliches Handeln**

AUFGABE

Schreiben Sie zur Überschrift Stichpunkte an die Tafel.

Persönlichkeit und berufliches Handeln hängen eng miteinander zusammen. Für die Sozialassistentin reicht es nicht aus, erworbene Kenntnisse anzuwenden, sondern sie muss mit ihrer Persönlichkeit dahinter stehen. Die Persönlichkeit macht die Individualität eines Menschen aus. Sie ist die einzigartige Struktur von relativ stabilen Merkmalen, die durch die Anlagen und Umwelteinflüsse entstanden ist und sich auch weiterhin verändert. Zu den Persönlichkeitsmerkmalen gehören Intelligenz, Begabungen, Stimmungen, Gefühle, Aktivität und weitere Eigenschaften. Die Persönlichkeitsstruktur kann zu einem großen Teil nicht direkt beobachtet werden, sondern nur aus dem Verhalten erschlossen werden.

Die Sozialassistentin muss durch ihre Persönlichkeit den Kinder vermitteln, dass sie
▶ um ihrer selbst willen gemocht werden,
▶ respektvoll behandelt werden,
▶ ermutigt und unterstützt werden,
▶ das Gefühl der Zugehörigkeit haben.

Die Arbeit an der eigenen Persönlichkeit ist für die meisten Menschen schwieriger als das Aneignen von Sachkenntnissen. Um seine Persönlichkeit zu verändern, muss der Mensch sein Handeln, Denken und Empfinden kritisch überdenken. Nach dem Psychologen C. G. Jung (1875–1961) kommt der Mensch zu einem Verständnis von sich selbst, wenn er sich seine inneren Vorgänge bewusst macht. Er sagt, die Menschen können sich nur verändern, wenn sie ihre Schwachstellen erkannt haben.

Folgende Persönlichkeitsmerkmale sind Voraussetzung für die gute Arbeit als Sozialassistentin:
▶ Für die Sozialassistentin ist zunächst einmal wichtig, dass sie eine **stabile und belastbare Persönlichkeit** ist, die mit den vielen Eindrücken, die täglich auf sie einströmen, flexibel und angemessen umgehen kann.
▶ Durch eine **positive Grundeinstellung** kann die Sozialassistentin zu einem Klima beitragen, in dem es den Kindern und Jugendlichen möglich ist, sich zu entfalten.

Abb. Morgenstern

▶ **Empathie (Einfühlungsvermögen)**, die Fähigkeit, sich in andere Menschen hineinzuversetzen. Sie muss sich vorstellen können, was Kinder denken und von ihr wollen.
▶ **Echtheit/Kongruenz:** Sie muss mit ihren Gefühlen hinter dem stehen, was sie sagt. Kinder und Jugendliche spüren die **Unstimmigkeit zwischen dem Gesagten und Gemeinten**.
▶ Die Fähigkeit, **Kritik** anzunehmen und zu äußern, um im Kollegium, mit den Kindern, den Jugendlichen und den Eltern konstruktiv zusammenarbeiten zu können, gehört ebenfalls dazu.
▶ Ein hohes **Verantwortungsbewusstsein** ist wichtig, um den Kindern Sicherheit zu geben.

Die Bereitschaft, an der eigenen Persönlichkeit zu arbeiten, darf sich nicht nur in der Berufsausbildung zeigen, sondern sie muss später in der Berufsausübung beibehalten werden, um den Menschen, mit denen es die Sozialassistentin zu tun hat, gerecht zu werden.

MERKSATZ

Die Sozialassistentin muss eine stabile und belastbare Persönlichkeit sein mit einem hohen Verantwortungsbewusstsein, einer positiven Grundeinstellung und der Fähigkeit, mit Kritik umgehen zu können.

AUFGABEN

1. Erstellen Sie einen Fragebogen zum Berufsbild der Sozialassistentin. Formulieren Sie die Fragen so, dass sie nur mit „ja" oder „nein" beantwortet werden können, z. B.: Muss eine Sozialassistentin kreativ sein?

2. Vergleichen Sie Ihre Ergebnisse miteinander und erstellen Sie eine Übersicht über die Aussagen.

3. Überlegen Sie, welche Anforderungen Ihnen in der beruflichen Praxis der Sozialassistentin am schwersten fallen könnten?

4. Sprechen Sie in Gruppen über Ihre Erfahrungen, Gedanken und Einstellungen zu Kritikfähigkeit und Perfektionismus. Erstellen Sie darüber ein Protokoll.

8.1.2 Berufswahlmotive

Die Beweggründe oder Motive, den Beruf der Sozialassistentin zu erlernen, können ganz unterschiedlich sein. Nachfolgende Äußerungen wurden in einer Berufsfachschulklasse der genannten Fachrichtung gesammelt:

„Ich habe mir immer gewünscht, mit Kindern zu arbeiten!"

„Meine Mutter ist Erzieherin, sie hat mir zu dem Beruf der Sozialassistentin geraten!"

„Von Kindern bekommt man viel zurück!"

„Sozialassistentin ist ein krisenfester Beruf, denn Kinder wird es immer geben!"

„In dem Beruf kann ich kreativ sein!"

Die Entscheidung für einen bestimmten Beruf hat unterschiedliche Gründe. Idealvorstellungen vom Traumberuf lassen sich nur noch in seltenen Fällen vollständig verwirklichen. Neben den persönlichen Neigungen, Interessen und Fähigkeiten sollten die beruflichen **Anforderungen** und die künftigen **Berufsaussichten** in die Überlegungen einbezogen werden.

Kriterien, nach denen man mit Sicherheit voraussagen kann, ob man für den Beruf der Sozialassistentin geeignet ist oder nicht geeignet ist, gibt es nicht. Oft kann man die Eignung erst während der Berufsaufbildung oder noch später feststellen.

Befragungen haben ergeben, dass **finanzielle Sicherheit und die Sicherheit des Arbeitsplatzes** für viele Jugendliche wichtig bei der Berufswahl sind. Erst danach folgen Berufswahlmotive wie interessante Tätigkeit oder selbstständiges Arbeiten. Das Ansehen eines Berufes beeinflusst ebenfalls die Berufswahl.

Bei sozialpädagogischen Berufen sollte das **Interesse am Beruf** an erster Stelle stehen, denn die Sozialassistentin arbeitet mit Kindern und Jugendlichen, die sie positiv beeinflussen möchte. Daher sind Eigenschaften der Kontaktfähigkeit und des Einfühlungsvermögens sowie des geschickten Umganges mit Menschen erforderlich.

Erfahrungen mit Kindern in der Familie, oder im Freundeskreis können eine Hilfe für die Berufswahl sein, da sie erste Übungsmöglichkeiten für diesen Beruf anbieten. Darüber hinaus empfiehlt sich die Absolvierung eines Praktikums im Kindergarten oder -heim. Hier sind auch die entsprechenden Fachleute, die um Rat gefragt werden können. Berufsberater sowie psychologische Testuntersuchungen der Agentur für Arbeit stellen eine wirksame Hilfe dar. Es gibt junge Menschen, die sich vorweg intensiv mit ihrer Berufausbildung beschäftigen, während andere darüber sehr großzügig denken und darauf warten, was für sie noch vorhanden ist. Untersuchungen haben ergeben, dass sich selbstständige Jugendliche stärker um eine Berufsausbildung bemühen als unselbstständige. Letztere warten auf die Anregungen ihrer Eltern oder Betreuerinnen.

AUFGABEN

1. *Berichten Sie über die Berufswahlmotive Ihrer Eltern und Geschwister.*
2. *Können Sie sich vorstellen, den Beruf Ihrer Mutter oder Ihres Vaters zu erlernen? Nennen Sie Vor- und Nachteile.*
3. *Überprüfen Sie Ihre Motivation für die Berufsaubildung zur Sozialassistentin. Schreiben Sie darüber einen Aufsatz oder erstellen Sie eine Mind-Map.*

8.2 Planung der praktischen Ausbildung

Im praktischen Teil der Ausbildung zur Sozialassistentin wird der Bezug zum beruflichen Alltag hergestellt und die angehende Sozialassistentin bekommt erste Eindrücke darüber, wie es später im Beruf einmal sein wird.

8.2.1 Ausbildungsplan

Name, Vorname der Praktikantin:

Beginn der Ausbildung:

Ende der Ausbildung:

Beschreibung der Praxisstelle:

Zielgruppen, äußere Arbeitsbedingungen, Funktionen der Mitarbeiterinnen, Aufgaben der Leiterin, konzeptionelle Vorstellungen, Finanzierung, Berücksichtigung der Forderungen des Kultusministeriums und der nachfolgenden Schule usw.

Schwerpunkte der Ausbildung: *Theoretisches Wissen in der Praxis umsetzen, erweitern und reflektieren usw.*

AUFGABEN

1. Welche Erwartungen haben Sie an die praktische Ausbildung in einer sozialpädagogischen Einrichtung?
2. Welche Anforderungen können die Mitarbeiterinnen einer sozialpädagogischen Einrichtung an Sie stellen?
3. Schreiben Sie jeweils Stichpunkte dazu auf.

Die praktische Ausbildung in einer **sozialpädagogischen Einrichtung** findet als Praktikum statt. Ort und Zeitpunkt werden durch die Schule in Zusammenarbeit mit den sozialpädagogischen Einrichtungen geregelt.

Den Praktikumsplatz in einer sozialpädagogischen Einrichtung suchen sich die angehenden Praktikantinnen selbst nach Rücksprache mit der Schule aus. Die betreuenden Lehrkräfte sind verantwortlich für die Vorbereitung und Durchführung des Praktikums:

▶ Sie halten Kontakt mit den Einrichtungen und stellen in Zusammenarbeit mit den sozialpädagogischen Einrichtungen fest, wie der Kenntnisstand der von ihnen betreuten Praktikantinnen ist und welchen speziellen Aufgaben sie sich widmen müssen, wenn Defizite vorhanden sind.

▶ Zwischen Schule und Praktikumsstelle muss eine gute Zusammenarbeit bestehen, die durch den gegenseitigen Austausch von Erfahrungen gefördert werden kann.

▶ Die Lehrkräfte beraten und führen Reflexionsgespräche mit den Praktikantinnen in Zusammenarbeit mit den Betreuerinnen in den sozialpädagogischen Einrichtungen.

Während des Praktikums, aber auch durch den Unterricht, soll die Praktikantin lernen, was später – im Beruf – auf sie zukommt. Das bedeutet, dass sie

▶ Kompetenzen in der **Selbst- und Fremdwahrnehmung** erwerben muss,

▶ in der Lage ist, **Erlerntes anzuwenden und ihre Arbeit zu evaluieren** (bewerten),

▶ Kompetenzen für **mitverantwortliches Handeln** entwickeln muss,

MERKSATZ

Ziel der praktischen Ausbildung ist das mitverantwortliche, in bestimmten Aufgabenbereichen auch eigenverantwortliche sozialpädagogische Handeln.

AUFGABEN

Nennen Sie Beispiele zu den Kompetenzen, die Sie während Ihres Praktikums erwerben sollen.

8.2.2 Schwerpunkte der praktischen Arbeit

Das Ziel der praktischen Ausbildung, Aufgabenbereiche mitverantwortlich oder sogar eigenverantwortlich zu übernehmen, kann nur in der täglichen Arbeit in einer sozialpädagogischen Einrichtung gelehrt und eingeübt werden. Dort müssen ständig unterschiedliche Arbeitsbereiche geplant und durchdacht werden. Das sind:

▶ Aktivitäten und Projekte mit der Gruppe,
▶ Umgang mit einzelnen Kindern,
▶ Teamsitzungen,
▶ Elterngespräche und -abende usw.

Die Praktikantinnen müssen sich daher mit den Zielen und Schwerpunkten in sozialpädagogischen Einrichtungen auseinander setzen.

Aktivitäten und Projekte mit der Gruppe:

Bei den **Aktivitäten und Projekten** mit der Gruppe empfiehlt sich eine gründliche Vorbereitung nach dem Modell der vollständigen Handlung:

1. **Informieren:** Feststellen der Gegebenheiten und Voraussetzungen, z. B. nach stattgefundenen Anleitungsaufgaben fragen
2. **Planen:** Wie kann ich vorgehen?
3. **Entscheiden:** Welcher Weg ist der beste?
4. **Ausführen:** Umsetzung und Präsentation der geplanten Aktivität
5. **Kontrollieren:** Entspricht das Ergebnis der erforderlichen Qualität?
6. **Auswerten:** Bin ich zufrieden? Was könnte ich zukünftig besser machen?

Umgang mit einzelnen Kindern:

Das Verhalten einzelner Kinder in der Gruppe kann zu Problemen führen, besonders dann, wenn es so auffällig ist, dass mit der Gruppe nicht mehr gearbeitet werden kann. In diesen Fällen ist es sinnvoll für die Praktikantin, sich an die zuständige Erzieherin zu wenden und eine einheitliche Vorgehensweise mit ihr abzustimmen.

Teamsitzungen:

Von Fachkräften in sozialpädagogischen Einrichtungen wird ein hohes Maß an Kooperation verlangt.

Zum Team in einem Kindergarten gehören alle Erzieherinnen, Sozialassistentinnen, Praktikantinnen sowie weitere am Erziehungsprozess beteiligte Personen. Merkmale echter Teamarbeit sind:

▶ Gleichberechtigte Zusammenarbeit,
▶ die Beiträge jedes einzelnen sind wichtig.

Arbeitsschwerpunkte der Teamsitzungen können sein:

▶ Aufstellen von Dienst- und Raumplänen,
▶ Aufteilen der anfallenden Arbeit,
▶ Durchführen gemeinsamer Vorhaben.

Elterngespräche und Elternabende:

In die Elterngespräche, besonders die Tür- und Angelgespräche, die beim Bringen und Abholen der Kinder geführt werden, kann die Praktikantin voll mit eingebunden werden. Auch da sollte sie nicht eigenmächtig Auskünfte geben, sondern sich bei ihrer Erzieherin rückversichern. Bei längeren Gesprächen mit den Eltern kann die Praktikantin eventuell hospitieren. Sie sollte sich aber vorweg bei den Eltern und der Erzieherin, die das Gespräch führt, erkundigen, ob ihre Anwesenheit erwünscht ist.

Elternabende geben der Praktikantin die Möglichkeit, aktiv zu werden. Sie kann nach Rücksprache mit ihrer Erzieherin beispielsweise ein Referat über die Arbeit in ihrer Gruppe halten.

MERKSATZ

Durch das Praktikum kann ein vertiefter Einblick in die Berufsrolle gewonnen werden.

AUFGABEN

Wenden Sie das Modell der vollständigen Handlung auf die folgenden Themen an.

▶ *Kinder der Gruppe „Sperling" möchten ihren Eltern zu Ostern oder Weihnachten eine Überraschung basteln.*
▶ *Marvin möchte seinen fünften Geburtstag im Kindergarten feiern.*
▶ *Ihre Klasse plant einen Kindernachmittag in der Schule.*

8.3 Dokumentationsformen

Das Wort „Dokument" kommt aus dem Lateinischen und bedeutet Urkunde, Beweis, Beispiel. Heute versteht man unter Dokumentation das Erfassen, Ordnen und Speichern von Daten, Fakten und Dokumenten. Eine Dokumentation dient als Nachweis für eine geleistete Arbeit.

In sozialpädagogischen Einrichtungen sind die nachfolgenden Dokumentationsformen von Bedeutung:

▶ Bericht
▶ Beschreibung
▶ Gesprächsnotiz
▶ Protokoll
▶ Pädagogisches Reflexionsbuch

8.3.1 Der Bericht

FALLBEISPIEL

Die Schülerin der Sozialassistentinnenklasse Luisa befindet sich seit einer Woche im Praktikum des Kindergartens St. Die zuständige Erzieherin im Kindergarten hat von Anfang an darauf hingewiesen, dass sie ein Berichtsheft zu führen habe, dass sie regelmäßig prüfen möchte. Wichtig sei besonders, dass Luisa zu jedem Tag notiere, was sie getan und was sie hinzugelernt habe. Nun sitzt Luisa vor ihrem Berichtsheft und überlegt, was sie wo, wie und wann getan hat und welche Erfahrungen und Beobachtungen sie dabei gemacht hat. Zwei Fragen beschäftigen sie: Was trägt sie ein? Wie trägt sie es ein?

AUFGABE

Geben Sie Luisa ein paar hilfreiche Tipps.

Berichte sind **Texte mit Darstellungsfunktion:**

▶ Sie sollen den Leser in sachlicher Form über ein Ereignis, einen Vorgang oder eine abgeschlossene Handlung informieren.

▶ Sie sollen in knapper und in präziser Form geschrieben sein.

▶ Gefühle und Bewertungen, Verallgemeinerungen oder auch Vermutungen gehören nicht hinein.

▶ Bei einem einmaligen Vorgang, z. B. Kinderfest, ist es sinnvoll Ort, Zeit und beteiligte Personen anzugeben.

▶ Vorteilhaft ist es auch, den Bericht chronologisch zu gliedern, damit der Leser die Situation nachvollziehen kann.

▶ Pädagogische Fachausdrücke müssen mit verwendet werden, wenn es um besondere Verhaltensweisen einzelner Kinder geht.

▶ In der Regel werden die Aussagen in indirekter Rede wieder gegeben. Ausnahmen sind Zitate oder wesentliche Aussagen.

Berichte sind **Gebrauchstexte**, die frei oder mit Hilfe eines Formulars geschrieben werden können. Dabei sind die so genannten W-Fragen zu beantworten: Wer, was, wann, wo. Formalisierte Berichte haben den Vorteil den Vordrucke im Allgemeinen haben: Sie sind schnell zu schreiben, da das Schema vorgegeben ist. Besonderheiten können allerdings nicht darin vermerkt werden.

Man kann **Ereignisberichte**, z. B. über einen Unfall, und Tätigkeitsberichte unterscheiden.

Ein **Tätigkeitsbericht** wird von der angehenden Sozialassistentin nach Beendigung des Praktikums in einer sozialpädagogischen Einrichtung gefordert.

Die Form der Berichte über die Praktika ist häufig von der Schule vorgegeben.

DEFINITION

Berichte sind informierende Sachtexte mit dem Ziel der objektiven Darstellung eines Vorganges.

AUFGABEN

1. *Schreiben Sie einen Bericht über eine Unterrichtsstunde in Ihrer Schule oder über einen Unfall, den Sie einmal beobachtet haben.*

2. *Nennen Sie wesentliche Merkmale dieser Berichte.*

8.3.2 Beschreibung

Genau so wichtig wie der Bericht kann die Beschreibung in sozialpädagogischen Einrichtungen sein.

Wie der Bericht muss die Beschreibung in **sachlicher** und **unpersönlicher Form** erfolgen. Klare Formulierungen und kurze Sätze sind angemessen. Im Unterschied zum Bericht erfolgt die Beschreibung in der Zeitform des Präsens (Gegenwart). Beschreibungen können angefertigt werden von

▶ Gegenständen,
▶ Personen,
▶ Vorgängen.

Bei der Anfertigung einer Beschreibung ist es sinnvoll, zunächst vom Allgemeinen auszugehen und danach die Einzelheiten zu beschreiben.

Folgende Besonderheiten sollten bei der Beschreibung berücksichtigt werden:

▶ Bei der Gegenstandsbeschreibung sollte ggf. auf den **Zweck** hingewiesen werden, z. B. kann die Anschaffung eines zusätzlichen Regals erforderlich sein, da die vorhandenen Regale für das Wegräumen der Spielsachen nicht mehr ausreichen.

▶ Bei der **Personenbeschreibung** wird nicht nur das Äußere eines Menschen beschrieben, sondern das Verhalten muss mit einbezogen werden. Besonders wichtig ist das Eingehen auf Einzelheiten bei Verhaltensauffälligkeiten, sofern solche vorhanden sein sollten.

▶ **Informationen** und **Kommentare** müssen deutlich voneinander getrennt werden.

▶ Bei der **Vorgangsbeschreibung** kommt es darauf an, die zu beschreibenden Vorgänge in der **richtigen Reihenfolge** genau und vollständig zu erfassen.

▶ Bei der sprachlichen Gestaltung ist darauf zu achten, dass der **Leser als Partner** einer einseitigen Kommunikation berücksichtigt wird.

▶ Der Text kann durch **Bilder** unterstützt werden, um die beschriebenen Zusammenhänge anschaulicher und leichter nachvollziehbar zu machen.

MERKSATZ

Bei der Gegenstands-, Personen- und Vorgangsbeschreibung kommt es auf eine sachliche und unpersönliche Darstellung an. Besondere Formen der Beschreibung können zusätzlich kommentierende und appellierende Sprachelemente enthalten.

AUFGABEN

1. Beschreiben Sie das Verhalten eines Kindes, das Ihnen besonders aufgefallen ist. Versuchen Sie, sein Verhalten zu begründen.

2. Ein Bereich in Ihrer Schule muss verändert werden. Beschreiben Sie den Bereich und nennen und begründen Sie die Veränderungen, die aus Ihrer Sicht gemacht werden müssen.

3. Suchen Sie sich einen Kinderspielplatz aus, der Ihnen besonders gut gefällt. Beschreiben Sie diesen Spielplatz und fügen Sie Fotos bei.

8.3.3 Gesprächsnotiz

FALLBEISPIEL

Sozialassistent Lukas hat an einer Teamsitzung teilgenommen, in der es um wichtige Termine für die nächsten vier Wochen ging. Als er nach einer Woche das Protokoll von seiner Kollegin erhält, stutzt er an einer Stelle: Der Elternabend der Gruppe B soll nicht am Dienstag, wie er es sich als Gesprächsnotiz aufgeschrieben hat, stattfinden, sondern an einem Freitag. Nach Rücksprache mit der Kollegin, die das Protokoll geschrieben hat, klärt sich der Fehler auf: Die Kollegin hatte im Protokoll den falschen Wochentag angegeben.

AUFGABE

Gehen Sie auf die Bedeutung einer Gesprächsnotiz ein.

Gesprächsnotizen werden im Büro, in Kindergärten, in Betrieben und Behörden **zu internen Zwecken** angefertigt. Sie können stichwortartig oder ausformuliert sein.

Formen der Gesprächsnotiz können sein:

▶ Aktennotiz
▶ Vermerk
▶ Telefonnotiz

Formalisierte Notiz: Viele Kindergärten oder Betriebe verwenden Formulare zur Anfertigung von Gesprächsnotizen. Diese Formulare können zusätzlich für Telefonnotizen verwendet werden.

Eine Gesprächsnotiz kann wie folgt aussehen:

▶ Datum,
▶ Uhrzeit,
▶ Betreff,
▶ Gespräch mit Frau/Herrn,
▶ Anruf erfolgte durch …,
▶ Funktion des Gesprächspartners
▶ Anschrift, Telefonnummer,
▶ Anliegen
▶ Gegebenenfalls Weitergabe an Frau/Herrn.

MERKSATZ

Gesprächsnotizen sind eine wertvolle Hilfe, Informationen schnell aufzunehmen und weiterzugeben. Ein Vordruck erleichtert die Arbeit ganz erheblich.

AUFGABEN

1. Entwerfen Sie ein Formular für Gesprächsnotizen in einem Kindergarten. Nennen Sie die Vorteile eines Formulars.

2. Entwerfen Sie ein Formular für Ihre persönlichen Gesprächsnotizen.

3. Vergleichen Sie die beiden Formulare miteinander.

8.3.4 Protokoll

FALLBEISPIEL

Im Kindergarten ist ein Sommerfest geplant. Die Kindergartenleiterin bittet darum, dass eine Mitarbeiterin das Protokoll bei der Vorbesprechung übernimmt, damit jede weiß, was sie zu tun hat. Da keine der Mitarbeiterinnen freiwillig dazu bereit ist, nimmt die Kindergartenleiterin das Protokollbuch zur Hand und teilt Frau M. dafür ein, da sie seit längerer Zeit kein Protokoll geschrieben habe.

AUFGABE

Nennen Sie Gründe dafür, dass keine der Mitarbeiterinnen des Kindergartens bereit ist, das Protokoll zu übernehmen.

Ein Protokoll ist der **Bericht** über den Ablauf oder die Ergebnisse von **Gesprächen, Besprechungen, Verhandlungen, Prüfungen oder Veranstaltungen**. Die Sachverhalte müssen kurz, knapp und präzise dargestellt werden. Das Protokoll erhält dokumentarische Bedeutung durch die Unterschrift des Protokollführers und anderer Beteiligten, z. B. eines Vorsitzenden.

Man unterscheidet zwischen dem **Verlaufs- und Ergebnisprotokoll**.

Ein **Verlaufsprotokoll** gibt den chronologischen Ablauf eines Gespräches, einer Verhandlung, einer Diskussion oder einer Veranstaltung wieder. Bei einem unstrukturierten Gespräch oder einer Diskussion kann die Anfertigung eines Verlaufsprotokolls schwierig werden, da der so genannte rote Faden nicht immer zu erkennen ist. Wortbeiträge können bei einem Verlaufsprotokoll in direkter oder indirekter Rede festgehalten werden.

Ein **Ergebnisprotokoll** hält die inhaltlichen Ergebnisse eines Gespräches und die möglicherweise getroffenen Beschlüsse und Entscheidungen fest. Die Unterschriften der Beteiligten sowie der Protokollführerin unter dem Protokoll bestätigen die Richtigkeit des Textes. Dadurch wird es zu einem beweiskräftigen Dokument.

Arbeitshilfen beim Protokollieren sind das Aufschreiben von **Notizen** mit wichtigen Teilen des Geschehens. Wenn Zahlen und Daten zu schnell vorgetragen werden, dann darf die Protokollantin um **Wiederholung** bitten oder sich die Zahlen geben lassen. Protokolle sollten so zeitnah wie möglich geschrieben werden, da die Vorgänge dann noch frisch in der Erinnerung sind.

Beispiel für den Aufbau eines Ergebnisprotokolls:

Protokoll der Teambesprechung im Kindergarten U.

Anwesende:

Datum:

Ort:

Beginn:

Ende:

Protokollantin:

TOP 1: ...

TOP 2: ...

Unterschrift der Protokollführerin:

Unterschrift der Kindergartenleiterin:

MERKSATZ

Das Protokoll ist eine Sonderform des Berichtes. Man unterscheidet das Verlaufs- und das Ergebnisprotokoll.

AUFGABEN

1. *Fertigen Sie ein Protokoll von Ihrer letzten Unterrichtsstunde oder von einer Teamsitzung im Kindergarten an.*
2. *Nennen Sie die Vorteile eines Protokolls.*

8.3.5 Pädagogisches Reflexionsbuch

Ein wichtiges Dokument, das nach einem Praktikum angefertigt wird, ist das pädagogische Reflexionsbuch.

Aufgabe des pädagogischen Reflexionsbuches ist es, nach Beendigung der Praktika den Ablauf noch einmal kritisch zu hinterfragen und positive und negative Erfahrungen schriftlich festzuhalten. Der Ablauf des Praktikums darf nicht nur aus der Sicht der betreuten Gruppe betrachtet werden, sondern im Mittelpunkt steht das eigene pädagogische Verhalten mit seinen positiven und negativen Wirkungen und Nebenwirkungen.

Beispiele von Gliederungen für das pädagogische Reflexionsbuch

a) Erstes Ausbildungsjahr:

1. Beschreibung der Institution
1.1 Name der Einrichtung
1.2 Träger
1.3 Lage der Einrichtung
1.4 Räumliche Ausstattung der Institution (Gebäude, Lage)
1.5 Räumliche Ausstattung der Gruppe (Raumskizze)
1.6 Materielle Ausstattung/Materialien/Preise
1.7 Konzept des Kindergartens/pädagogische Ansätze

2. Personelle Besetzung
2.1 Berufsbezeichnungen und Funktionen
2.2 Geschlecht, Alter, Nationalität
2.3 Teamarbeit im Kindergarten

3. Angaben zur Gruppe
3.1 Beschreibung der Gruppe
3.2 Anzahl der Kinder
3.3 Geschlecht, Alter, Nationalität
3.4 Spezieller Förderbedarf

4. Meine Aufgabe während des Praktikums

5. Meine Erfahrungen

b) Zweites Ausbildungsjahr:

1. Allgemeine Angaben
1.1 Name der Einrichtung, Träger, Anzahl der Gruppen, Anzahl der Kinder, personelle Besetzung, Lage, soziale Struktur
1.2 Räumliche Gegebenheiten des Kindergartens und Ausstattung der Gruppe
1.3 Außenspielbereich
1.4 Stellungnahme (zu 1.2 u. 1.3)

2. Die Kindergruppe
2.1 Gruppenzusammensetzung: Alter/Geschlecht/Nationalität
2.2 Besondere Interessen und Vorlieben der Kinder
2.3 Gruppenstrukturen
2.4 Ordnungen und Regeln in der Gruppe/ im Kindergarten in schriftlicher Form mit Reflexion beschreiben.

3. Stellungnahme zur praktischen Ausbildung
(Reflexion der eigenen Entwicklung/Zusammenarbeit mit den Mitarbeiterinnen und Mitarbeitern, Verhältnis zu den Kindern, Erfahrungen im Umgang mit den Kindern, eigene Stärken, Schwächen, Vorlieben ...)

4. Organisation der Arbeit
4.1 Darstellung der Konzeption (mit eigenen Worten)
4.2 Kurze Darstellung des Tagesablaufs bzw. von regelmäßigen Aktivitäten der Gruppe
4.3 Gestaltung und Organisation des Freispiels mit eigener Stellungnahme
4.3 Schriftliche Planungen von zwei Angeboten mit Reflexion.

Abb. Görke

Das Miteinander allein bedeutet aber noch keine echte Teamarbeit, wenn auch in sozialpädagogischen Einrichtungen grundsätzlich von Teams gesprochen wird.

8.7.1 Merkmale eines guten Teams

Ein ideales Team hat bestimmte Merkmale:

1. Das Team ist eine **überschaubare Gruppe**, in der miteinander gearbeitet wird. Als ideale Größe werden drei bis acht Mitglieder angesehen.

2. Das Team arbeitet über einen **längeren Zeitraum** regelmäßig miteinander zusammen. Es ist oft der Fall, dass die Großgruppen einer Einrichtung lediglich für organisatorische Klärungen und Informationsvermittlung zusammen kommen, sie sich für die eigentliche Teamarbeit aber in Kleingruppen aufteilen. Darüber hinaus sollte die Fluktuation (der Wechsel) im Team gering sein.

3. Die Aufgaben im Rahmen der Teamarbeit werden auf alle Teammitglieder verteilt. Das Team ist durch **gleichberechtigte Zusammenarbeit** gekennzeichnet. Keine Mitarbeiterin tritt dauernd hervor und die Beiträge jedes Einzelnen sind wichtig. In einem echten Team geht es nicht vorrangig um das Einhalten einer Hierarchie.

4. Durch das gemeinsame Arbeiten werden Aufgaben besser und schneller erledigt. Dazu trägt die **bewusste Regelung und Intensivierung der Gruppenprozesse im Team** bei.

Teamarbeit erschöpft sich nicht im Zusammenfügen einzelner Teilleistungen oder in reiner Arbeitsaufteilung. Die Zusammenarbeit muss mehr sein als die Summe ihrer Teile.

Gute Teams benötigen viel Zeit für Absprachen, für die Analyse ihrer Kommunikationsstrukturen oder für die Bearbeitung von Gruppenprozessen, aber in den meisten Fällen zahlt sich das langfristig aus, weil es zu hoher Motivation und Synergieeffekten führt.

Für die Gruppe und das einzelne Kind lebt ein gutes Team eine überzeugende Kooperation vor: Offenheit, Echtheit, Wertschätzung, Empathie und verantwortliche Mitbestimmung.

AUFGABEN

1. *Durchdenken Sie, welche unterschiedlichen Formen der Teamarbeit Sie in Ihren beruflichen Praxisstellen kennengelernt haben. Berichten Sie über ihre Erfahrungen in der Klasse.*

2. *Erstellen Sie eine Collage über gute Teamarbeit. Schneiden Sie dazu Fotos aus Zeitungen usw. aus.*

8.7.2 Tipps für die Zusammenarbeit im Team

Intensive Teamarbeit birgt die Gefahr der Anpassung. Individuelle Stärken, das Arbeitstempo, die Arbeitstechniken usw. müssen möglicherweise dem Team angepasst werden. Dadurch kann es geschehen, dass gute Einzelleistungen gebremst werden. Teamarbeit setzt bei jedem Einzelnen ein hohes Maß an **Selbstkritik und an realistischer Einschätzung der eigenen Stärken und Schwächen** voraus. Darüber hinaus ist eine verständnisvolle und realistische Haltung gegenüber den Fähigkeiten der übrigen Teammitglieder erforderlich.

▶ Um Fremd- und Selbstkritik annehmen und geben zu können, muss der Einzelne **innerlich stabil sein** und auch den **Partner als kritikfähig** erleben. Menschen, die sich selbst in Frage stellen, sind auch durch Kritik schnell betroffen und empfinden sich selbst als Versager.

▶ Ein **positives Gruppenklima** ist Voraussetzung für den Erfolg von Teamarbeit. Fragen und Kritik dürfen nicht als Angriff empfunden werden.

▶ Teamsitzungen bedürfen der **Regelmäßigkeit und der Teilnahme aller Teammitglieder**, denn qualifizierte Teamarbeit bedeutet nicht nur die Weitergabe von Informationen und Arbeitsaufteilungen, sondern die Gruppenprozesse sind ebenfalls von Bedeutung. Probleme können sich hinsichtlich der Zeit ergeben. Sinnvoll ist es daher, sich einen Nachmittag in der Woche dafür frei zu halten.

▶ In eingespielten Teams besteht die Gefahr, dass die **Flexibilität** verloren geht. Die Teammitglieder meinen sich gegenseitig zu kennen. Unterschiedliche Blickfelder werden nicht mehr verbalisiert und bewusst gemacht. Die Folge kann sein, dass die Teammitglieder bei der Auswahl der Inhalte und der Methoden immer wieder auf Bekanntes zurückgreifen und sich nichts Neues mehr einfallen lassen. Regelmäßige Fortbildungen und der Austausch mit anderen Einrichtungen können in diesem Fall neue Impulse geben.

▶ Ein **Wechsel von Teammitgliedern** wird bei einem positiven Gruppenprozess häufig als Verlust empfunden, da man in Sorge ist, durch die Neue in eine frühere Phase der Orientierungs- und Vertrautheitssuche zurückzufallen. Hier wird Offenheit von den einzelnen Teammitgliedern verlangt und eine positive Einstellung gegenüber dem neuen Teammitglied.

▶ Der **Abbau von Konkurrenzgefühlen** ist für eine echte Teamarbeit erforderlich, wenn sie nicht als Anreiz, sondern als Druck empfunden wird. Konkurrenz kann wie eine Sperre wirken und hemmt den Einzelnen, sich offen und angstfrei einzulassen. Das Bewusstmachen von Konkurrenzgefühlen und die Aussprache in der Gruppe verlangen ein hohes Maß an Selbstwertgefühl des Einzelnen, weil Kritik ertragen werden muss.

▶ Eine **heterogene Zusammensetzung** bedeutet in einigen Teams eine Schwierigkeit. Sie kann Anlass für die Bildung hierarchischer Strukturen sein, weil eine andere Ausbildung und andere Erfahrungen als Mangel empfunden werden. Hier gilt es, das Positive der Vielfalt bewusst zu machen.

MERKSATZ

Echte Teamarbeit kann durch Zeitmangel, hierarchische Strukturen und Persönlichkeitsmerkmale einzelner Teammitglieder erschwert werden.

AUFGABEN

1. Gehen Sie auf Probleme ein, die durch Teamarbeit entstehen können.

2. Stellen Sie an Beispielen dar, wie diese beseitigt werden können.

3. Überlegen Sie, welche positiven Seiten die Heterogenität im Team haben kann.

8.8 Reflexion

Erziehen heißt: Einem Menschen begegnen!
Vielleicht ist er kleiner,
und schwächer,
noch unerfahren,
noch linkisch,
und hilflos,
noch ängstlich,
und ohne Wissen.
Aber er ist ein Mensch,
ein „Ich" voller Hoffnung,
voller Träume,
voll kleiner Sorgen und kleiner Freuden,
ein Mensch, den es nur einmal gibt,
unersetzlich und kostbar!
So wie eine Begegnung
zwischen zwei Menschen geschieht,
so auch Erziehung.
Es ist ein Lernen
auf beiden Seiten.
Erziehen heißt: Einem Menschen begegnen,
ein Du erkennen,
ein Wir erleben
und sich bewusst werden als ein Ich.

Text: Franz Sedlak

AUFGABEN

1. Beurteilen Sie den Text und finden Sie wichtige Aussagen heraus.

Der Begriff „Reflexion" kommt ohne den Begriff „Evaluation" nicht aus, denn beide Begriffe bedingen einander. Für sozialpädagogische Fachkräfte gehört die Reflexion, das kritische Hinterfragen des eigenen Verhaltens, zu den täglichen Aufgaben. Regelmäßige Reflexionen führen zur Selbstevaluation (Selbstbewertung) und können die Zusammenarbeit im Mitarbeiterteam positiv beeinflussen.

In ihrem Buch „Kinder sind anders", macht die bekannte Ärztin und Kinderpsychologin Maria Montessori deutlich, dass einer gelungenen Erziehung die Selbsterziehung des Erziehers vorangestellt werden muss: Übungen zur Selbstdisziplin, zur

Toleranz und zur Achtung der kindlichen Persönlichkeit sind daher unbedingt einzuhalten.

MERKSATZ

Die regelmäßige Reflexion ist eine wichtige Aufgabe aller sozialpädagogischen Fachkräfte. Sie führt zum kritischen Hinterfragen des eigenen Handelns und damit zur Selbstevaluation.

8.8.1 Reflexionshilfen

Die Auseinandersetzung mit ausgewählten pädagogischen Modellen trägt dazu bei, an geeignete Reflexionsmethoden und damit an Hilfen für die tägliche Arbeit heranzukommen. Der Anthroposoph Rudolf Steiner und die Ärztin Maria Montessori entwickelten Konzepte zur Theorie und Praxis der Erziehung, die als Reflexionshilfen verwendet werden können. Beide geben wertvolle Anregungen und Erläuterungen zu vielen Themen im Bereich der praktischen Erziehung, zum Beispiel:

▶ zum Anlage-Umwelt-Problem,
▶ zu Erziehungszielen,
▶ zum Zusammenhang zwischen Erziehung und Entwicklung,
▶ zur Bedeutung der Umwelt,
▶ zum Erzieherverhalten,
▶ zur Autonomie des Kindes,
▶ zu kritischen Phasen,
▶ zur Organisation der Erziehung im Kindergarten und in der Schule.

Zentrale Ideen der Waldorfpädagogik

Thesenartig lassen sich aus der Waldorfpädagogik folgende **Prinzipien für Erziehung und Unterricht** ableiten und als Grundlage für die Reflexion verwenden.

Rudolf Steiner sagt:

▶ Jedes Kind ist einmalig. In jedem Kind verwirklichen sich die Ideen der Schöpfung. Jedes Kind, auch ein Kind mit Behinderung, verdient Achtung und Wertschätzung. **Erziehung** darf daher nicht als „Behandlung von Schwächeren" angesehen werden, sondern ist als **Interaktion** zwischen wertvollen Personen verschiedenen Alters und mit unterschiedlicher Erfahrung zu verstehen.

▶ Den Geist der Kinder mit „totem Wissen" zu fesseln, steht im Widerspruch zu den Wesensmerkmalen des Menschen. Der Mensch ist eine Leib-Seele-Geist-Einheit. Die Kinder lernen durch **Tun,** sie lernen und begreifen durch **Probieren**, **Entdecken** und **Produzieren**.

Im Bereich des Lebendigen tritt Metamorphose (Umwandlung in eine andere Gestalt) an Stelle von Kausalität (Ursache und Wirkung): **Seelische Kräfte, z. B. Wille**, entwickeln sich aus **den körperlichen Kräften**, die durch Übung, Nachahmung und Bewegung im Wachstum unterstützt werden. Die Erziehung muss dabei beachten, dass isoliertes, verfrühtes und einseitiges Konfrontieren der Kinder mit Faktenwissen über die Metamorphose zu körperlichen Erkrankungen führen kann.

Erzieher und Lehrer haben die Aufgabe das **individuelle Lernen zu fördern**. Sie müssen Autorität und Vorbild sein. Bewegung und das künstlerische Element müssen alle Fächer durchdringen, damit die Kinder Freude am Unterricht haben. Wichtig ist, dass sich Erziehung und Unterricht an den jeweiligen Bauplänen der menschlichen Entwicklung orientieren und akzeptieren, dass die nächste Stufe erst dann einsetzt, wenn die „schützende Hülle" diese freigegeben hat.

In der Schule muss man darauf achten, dass der ganze Mensch angesprochen wird: Sein **Gedächtnis**, **Intellekt und Gefühl**. Es muss der Wille zum Einsatz kommen, z. B. durch kräftiges Sprechen. Neues darf nicht durch Definitionen, sondern soll durch Erfahrungen und Bilder, am besten durch Selbsttätigkeit eingeführt werden. Das Wiederholen und Behalten muss im richtigen Verhältnis zu dem Neuerarbeiteten stehen. Das Kind muss vom Leben lernen.

Waldorfpädagogik bietet viele Anregungen für den täglichen Umgang mit Kindern, dennoch darf nicht unbeachtet bleiben, dass sie in der Erziehungswissenschaft ein lebhaft und kontrovers diskutiertes Thema ist.

MERKSATZ

Die Waldorfpädagogik orientiert sich an den Altersstufen des Kindes, fördert das individuelle Lernen und bezieht den ganzen Menschen bei ihrer Vorgehensweise mit ein.

Zentrale Ideen der Montessoripädagogik

In den Überlegungen zur Entwicklung und Erziehung des Menschen lassen sich zwischen Steiner und Montessori, zwischen der Waldorf- und Montessoripädagogik, viele Parallelen finden. Nachfolgend sind einige wichtige Aussagen von Maria Montessori aufgeführt:

Mit Hilfe des **absorbierenden** (aufnehmenden) **Geistes** nimmt das Kind in den ersten Lebensjahren mühelos **die Reize aus der Umgebung** (Elternhaus, Eltern, Spielsachen u. a.) auf.

Während der Phasen so genannter **Sensibilitäten** für die Entwicklung des **Bewegungsverhaltens,** des **Ordnungssinns** und der **Sprache** ist das Kind besonders empfänglich und lernbereit. Diese Empfänglichkeit und Lernbereitschaft zeigt sich äußerlich als gesteigertes Interesse an einer bestimmten Umgebung oder bestimmten Gegenständen.

Entscheidend für eine ungestörte Entwicklung des Kindes ist die **Achtung der kindlichen Freiheit** und die Unterstützung des Kindes, sich durch eigene Aktivität die Welt zu erschließen und die Kräfte des Geistes aufzubauen.

Zur Achtung der kindlichen Freiheit gehört auch der **Respekt vor der kindlichen Konzentration**. Der Erzieher hilft dem Kind, etwas selbst zu tun. Er ist Gestalter einer kindgerechten Umgebung und Begleiter schöpferischer Aktivitäten des Kindes.

Die Eigenschaften oder Merkmale des pädagogischen Materials werden nach einem entscheidenden Merkmal, z. B. **Ästhetik**, **Aktivität und Begrenztheit**, gruppiert.

Die Erzieherinnen haben die Aufgabe, das Kind zur **Selbsttätigkeit** und zur Arbeit mit dem Material zu ermutigen und mit Rat und Hilfe zur Verfügung zu stehen. Während der konzentrierten Arbeit des Kindes dürfen Erzieherinnen nicht stören.

Die Disziplin, eine innere Ordnung im Geiste oder Bewusstsein des Kindes ist nicht mit Worten oder Befehlen, sondern nur über Arbeit zu erreichen. Dies wird dann gelingen, wenn dem Kind eine Umgebung und Materialien angeboten werden, die seinen Neigungen und Begabungen entsprechen.

MERKSATZ

Für Montessori ist die Selbsttätigkeit des Kindes das wichtigste. Durch Bereitstellen des richtigen Materials kann sich das Kind von sich aus entwickeln.

AUFGABEN

1. Beurteilen Sie die Aussagen von Steiner und Montessori kritisch und nennen Sie Gemeinsamkeiten und Unterschiede beider Pädagogen.

2. Erarbeiten Sie Regeln für Ihr pädagogisches Verhalten bei der Umsetzung der Aussagen von R. Steiner und M. Montessori.

3. Begründen Sie die Bedeutung dieser Aussagen für die Reflexion.

8.8.2 Methoden interner Reflexion

FALLBEISPIEL

Auf der Tagesordnung der Teamsitzung im Kindergarten E. steht die monatliche Reflexion. „Was war, was war gut, was werden wir anders machen!" sind die üblichen Fragen der Kindergartenleiterin Sabine. Silke, die Sozialassistentin aus der Gruppe „Sperling", äußert ihren Unmut über das mangelnde Sozialverhalten der Kinder. Sie meint, es sei auf den übermäßigen Fernsehkonsum der Kinder zurückzuführen. Die Kinder hätten keine Zeit und Gelegenheit Sozialverhalten einzuüben. „Das glaube ich nicht", erwidert Martina, die Gruppenleiterin aus der Gruppe „Meise". Sie meint, die meisten Kinder würden als Einzelkinder aufwachsen und hätten dadurch keine Gelegenheit Sozialverhalten zu lernen. Sie schlägt vor, ein Projekt durchzuführen, bei dem diese Fähigkeit gezielt geübt werden kann.

AUFGABEN

1. Beurteilen Sie die Aussagen der beiden Erzieherinnen. Wer hat aus Ihrer Sicht Recht?

2. Fällt Ihnen ein Projekt ein, bei dem das Sozialverhalten eingeübt werden kann?

Neben der Reflexion, die jeder für sich durchführt und bei der auch wichtige Aussagen namhafter Pädagogen berücksichtigt sollten, gibt es Reflexionssitzungen mit den Kolleginnen im Kindergarten.

Kennzeichen einer **internen Reflexionssitzung** ist die Geschlossenheit des Teams, das unter sich bleibt und keine Unterstützung von außerhalb in Anspruch nimmt. Vor Beginn einer Reflexionssitzung sollten organisatorische Fragen zur Dauer der Sitzung, Protokoll usw. geklärt werden, damit sich die Teilnehmerinnen hinterher ohne Unterbrechung auf die Reflexion konzentrieren können. Eine Reflexionssitzung hat folgenden Verlauf:

▶ **Phase der konkreten Beschreibung:**
Eine Teilnehmerin berichtet über eine kritische Situation aus der Praxis. Der Bericht wird ohne Unterbrechung und Kritik zu Ende geführt. Danach besteht die Möglichkeit, Rückfragen zu stellen.
▶ **Phase der unstrukturierten Gruppendiskussion:**
Spontan wird von der Gruppe auf die erzählte Situation reagiert. Im Mittelpunkt steht, was die Zuhörer wahrgenommen und gefühlt haben oder was ihnen aufgefallen ist. Die verschiedenen Sichtweisen geben die Möglichkeit, die eigene Perspektive zu relativieren.
▶ **Phase des Einblicks in implizite Alltagstheorien:**
In einer zweiten Runde versuchen die Teammitglieder, die Situation zu verstehen und zu analysieren. Sie bringen eigene Gedanken über Ursachen, Bedeutsamkeit und Hintergründe der Situation ein.
▶ **Phase der Erweiterung der Alltagstheorien durch wissenschaftliche Theorien:**
Die Fachliteratur kann zur Hilfe herangezogen werden. Die dort gemachten Aussagen können ausgewählt und für eigenes Handeln verwendet werden. Zusätzlich kann der Austausch mit Kolleginnen aus anderen sozialpädagogischen Einrichtungen zur Klärung der Situation beitragen.
▶ **Phase der Auswertung:**
Die Aussagen werden koordiniert und Ratschläge für zukünftiges Verhalten werden entwickelt. Die Teilnehmerinnen nennen Vorteile, die ihnen diese Teamsitzung gebracht hat.

MERKSATZ
In Reflexionssitzungen werden Problemsituationen analysiert und Möglichkeiten zu ihrer Bewältigung erarbeitet.

AUFGABEN
1. Beschreiben Sie eine Problemsituation während Ihres Praktikums und berichten Sie, wie Sie damit fertig geworden sind.
2. Probieren Sie die nachfolgenden Reflexionsmethoden im Unterricht mit einem Thema aus der Arbeit im Kindergarten aus:

Blitzlichtrunde:	Kurze Meinungsrunde zu einer vorgegebenen Leitfrage
Schneeball:	Erfahrungsaustausch: zunächst zu zweit, dann zu viert, schließlich zu acht
Fishbowl:	Eine Gruppe sitzt im Innenkreis und tauscht sich über ein Thema aus, alle anderen sitzen im Außenkreis und hören zu. Teilnehmer aus dem Innenkreis können nach außen wechseln und umgekehrt.
Telegramm:	Im Telegrammstil schreibt jeder seine Eindrücke auf einen Zettel, die Zettel werden aufgehängt und sind Grundlage für den Erfahrungsaustausch
4-Ecken-Spiegel:	Jeder Ecke wird eine Meinung zugeordnet, man stellt sich in die Ecke, die der eigenen Meinung entspricht.
Finger-Blitzlicht:	Finger werden zur Bewertung benutzt. 0 Finger bedeutet: extrem negativ/ 10 Finger: extrem positiv
Rollenspiel	Man übernimmt die Rolle einer anderen Person, um z. B. ihre Gefühle oder eine schwierige Situation nachzuvollziehen.

8.8.3 Supervision als Methode der Reflexion mit externer Hilfe

Die Supervision ist eine Möglichkeit Erziehungs-verhalten und Erziehungsvorstellungen zu be-urteilen und neu zu überdenken.

Im Prozess der Supervision besteht die Mög-lichkeit, neue Sichtweisen und Ansichten und damit neue Einstellungen und Beziehungen zu entwickeln. Erziehende stellen sich der selbst-konstruierten Wirklichkeit und schaffen so Möglichkeiten zum Einblick in eigenes Verhal-ten und zur Veränderung von Handlungsmus-tern. Die Erziehende, die bereit ist, sich selbst und die Art und Weise ihrer Wahrnehmung zu hinterfragen, hat die Chance, ihre Erziehungs-vorstellungen und damit ihre Erziehungspraxis weiterzuentwickeln.

Während die Aufarbeitung der inhaltlichen Prob-leme meistens einfach ist, erfordert die Auf-arbeitung der Beziehungsebene Fingerspitzen-gefühl. Eine geschulte Fachkraft muss in der Lage sein, die Gruppe behutsam zu leiten.

Die Supervision wird – wie schon erwähnt – in unterschiedlichen **Formen** angeboten. Je nach Problemlage und Themenstellung kann sie als Team-, Gruppen- und Einzelsupervision ange-boten werden.

Der **Reflexionsprozess** verläuft während der Supervision in unterschiedlichen Ebenen:

1. Ebene:
Die erste Ebene ist die unmittelbare Darstel-lung von Schwierigkeiten. Die Reflektierende berichtet in unbefangener Form über ihre Probleme.

2. Ebene:
Die Reflektierende bemerkt, dass sie in einer Wechselbeziehung mit der Umwelt steht und dass eine gegenseitige Beeinflussung statt-findet. Die Beeinflussungen werden von der Reflektierenden wahrgenommen und in die Überlegungen mit einbezogen. Sie reflektiert die eigene Rolle und die Rollen der anderen.

3. Ebene:
Die Reflektierende versucht, die Hintergründe ihrer Interpretationen und Gefühle zu erfor-schen.

Folgende Fragen können dabei eine Hilfe sein:
- ▶ In welcher Rolle sieht sich die Reflektie-rende?
- ▶ Wie wird die Wirklichkeit beschrieben, welche Ereignisse oder Gefühle werden angesprochen und welche werden weg-gelassen?
- ▶ Welche Begründungen werden für die ei-gene Perspektive angegeben und welche Begründungsmöglichkeiten werden ausge-blendet oder abgelehnt?

Supervision ist vor allem dann erfolgreich, wenn sie das Selbstwert- und Sicherheitsgefühl der Teammitglieder steigert und zum Wohlgefühl beiträgt.

MERKSATZ

Im Prozess der Supervision können neue Sichtweisen und Einstellungen erarbeitet wer-den, die zur Entlastung im pädagogischen Alltag führen können.

AUFGABEN

1. *Gehen Sie auf die Vor- und Nachteile ein, wenn eine auswärtige Fachkraft als Super-visorin bei einer Reflexionssitzung einge-setzt wird.*
2. *Nennen Sie Gründe dafür, dass Reflektie-rende die Wirklichkeit jeweils anders wie-dergeben.*

8.9 Evaluationsmethoden

Die Frage nach der Qualität der Arbeit im Kin-dergarten ist gestellt und wird auch in Zukunft ein aktuelles Thema bleiben. Seit Ende der neunziger Jahre gibt es in Deutschland Kon-zepte und Verfahren zur Qualitätssicherung. Dabei ist die Frage nach der Qualität nichts Neues. Jeder hat in seiner Tageseinrichtung an der Qualität mitgearbeitet. Diese Qualität gilt es weiter zu entwickeln. Der Weg zur Verbesse-rung der Qualität erfolgt über die **Evaluation**, d. h. über die systematische Auswertung der Lern- und Arbeitsprozesse nach aufgestellten Qualitätskriterien. Die Evaluation kann intern, d. h. im Kindergarten als **Selbstevaluation** er-folgen oder extern als **Fremdevaluation**.

Die Qualität in Tageseinrichtungen für Kinder zu messen ist nicht einfach, da sie aus unterschiedlichen Perspektiven bewertet werden kann. Kinder finden den Besuch einer Kindertageseinrichtung schon deswegen gut, weil sie dort mit anderen Kindern spielen können. Für die Evaluation müssen daher Kriterien gefunden werden, an denen die Arbeit gemessen werden kann, z. B. über die Zufriedenheit der Eltern mit dem Programm. Der Schritt, der nach der Evaluation folgt, ist die **Weiterentwicklung der Qualität**. Dabei kann die Beantwortung der nachfolgenden Fragen eine Hilfe sein:

► Was soll bei der geplanten Veränderung herauskommen? Die Frage nach der Zielsetzung ist gestellt.
► Was wird dafür gebraucht? Die Frage richtet sich an die vorhandenen Räume, Materialien und Personen.
► Wie wird vorgegangen?
► Wer ist zu berücksichtigen? Sind außer den Eltern und Kindern noch weitere Personen zu berücksichtigen?
► Was wird angeboten? Wie sieht das geplante Endergebnis, das Konzept, aus?

Im Vordergrund steht die Frage, welche zentralen Schlüsselqualifikationen und Grundhaltungen in Kindertagesstätten mit welchen pädagogischen Konzepten vermittelt werden sollen. Die Evaluation kann dabei sehr hilfreich sein.

8.9.1 Selbstevaluation

FALLBEISPIEL

Die Kindergartenleiterin Tanja kommt von einer Arbeitstagung zurück. Als sie sich am Nachmittag mit ihren Mitarbeiterinnen zusammensetzt, sind ihre ersten Worte: „Auf uns kommt in Zukunft eine Menge zu. Wir müssen unsere Arbeit stärker als bisher evaluieren, d. h. bewerten und weiter entwickeln. Das beginnt damit, dass jede von uns ihre Arbeit bewertet. Darüber hinaus müssen wir unsere Arbeit insgesamt an Kriterien, die wir vorweg festlegen, evaluieren und nach Möglichkeiten suchen, sie zu verbessern." „Aber wir machen doch schon so viel, wenn ich an die vielen Projekte denke, die wir jedes Jahr durchführen", wirft die Sozialassistentin Mareike ein. „Du hast Recht", erwidert die Kindergartenleiterin, „durch unsere Projekte sind wir bekannt geworden. Aber das eine oder andere lässt sich sicher noch verbessern. Es gefällt mir beispielsweise nicht, dass die Kinder zu so unterschiedlichen Zeiten gebracht werden. Das behindert unsere Arbeit am Morgen. Da ist Evaluationsbedarf." „Die Evaluation darf aber nicht bei unserer Arbeit stehen bleiben", meint der Erzieher Andreas, „Ich denke, unser Träger muss ebenfalls in die Pflicht genommen werden. Der Spielplatz draußen benötigt dringend neue Klettergerüste." „Ich stelle fest, dass wir schon mitten in der Evaluation sind", fügt die Kindergartenleiterin hinzu. „Zunächst einmal sollten wir einzeln unsere tägliche Arbeit kritisch hinterfragen und Kriterien überlegen, um sie zu verbessern. In der nächsten Woche können wir uns darüber austauschen."

AUFGABEN

1. *Welche Bereiche dieses Kindergartens sollen möglicherweise evaluiert werden.*
2. *Nennen Sie Kriterien, die für die Bewertung der Arbeit der Mitarbeiterinnen einer Kindertagesstätte von Bedeutung sein können.*

Das Wort „Evaluation" bedeutet wörtlich übersetzt „Bewertung", in den Sozialwissenschaften und der Technik „Analyse und Bewertung eines Sachverhaltes" und in der Pädagogik „Beurteilung von Unterrichtsprogrammen oder Erziehungsmethoden".

Eine Beurteilung kann nur stattfinden, wenn vorweg **Kriterien und Standards** entwickelt worden sind. Es reicht nicht aus, Tätigkeiten und Organisationsabläufe festzulegen, wenn sie nicht regelmäßig überprüft werden. Das Verfahren der Überprüfung wird, wie bereits erwähnt, Evaluation genannt.

Die von den Mitarbeiterinnen selbst durchgeführte **Selbstevaluation** kommt in den Tageseinrichtungen am häufigsten vor. Eine sorgfältige **Dokumentation** spielt bei der Selbstevaluation eine wichtige Rolle. Nur so können alle Ergebnisse festgehalten und zu einem späteren Zeitpunkt Grundlage für eine Weiterentwicklung werden.

Beim **Festlegen der Standards** ist zu bedenken, man sie in fünf Stufen einteilen kann:

▶ Einen Mindeststandard mit der Kennnummer 1,
▶ einen durchschnittlichen Standard mit der Kennnummer 3 und
▶ einen Optimalzustand mit der Kennnummer 5.
▶ Dazwischen gibt es die Stufen 2 und 4, deren Merkmale und Kriterien zwar über der unteren Stufe liegen, aber die nächst höhere nicht erreichen.

Sämtliche Standards müssen vorweg schriftlich festgelegt und mit einem Datum versehen werden.

Ergebnisse aus **Fragebogenaktionen** müssen ebenfalls schriftlich festgelegt und mit den übrigen Dokumenten aufgehoben werden.

Ergebnisse aus einer **Kinderkonferenz** können noch zusätzlich gefilmt oder auf einem Tonband festgehalten werden.

Methoden der Selbstevaluation sind:

Beobachtung

Die Selbstevaluation sollte bei dem **Personal** der Kindertageseinrichtung beginnen. Jede Mitarbeiterin kann ihr eigenes Handeln selbst beobachten. Begutachtet werden kann das Verhalten aber auch von einer Kollegin durch teilnehmende Beobachtung. Bei der Beobachtung können die nachfolgenden Kriterien von Bedeutung sein:

▶ Werden die Kinder ausreichend betreut?
▶ Besteht ein guter Kontakt zu ihnen?
▶ Wird mit der Individualität des Kindes wertfrei umgegangen?
▶ Erhalten die Kinder sprachliche und kognitive Anregungen?
▶ Sind die Aktivitäten angemessen, d. h. dem Alter und den Interessen der Kinder angepasst?
▶ Besteht Bereitschaft, das eigene Handeln kritisch zu hinterfragen?
▶ Ist die Arbeit strukturiert?
▶ Ist Interesse an Weiterbildung vorhanden?
▶ Erfolgt eine Identifikation mit dem Beruf.
▶ Gibt es Ziele, die schriftlich festgehalten und einem Konzept zugeordnet werden?

▶ Besteht ein gutes Verhältnis zu den anderen Mitarbeiterinnen?

Von den Antworten hängt es ab, ob das Verhalten geändert werden muss oder so bleiben kann.

Eigene Checklisten

Die Mitarbeiterinnen können sich auch eigene Checklisten zur Selbstevaluation erarbeiten. Sie können an die o. g. Kriterien angelehnt sein. Sie können aber auch Schwerpunkte enthalten, die auf die eigene Person abgestimmt sind.

Gruppentagebuch

Für Gruppenleiterinnen bietet sich die Führung eines Gruppentagebuches an, in das in Stichpunkten Notizen zu Angeboten oder Projekten, aber auch zu Elterngesprächen gemacht werden. Sinnvoll ist hier ebenfalls die Festlegung von Kriterien.

Qualitätsaudits

Damit sind regelmäßige Auswertungsgespräche gemeint. In der Regel finden sie während der Teambesprechungen statt. Sie können aber auch separat stattfinden. Wichtig ist, dass sie strukturiert sind und dokumentiert werden.

Kinderkonferenz

Eine Selbstevaluation mit Kindern bietet sich im Rahmen von Qualitätsaudits an. Die Kinder werden zu einzelnen Situationen befragt. Die Antworten werden auf Karten gesammelt und in Kategorien sortiert. Die Kinder ordnen jeder Karte einen lachenden oder traurigen Smiley zu oder versehen die Karten mit Punkten. Gemeinsam wird das Ergebnis ausgewertet und auf zukünftiges Handeln übertragen.

MERKSATZ

Zielsetzung jeder Evaluation ist die Bewertung von Lern- und Arbeitsprozessen an vorgegebenen Kriterien und Standards im Hinblick auf die Qualitätsverbesserung.

AUFGABE

Entwickeln Sie Qualitätsstandards zur Evaluation Ihrer Arbeit während Ihres Praktikums in einer Kindertagesstätte.

8.9.2 Fremdevaluation

Als Fremdevaluation bezeichnet man die Bewertung einer Einrichtung durch externe Fachleute.

Vor der Inanspruchnahme der Fachleute muss geprüft werden, wie weit in der Einrichtung eine Bereitschaft dazu besteht, denn

▶ die Verantwortung für die Evaluation wird an Außenstehende übertragen,
▶ ein einmaliges Ergebnis wird erarbeitet,
▶ zukünftige Qualitätssicherung ist dadurch noch nicht garantiert.

Für die Prüfung durch auswärtige Fachleute spricht:

▶ Der Einrichtung wird ein vorzeigbares/nicht vorzeigbares Ergebnis bestätigt.
▶ Neue Gesichtspunkte können in die Bewertung integriert werden.
▶ Die Zertifizierung der Einrichtung ist möglich.

Zu den auswärtigen Evaluatoren zählen:

Beratungsfirmen

Sie haben eigene Konzepte für die Qualitätsprüfung. Diese können eine hilfreiche Ergänzung zur Selbstevaluation sein.

Eltern

Eltern können durch eine Befragung oder durch die Teilnahme an Qualitätsaudits in die Evaluation eingebunden werden.

Fachberatung/Supervision

Durch Fachberatung und Supervision kann die Selbstevaluation überprüft werden.

Netzwerk Kinderbetreuung

Bereits 1996 wurden Qualitätsziele durch ein Netzwerk Kinderbetreuung für alle Mitgliedsländer der EU aufgestellt mit der Forderung, diese umzusetzen.

Zwischenzeitlich hat das Bundesministerium für Familien, Senioren, Frauen und Jugend ein Projekt mit dem Thema „Nationale Qualitätsinitiative im System der Tageseinrichtungen" gestartet. Ziel dieser Initiative ist es, Wege und Mittel zur Verbesserung der pädagogischen Praxis zu finden. Im Rahmen dieses Projektes werden Qualitätskriterien und Qualitätssicherungsverfahren erarbeitet. Begleitend dazu werden Evaluationsverfahren entwickelt und in der Praxis erprobt.

Die in diesem Projekt entwickelten Verfahren sollen den Tageseinrichtungen zukünftig zur Verfügung gestellt werden.

MERKSATZ

Fremdevaluierung ist nur sinnvoll, wenn die Bereitschaft dazu in der Tageseinrichtung besteht. Die Vor- und Nachteile müssen gegeneinander abgewogen werden.

AUFGABE

Erstellen Sie eine Mind-Map über die Selbst- und Fremdevaluierung.

8.9.3 Beispiele für Selbsteinschätzungs- und Beobachtungsbögen

Die angehende Sozialassistentin hat nicht nur die Aufgabe, Kinder und Jugendliche zu beobachten und zu fördern, sondern sie muss auch lernen, sich selbst kritisch zu beurteilen und weiterzuentwickeln. Eine Hilfe können die nun folgenden Selbsteinschätzungs- und Beobachtungsbögen sein, die beispielsweise nach einer Gruppenarbeit oder zwischendurch zur Selbstkontrolle eingesetzt werden können.

Abb. Görke

1. *Beispiel eines Selbsteinschätzungsbogens:*

Mit den nachfolgenden Fragen können Sie feststellen, ob Sie wichtige Ziele des Lernens erreicht haben.

	trifft zu	trifft meist zu	trifft nicht zu
Ich habe mein **Können** richtig eingeschätzt.			
Auch bei aufkommenden **Schwierigkeiten** habe ich weiter gearbeitet.			
Vorhandene **Informationsquellen**, z. B. Bücher habe ich genutzt.			
Meine Arbeiten waren fachlich **richtig.**			
Zeitabsprachen habe ich eingehalten.			
Ich habe die mir **übertragenen Aufgaben** gelöst.			
Ich habe meine **Lösungen** mit den anderen **abgestimmt.**			
Ich habe über möglicherweise auftretende **Probleme** nachgedacht und mir dazu Lösungen überlegt.			
Ich bin nach meiner **Planung vorgegangen**.			
Meine **Arbeitsergebnisse** entsprechen der **Zielsetzung**.			

2. *Beispiel einer Selbsteinschätzung:*

„Auswertungszielscheibe"

Für die Selbstkontrolle geeignet ist auch die Auswertungszielscheibe.

Sie zeichnen eine **Zielscheibe** und unterteilen sie in so **viele Sektoren**, wie Aspekte für die Bewertung erforderlich sind: z. B. Methoden, Organisation, Arbeitsergebnisse, Lernzuwachs. Auf die Zielscheibe tragen Sie Punkte ein, wie Sie sich selbst bewerten. Dabei bedeutet der Mittelpunkt **Zufriedenheit** und ein Punkt weit außerhalb des Zentrums große **Unzufriedenheit**. Die fertig ausgefüllte Zielscheibe bewerten Sie für sich allein, mit einer Mitschülerin oder mit einer kleinen Gruppe aus Ihrer Klasse. Die Zielscheibe kann auch auf einem Flipchart gezeichnet werden.

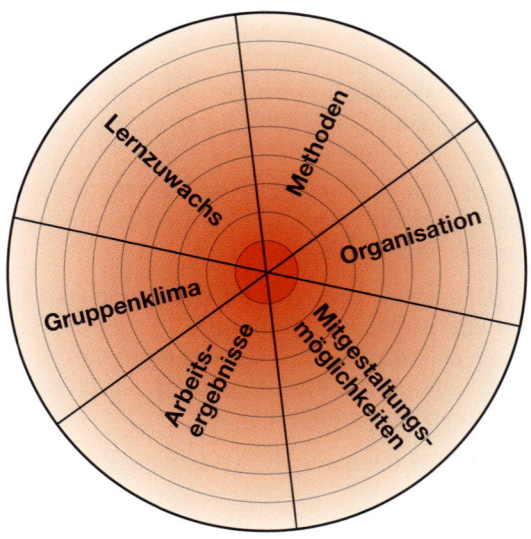

MERKSATZ

Selbsteinschätzungsbögen erleichtern die kritische Reflektion und regen dazu an, die eigene berufliche Handlungskompetenz zu erweitern.

AUFGABEN

1. *Beurteilen Sie die Selbsteinschätzungsbögen.*
2. *Wie können diese ergänzt oder reduziert werden?*
3. *Machen Sie sich Gedanken darüber, wie Sie Ihre Defizite ausgleichen können.*

8.10 **Umgang mit Belastungen im Arbeitsleben**

Spontaneität kennzeichnet die Arbeit in sozialpädagogischen Einrichtungen, da man es hier mit Menschen zu tun hat, deren Verhalten sich immer wieder ändern kann. Erziehende sprechen in diesem Zusammenhang auch von Beziehungsarbeit.

Schnelle Entscheidungen sind nicht immer optimal. Diese Tatsache lässt professionell Erziehende zu Hause oft nicht zur Ruhe kommen, daher ist das Feedback, d. h. das Gespräch mit den Kolleginnen, besonders wichtig. Zusätzlich müssen aber auch individuelle Wege gefunden werden, mit Belastungen fertig zu werden.

AUFGABEN

1. *Überlegen Sie zunächst einmal, wie Sie bislang versucht haben, mit Belastungen fertig zu werden und Ihre Leistungsfähigkeit und Ihr Wohlbefinden aufrecht zu erhalten. Notieren Sie Stichpunkte an der Tafel.*

2. *Die Bewältigungsstrategien Ihrer Arbeitskolleginnen während des Praktikums können für Sie hilfreich sein.*

   Dazu einige Beispiele:
   - ▶ *kurze Pause einlegen,*
   - ▶ *joggen,*
   - ▶ *abreagieren durch Schreien,*
   - ▶ *verreisen,*
   - ▶ *über die Probleme reden,*
   - ▶ *Alkohol trinken,*
   - ▶ *Zigarette rauchen,*
   - ▶ *eine schwierige Aufgabe gut vorbereiten.*

3. *Schreiben Sie in der nachfolgenden Reihenfolge auf, welche Bewältigungsstrategie Sie für die besten halten. Begründen Sie Ihre Aussagen.*

8.10.1 Vorgehen in Belastungssituationen

Jede Belastungssituation erfordert eine spezielle Methode, um sich angemessen mit einer möglichen Lösung auseinanderzusetzen. Die nachfolgenden Schritte geben eine Hilfestellung dafür:

1. Schritt:

Es werden viele Lösungsversuche gesammelt.

2. Schritt:

Das Verhalten anderer Menschen in ähnlicher Situation wird in die Überlegung mit einbezogen.

3. Schritt:

Nun erfolgt die Bewertung und Auswahl der Lösung. Das geschieht durch Überprüfen der einzelnen Lösungsvorschläge. Wichtig ist die Unterscheidung von kurz- und langfristigen Lösungen. Die Vor- und Nachteile werden dann herausgestellt, die ungeeigneten Vorschläge aussortiert und eine Hierarchie der besten Lösungsmöglichkeiten aufgestellt.

4. Schritt:

Die gewählte Lösung wird weiter ausgearbeitet und ein konkreter Handlungsplan entwickelt. Dabei werden **Zeit, Ort, Methode** und ein systematisches, schrittweises **Vorgehen** festgelegt. Es wird überlegt, ob die geplanten Schritte durchführbar sind.

5. Schritt:

Die beste Lösung wird in konkreten, zunächst **einfachen Belastungssituationen erprobt**. Wichtig ist, dass genug Zeit für die Umsetzung zur Verfügung steht.

6. Schritt:

Nach einiger Zeit wird überprüft, ob sich der **Handlungsplan in der Praxis bewährt hat**. Wenn keine befriedigenden Ergebnisse erzielt worden sind, beginnt man wieder mit einem früheren Schritt, z. B. bei der Auswahl der nächsten Lösung in der Lösungshierarchie. Auf jeden Fall muss eine Analyse des Misserfolges und evtl. sogar eine Neudefinition des Problems erfolgen. Oft ist es hilfreich, wenn man Mitschülerinnen oder Kolleginnen, die mit der problemauslösenden Situation vertraut sind, um Rat fragt.

MERKSATZ

Mit Belastungen werden Erziehende auf Dauer nur fertig, wenn sie ihr Vorgehen rechtzeitig planen, ausprobieren und auswerten.

8.10.2 Zeitmanagement

„Leider keine Zeit", diese Bemerkung fällt in heutiger Zeit sehr oft. Wenn man bedenkt, dass die Menschen noch zu keiner Zeit so viel Freizeit hatten wie heute, dann passt das nicht zusammen. Trotzdem sind Hetze, Termindruck, Unerledigtes und der Wettlauf mit der Uhr Belastungen im Arbeitsleben, unter denen viele Menschen leiden.

Den persönlichen „Zeitfressern" kommt man am besten auf die Spur, wenn man sich selbst beobachtet und feststellt, womit man seine Zeit verbringt.

Häufige Gründe für Zeitverschwendung sind:

▶ Fehlende Zielsetzung,
▶ mangelnde Prioritäten,
▶ Unentschlossenheit,
▶ Perfektionismus, Überorganisation,
▶ nicht „Nein" sagen können,
▶ Verstrickung in Routine und Details,
▶ zuviel auf einmal anfangen,
▶ unordentlicher Schreibtisch,

Als Lösung bietet sich an:

▶ Zeitbewusstsein entwickeln,
▶ niemals mehrere Ziele gleichzeitig zu erreichen versuchen,
▶ Rangordnung für die anliegenden Arbeiten schaffen,
▶ positive Selbst- und Fremdkontrolle schaffen.

Das bedeutet im Einzelnen, dass man morgens pünktlich mit der Arbeit anfängt, Tages- und Wochenpläne aufstellt und mit Checklisten arbeitet. Teamarbeit trägt ebenfalls zu einer gleichmäßigen Arbeitsaufteilung bei und erleichtert die Arbeit für den Einzelnen. An Probleme sollte man systematisch herangehen. Wichtig ist es, den eigenen Arbeitsrhythmus zu finden und ihn einzuhalten.

8.10.3 Entspannungsmethoden

Um besser mit den Belastungen im Arbeitsleben fertig zu werden, bieten sich unterstützend Entspannungsmethoden an:

▶ **Progressive Muskelentspannung,**
▶ **autogenes Training,**
▶ **Yoga, Meditation, Tai Chi u. a.,**
▶ **Traumreisen.**

Wichtig ist, dass man sich den Belastungen stellt und sie nicht einfach „wegredet".

Nachfolgend werden einige der oben genannten Entspannungstechniken beschrieben:

Progressive Muskelentspannung

Die progressive Muskelentspannung geht auf den Mediziner Edmund Jacobson (1888–1983) zurück. Es handelt sich um eine Methode, bei der **verspannte Muskeln entkrampft** werden. Die Lösung dieser Verkrampfung soll seelische Spannungen verringern.

Während des Trainings werden von der Hand bis zu den Zehen nacheinander alle Muskelpartien des Körpers angespannt und entspannt. Die kräftige Anspannung sorgt für eine verstärkte Durchblutung der Muskeln, dieser Zustand wird in der Entspannungsphase als fließende Wärme und angenehme Schwere empfunden.

Der Zustand der Entspannung hält auch nach Beendigung der Übung an.

Die Methode wird erfolgreich angewandt, um chronische Schmerzen, Muskelverspannungen, Nervosität und Schlafstörungen zu lindern.

Autogenes Training

Das autogene Training, das erstmals durch Johannes Heinrich Schultz (1884–1970), Psychiater und Psychotherapeut, vorgestellt wurde, zielt darauf ab, durch die ruhige konzentrierte Vorstellung von Körperempfindungen einen tiefen Entspannungszustand zu erreichen. Dies geschieht durch eine Art **Selbsthypnose**, einer gedanklichen Wiederholung von bestimmten Sprachformeln. Die Formeln beziehen sich direkt auf einzelne Funktionen des Körpers. Darüber hinaus sollen sie das vegetative Nervensystem beeinflussen. Sechs Grundübungen sind die Basis des autogenen Trainings. Sie sprechen die Bereiche Schwere, Wärme, Atemberuhigung, Herzberuhigung, Leibwärme und Stirnkühle an.

Regelmäßiges autogenes Training führt zu einer größeren Gelassenheit und Steigerung der Konzentrationsfähigkeit.

Yoga

Yoga ist als ganzheitliches Übungsprogramm zu verstehen: Auf der körperlichen Ebene verbessert Yoga die Atmung und die Körperhaltung und kräftigt die Muskulatur. Auf der psychischen Ebene kann Yoga zu **innerer Harmonie und seelischer Ausgeglichenheit** beitragen.

Yoga ist ein wichtiger Teil buddhistischer und hinduistischer Religionsausübung. Die Beherrschung der einzelnen Yoga-Übungen erfordert oft eine jahrelange Praxis und bedarf der **Anleitung durch eine Fachkraft**.

In besonderem Maß hat sich Yoga zur Vorbeugung von verschiedenen Beschwerden im körperlichen und seelischen Bereich bewährt.

Traumreisen

Bei der Traumreise wird eine Geschichte vorgelesen, die zum Entspannen und Erholen führt. Die blumige Sprache der Geschichte verhilft zu bildhaften Vorstellungen, die zu einem tiefen **Entspannungs- und Erholungszustand** führen (s. Aufgabe 3). Zusätzlich kann noch Musik eingesetzt werden. Jede Teilnehmerin sitzt ganz entspannt auf ihrem Stuhl oder liegt auf dem Boden. Sie fühlt ihren Körper ganz bewusst:

Während des Vorlesens gibt sie alle Spannung ab und wird ruhig und entspannt.

Durch tiefes Durchatmen und Recken und Strecken der Arme wird sie in die Realität zurückgeführt.

MERKSATZ

Der richtige Umgang mit Belastungen sollte möglichst vorbeugend geübt werden. Belastungen sind nur individuell verstehbar und veränderbar.

AUFGABEN

1. Halten Sie ein Referat über eine der genannten oder andere Entspannungsübungen. Leihen Sie sich dazu Literatur aus der Bücherei aus.
2. Führen Sie eine Übung mit Ihren Mitschülerinnen durch.
3. Nach innen geschaute Bilder tragen ebenfalls zur Entspannung bei. Dazu ist nachfolgend ein Übungsbeispiel aufgeführt, das Sie für sich durchführen können:

Am Strand

Machen Sie es sich bequem und entspannen Sie sich. Schließen Sie die Augen und stellen Sie sich vor: Sie sind an einem ruhigen Strand. Es ist ein warmer, sonniger Tag und Sie spazieren am Strand entlang. Sie spüren den warmen Sand zwischen den Zehen ... sie fühlen die angenehm warme Sonne auf ihrer Haut ... sie atmen die frische, salzhaltige Seeluft ein .... Sie betrachten den Himmel, die Wolken .... Sie gehen zum Wasser und waten darin. Fühlen Sie das angenehm kühle Wasser .... die leichte Brise auf Ihrer Haut ...! Hören Sie, wie sich die Wellen am Strand brechen .... Setzen Sie sich auf einen Felsen und schauen Sie auf das Meer hinaus .... Sehen Sie, wie das Licht auf den Wellen tanzt, hören Sie das Rauschen und spüren Sie das ruhige entspannte Gefühl, das dieser Anblick in Ihnen ausgelöst.

Abb. MEV

Beziehungen zu Kindern und Jugendlichen aufbauen und pädagogische Prozesse begleiten

LF 2

In diesem Lernfeld werden grundlegende Kenntnisse darüber vermittelt, wie pädagogische Beziehungen initiiert und gestaltet werden können.

Die Gestaltung von pädagogischen Beziehungen ist notwendig,

▶ um das Verhalten und die individuellen Bedürfnisse von Kindern und Jugendlichen in verschiedenen Situationen wahrnehmen zu können und angemessen darauf zu reagieren,

▶ um den Perspektivwechsel vom Erziehenden zum Zu-Erziehenden zu vollziehen,

▶ um verantwortlich mit dem Nähe- und Distanzbedürfnis von Kindern und Jugendlichen umgehen zu können.

Sozialkompetenz ist eine notwendige Voraussetzung für pädagogische Tätigkeiten. Die kritische Auseinandersetzung mit der eigenen Person und den eigenen Ansichten über Kinder und Jugendliche ist eine wichtige Grundlage pädagogischen Handelns.

Beispiele für Lernsituationen zu diesem Lernfeld:

1. *Der Mensch – ein weltoffenes Wesen.*
2. *Lebensphase Kindheit und ihre Bedeutung für die spätere Lebensbewältigung*
3. *Das Bild vom Kind*
4. *Der Erziehungsbegriff und seine Anwendung*
5. *Die Bedeutung der Bezugsperson für das Kind.*
6. *„Kinder sind Gäste, die nach dem Weg fragen." (Aus dem Himalaja)*
7. *Erziehungsmittel und ihre Anwendung*

9 Grundlagen der Erziehung

Zu den Grundlagen der Erziehung gehört die Klärung wichtiger Begriffe, z. B.

▶ Erziehbarkeit,
▶ Erziehungsbedürftigkeit,
▶ Erziehungsmittel,
▶ Erziehungsziel.

AUFGABE

Welche Vorstellungen haben Sie zu diesen pädagogischen Grundbegriffen? Versuchen Sie, die Begriffe mit eigenen Worten zu definieren.

9.1 Warum überhaupt erziehen? Anthropologische Antworten

Warum soll, muss und kann der Mensch erzogen werden? Mit dieser Frage beschäftigt sich insbesondere eine Unterdisziplin der Anthropologie (Wissenschaft vom Menschen), die pädagogische Anthropologie. Die Anthropologie erforscht den Menschen als Lebewesen und thematisiert die Unterschiede, aber auch die Gemeinsamkeiten des Menschen mit den Tieren. Die pädagogische Anthropologie liefert der Pädagogik Begründungen und Erklärungen zu den Begriffen Erziehbarkeit und Erziehungsbedürftigkeit.

9.1.1 Der Mensch als physiologische Frühgeburt

In der Biologie wird der Mensch zu den Säugetieren gerechnet. Wie bei den Vögeln kann man auch bei den Säugetieren Nesthocker und Nestflüchter unterscheiden.

Nesthocker kommen nach einer kurzen Tragezeit in einem hilflosen Zustand und mit verschlossenen Sinnesorganen zur Welt. Das Gehirn muss noch wachsen. Nach einer langen und intensiven Brutpflege ähneln die Jungen ihren Eltern und können ihnen folgen. Zu den Nesthockern zählen z. B. Kaninchen, Katzen und Hunde.

Nestflüchter, dagegen, kommen nach einer langen Tragezeit bereits mit funktionsfähigen Sinnes- und Bewegungsorganen sowie einem

Abb. Maier

größeren Gehirn zur Welt. Zu ihnen gehören z. B. Pferde, Kühe und Wale.

Im Vergleich mit den genannten Tieren kommt der Mensch als **hilfloser Nestflüchter** zur Welt. Er verfügt zwar bei der Geburt über funktionierende Sinnesorgane, er muss jedoch noch den aufrechten Gang, die Sprache und andere menschliche Verhaltensweisen lernen. Der Zoologe Adolf Portmann (1897–1982) kommt sogar zu dem Ergebnis, die Schwangerschaft des Menschen müsste 21 Monate dauern, damit sich der Mensch bei seiner Geburt auf dem selben Entwicklungsstand befände wie die anderen höheren Säugetiere. (Dann wäre das Kind aber zu groß, um auf natürlichem Weg geboren zu werden.) Den Menschen bezeichnet Portmann daher als **physiologische Frühgeburt**.

▶ Der hilflose Säugling muss also in seinem ersten Lebensjahr seine menschliche Lebensweise unter dem Einfluss seiner Umwelt lernen. Menschliche Verhaltensweisen erlernt er nur durch genügend Zuwendung und Erziehung

Im ersten Lebensjahr wird das Fundament für die Persönlichkeitsentwicklung des Menschen gelegt. Ausreichende emotionale Zuwendung, Liebe und die Vermittlung von Reizen sind für einen erfolgreichen Erziehungsprozess erforderlich.

9.1.2 Der Mensch – ein instinktreduziertes Wesen

Der Mensch ist im Unterschied zum Tier ein **instinktreduziertes Wesen**. Er muss lernen und erzogen werden, um sein Leben zu bewältigen.

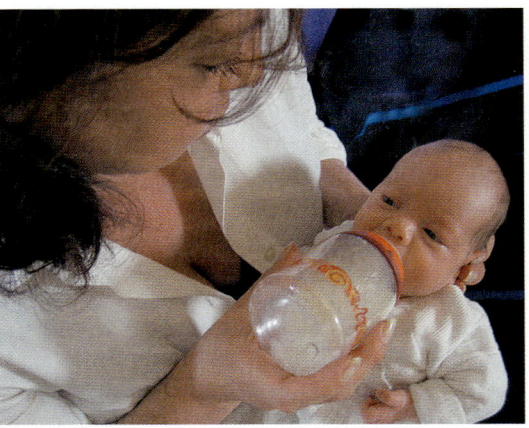

Das Verhalten der Tiere, dagegen, wird durch Steuerungsmechanismen, die **Instinkte**, geregelt. Sie sind ererbt und laufen stets gleichförmig und automatisch ab. Sie dienen vor allem der Selbst- und Arterhaltung.

9.1.3 Der Mensch als weltoffenes und sozialkulturelles Wesen

Im Gegensatz zu den Tieren, die in der Wildnis in einer jeweils für sie passenden Umwelt leben, ist der Mensch **weltoffen**.

Damit ist gemeint:

▶ Er kann sich seine Umwelt entsprechend seinen Bedürfnissen und Vorstellungen schaffen.

▶ Es gibt keinen bestimmten Lebensraum, der dem Menschen zugewiesen ist. Er kann sowohl in der Steppe als auch im Wald leben, er kann sich überall anpassen.

▶ Der Mensch kann in jedes System hineinwachsen, jede Sprache lernen und typische Verhaltensweisen jeder sozialen Schicht in jeder beliebigen Gesellschaft übernehmen.

▶ Der Mensch hat ein Bewusstsein von sich selbst und seiner Endlichkeit. Er kann zwischen Gegenwart, Vergangenheit und Zukunft unterscheiden und zielbewusst planen und handeln.

▶ Von Geburt an ist er auf seine Mitmenschen angewiesen. Durch das Zusammenleben mit ihnen kann er soziale Beziehungen im humanen Sinn entwickeln, wird er zu einem soziokulturellen Wesen.

9.1.4 Der Mensch – ein biologisches Mängelwesen

Aus biologischer Sicht ist der Mensch im Vergleich zum Tier mangelhaft ausgestattet. Der Philosoph und Soziologe Arnold Gehlen (1904 – 1976) bezeichnet den Menschen sogar als unspezialisiertes biologisches Mängelwesen, da sein Körper ihn nicht zu besonderen Leistungen und zur Anpassung an spezielle Umweltbedingungen befähigt.

▶ Der Mensch besitzt keine effektiven Angriffs-, Schutz- oder Fluchtorgane.

▶ Die Sinne des Menschen sind nicht außergewöhnlich leistungsfähig. Jedes menschliche Sinnesorgan wird im Tierreich weit übertroffen, z. B. kann der Adler theoretisch über das Fußballfeld hinweg die Zeitung lesen.

Der Mensch kann aber lernen, seinen Körper und seinen Geist vielseitig einzusetzen. So kann er seine Hände zum Schreiben, Greifen oder Schaufeln verwenden, sein Gehirn zum Planen oder schöpferischem Denken einsetzen. Diese Vielseitigkeit ermöglicht es ihm, seine Mängel auszugleichen und dem Tier überlegen zu sein.

Für die Erziehung ergibt sich daraus die Folgerung, dass der Mensch lernen muss, die in ihm liegenden **Fähigkeiten** zu nutzen. Dazu muss ihm die Umwelt die entsprechenden **Anregungen** geben, seine geistigen Fähigkeiten wie denken, planen oder kreativ handeln einzusetzen oder die Hände vielseitig zu nutzen.

9.1.5 Überblick über anthropologische Sichtweisen

Die Tabelle auf Seite 113 gibt einen Überblick über anthropologische Begründungen der Erziehbarkeit und Erziehungsbedürftigkeit des Menschen.

MERKSATZ

Das menschliche Verhalten ist einerseits biologisch bedingt, andererseits ist es durch Kultur und Gesellschaft entstanden. Die Gemeinschaft mit anderen Menschen macht ihn zum soziokulturellen Wesen.

AUFGABEN

1. Nennen Sie weitere Beispiele für die Unfertigkeit des Menschen.

2. Nennen Sie Gründe für die Erziehungsbedürftigkeit des Menschen und beweisen Sie seine Erziehbarkeit.

3. Begründen Sie die Bedeutung geistiger Fähigkeiten für den Menschen.

4. Diskutieren Sie die folgende Aussage des bekannten Philosophen I. Kant: „Der Mensch ist nichts, als was die Erziehung aus ihm macht!"

Anthropologische Perspektive	Kennzeichen	Folgerungen
Der Mensch ist eine physiologische Frühgeburt. (Adolf Portmann)	Das Neugeborene ist noch unfertig und allein nicht überlebensfähig.	Der Mensch braucht Hilfe und Unterstützung, um typisch menschliche Verhaltensweisen, wie die Sprache oder den aufrechten Gang, zu erlernen. Er muss erzogen werden.
Der Mensch ist ein instinktreduziertes Wesen. (Nikolaas Tinbergen)	Das Verhalten des Menschen ist nicht durch ererbte Steuerungsmechanismen festgelegt.	Der Mensch muss die für sein Überleben notwendigen Verhaltensweisen erlernen.
Der Mensch ist ein weltoffenes Wesen. (Max Scheler, Arnold Gehlen)	Der Mensch hat im Gegensatz zum Tier keine spezielle Umwelt. Er ist offen für die gesamte Welt. Er kann sich seine Umgebung gestalten und sie an seineBedürfnisse anpassen.	Durch Erziehung lernt der Mensch, seine Umwelt zu gestalten.
Der Mensch ist ein soziokulturelles Wesen. (Adolf Portmann, Arnold Gehlen)	Der Mensch ist von Geburt an auf seine Mitmenschen angewiesen. Er sichert sein Überleben durch die Gemeinschaft mit anderen und durch das Erschaffen von Kultur.	Durch Erziehung lernt der Mensch, mit anderen Menschen zusammenzuleben und einen kulturellen Rahmen für sein Leben zu gestalten.
Der Mensch ist ein biologisches Mängelwesen. (Arnold Gehlen)	Der Mensch besitzt keine spezialisierten Organe, die ihm das Überleben in einer bestimmten Umwelt ermöglichen könnten.	Der Mensch besitzt geistige Fähigkeiten, deren Anwendung er durch Erziehung und Bildung lernen muss. Er kann den vielseitigen Einsatz seiner Organe, insbesondere seiner Hände, und die Herstellung von Werkzeugen erlernen.

9.2 Der Mensch – ein Wesen, das auf liebevolle Zuwendung angewiesen ist

Abb. Maier

Jeder Mensch, besonders aber das Kind, ist auf die liebevolle Zuwendung durch andere Menschen angewiesen. Der Psychoanalytiker René Spitz (1887–1974) untersuchte mehrere Kinder, die in den Waisenhäusern und in der Säuglingsstation eines amerikanischen Frauengefängnisses aufgezogen wurden. Die Kinder wurden ärztlich gut versorgt, doch die mütterliche Zuwendung war nicht ausreichend oder fehlte vollkommen. Diese Untersuchungen haben ergeben, das Kinder, die ohne emotionale Zuwendung und ohne liebevolle Zärtlichkeit aufwachsen, in ihrer Entwicklung zurückbleiben. Nach zwei Jahren ist der Entwicklungsrückstand kaum aufzuholen.

Bezugspersonen schaffen erst die Bedingungen des Gedeihens, die als Voraussetzungen für alles Lernen und Erziehen erforderlich sind. Ohne sie verkümmert der Mensch. Bereits in den ersten Lebensjahren werden die Möglichkeiten der späteren Lernfähigkeit eines Menschen weitgehend festgelegt.

Für den Umgang mit dem Säugling und Kleinkind sind daher die nachfolgenden Regeln einzuhalten: Sie benötigen eine feste und dauerhafte Bezugsperson.

▶ Intensiver Hautkontakt, z. B. auf den Arm-Nehmen, fördert die seelische Entwicklung und die Bindung an die Bezugsperson.

▶ Ein liebevoller und geduldiger Umgang ist unbedingt einzuhalten.

▶ Spielen, Lachen, Sprechen und Singen fördert die motorische, geistige und seelische Entwicklung.

▶ Vertrauen ist eine Voraussetzung dafür, dass Kinder sich entwickeln können.

Säuglinge und Kleinkinder, die ohne emotionale Zuwendung aufwachsen, zeigen in ihrer Entwicklung Störungen im körperlichen, geistigen und seelischen Bereich sowie im Sozialverhalten. **Störungen des Sozialverhaltens** zeigen sich darin, dass die Kinder Probleme haben, Beziehungen zu anderen Menschen aufzunehmen und soziale Regeln zu berücksichtigen.

Andauernde Vernachlässigung kann u. a. zu **Hospitalismus** mit folgenden Symptomen führen: Die motorische, geistige und sprachliche Entwicklung ist verzögert und verlieren das Interesse an der Umwelt und den Mitmenschen. Häufig sind Störungen im psychischen Bereich bis hin zur Nahrungsverweigerung festzustellen. Ein schlechter Gesundheitszustand und Anfälligkeit für Infektionen sind begleitende Symptome.

Andere **Verhaltensauffälligkeiten** zeigen sich als übertriebene Ängstlichkeit und Aggressivität, Leistungsverweigerung, Bindungsunfähigkeit und eine geringe Fähigkeit, Enttäuschungen auszuhalten (mangelnde Frustrationstoleranz).

Durch geduldige therapeutische Arbeit können die Folgen mangelnder emotionaler Zuwendung ausgeglichen werden. Wichtig für die Entwicklung ist eine ausreichende Anregung der Sinne.

Förderung der Entwicklung durch Anregung der Sinne:

Durch Berührung (taktil)	Körperkontakt
Durch Bewegung (kinästhetisch)	Freundlicher Raum mit Licht und Wärme, der ausreichend Platz für Bewegung anbietet, Bewegungsanreize schaffen
Durch Sehen (visuell)	Mobiles, Bilder, Spielzeug in kindgerechten Farben, farbige Räume
Durch Hören (akustisch)	Mit dem Baby sprechen, Musik

MERKSATZ

In der Regel kann sich ein Mensch nur in einer tragfähigen, verlässlichen und mitmenschlichen Beziehung positiv entwickeln.

AUFGABEN

1. Erkundigen Sie sich in einem Krankenhaus oder bei einem Kinderarzt nach der Häufigkeit von Störungen in der Entwicklung und im Verhalten von Säuglingen und Kleinkindern und fragen Sie nach den Ursachen. Werten Sie Ihre Ergebnisse in der Klasse aus.

2. Nennen Sie Möglichkeiten zur Vorbeugung und Therapie der genannten Störungen.

3. Nennen Sie Beispiele für sozial abweichendes Verhalten bei Kindern und Jugendlichen.

4. Recherchieren Sie die Geschichte von Kindern, die ohne ausreichende soziale Beziehungen ausfewachsen sind, z. B. von Amala und Kamala oder von Kaspar Hauser.

9.3 Bild vom Kind

„Das Kind hat von tausend Waffen, die wir Erwachsenen in Kunst, Wissenschaft und Erfahrung finden, keine einzige. Es hat nichts als sein kleines nacktes Herz, das wir ebenso leicht erheben wie zu Boden schlagen können." (Johann Heinrich Pestalozzi, 1746 – 1827)

AUFGABEN

1. Beurteilen Sie die Aussage Pestalozzis über das Kind.

2. Bringen Sie Ihre Kinderbilder mit und versuchen Sie sich gegenseitig zu erkennen.

3. Erarbeiten Sie daraus ein Wettspiel: Wer die meisten Mitschülerinnen erkannt hat, bekommt einen Preis.

4. Fragen Sie Ihre Eltern nach dem Zusammenhang, in dem die Bilder entstanden sind.

9.3.1 Unterschiedliche Bilder vom Kind

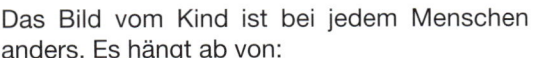

Das Bild vom Kind ist bei jedem Menschen anders. Es hängt ab von:

► der Erziehung,
► dem Kulturkreis, dem der Mensch angehört,
► der Bedeutung des Kindes in der jeweiligen Gesellschaft.

Auch in der Kunst gibt es unterschiedliche Vorstellungen vom Kind, wie die beiden Bilder zeigen.

In Symposien (wissenschaftlichen Gesprächen) setzt man sich mit dem Bild des Kindes in der Gegenwart und in der Vergangenheit auseinander. Auch die Wissenschaftler haben unterschiedliche Vorstellungen vom Kind je nach ihrer theoretischen Richtung.

Übereinstimmung besteht aber darin, dass das Kind

► hilflos auf die Welt kommt,
► auf eine Bezugsperson angewiesen ist,
► erzogen werden muss,
► in die Gesellschaft hineinwachsen muss.

AUFGABEN

1. Beurteilen Sie die Bilder.

2. Nennen Sie Gründe für die unterschiedliche Art der Darstellung.

3. Versuchen Sie zu erklären, warum es schwer ist, ein einheitliches Bild vom Kind zu entwerfen.

Abb. links: Verwertungsgesellschaft Bild-Kunst, Bonn. Mädchen mit Taube, Picasso (1881–1973).
Abb. rechts: Ullstein-Bild, Infantin Margarita Terese (1651–1673), Diego Velásquez (1599–1660).

9.3.2 Das Bild vom Kind aus christlicher Sicht

Im Folgenden wird das Bild vom Kind aus **christlicher Sicht** dargestellt:

► Jedes Kind ist ein Geschenk Gottes. Gott möchte, dass das Kind so angenommen wird, wie es ist. Seine Fähigkeiten und Begabungen sind Gaben Gottes. Jeder Mensch, jedes Kind, hat die Aufgabe diese Gaben zu entfalten und einzusetzen. Durch verschiedene Gaben ergänzen sich die Menschen gegenseitig, wenn sie in der Gemeinschaft leben.

► Jedes Kind ist von frühestem Alter an ein einzigartiger Mensch mit eigenem Naturell, eigener Begabung, eigenen Fragen und Antworten.

► Es kann von sich aus mit seinem Umfeld in Kontakt treten. Dabei meistert es seine Schritte im eigenen Tempo entsprechend seinem Temperament und seiner Persönlichkeit. Dazu benötigt das Kind geeignete Voraussetzungen und Chancen.

► Erwachsene haben das Kind mit seinen Bedürfnissen und Fähigkeiten als eigenständige Persönlichkeit wahrzunehmen.

► Dem Kind muss ein Erfahrungs- und Entscheidungsraum zur Verfügung gestellt werden, der ihm selbstständiges Handeln ermöglicht.

► Auf der anderen Seite benötigt das Kind Geborgenheit, Sicherheit und Begleitung von seinen Bezugspersonen.

► Das Kind braucht einen Raum, in dem ihm Vertrauen entgegengebracht wird, in dem es Vertrauen zu sich selbst und zu seiner Welt entwickeln kann.

AUFGABEN

1. *Schreiben Sie wesentliche Aussagen zum Bild des Kindes aus christlicher Sicht heraus und beurteilen Sie diese kritisch.*
2. *Stellen Sie fest, wie andere Religionen das Kind beschreiben. Befragen Sie dazu die Mitschülerinnen, die einer anderen Religionsgemeinschaft angehören.*

9.3.3 Das Kind aus der Sicht namhafter Pädagoginnen und Pädagogen

Die Arbeit in den Kindergärten ist geprägt durch die Perspektiven bekannter Pädagoginnen und Pädagogen. Einige Sichtweisen werden hier kurz umrissen.

1. Johann Heinrich Pestalozzi

Aufgabe der Erzieher bzw. Eltern ist, die Kräfte und Anlagen des Menschen zu fördern und die Individualität jedes Kindes hervorzuheben.

2. Maria Montessori

Das Kind arbeitet, es spielt nicht. Es soll sich innerhalb bestimmter Grenzen bewegen und ungehinderten Zugang zu Material haben, damit es sich entsprechend seiner Fähigkeiten entwickeln kann.

3. Janusz Korczak

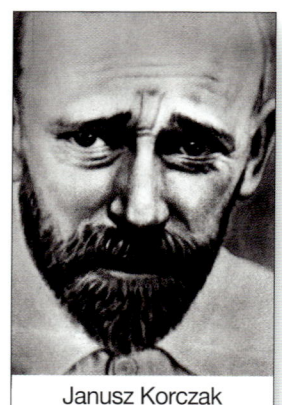

Janusz Korczak

Die kindliche Autonomie muss anerkannt und seine individuelle Würde geachtet werden. Für ihn sind Kinder Dichter und Philosophen. Das Kind hat drei Grundrechte:

1. Das Recht des Kindes auf seinen Tod, man darf das Kind aus Sorge um dessen Gesundheit nicht überbehüten und es in seiner Entwicklung einschränken.

2. Das Recht des Kindes auf den heutigen Tag. Die Kindheit ist ein autonomes Stadium im „Hier und Jetzt" und nicht auf die Zukunft ausgerichtet.

3. Das Recht des Kindes, so zu sein, wie es ist. Kinder dürften nicht zur Übernahme von Werturteilen und Programmen gezwungen werden.

6. Paolo Freire

Für Freire ist der Mensch ein eigenständiges Wesen, welcher in Autonomie und Verantwortung Lösungen für seine Lebenssituationen entwickeln kann.

7. Dr. Loris Malaguzzi (Reggio-Pädagogik)

Ein Kind ist aus hundert gemacht.
Ein Kind hat
hundert Sprachen,
hundert Hände,
hundert Gedanken,
hundert Weisen zu denken,
zu spielen und zu sprechen.
Immer hundert Weisen
zuzuhören,
zu staunen und zu lieben,
hundert Weisen zu singen und zu
verstehen,
hundert Weisen zu erfinden,
hundert Welten zu träumen.
Ein Kind hat hundert Sprachen.
Doch es werden ihm
neunundneunzig geraubt.
Die Schule und die Umwelt trennen
ihm den Kopf vom Körper.
Sie bringen ihm bei,
ohne Hände zu denken,
ohne Kopf zu handeln,
ohne Vergnügen zu verstehen,
ohne Sprechen zuzuhören,
nur Ostern und Weihnachten zu lieben
und zu staunen.
Sie sagen ihm, dass die Welt bereits
entdeckt ist.
Und von hundert Sprachen rauben sie
ihm neunundneunzig.
Sie sagen ihm,

dass das Spielen und die Arbeit,
die Wirklichkeit und
die Phantasie,
die Wissenschaft und die
Vorstellungskraft,
der Himmel und die Erde,
die Vernunft und der Traum
Dinge sind, die nicht zusammen
gehören.
Sie sagen also, dass es hundert Sprachen
nicht gibt.
Das Kind sagt: „Aber es gibt sie doch."

Mit diesem Gedicht gibt Dr. Malaguzzi sein Bild vom Kind wieder: Kinder können die Welt für sich konstruieren, aber die Erzieherin kann dies nicht für die Kinder tun.

MERKSATZ

Alle Erziehenden verrichten ihre Arbeit mit einem bestimmten Bild vom Kind. Dieses Bild bestimmt ihr Verhalten gegenüber dem Kind.

AUFGABEN

1. *Vergleichen Sie die beschriebenen Bilder vom Kind miteinander. Welches Bild sagt Ihnen am meisten zu? Begründen Sie Ihre Aussage.*

2. *Gehen Sie auf das Gedicht von Malaguzzi näher ein und nennen Sie Beispiele dafür, wie Sie seine Aussagen für Ihre Arbeit im Kindergarten nutzen können.*

3. *Besuchen Sie eine Gemäldegalerie und achten Sie dort auf die Darstellung der Kinder. Notieren Sie sich, was Ihnen aufgefallen ist.*

4. *Gestalten Sie ein Bild vom Kind. Verwenden Sie dafür unterschiedliche Materialien und Möglichkeiten.*

LF 2

AUFGABE

Versuchen Sie, das Alter der abgebildeten Kinder einzuschätzen.

Die Entwicklung des Kindes verläuft in Phasen, von denen eine auf der anderen aufbaut. In jeder einzelnen Phase vollzieht sich ein **Lernprozess**, der einen Fortschritt in der Entwicklung bringt. Es ist wichtig, dass das Kind in jeder Phase eine entsprechende Förderung erhält. Jedes Kind und jeder Mensch entwickelt sich seiner Eigenart entsprechend unterschiedlich, deshalb können Zeitangaben nur ein Rahmen sein, denn Abweichungen sind durchaus normal. Ein lebendiger Vorgang lässt sich nicht ohne Weiteres in ein starres Schema pressen. Bestimmte Lernprozesse sind aber an eine Altersstufe gebunden. Größere Verzögerungen deuten daher auf eine Störung der Entwicklung hin.

Abb. oben Maier, Nühs
Abb. rechts Maier

In der Zeit von der Geburt bis zum Alter von ungefähr 10 Jahren werden die nachfolgenden Entwicklungsphasen unterschieden:

▶ Säuglingsalter
▶ Vom Säugling zum Kleinkind
▶ Kleinkind (von 1 bis 3 Jahren)
▶ Kindergartenalter (von 3 bis 5 Jahren)
▶ Vorschulalter
▶ Erste Grundschuljahre
▶ Spätere Grundschuljahre

9.4.1   Säuglingsalter

Im ersten Lebensjahr werden Kinder als Säuglinge bezeichnet, da sie ihre Nahrung durch Saugen aufnehmen. Im Alter von sechs Monaten können Säuglinge mit einem Löffel gefüttert werden und mit einem Jahr versuchen sie, selbstständig zu essen.

In den ersten Wochen schläft und döst der Säugling die meiste Zeit und ist nur wenige Stunden wach. Die Sprache, durch die er sich verständlich macht, ist das **Schreien**. Man kann an dem Schreien des Säuglings feststellen, ob er Hunger oder Schmerzen hat. Über das Schreien erfolgt die **Kontaktaufnahme** des Säuglings mit den Menschen seines Umfeldes. Vertieft wird der Kontakt durch das Stillen und die Körperpflege. Wird das Bedürfnis des Säuglings nach liebevollem und ausreichendem Kontakt erfüllt, entsteht Vertrauen. Dieses Vertrauen wird auch **Urvertrauen** genannt. Es kann sich nur bilden,

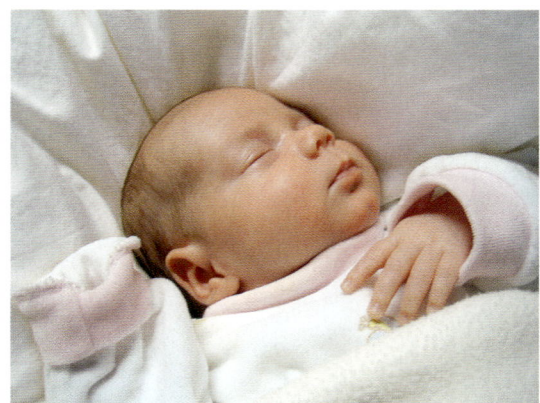

wenn der Säugling größtenteils von den gleichen Menschen verlässlich betreut wird. Oft wechselnde Personen kann er noch nicht verkraften, da er nicht in der Lage ist, sich auf sie einzustellen. Im schlimmsten Fall kann es beim Säugling zu psychischen Störungen kommen.

Neugeborene haben viele gemeinsame Merkmale. Das sind:

▶ Die Größe von etwa 50 cm,
▶ das Gewicht von etwa 3,0 bis 3,5 kg,
▶ der auffallend große Kopf,
▶ die stark angewinkelten Beine (durch die Enge im Mutterleib),
▶ der Saug- und Greifreflex.

Bereits in den ersten drei Monaten können große Fortschritte in der Entwicklung festgestellt werden:

▶ Der Säugling ist um 7 cm gewachsen.
▶ Er hat etwa 1,5 kg an Gewicht zugenommen.
▶ Den Kopf kann er einige Sekunden heben.
▶ Er reagiert auf Geräusche.

Der Säugling schläft nicht mehr so lange, daher nehmen seine Ansprüche zu. Die Pflegeperson sollte vermehrt mit ihm sprechen. Er möchte auf den Arm genommen werden, um mehr von der Umwelt zu erfahren. Dabei wird er keineswegs verzogen, sondern er vertieft seine Kontakte zur Mutter und gewöhnt sich an seine Umwelt.

MERKSATZ

Zwei Faktoren sind für die geistig-seelische Entwicklung des Säuglings besonders wichtig: Der verlässliche Kontakt zur Mutter oder einer anderen Bezugsperson und der Erwerb von Umwelterfahrungen.

AUFGABEN

1. Nennen Sie Beispiele für die Förderung des Säuglings.
2. Beobachten Sie Säuglinge und berichten Sie Ihrer Klasse über die gemachten Erfahrungen.

3. Erkundigen Sie sich bei Ihren Eltern nach besonderen Ereignissen während Ihrer Säuglingszeit und teilen Sie diese Ihrer Klasse mit.

9.4.2 Vom Säugling zum Kleinkind (3 Monate bis 1 Jahr)

Das Erscheinungsbild des Kindes wandelt sich erneut beträchtlich:

▶ Es ist $1^1/_2$ Mal so groß wie ein Neugeborenes.
▶ Die Beweglichkeit und Beherrschung des Körpers hat deutlich zugenommen. Es kann sitzen, krabbeln und schließlich auch laufen.
▶ Die Feinmotorik der Hände hat sich verbessert. Mit Bausteinen kann es hantieren und den Löffel zum Mund führen.
▶ Die Tätigkeit der Sinnesorgane zeigt Fortschritte. Das Kind kann aufmerksam schauen, beobachten, tasten und begreifen.
▶ Die Sprachentwicklung beginnt mit vielen verschiedenen Lautäußerungen.
▶ Die Entwicklung des Denkens führt zum Greifen und Begreifen.

Diese Entwicklungsphase wird auch als **Schau- und Greifalter** bezeichnet.

In diesem Alter kann es auch Probleme geben:

▶ Das Stillen bedeutet für das Kind nicht nur Nahrungsaufnahme, sondern auch eine längere, ruhige Zeit des intensiven Körperkontakts mit der Mutter. Beim Abstillen sollte darauf geachtet werden, dass das Kind weiterhin dieses innigen Kontakts bedarf.
▶ Das Durchbrechen der ersten Zähne kann Schmerzen verursachen.
▶ Die Achtmonatsangst (das Fremdeln) macht dem Kind deutlich, dass es neben den bekannten Menschen auch unbekannte gibt, vor denen es zunächst einmal Angst hat.

AUFGABEN

1. Nennen Sie Beispiele dafür, wie Sie das Kind zum Krabbeln anregen können.
2. Welche Vorteile hat das Krabbeln für das Kind?

LF 2

Das Spiel muss unterbrochen werden, wenn das Kind müde ist. Überanstrengungen schaden dem Kind. Wichtig ist für das Kind, dass es täglich kurze Zeiten hat, in denen es sich mit sich selbst beschäftigt. In diesen Zeiten kann es sich entspannen und seine eigene Kreativität stärken.

MERKSATZ

Die psychosoziale Entwicklung des Kindes bedarf der freundlichen Zuwendung und Anregung durch die Bezugspersonen.

Das Spiel des Kindes

Das Spielen wird immer wichtiger für das Kind: Es ist nicht nur Zeitvertreib, sondern gibt ihm die Möglichkeit,

▶ sich zu entwickeln und sich mit der Umwelt auseinanderzusetzen,
▶ die Fantasie zu entfalten und zu experimentieren,
▶ soziale Kontakte anzuknüpfen und Kommunikationsformen zu üben.

Für das Spiel benötigt das Kind die Anregungen der Erwachsenen, die mit ihm spielen und zeigen, wie man mit den Spielsachen umgeht. An Spielzeug benötigt es weniger als viele Eltern annehmen.

▶ Im Kinderwagen benötigt das Kind etwas, was es anschauen und greifen kann, z. B. eine Kugelkette.
▶ Wenn es krabbeln oder laufen kann, sollte man ihm einen Ball geben oder einen kleinen Wagen bzw. ein Tier zum Hinterherziehen.
▶ Die Denkentwicklung wird gefördert, wenn es Bauklötze bekommt oder einen Hohlwürfel zum Ineinanderstecken.

Wichtig ist auch, dass viel mit dem Kind gesprochen und gesungen wird und Finger- oder Singspiele mit ihm durchgeführt werden. Recht schnell kann es auf diese Spiele reagieren, in dem es sie nachzuahmen versucht. Allerdings darf das Kind nicht überfordert werden, sondern das Spiel muss seinem Alter entsprechen.

AUFGABEN

1. Stellen Sie Finger- und Singspiele für einjährige Kinder zusammen.
2. Nennen Sie Beispiele für die Förderung der Sinnestätigkeit bei Kindern im Alter von etwa einem Jahr.
3. Wie kann der erste Geburtstag gestaltet werden? Geben Sie dafür Anregungen.

9.4.3 Kleinkind (1 bis 3 Jahre)

In diesem Alter lernen Kinder wichtige **Grundfertigkeiten**, die den Menschen als soziokulturelles Lebewesen betreffen: Das Kind lernt zu laufen, zu sprechen, selbstständig zu essen, seine Blase und seinen Darm zu beherrschen.

Am Ende dieser Phase spricht es sich selbst nicht mehr mit „Anne will" oder „Anne mag nicht mit" sondern mit **„Ich"** an und hat damit eine weitere Stufe zur Persönlichkeitsentwicklung erreicht. Das Kind fühlt sich jetzt als Person, dem die anderen Menschen gegenüberstehen. Es entdeckt seinen eigenen Willen und die Möglichkeit auf andere aktiv einzugehen. Doch es muss auch erleben, dass es seinen Willen nicht immer durchsetzen kann, dass ihm Grenzen gesetzt sind. Sein Wille kann mit den Wünschen der Umwelt in Konflikt geraten. Die Auseinandersetzung mit der Umwelt ist ein

Abb. Krill

weiterer Schritt der Persönlichkeitsentwicklung des Kindes.

Das Erscheinungsbild des Kleinkindes verwandelt sich in dieser Zeit erneut:

> Es wächst etwa 15 cm und nimmt etwa 5 kg an Gewicht zu. Mit drei Jahren ist es doppelt so groß und viermal so schwer wie ein Neugeborenes.

Seine Fähigkeiten kann es ebenfalls weiter ausbauen:

▶ Das Kleinkind bewegt sich sicher und kann immer schneller laufen.
▶ Seine Hände können immer geschickter zupacken.
▶ Es entwickelt einen starken Tatendrang und möchte alles in seiner Umgebung untersuchen und ausprobieren.

Der große Bewegungs- und Tatendrang bringt natürlich neue Probleme mit sich. Die Wohnung muss **kindersicher** gemacht werden, z. B. durch Absichern der Steckdosen mit einem Spezialstecker oder Absichern der Treppen und Türen durch ein Gitter oder Lattengestell. Alle Gefahren können nicht aus dem Weg geräumt werden. Das Kind muss lernen, mit den Gefahren umzugehen.

Das Spiel

Das tägliche Spiel trägt ebenfalls dazu bei, dass das Kind **Erfahrungen** sammelt und seine manuellen und geistigen Fähigkeiten verbessert. Viel Freude bereitet es ihm, wenn es Erwachsene nachahmen kann und beispielsweise wie die Mutter in einem Topf rühren kann. Ferner spielt es gerne mit Material, aus dem es etwas aufbauen kann. Gut geeignet sind:

▶ Bausteine und Knetmaterial,
▶ Sandkiste,

Abb. Thiele

▶ Naturmaterial, z. B. Steine, Zweige,
▶ einfaches Klettergerüst, z. B. mit Schaukel, um Motorik und Gleichgewicht zu üben.
▶ Kuschelige Stoff- und Schlaftiere kommen dem Bedürfnis des Kindes nach Liebe entgegen.

An Spielmittel und Spielzeug sind bestimmte Anforderungen zu stellen:

▶ Sie sollen einfach gestaltet, haltbar und preiswert sein.
▶ Sie dürfen weder durch scharfe Kanten gefährden, noch giftig sein oder Krankheiten übertragen.
▶ Sie sollen dem Wunsch des Kindes nach Bewegung entgegenkommen.

MERKSATZ

Mit dem Entdecken des eigenen Ichs beginnt das Kind sich durchzusetzen. Seine manuellen und geistigen Fähigkeiten verfeinert es nun im Spiel.

AUFGABEN

1. Mit dem „Ich" beginnt ein neuer Lebensabschnitt im Leben eines Kleinkindes. Begründen Sie diese Aussage.
2. Welche Schlussfolgerungen kann man ziehen, wenn der zweijährige Sohn seinen Teddy einschließt, weil er nicht schlafen will, oder die zweijährige Tochter ihre Puppe auf dem Töpfchen schlägt, weil sie ihr Geschäft nicht gemacht hat.

9.4.4 **Kindergartenalter (3 bis 5 Jahre)**

FALLBEISPIELE

1. Leni sieht ihrer Mutter beim Kartoffelschälen zu und fragt: „Warum schälst du die Kartoffeln?" „Warum wäschst du sie?" „Warum müssen sie kochen?"
2. Eine andere Mutter fährt mit ihrem vierjährigen Sohn in einem fast leeren Bus in die Stadt. Ununterbrochen stellt ihr ihr Sohn Fragen: „Warum ist das Auto rot?" „Warum hat Tante Grete graue Haare?" „Warum hat Onkel Franz eine Warze auf der Wange?" „Warum hat die Frau einen Hut auf?"

AUFGABEN

Kinderfragen sind wichtige Zeichen für ein gesundes Interesse an der Umgebung. Ein Kind, das fragt, möchte mehr wissen. Die Bezugspersonen sollten sich nicht um die Beantwortung der Fragen drücken oder das Kind zum Schweigen auffordern, sondern alle Fragen leicht verständlich beantworten.

Das Interesse des Kindes an der Umwelt hat sachliche Züge angenommen. Kinder in diesem Alter sind in der Lage, bei den Gegenständen die Form-, Farb- und Größenunterschiede zu erkennen und die Gegenstände nach bestimmten Merkmalen zu unterscheiden.

Kinder in dieser Phase haben sich zu einer **selbstständigen Persönlichkeit** entwickelt. Von der engen Elternbindung haben sie sich frei gemacht und zu einem eigenen Selbstverständnis gefunden.

Der **Bewegungs- und Tätigkeitsdrang** nimmt bei Kindern in diesem Alter weiter zu. Am liebsten sind sie draußen, um alles Mögliche auszuprobieren. Dabei müssen sie beaufsichtigt werden, denn allzu leicht übernehmen sie sich.

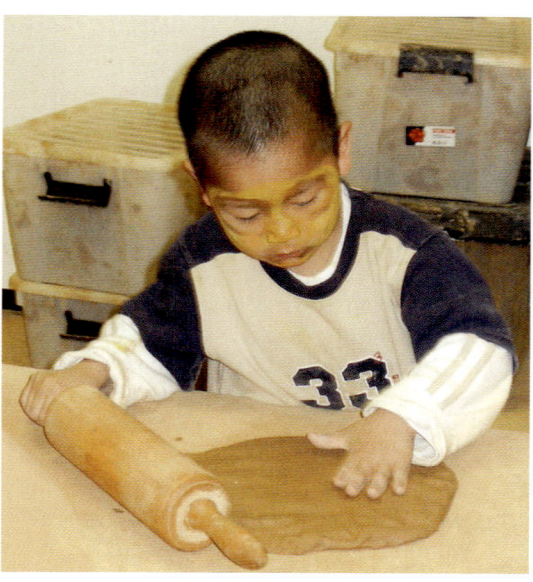

Abb. Nühs

So kann es vorkommen, dass sie auf einen Baum steigen, dessen Äste sie nicht tragen können. Oder sie fahren mit ihrem Kett-Car bzw. Fahrrad auf eine belebte Straße. Mit der Verkehrserziehung muss daher begonnen werden.

Mit einfachen Werkzeugen und unterschiedlichem Material können diese Kinder sehr gut umgehen. Sie können alles gebrauchen, aus dem sie etwas herstellen können, z. B. Pappe, Papier, Holzreste, Knetmasse, Kleber, Farben, Hammer und Nägel. Die Gestaltungsideen der Kinder kennen keine Grenzen.

Das **selbsttätige Gestalten** hat für die drei- bis fünfjährigen Kinder folgende Vorteile:

▶ Sie vollbringen eigene schöpferische Leistungen.
▶ Ihr Selbstvertrauen wächst, je mehr sie anerkannt werden.
▶ Sie werden zu immer vielfältigerem Gestalten angeregt.
▶ Fantasie, Geschicklichkeit und Ausdauer nehmen zu.

Fantasie

Mit der geistig-seelischen Entwicklung, der Fähigkeit zum Denken, wächst auch die Vorstellungskraft und die Fantasie des Kindes. So kann ein Schemel ein Haus, eine Garage, sogar ein Auto sein. Gegenstände werden für das Kind lebendig und zu Spielgefährten. Mit Tieren und Pflanzen kann es sogar sprechen. Diese Zeit wird daher auch das **magische Alter** genannt. Das magische Denken erfindet oft recht seltsame Spielgefährten: Das Kind erfindet eine Welt der Vorstellungskraft. Märchen gegenüber ist es jetzt sehr zugänglich.

Mit der Fantasie kommt die **Angst.** Das Kind kann sich fürchten, wenn es im Dunkeln in den Keller gehen soll oder einschlafen soll. Kinder kommen mit der Angst nicht allein zurecht: Sie benötigen die Unterstützung der Erwachsenen. Man sollte sie nicht allein im Dunkeln in den Keller gehen lassen, sondern sie begleiten und mit ihnen über die Ängste reden.

Das Spiel in der Gemeinschaft, besonders das Rollenspiel, kann jetzt von großer Bedeutung sein. Das Kind lernt, seine Vorstellungswelt in die reale Welt einzuordnen.

9.4.5 Vorschulalter

Das letzte Jahr vor dem Eintritt in die Schule muss gut genutzt werden, um alle Fähigkeiten, die das Kind für den Schulbesuch benötigt, zu fördern.

Das sind:

▶ Manuelle und geistige Fähigkeiten,
▶ Sozialverhalten,
▶ Ausdauer und Konzentrationsfähigkeit.

Eine Möglichkeit, die manuellen und geistigen Fähigkeiten zu fördern, ist das Spiel. Das Kind hat seine Einstellung zum Spiel geändert. Es möchte mit dem Spiel etwas erreichen, das dadurch zu einer **ernsthaften Beschäftigung** wird. Gesellschaftsspiele, bei denen es Gewinner und Verlierer gibt, werden nun von vielen Kindern mit großer Begeisterung gespielt.

Bei der **Auswahl des Spielzeuges** sind die Ansprüche deutlich gestiegen. Auf der Wunschliste ganz oben stehen Metall- und Steckbaukästen sowie Ausschneidebögen und Modellbauteile für Autos, Flugzeuge und Motorräder. Bei den genannten Spielzeugen kommt es sowohl auf die Handgeschicklichkeit als auch auf

die Denkfähigkeit an, wenn gute Ergebnisse erreicht werden sollen.

Neben diesen Spielzeugen ist die gezielte **Förderung der Fingerfertigkeit** und in enger Verbindung damit die Denkfähigkeit erforderlich. Dafür bieten sich kleine Bastelarbeiten und Werkstücke an, die die Kinder selbstständig herstellen können. Auch das Erlernen eines Musikinstrumentes fördert neben der Musika-

AUFGABEN

1. Nennen Sie weitere Beispiele für die Förderung der manuellen und geistigen Fähigkeiten des Kindes.

2. Kinder zwischen vier und fünf Jahren stellen auch Fragen nach Geschlechtsunterschieden. Machen Sie Vorschläge für die Beantwortung der Fragen.

Abb. Nühs, beide

lität die Handgeschicklichkeit und Denkfähigkeit des Kindes.

Mit dem Eintritt in die Schule muss sich das Kind in einem größeren sozialen Umfeld zurechtfinden. Dort kommt es nur klar, wenn es mit den **Regeln des Sozialverhaltens**, des Umgangs miteinander, vertraut ist. Im Kindergarten oder in der Familie gibt es viele Gelegenheiten, auf diese Regeln hinzuweisen und sie mit den Kindern einzuüben. Das beginnt am Morgen mit der Begrüßung im Kindergarten, geht weiter mit dem rücksichtsvollen Umgang miteinander und endet mit dem Verabschieden am Mittag oder am Abend.

Als weitere Vorbereitung auf den Schulbesuch ist **Ausdauer und Konzentration** gefordert. Auch da gibt es im Kindergarten viele Gelegenheiten, diese Fähigkeiten zu erlernen:

▶ Dazu sind die **Anleitungsaufgaben**, die eine Stunde und länger dauern können und die Kinder zum Durchhalten anregen, gut geeignet.
▶ Beim **Freispiel** kommt es ebenfalls darauf an, dass sich die Kinder über eine längere Zeit mit einer Sache beschäftigen, z. B. mit dem Bauen eines Hauses.
▶ Gefördert werden können die Fähigkeiten der Ausdauer und Konzentration auch beim **Vorlesen von Märchen**, denn man muss eine längere Zeit zuhören, um das Ende des Märchens zu erfahren. Sinnvoll ist es auch, den Inhalt des Märchens von den Kindern wiedergeben zu lassen.

Auffälligkeiten im Vorschulalter

Auffälligkeiten bei Kindern haben immer eine Ursache. Dazu ein Fallbeispiel:

FALLBEISPIEL

Simone, das einzige Kind der Familie Bader, wurde zur Nagelbeißerin, weil sie wegen der Krankheit ihrer Mutter für einige Monate in ein Kinderheim musste.

Das Herausgerissenwerden aus der häuslichen Umgebung und die Angst um die Mutter hatte Simone nicht verkraftet. Die Folge war, dass sie sich gewissermaßen in sich selbst verkroch und ihre inneren Spannungen durch Nägelbeißen abreagierte.

Weitere Gründe für auffälliges Verhalten können sein:

▶ Ständige Streitereien zwischen den Eltern,
▶ Angst vor dem Verlust eines Elternteils bzw. eines weiteren geliebten Menschen.

Zeichen für unverarbeitete Probleme der Kinder können sein: Daumenlutschen, Nägelbeißen, Bettnässen und übermäßig aggressives oder schüchternes Verhalten. Auch Stottern wird häufig mit auffälligem Verhalten in Verbindung gebracht. Es kann aber als normal bezeichnet werden, solange die Sprechentwicklung noch nicht abgeschlossen ist.

Bei auffälligem Verhalten ist immer nach der Ursache zu fragen. Wenn sie beseitigt ist, gibt es die Möglichkeit, die Auffälligkeit zu heilen.

MERKSATZ

In der Vorschulzeit entwickelt das Kind alle Fähigkeiten für den Besuch der Schule. Das Spiel und eine gezielte Anleitung unterstützen es dabei.

AUFGABEN

1. Stellen Sie in Gruppen Anleitungsaufgaben, Spiele und Spielzeug zusammen, mit denen das Vorschulkind gefördert werden kann.
2. Werten Sie die Gruppenarbeit im Plenum aus.

9.4.6 Erste Grundschuljahre (6 bis 8 Jahre)

Mit dem Schulbeginn verändern sich der Tagesablauf und Lebensrhythmus des Kindes. Die Auseinandersetzung mit einer ganz neuen Umwelt beeinflusst sein Erleben und sein Verhalten. Das Kind beginnt einen Lebensabschnitt, auf dem es die Eltern nicht immer begleiten können. Zum ersten Mal kommt eine Verpflichtung auf das Kind zu, die es verkraften muss. Wichtig ist, dass die Eltern von Anfang an einen guten Kontakt zu dem neuen Partner in der Erziehung ihrer Kinder, der Schule, haben. Der

 Das Kind muss in der Lage sein, mit der rechten Hand, die über den Kopf geführt wird, das linke Ohr zu erreichen.

Die **kognitive Schulfähigkeit** ist vorhanden,

 wenn das Kind die an es gestellten Aufgaben lösen kann,

 wenn es sich einer Sache aufmerksam und konzentriert zuwenden kann,

 wenn es sich Dinge, die es beobachtet hat, merken kann,

 wenn es gewisse logische Zusammenhänge erkennen kann,

 wenn es ein gewisses Symbolverständnis hat, d. h. Zahlen von Buchstaben unterscheiden kann.

Das schulfähige Kind muss sich in eine **Gemeinschaft** einordnen können. Sein Wunsch nach Kontakt mit anderen Kindern wird ihm die Einordnung in die Klassengemeinschaft erleichtern.

Eine zu frühe Einschulung kann böse Folgen für das Kind haben. Es wird überfordert und bald so entmutigt, dass es sein Selbstvertrauen verliert. Der berechtigten Empfehlung zur Zurückstellung sollten sich die Eltern nicht aus falschem Ehrgeiz widersetzen, sondern sie unterstützen. Das Kind hat dann die Möglichkeit, durch eine gezielte Förderung den Rückstand aufzuholen.

Neu für die Schulanfängerin ist, dass Leistungen gefordert werden. In der Regel werden die Leistungen auch von den schulreifen Kindern erbracht. Es kommt dennoch vor, dass Kinder überfordert sind. Ursachen hierfür können sein, dass sie unter einer Konzentrationsschwäche leiden, häufig krank sind oder Angst vor der Schule haben.

Bei **Konzentrationsschwäche** sollten die Ursachen untersucht werden. Die Klassenlehrerin oder der Arzt kann dazu Tipps geben.

Häufigen **Krankheiten** kann durch eine rechtzeitige Gesundheitsvorsorge, gute Ernährung und viel Bewegung vorgebeugt werden. Krankheiten können aber auch seelische Ursachen haben. In den Fällen muss nach der Ursache gesucht werden.

gute Kontakt zur Klassenlehrerin trägt dazu bei, das Kind für das Lernen zu motivieren.

Mit 6 $\frac{1}{2}$ und 7 Jahren ist der Gestaltwandel des Kindes noch nicht ganz abgeschlossen, die Formen beginnen aber sich zu verändern.

Mit den zunehmenden Körperkräften wachsen auch der Bewegungsdrang und damit die Unternehmungslust des Kindes. Es möchte seine **Kräfte** erproben und feststellen, wie selbstständig es geworden ist. Die Selbstsicherheit muss soweit gediehen sein, dass es allein im Straßenverkehr und auf dem Schulweg zurechtkommt. Es macht ihm Freude, fremde Kinder kennenzulernen und mit ihnen etwas zu unternehmen. Dadurch hat es die Möglichkeit, soziales Verhalten zu üben. Aufgabe der Eltern ist es jetzt, loszulassen und dem Kind Freiräume zuzugestehen. Überängstliches Verhalten der Eltern nimmt dem Kind die Möglichkeit, sich zu bewähren.

Schulfähigkeit

Die **körperliche Reife** ist verhältnismäßig leicht festzustellen:

 Die Gesundheit muss ausgeglichen und die Gestalt harmonisch sein.

 Sitzhöhe und Brustumfang müssen stimmen.

Abb. Maier

Wenn Kinder **Angst vor der Schule** haben, dann sollte das Gespräch mit der Klassenlehrerin gesucht werden. Die Angst kann mit dem Leistungsdruck in der Schule oder der Eltern zusammenhängen, sie kann aber auch Angst vor den Mitschülerinnen bedeuten.

Das Spiel

Anleitung zum Spiel braucht das Kind nicht mehr. Es ist so selbstständig geworden, dass es sich gut beschäftigen kann. Der Mal- und Sportunterricht kann dazu beitragen, dass das Kind Anregungen für seine Freizeitgestaltung bekommt. Von seinen Spielfreundinnen lernt es Bewegungsspiele aller Art. Sie sind am besten geeignet, überschüssige Energien abzureagieren.

MERKSATZ

Die Schule fordert im Unterschied zum Kindergarten Leistungen vom Kind.

AUFGABEN

1. *Wie können Eltern dazu beitragen, dass die Kinder mit den Leistungen, die erstmals von ihnen gefordert werden, besser fertig werden.*
2. *Viele Kinder haben Probleme, sich in einem großen Schulsystem zurechtzufinden. Wie kann ihnen geholfen werden?*
3. *Informieren Sie sich über Tests und Fragebögen zur Feststellung der Schulfähigkeit.*
4. *Wie wird in Ihrem Bundesland die Schulfähigkeit festgestellt?*

Von der Fantasiewelt in die reale Welt

In den ersten Grundschuljahren verändert sich bei den Kindern der Bezug zur Realität.

FALLBEISPIEL

Der siebenjährige Marvin sitzt dabei, als die Mutter seiner vierjährigen Schwester Morena ein Märchen erzählt. Das Zuhören macht Morena sehr viel Spaß, denn die Mutter kann die Märchen so spannend erzählen, dass sie das Gefühl hat, sie ist eine Gestalt in dem Märchen. Auch diesmal sitzt Marvin wieder dabei. Plötzlich unterbricht er die Mutter und meint: „In Wirklichkeit gibt es das alles nicht, das ist bloß ein Märchen!" Morena möchte ihren Bruder am liebsten fortwünschen, so wie der Zauberer in dem Märchen den bösen Waldgeist wegzaubert. Marvin bleibt seitdem der abendlichen Märchenstunde fern. Er findet Märchen dumm. Schließlich ist er groß und gescheit genug und weiß, was es wirklich gibt und was nicht.

AUFGABE

Überlegen Sie, wie es ohne große Enttäuschung möglich ist, den Kindern beizubringen, was ausgedacht und was Wirklichkeit ist. Denken Sie dabei auch an den Weihnachtsmann und den Osterhasen.

Die Bereitschaft der Kinder, sich Märchen anzuhören, kann nicht auf ein bestimmtes Alter festgelegt werden. Es gibt Kinder, die sich immer wieder Märchen anhören, auch dann, wenn sie aus dem so genannten Märchenalter (4 bis 6 Jahre) heraus sind. Das Besondere des Märchenalters ist, dass Kinder Realität und Märchenwelt nicht auseinander halten können. Je nach Veranlagung verlassen sie das Märchenalter früher oder später und können nun die Fantasiewelt von der realen Welt unterscheiden. Die Kinder möchten nun auch von den Erwachsenen ernst genommen werden, da

Abb. Nühs

sie vieles genau so realistisch sehen wie diese. An Stelle der Märchen gewinnen **Erzählungen** an Bedeutung, bei denen es um eine wahre Begebenheit geht.

An **Kinderzeichnungen** ist ebenfalls zu erkennen, dass sich die Kinder verstärkt der realen Welt zuwenden. Das Malen des Kindes ändert sich, es wird nicht mehr gekritzelt, sondern das Kind malt jetzt deutliche Umrisse und wirklichkeitsnahe Proportionen. Es ist für das Kind sinnvoll, viel zu malen. Zu der spielerischen, zweckfreien Fantasiemalerei kommt jetzt gezieltes und zweckgerichtetes Malen hinzu. Dadurch lernt es realitätsbezogen zu denken und zu handeln.

Mit der Möglichkeit, die Dinge real zu sehen, wächst auch die **Beobachtungsfähigkeit**. Kinder sind jetzt in der Lage, vieles kritisch zu sehen, was sie bisher hingenommen haben. Auch fremden Menschen gegenüber sind sie eher zurückhaltend und wägen ab, ob sie ihnen vertrauen dürfen.

Die **kognitive Entwicklung** der Kinder macht große Fortschritte, was besonders beim Wortschatz festzustellen ist. Kinder lernen, kritisch zu denken und werden nicht selten zu Gesprächspartnern ihrer Eltern.

Die **gleichwertige Behandlung** trägt zur **Selbstverwirklichung** des Kindes bei. Dies sollte im Elternhaus und in der Schule gefördert werden, aber nicht zur Überforderung führen. Das Schulkind möchte nicht mehr von oben herab behandelt werden, sondern es möchte von den Erwachsenen ernst genommen werden. Es benötigt aber nach wie vor die liebevolle Zuwendung seiner Eltern.

MERKSATZ

Mit etwa sieben Jahren verlassen Kinder das Märchenalter und übernehmen eine realitätsbezogene Einstellung.

AUFGABEN

1. Machen Sie sich Gedanken, wie Grundschulkinder zusätzlich gefördert werden können.

2. Stellen Sie eine Bücher- bzw. Zeitschriftenliste zusammen, die für Grundschulkinder interessant sein könnte.

3. Erkundigen Sie sich in Spielzeuggeschäften nach geeignetem Spielmaterial und berichten Sie darüber in Ihrer Klasse. Informieren Sie sich über die Angebote von Sportvereinen und Musikschulen für Kinder im Alter von 6 bis 8 Jahren.

9.4.7 Spätere Grundschuljahre und Übergang zu weiterführenden Schulen (9 bis 10 Jahre)

Schulkinder werden mit zunehmendem Alter immer selbstbewusster. Das ist wichtig, denn die Schulzeit ist eine **Etappe** auf dem Weg in die **Erwachsenenwelt**. Das Kind lernt jetzt

▶ **abstrakt zu denken,**
▶ **Selbstkritik zu üben,**
▶ **sich an Erwachsenen zu orientieren.**

Die Lerninhalte und Methoden sollten zu diesen neuen Fähigkeiten passen. Während bisher dem Kind Zusammenhänge an vielen Beispielen deutlich gemacht werden mussten, kann es diese nun selbst herausfinden und möglicherweise sogar Gesetzmäßigkeiten daraus ableiten, z. B. kann es nun die Lebensbedingungen unterschiedlicher Pflanzen herausfinden, wenn es die entsprechenden Unterlagen hat.

Auch über sich selbst denkt das zehnjährige Kind nach und ist in der Lage, seine Leistungen

Abb. MEV

mit denen der anderen Kinder zu vergleichen. Die Fähigkeit der **Selbstkritik** trägt dazu bei, dass Kinder sich nicht mehr so oft überschätzen wie bisher.

Die Selbstkritik ist ein großer Fortschritt für das Lernen in der Schule. Das Kind versucht, seine Aussagen zu bewerten und einzuordnen, bevor es sie von sich gibt. Es beschränkt sich auf das Wesentliche und unterlässt in der Regel unwillkürliche Äußerungen.

Eltern und die Lehrerinnen werden kritisch beurteilt und ihre Aussagen hinsichtlich der Richtigkeit untersucht.

Trotz kritischer Beurteilung der Eltern und Lehrerinnen orientieren sie sich an diesen. Für die Erwachsenen ist es daher wichtig, ein **gutes Beispiel** abzugeben. Leider müssen die Kinder feststellen, dass die Aussagen der Erwachsenen oft nicht mit ihrem Verhalten übereinstimmen. Das kann bei Kindern zu Frustrationen führen.

Kinder lernen in diesem Alter, sich zu beherrschen und in einer Gruppe ihren Platz zu finden.

Mit dem Beginn der Pubertät fängt ein neuer Lebensabschnitt an.

Probleme in der Schulzeit

Die Kinder wachsen in eine **Leistungsgesellschaft** hinein, die jeden Menschen stark fordert. Aufgabe der Schule ist es, die Kinder auf spätere Anforderungen vorzubereiten. Die Leistungsbereitschaft der Kinder hängt auch von den Eltern ab. Sie müssen über die Anforderungen an ihre Kinder informiert sein, um sie entsprechend unterstützen zu können. Dafür ist der Kontakt mit der Schule unbedingt notwendig. Bei Problemen ist gemeinsam mit der Schule nach einem Lösungsweg zu suchen.

Je nach Schulsystem wechseln viele Kinder im Alter von ca. 10 Jahren die Schule. Sie werden mit höheren Leistungsanforderungen, anderen Methoden und neuen Lehrern und Mitschülern konfrontiert. Die Trennung von Freunden, die nun eine andere Schule besuchen, kann schmerzhaft sein. Der Schulwechsel stellt einen wichtigen Einschnitt im Leben eines Kindes dar.

9.4.8 Überblick über Entwicklungsprozesse vom Kleinkind bis zur Vorpubertät

Die folgende Tabelle zeigt einige wichtige körperliche und psychische Entwicklungsprozesse bei Kindern im Alter von einem Jahr bis etwa 11 Jahre. Die Altersangaben sind Durchschnittswerte, die in Einzelfällen stark variieren können. Insbesondere ab der Vorpubertät bis nach der Pubertät fallen zudem große Unterschiede zwischen Jungen und Mädchen auf. Meistens sind die gleichaltrigen Mädchen weiter entwickelt.

Altersphase	Körperliche Entwicklung	Psychische Entwicklung
1 bis ca. 3 Jahre	Gehen wird immer sicherer. Sprechmuskulatur reift aus. Handmotorik wird geschickter. Kontrolle der Darm- und Blasenfunktion	Aktivität und Kreativität nehmen zu. Mehrwortsätze Beginnendes Streben nach Eigenständigkeit
3 bis ca. 5 Jahre	Starker Bewegungsdrang	Vermehrte Selbstständigkeit Magisches Alter Neugierde Sprache entwickelt sich weiter. Alter der Warum-Fragen Freude an kreativen Tätigkeiten Sozialregeln werden zunehmend übernommen.
5 bis ca. 6 Jahre	Erster Gestaltwandel: Die Körperproportionen wandeln sich von der rundlichen Kleinkindform in die Schulkindform. Sichere Bewegungskoordination Balancierfähigkeit nimmt zu. Bessere Feinmotorik (Schreiben wird möglich.)	Konzentrationsfähigkeit und Ausdauer nehmen zu.

Altersphase	Körperliche Entwicklung	Psychische Entwicklung
6 bis ca. 8 Jahre	Körperliche Schulreife Zunahme der Körperkraft	Schulfähigkeit Größere Unabhängigkeit von den Eltern Realistisches Denken Gesprächsführung auf dem Niveau Erwachsener
9 bis ca. 10 Jahre	Zunahme an Kraft und Gewicht	Lernfreude Unternehmenslust Bewegungsfreude Abstraktes Denken entwickelt sich. Kritische Beurteilung der Bezugspersonen Fähigkeit zur Selbstkritik Freunde gewinnen an Bedeutung.
mit Einsetzen der Vorpubertät	Hormonelle Veränderungen Gesteigertes Längenwachstum Zweiter Gestaltwandel von der Schulkindform zur erwachsenen Gestalt	Zunehmende Bedeutung der Gleich- altrigengruppe Zunehmendes Interesse am anderen Geschlecht Beschäftigung mit dem eigenen Aussehen und Persönlichkeitsidealen Unsicherheit Ablösung von den Eltern Fragen nach Orientierung und eigener Identität

MERKSATZ

Im Alter von neun bis zehn Jahren lernt das Kind abstrakt zu denken, was an seinem Interesse an Naturwissenschaften deutlich wird. Es beginnt nun auch, sich selbst und andere Menschen kritisch zu beurteilen.

AUFGABEN

1. Begründen Sie, warum Kritik für Kinder im fortgeschrittenen Grundschulalter wichtig ist.
2. Nennen Sie Beispiele dafür, wie das abstrakte Denken gefördert werden kann.
3. Wie können Eltern ihre Kinder während der Schulzeit unterstützen?
4. Halten Sie noch einmal stichpunktartig die Besonderheiten jeder Entwicklungsphase an der Tafel fest und entwickeln Sie daraus eine Mind-Map.
5. Vergleichen Sie Ihre Aussagen mit der Tabelle auf Seite 128 f.

9.5 Erziehungsbegriff

FALLBEISPIEL

Andreas hat in der Bauecke des Kindergartens ein Haus aus vielen Bausteinen gebaut. Das war nicht einfach für ihn, denn es sollte ein besonderes Haus mit einer Tür sein. Nach dem er es fertig gestellt hatte, bewunderte es jeder. Dann kam Ben dazu. Er schaute sich das Haus an und wollte nun auch eins bauen. „Gib' mir die Bausteine her!" meinte er in einem energischen Ton zu Andreas. Andreas weigerte sich, denn er müsste das Haus abbauen, wenn Ben die Bausteine haben wollte. Dazu war er nicht bereit. Daraufhin trat Ben mit aller Macht in das Haus, so dass es mit lautem Knall umkippte. Alle Kinder guckten sich erschrocken um und waren entsetzt über die Vorgehensweise von Ben. Die Sozialassistentin beobachtete den Vorgang und reagierte darauf.

AUFGABEN

1. Wie müsste die Sozialassistentin aus Ihrer Sicht auf das Verhalten von Ben reagieren?
2. Gibt es Orientierungshilfen für die Sozialassistentin? Nennen Sie Beispiele dafür.

Der Begriff „Erziehung" bzw. die Tätigkeit „erziehen" lässt sich gar nicht so leicht erklären, zumal jeder etwas anderes darunter versteht. Während er von den einen als negativ empfunden wird und sie so etwas wie „zurechtweisen" darunter verstehen, bedeutet er besonders für die, die beruflich damit zu tun haben, ein Auftrag und gezieltes, begründetes Vorgehen.

LF 2

Für die Sozialassistentin geht es in der Erziehung darum, dass Änderungen und Lernvorgänge im Bereich des Verhaltens und Erlebens bei den Kindern bewirkt werden. Das Kind soll auf den Weg gebracht werden und damit sein **Menschsein** verwirklichen. Die Sozialassistentin ist eine Denkgefährtin, Dialogpartnerin, Einübungsgehilfin, Beraterin, nicht jedoch eine Erziehungstechnikerin, die aus Kindern und Jugendlichen etwas macht oder produziert.

Vielen Eltern fällt das Erziehen ihrer Kinder schwer, den Lehrern ebenfalls, denn die Kinder werden nicht immer gern erzogen. Dennoch ist Erziehung ein wichtiger Vorgang, durch den das heranwachsende Kind eine **Orientierung** bekommt, die ihm hilft, im Leben zu bestehen. Der Dichter Christian Morgenstern sagt: „Wer das Ziel nicht kennt, kann den Weg nicht haben, wird im Kreis all sein Leben traben!"

Das bedeutet: Wenn ein Kind zu einem Erwachsenen werden soll, der seinen persönlichen Standpunkt in seiner Umwelt gefunden hat und gleichzeitig bereit ist, Mitverantwortung in der Gemeinschaft zu tragen, dann braucht es für seine Entwicklung **Freiheit**, aber auch **Grenzen**. Die grundlegende Basis für einen stabilen Lebensaufbau muss in den ersten Lebensjahren gelegt und später ausgebaut werden. Wer in der frühen Kindheit sein **„Ich"** entdecken konnte und durch eine behutsame Führung seine Durchsetzungsfähigkeit und die erste Stufe seiner Selbstständigkeit erlebt hat, kann die nächste Etappe seines Weges beginnen.

Nicht umsonst sagte der Philosoph Immanuel Kant: „Kinder werden verzogen, wenn man ihren Willen erfüllt, und ganz falsch erzogen, wenn man ihrem Willen und ihren Wünschen gerade entgegen handelt". „Erziehen ist das Schwerste, was den Menschen kann aufgegeben werden!"

Mit **Erziehung** sind alle Maßnahmen und Einflüsse gemeint, die dem Menschen ermöglichen sich in die Gesellschaft zu integrieren und die ihn befähigen, ein selbstständiges und verantwortungsbewusstes Leben zu führen.

Grundlegende **Merkmale der Erziehung** sind:

▶ Erziehung ist ein Geschehen, das sich zwischen Menschen verschiedener Generationen abspielt. Die ältere Generation übernimmt dabei die Verantwortung.
▶ Erziehung erfolgt in gegenseitiger Beeinflussung. Sie ist daher eine besondere Form der Interaktion und Kommunikation.
▶ Die Erziehenden möchten Wissen vermitteln und die Persönlichkeitsentwicklung fördern.
▶ Die Erziehenden müssen Vorbild sein und das Vertrauen der zu Erziehenden besitzen.
▶ Erziehung ist in die Umwelt eingebunden und wird von ihr beeinflusst.

DEFINITION

Unter Erziehung versteht man Handlungen, mit denen die Erziehenden versuchen, kognitive, soziale und personelle Kompetenzen zu vermitteln.

AUFGABEN

1. Berichten Sie über eine erlebte Erziehungssituation im Kindergarten oder zu Hause und beurteilen Sie diese kritisch.

2. Lesen Sie die nachfolgenden **Gebote über den Umgang mit Kindern** durch und bilden Sie sich Ihre Meinung darüber:
   Du sollst Kinder achten wie dich selbst.
   Du sollst nichts von einem Kind erwarten, was du ihm nicht beigebracht hast.
   Du sollst einem Kind nicht zu viele Hilfestellungen geben. Das Kind sollte vieles selbst herausfinden.
   Du sollst einem Kind nicht vorenthalten, was dir wichtig ist, wie nützliche Arbeit, Verantwortung, Verfügung über ein Eigentum, über die Einteilung der Zeit, über die Wahl der Freunde.
   Du sollst ein Kind nichts lehren, woran dir selber nicht liegt, du sollst es nicht langweilen.
   Du sollst nichts für ein Kind tun, ohne es zu fragen, auch wenn es weder deine Fürsorge noch deine Frage versteht. Es ist gut, wenn du diese Gewohnheit hast.
   Du sollst nicht wegsehen, es soll dir nicht gleichgültig sein, wenn ein Kind etwas Falsches tut, Unwahrheiten, Torheiten, Grausamkeiten begeht.
   Du sollst eines Kindes Liebe und Vertrauen nicht zurückweisen so wenig wie seine Trauer, seine Angst, seine Neugierde, seine Fantasie.
   Du sollst ein Kind nicht anders machen wollen, als es ist, aber du sollst ihm helfen, anders zu werden, wenn es das will. Du sollst vor allem nichts machen, dass es nicht will.

Du sollst, wie du einen Zehnten für die Kirche gibst, in dieser Welt einen zweiten Zehnten für die Kinder geben, die fernen wie die nahen, die dies brauchen.

Du sollst an der Welt arbeiten, so dass du sie ohne Scham den Kindern übergeben kannst.

Du sollst nicht Kinder haben, wenn du dir nicht vorzustellen vermagst, dass sie ein würdiges Leben in ihrer Zeit führen können.
(aus „Der glimmende Docht" von Hartmut von Hentig)

geht der Bildung voraus. Sie betrifft den Leib, die Seele und den Geist des Menschen.

Durch Erziehung entwickelt der Mensch soziale und kulturelle Lebensformen. Erziehung ist somit Lernhilfe und Eingliederungshilfe in die Kultur und Gesellschaft. Darüber hinaus ist sie Hilfe zur Entwicklung einer selbstständigen und eigenverantwortlichen Lebensführung.

MERKSATZ

Erziehung ermöglicht Sozialisation und die Entwicklung der individuellen Persönlichkeit.

9.5.1 Unterschiedliche Sichtweisen zum Erziehungsbegriff

AUFGABEN

1. Untersuchen Sie das Wortfeld „erziehen" genauer und bringen Sie die genannten Begriffe in Beziehung zueinander.

2. Erarbeiten Sie eine Mind-Map in Gruppen, in dem Sie die Definitionen des Erziehungsbegriffes aus den genannten Disziplinen verdeutlichen.

3. Werten Sie Ihre Ergebnisse im Plenum aus.

9.5.2 Zielvorstellungen in der Erziehung

Das wichtigste Ziel sollte die Erziehung zur Selbstständigkeit und die Förderung des Kindes entsprechend seiner **Veranlagung und sei-**

Der Erziehungsbegriff erfährt in unterschiedlichen Disziplinen jeweils eine andere Definition:

▶ Das Wort „erziehen" kann in Verbindung mit dem Wort „educare" gebracht werden und meint damit „herausführen" und „aufziehen".

▶ Die **Lernpsychologie** definiert Erziehung mit Lernen, Lernförderung, Lernhilfe, Lernprozesse, Verhaltensänderung (Verstärker, Vorbild).

▶ Für die **Sozialpsychologie** bedeutet Erziehung Begegnung, soziale Kommunikation und Interaktion, Beeinflussung, Gespräch sowie Einstellungsänderung.

▶ Die **Philosophie** meint mit Erziehung Bildung, d.h. die Befähigung des Menschen gebildet zu sein oder „im Bilde" zu sein, die Welt zu verstehen, zu begreifen. Erziehung

Abb. rechts: Nühs

ner Interessen sein. Die Sozialassistentin kann hierbei nicht die Bauherrin des Kindes sein, sondern ihre Aufgabe besteht darin, das Kind zu begleiten, ihm Anregungen und Hilfestellung zu geben.

Die wissenschaftliche Pädagogik stellt fest, dass Erziehungsziele gesellschafts- und kulturbedingt sind, dem geschichtlichen Wandel unterliegen und als Normen und Idealvorstellung anzusehen sind.

Erziehungsziele sind bewusst gesetzte Soll-Werte. Sie geben das Wohin und Wozu der Erziehung an. Der Philosoph Immanuel Kant hat im 18. Jahrhundert das Ziel der Erziehung in der **Mündigkeit** oder in der **Selbstbefreiung aus der Unmündigkeit** gesehen. Für den Pädagogen Heinrich Roth (1906–1983) ist die Mündigkeit ebenfalls das wichtigste Erziehungsziel. Sie wird bei ihm gleichgesetzt mit dem richtigen **Umgang** mit der **Umwelt**, mit sich **selbst** und mit den **Mitmenschen**.

Diese Fähigkeiten des Menschen beschreibt Roth mit **Sachkompetenz**, **Selbstkompetenz** und **Sozialkompetenz**. Je nach dem, welche Aufgaben anstehen, kommen die Teilfähigkeiten zum Tragen. Nach Roth müssen sie in das Gesamtbild des Menschen integriert werden und machen so seine Mündigkeit deutlich.

Wenn man Eltern nach der Zielvorstellung ihrer Erziehung fragt, so nennen die meisten von ihnen: **Selbstständigkeit, freier Wille und berufliche Tüchtigkeit.**

Im Jahr 1967 waren für 25 Prozent der Eltern noch **Gehorsam und Unterordnung** die wichtigsten Erziehungsziele. Der Einfluss von Instanzen, die ebenfalls Erziehungsziele formulieren, wie politische Parteien, Regierungen, Kirchen, Wirtschaftsverbände und Wissenschaft und Kulturträger wurde hier deutlich. Beim Festlegen von Erziehungszielen werden in der Regel eher die Interessen des Staates oder die kulturellen Werte genannt als die Interessen des Kindes berücksichtigt.

Bei den pädagogischen Fachkräften ist die Erziehung zur **Mündigkeit** ein Teil ihrer Leitvorstellung. Die anderen Vorstellungen werden geprägt von ihren persönlichen Meinungen, von den Bedürfnissen und dem Verhalten der Kinder und von bewussten oder unbewussten Wertvorstellungen.

Hilfen für die Planung der Erziehungspraxis und die Reflexion geben anthropologische, pragmatische und kulturell begründete Leitvorstellungen in der Erziehung. Mit dem Wandel der Gesellschaft ändern sich die Erziehungsziele. Die Suche der Erzieherinnen bzw. Sozialassistentinnen nach **klaren Vorstellungen in der Erziehung** werden erschwert durch

▶ den Wert- und Normenpluralismus,
▶ die virtuelle Welt der Computer,
▶ die Macht der Medien.

Teilweise sind auch widersprüchliche Ziele wie Anpassung und Selbstständigkeit, Pflichtbewusstsein und Freiheit oder Emanzipation und Unterordnung vorgegeben. Das Kind mit seinen Begabungen und Ansprüchen wird dabei leicht übersehen.

MERKSATZ

Erziehungsziele lassen sich nicht für alle Zeiten und allgemeingültig festlegen, sondern sie bedürfen einer ständigen Überarbeitung.

AUFGABEN

1. *Erkundigen Sie sich nach den Erziehungszielen Ihrer Eltern, Lehrerinnen oder der Erzieherinnen und Sozialassistentinnen im Kindergarten. Notieren Sie stichpunktartig Ihre eigenen Erziehungsziele.*

2. *Erarbeiten Sie ein Referat über Erziehungsziele in heutiger Zeit. Holen Sie sich die entsprechende Literatur aus der Schul- bzw. Stadtbibliothek.*

9.5.3 Grenzen in der Erziehung

Die Möglichkeiten der Erziehung werden heute oft weit überschätzt. Immer wenn es darum geht, eine Sache zu fördern oder eine schlechte zu beseitigen, wird nach der Erziehung gerufen. So wird die gezielte Gesundheitserziehung gefordert, wenn der allgemeine Gesundheitszustand der Bevölkerung als schlecht dargestellt wird.

Seit Generationen ist man sich nicht einig, ob die Erbanlagen oder die Umwelt mehr Einfluss auf die Persönlichkeit des Menschen haben. Zur Zeit des Philosophen und Erziehers Jean Jacques Rousseau (1712–1778) hat man Erziehen vor allem als Pflege der sich entfaltenden Anlagen verstanden. Zu anderen Zeiten wurde die Seele des Kindes als Wachs in der Hand der Erziehenden betrachtet.

Erst in der heutigen Zeit hat man erkannt, dass der Mensch nicht nur ein **Werk der Natur** ist, sondern auch ein **Werk der Gesellschaft** und ein **Werk seiner selbst,** wie das bereits von Pestalozzi (1746–1827), erkannt wurde. Die Lernbedürftigkeit und Lernfähigkeit des Menschen sind sehr viel größer als allgemein angenommen wird. Es gibt zwar eine Begrenzung der Lernfähigkeit eines Kindes durch seine Anlagen, aber es ist schwierig für die Erzieherin, die vorhandenen Anlagen genau zu erkennen. In der Praxis gibt es Beispiele dafür, dass eine Veränderung der Umwelt die Lernfähigkeit des Kindes verbessern kann.

Vielen Menschen scheint nicht deutlich zu sein, wie viele Anstrengungen notwendig sind, bis Menschen ihr Verhalten ändern, denn die Grenzen der Erziehung werden durch die **Persönlichkeit** des einzelnen Menschen gesetzt.

Andere Grenzen in der Erziehung sind gegeben **durch Anlage und Umwelt, durch den Willen des Zu-Erziehenden, durch das Verhalten der Sozialassistentin oder durch die Zerstörung der Persönlichkeit eines Menschen durch andere Menschen.**

Persönlichkeit:

Erziehung ist immer ein **Wagnis** und man kann nur hoffen, dass es gut gelingt. Zunächst ist sie ein Wunschbild, das alle am Erziehungsprozess Beteiligten verwirklichen möchten. Doch wenn es um die Umsetzung der Vorstellungen geht, stoßen die Erziehenden schnell an **Grenzen,** die in der Person des Kindes zu finden sind. Das Wissen um die Möglichkeiten und Grenzen trägt dazu bei, den besten Weg in der Erziehung zu gehen, der meistens in der Mitte liegt, zwischen dem, was die Erziehenden möchten und die Zu-Erziehenden akzeptieren.

Anlage und Umwelt:

Als Startkapital dienen die **Erbanlagen** des Menschen, hinzu kommt der Einfluss der **Umwelt**. Die beiden Faktoren Anlagen und Umwelt bewirken die Entwicklung des Menschen und bestimmen seine Grenzen in der Erziehung.

Wille des Zu-Erziehenden:

Grenzen in der Erziehung kann das Kind eines Tages durch **seinen eigenen Willen** setzen. Die Erziehung, deren Ziel es ist, Kinder zur Selbstständigkeit zu führen, befähigt sie eines Tages, das auszuwählen unter allem, was durch das Elternhaus und durch die Schule an sie herangetragen wird. So kann es vorkommen, dass Kinder eines Tages einen Schlusspunkt unter alles setzen und neue Wege gehen.

Verhalten der Sozialassistentin:

Schließlich können wesentliche Grenzen in der Erziehung durch die **Sozialassistentin** selbst gegeben sein. Ihre Grundeinstellung zur Erziehung, ihr Erziehungsstil und ihre Methoden können zu begrenzenden Faktoren werden.

Zerstörung der Persönlichkeit eines Menschen durch andere Menschen:

Grenzen in der Erziehung liegen aber auch dort vor, wo den Menschen **Schäden** zugefügt werden, wo seine eigenständige Person bewusst zerstört wird, (z. B. in diktatorisch regierten Staaten). Man kann Menschen nicht einfach vorplanen und eine Richtung für ihre Entwicklung festlegen. **Offenheit und Lernfähigkeit** des Menschen von seiner Geburt an ist für seine Entwicklung die beste Chance. Eine verantwortungsbewusste Erziehung und behutsame Führung öffnen ihm viele Möglichkeiten, sein Leben sinnvoll zu gestalten und sich selbst zu verwirklichen.

MERKSATZ

Der Erziehung werden Grenzen gesetzt durch die Anlage und Umwelt des zu Erziehenden, durch seinen Willen und durch das Verhalten der Erziehenden.

AUFGABEN

1. Gehen Sie auf historische Ereignisse ein, in denen die Fähigkeiten des Menschen durch den Staat, die Religion u. a. missbraucht wurden.

2. Wie kann die Sozialassistentin die Lernbereitschaft des Kindes fördern statt abzubremsen?

FALLBEISPIEL

Die Sozialassistentinnen Simone und Steffi unterhalten sich über die Kinder in ihren Gruppen. Plötzlich meint Steffi: „Hast du auch schon festgestellt, dass Emma genau so aussieht wie ihre Mutter?" „Habe ich ebenfalls bemerkt," meint Simone ganz nachdenklich, „das liegt wohl auch daran, dass beide fast die gleiche Kleidung tragen. Wenn Emma eine karierte Hose anhat, dann trägt die Mutter auch eine." „Es ist interessant, was man alles von seinen Eltern, Großeltern und den Menschen, die davor gelebt haben, mitbekommt." „Mein Vater behauptet," fällt ihr Steffi ins Wort, „dass ich genau so aussehe wie meine Tante Hannelore. Finde ich zwar nicht, aber was soll's." „Doch," meint Simone, „die Ähnlichkeit zwischen dir und deiner Tante Hannelore habe ich auch schon gesehen. Du lachst genau so wie sie." Die beiden unterhalten sich noch eine Weile über Familienähnlichkeiten.

AUFGABEN

1. Stellen Sie fest, mit wem Sie in Ihrer Familie am meisten Ähnlichkeit haben?

2. Erstellen Sie eine Übersicht über die Aussagen zur Ähnlichkeit in Ihrer Klasse und werten Sie diese aus. Ziehen Sie Fotos zur Auswertung hinzu.

9.6 Anlage und Umwelt

Abb. MEV

Jahrhundertelang haben sich Anlagetheoretiker und Umwelttheoretiker über die **Erziehbarkeit** des Menschen gestritten. Die Anlagevertreter waren der Meinung, dass sich der Mensch aus sich heraus entwickelt und Umwelteinflüsse eine geringe Rolle spielen. Im Gegenteil dazu waren die Umweltvertreter der Meinung, dass der Mensch ausschließlich das Ergebnis von Umwelteinflüssen und Erziehung sei. Heute haben diese einseitigen Erklärungen keine Bedeutung mehr, sondern man geht davon aus, dass Anlage und Umwelt zusammenspielen und der Mensch seine Entwicklung aktiv mitgestalten kann.

Mit **Anlage, den endogenen Faktoren,** ist die genetische Ausstattung des Menschen gemeint, die bei der Befruchtung von Ei und Samenzelle festgelegt wird.

Die Erbanlagen können von der Umwelt angeregt und gefördert werden. Fehlende Anlagen lassen sich aber durch Erziehung nicht herstellen.

Mit **Umwelt**, **den exogenen Faktoren**, ist die Umgebung gemeint, in der ein Kind aufwächst. Seine Familie, die soziale Schicht und die gesellschaftlich-kulturellen Einflüsse gehören dazu.

Darüber hinaus hat jedes Kind einen eigenen Willen, mit dem es seine Entwicklung aktiv steuern kann. Man spricht in diesem Zusammenhang von den **autogenen Faktoren**. Diese Fähigkeit zur **Selbststeuerung** muss von den Erziehenden unterstützt werden. Für den zu Erziehenden hat sie folgende Vorteile

▶ Er übernimmt Verantwortung für sich selbst und das eigene Handeln,
▶ er setzt sich aktiv mit der Umwelt auseinander, er nutzt seine Fähigkeiten.

Die Entwicklung des Menschen zu einer einzigartigen und **unverwechselbaren Persönlichkeit** erfolgt durch die wechselseitige Beeinflussung der drei Faktoren.

MERKSATZ

Der Mensch entwickelt sich durch die Einflüsse von Anlagen, Umwelt und aktiver Selbststeuerung.

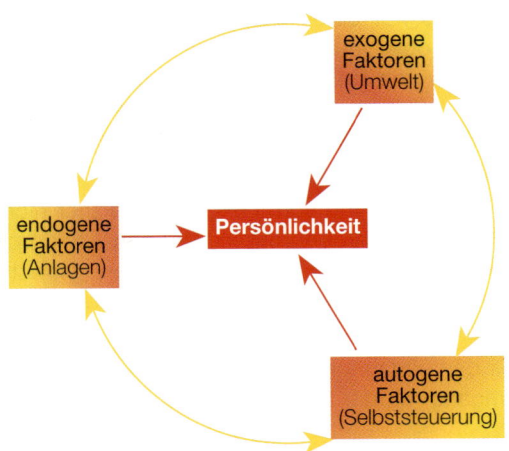

AUFGABEN

Katrin beschwert sich bei ihrer Mutter über den langen Schulweg, den sie täglich zu bewältigen habe im Unterschied zu ihren Mitschülerinnen, die alles vor Ort haben. „Natürlich hast du Recht," erwidert die Mutter, „dafür ist hier auf dem Land die Luft besser als in der Stadt!"
1. *Beurteilen Sie die Aussagen von Mutter und Tochter. Welche Vor- und Nachteile hat das Wohnen auf dem Land bzw. in der Stadt.*
2. *Das Zusammenspiel von Anlage und Umwelt ist im körperlichen Bereich besser nachzuweisen als im psychischen Bereich. Begründen Sie diese Tatsache.*
3. *Nennen Sie Beispiele dafür, dass sich Menschen durch aktive Selbststeuerung weiterentwickelt haben.*

9.7 Bedeutung der Beziehung in der Erziehung

Eine gute Beziehung zwischen der Sozialassistentin und dem Kind ist eine wichtige Voraussetzung für den Erziehungserfolg. Die Beziehung wird nicht nur durch Worte ausgedrückt, sondern auch durch Tonfall, Mimik, Gestik und vieles mehr.

Mitteilungen werden auch nonverbal weitergegeben, z. B. durch das Lächeln, Ernstbleiben oder das Abwenden. Allein durch seine Anwesenheit gibt der Mensch Mitteilungen weiter. Sprechen ist nur ein Teil in der Beziehung der Menschen zueinander, genau so wichtig sind das Handeln und die Art und Weise, wie sich ein Mensch gibt.

Beziehungen werden bestimmt durch:

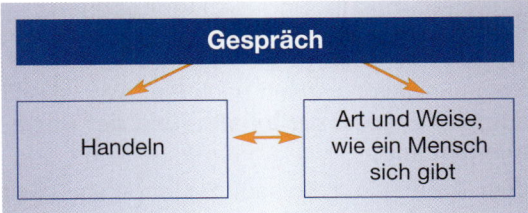

Oft muss die Sozialassistentin spontan reagieren, wenn sich die Kinder nicht so verhalten, wie sie es eigentlich sollten. Das spontane Handeln der Sozialassistentin darf nicht als pädagogisch sinnlos bewertet werden. Es trägt dazu bei, die Beziehung zu den Kindern zu vertiefen, indem sie lobt, verstärkt, Freiräume und Grenzen setzt, ermahnt und Impulse gibt.

Die Sozialassistentin beeinflusst nicht nur die einzelnen Gruppenmitglieder, sondern auch das Gruppenleben mit seinen vielfältigen Rollen.

MERKSATZ

Sozialpädagogische Arbeit ist Beziehungsarbeit, die oft auf spontanes Handeln angewiesen ist.

AUFGABEN

Fallbeispiel:

Die dreijährige Emma rollt sich immer wieder in der Sandkiste des Kindergartens hin und her. Es macht ihr viel Spaß, den weichen Sand unter sich zu spüren.

Während Sozialassistentin Anita wohlwollend zusieht und sich an den Erfahrungen freut, die Emma macht, ist Sozialassistentin Birgit ganz entsetzt darüber und nimmt Emma aus der Sandkiste. Sie befürchtet Ärger mit Emmas Eltern, da Emmas Kleidung durch den Sand stark mitgenommen wird. Sie weist auch auf den Umweltschutz hin, wenn Emmas Kleidung zusätzlich gewaschen werden muss.

1. *Beurteilen Sie die Situation. Wer hat Recht?*
2. *Vervollständigen Sie die nachfolgende Kartenabfrage über die Inhalte sozialpädagogischer Beziehungsarbeit:*

Sozialpädagogische Beziehungsarbeit bedeutet: ***Lob, Ermahnung, Wertschätzung usw.***

| 9.7.1 | Inhalts- und Beziehungsebene der Kommunikation |

Kommunikation verläuft nach Paul Watzlawick auf zwei Ebenen, der **Inhalts- und der Beziehungsebene**.

Eine Erzieherin z. B. sagt zur anderen: **„Seit wann hast du diese Frisur?"** Möglich ist, dass

es sich um eine Sachfrage (Inhaltebene) handelt. Doch welche Gefühle und Motive (Beziehungsebene) stehen hinter der Aussage? Misstrauen, Anerkennung oder Bewunderung? Entscheidend ist auch, wer die Frage stellt, z. B. kann bei den Eltern Ablehnung dahinter stecken, bei den Freundinnen Anerkennung. Die Antwort auf diesen einfachen Satz ist also nicht unbedingt ausschließlich das Datum.

Paul Watzlawick vertritt die Auffassung: Jede Aussage hat einen Inhalts- und Beziehungsaspekt oder jede Aussage geschieht auf der **Inhalts- und Beziehungsebene**. Je nach Situation kann die Beziehungsebene oder die Inhaltsebene im Vordergrund stehen.

Der Beziehungsaspekt wird oft nicht bewusst ausgesendet und vom Gesprächspartner nicht eindeutig wahrgenommen, so dass dadurch Missverständnisse auftreten können. Manchmal wird auch der Inhaltsaspekt besonders betont, um die Gefühle nicht zu verraten.

Für den pädagogischen Alltag ist ein behutsamer Umgang mit der Beziehungsebene wichtig, weil

Abb. Nühs

Kinder den Beziehungsaspekt nicht immer durchschauen und es zu Missverständnissen kommen kann. Diese können zu größeren Missdeutungen führen (Aufschaukelprozess).

MERKSATZ

Kommunikation geschieht auf der Inhalts- und Beziehungsebene.

AUFGABEN

Stellen Sie den Inhalts- und Beziehungsaspekt in den nachfolgenden Aussagen fest:

1. *„Seit wann rauchst du nicht mehr?"*

2. *„Ich würde gerne kommen, aber ich habe keine Zeit."*

3. *„Wann fährst du in den Urlaub?"*

9.8 Bindungstheorien

Nabelschnur
Da ist diese Schnur,
diese lebenslange Schnur, auf der Du gehst.
Nein, Du gehst nicht, Du balancierst,
wankst und stürzt beinahe
und gewinnst dann plötzlich doch wieder das Gleichgewicht.
Du bist ein Seiltänzer.
Nabelschnur – wo hat das angefangen?
Es hat nicht wehgetan, nicht eigentlich ...
nur mit einem Schnitt
warst Du außerhalb von mir, abgetrennt.
Ich konnte Dich betrachten, berühren.
Haut von meiner Haut, doch nicht mehr die Haut in der Haut.
Selbstverständlich warst Du in mir.
Außerhalb nun muss ich Dich betrachten.
Wenn Du schläfst,
trete ich immer wieder ein paar Schritte zurück, um zu sehen,
wer Du wirklich bist.
Du gibst Töne von Dir, die der Stimme eines Vogels gleichen.
Rufe aus einem anderen Reich ...?
Jetzt bist Du nicht dort, nicht hier, Du bist im Zwischenreich –
Und lächelst wie ein kleiner Mönch.

Du bewegst den Mund.
Du willst mich, meine Räume, meine Inseln und Meere
auf meinem Körper.
Ich nehme Dich an die Brust und stille Dich.
Stillen kommt von still.
Es ist still in diesem Augenblick, nur das leicht saugende Geräusch,
vielleicht draußen ein Vogel oder das Surren eines Rasenmähers ...
doch zwischen uns wohltuend – Stille.
Ich studiere Dein Gesicht, und Du studierst meines.
Du und ich, wir sind zwei.
Du bist da und ich bin hier.
Ein Abschied, der nächste von vielen weiteren.   Andrea F. Cremer

AUFGABEN

1. *Lesen Sie sich das Gedicht durch und gehen Sie auf den Inhalt näher ein.*

2. *Wie ist Ihre Meinung zu dem Gedicht?*

Eine **Bindung** ist eine enge Form der Beziehung mit entscheidendem Einfluss auf das Leben eines Menschen. Bindung bedeutet:

▶ Schutz,
▶ Körperkontakt,
▶ Zärtlichkeit, Umarmungen,
▶ einander festhalten,
▶ Nähe,
▶ Vertrauen,
▶ ein verlässliches Gefühl von Liebe,
▶ sich füreinander verantwortlich fühlen,
▶ Freude miteinander empfinden usw.

Abb. MEV

LF 2

Bindung ist der engste emotionale Kontakt von Menschen zueinander und Bindungsverhalten ist von Geburt an festgelegt. Untersuchungen des Psychologen René Spitz haben ergeben, dass Kinder sich bei gleich guter physischer Versorgung nicht so gut entwickeln, wenn sie von ihrer Bezugsperson getrennt werden. Dabei braucht die Bezugsperson nicht unbedingt die Mutter zu sein.

Neben dem allgemeinen Entwicklungsrückstand bei **Trennung von der Bezugsperson** sind nachfolgende Verhaltensweisen festzustellen: Weinerlichkeit, Appetitverlust, Gewichtsverlust, Schlaflosigkeit, Kontaktverweigerung, Abnahme des Bewegungs- und Erkundungsverhaltens, und Anfälligkeit für Krankheiten.

Wenn die Deprivation (Entzug) länger als 6 Monate anhält, ist mit Spätfolgen am Ende der Kindheit oder im Jugendalter zu rechnen. Das können sein:

- Infantilität (Kindlichkeit, Unreife) des Verhaltens,
- unermüdliches Streben nach Beachtung durch Erwachsene,
- sadistische Aggression,
- Neigung zu Trotzreaktionen bei Frustration,
- fehlende Gewissens- und Hemmungsbildung,
- kein Interesse an konstruktiven Gruppenaktivitäten.

Entwicklungsschäden lassen sich heute zum Teil durch eine gezielte psychologische Betreuung beheben. Dennoch wird deutlich, wie wichtig die Bindung an eine Bezugsperson ist. Sie ist der bestimmende Faktor für das ganze Leben eines Menschen.

MERKSATZ

Die Bindung ist der engste emotionale Kontakt von Menschen zueinander.

AUFGABEN

1. Kennen Sie Menschen, die ohne Bindung an einen anderen Menschen aufgewachsen sind?
2. Können Sie zu deren Verhalten etwas sagen?
3. Wie ist Ihr Verhältnis zu den Menschen, die Ihnen nahestehen?

9.8.1 Notwendigkeit der Bindung an eine Bezugsperson

Menschen sind **soziale Wesen**, und ihr Verhalten ist auf andere Menschen ausgerichtet. Sie sind keine Einzelgänger, sondern werden in eine Gemeinschaft hineingeboren. Die Bindung gibt ihnen Halt, Sicherheit und Kraft. Menschen schöpfen aus Bindungen neue Energien und stärken daraus ihr **Selbstwertgefühl**. Ihr Glück und ihre Sorgen können sie anderen Menschen mitteilen und sie sind dadurch nicht allein.

Durch die Erfahrung, dass Kinder trotz ausreichender Ernährung und Pflege nicht richtig gediehen, wurden Ärzte und Psychologen (unter ihnen der Arzt John Bowlby, 1950) auf die psychischen, sozialen und emotionalen Bindungen aufmerksam, die für eine normale Entwicklung von Kleinkindern wichtig sind.

Dem Arzt John Bowlby und seinen Forschungen und Fallstudien ist es zu verdanken, dass heutige Babys und Kleinkinder im Krankenhaus regelmäßig besucht werden können. Sein Film „A two years old girl goes to hospital" aus dem Jahr 1952, der Protest, Trauer und Anpassung eines kleinen Mädchens im Krankenhaus zeigt, erregte weltweit Aufsehen und führte schließlich zu der Mitaufnahme von Müttern in vielen Krankenhäusern.

Mary Ainsworth, eine Mitarbeiterin von Bowlby aus Kanada, entwickelte das Konzept der **Feinfühligkeit**. Sie konnte nachweisen, dass feinfühliges Pflegeverhalten eine sichere Bindung zwischen Mutter und Kind herstellt, während wenig feinfühliges Pflegeverhalten die Bindung behindert. Mit Feinfühligkeit meint Ainsworth:

- Kindliche Signale mit großer Aufmerksamkeit wahrnehmen,
- Signale richtig deuten,
- Wärme, Zuverlässigkeit rund um die Uhr geben,
- Reaktionen der Eltern müssen so zeitnah erfolgen, dass die Frustrationstoleranz des Kindes nicht überfordert wird,
- Schutz, Sicherheit vermitteln,
- Grundbedürfnisse erfüllen.

Viele Psychologen bestätigen diese Aussagen. Entscheidend ist, dass Eltern Kontakt zu ihren Babys aufbauen und deren Bedürfnisse erkennen.

MERKSATZ

Kinder können sich nur im Rahmen einer starken sozialen und emotionalen Bindung an eine Bezugsperson gut entwickeln.

AUFGABEN

1. *Nennen Sie Gründe dafür, dass Mütter bei Krankheiten ihrer Babys und Kleinkinder mit ins Krankenhaus gehen sollten.*
2. *Beurteilen Sie das Konzept der Feinfühligkeit.*
3. *Haben Sie das Gefühl, dass Sie auch heute noch von einer Bezugsperson abhängig sind?*

9.8.2 Theorie der sozial-emotionalen Bindung nach Mary Ainsworth

Mary Ainsworth (1913–1999) hat eine Theorie der sozial-emotionalen Bindung entwickelt und empirisch begründet.

Der theoretische Ansatz von Mary Ainsworth ist folgender:

▶ Jeder Mensch ist mit Verhaltenssystemen ausgestattet, die ihm sein Überleben sichern.
▶ Zu diesen Verhaltenssystemen gehören das Bindungsverhalten des Kindes an die Eltern und umgekehrt das Fürsorgeverhalten der Eltern für das Kind.
▶ Das Bindungsverhalten und das Fürsorgeverhalten garantieren, dass dem Kind jederzeit Hilfe und Schutz zuteil wird und es sich ohne Störung entwickeln kann.

Auftreten des Bindungsverhaltens nach Ainsworth

Konkretes Bindungsverhalten wird nach Ainsworth nur in **Alarmsituationen** aktiviert, wenn die Bezugsperson fort geht und sich nicht in ausreichender Nähe des Babys befindet. Das Kind reagiert in der Regel mit Weinen. Beim Abweisen von Bittsignalen um Schutz und Sicherheit kommt es ebenfalls zu konkretem Bindungsverhalten.

Räumliche Nähe oder enger Kontakt beenden das aktivierte Bindungsverhalten. Das Weinen hört auf.

Das Verhaltenssystem der Bindung entwickelt unterschiedliche **Organisationsmuster.** Sie hängen ab vom Entwicklungsstand des Kindes und seinen spezifischen Erfahrungen mit seiner Bezugsperson, ebenso mit der Vertrautheit und Erreichbarkeit seiner Bezugsperson.

Entwicklungsverlauf des Bindungsprozesses nach Ainsworth:

Ainsworth unterteilt die personenspezifische Bindung in vier Etappen:

1. In einer Vorphase ist das Kind allgemein **sozial ansprechbar**, ohne dabei Unterschiede bei der Personenauswahl zu treffen und es gibt unterschiedliche Signale an die Umwelt ab.
2. Ab drei Monaten erfolgt die **personenbezogene Ansprechbarkeit**. Das Kind wendet sich mit seinen Signalen einer spezifischen Person zu.
3. Die eigentliche Bindung erfolgt ab dem siebten Monat. Das Kind bringt sich aktiv in die Nähe seiner **Bezugsperson** und vermisst sie bei Abwesenheit. Es kann sein Verhalten flexibel auf das Ziel richten, die Mutter in die Nähe zu bringen.
4. Mit drei Jahren lässt das Kind auch andere Menschen als Kontaktperson zu.

Außer in Extremfällen bilden alle Kinder eine **personenbezogene Bindung** aus, vorausgesetzt, sie haben ein Minimum an Interaktionsmöglichkeiten mit einem Partner. Die Qualität der Bindung ist von der Qualität dieser Interaktionsmöglichkeiten abhängig.

MERKSATZ

Die Fähigkeit zur personenbezogenen Bindung entwickelt sich nach Ainsworth in Etappen im Alter von 0 bis 3 Jahren.

AUFGABEN

1. *Teilen Sie die Menschen Ihres Umfeldes in solche ein, zu denen Sie eine enge und solche, zu denen Sie eine nicht so enge Bindung haben.*
2. *Notieren Sie stichpunktartig den Einfluss, den diese Menschen auf Sie haben.*

9.8.3   Der Test „Die fremde Situation" von Ainsworth

Der Test, den Ainsworth mit einjährigen Kindern durchgeführt hat, verläuft in acht dreiminütigen Sequenzen:
1. Mutter und Kind werden vom Beobachter in einen ihnen unbekannten Spielraum geführt.
2. Die Mutter beschäftigt sich allein, während das Kind den Raum erkundet.
3. Eine fremde Person betritt den Raum, unterhält sich mit der Mutter und beschäftigt sich dann mit dem Kind.
4. Die Mutter verlässt unauffällig den Raum, die Fremde bleibt allein mit dem Kind zurück, beschäftigt sich mit ihm und tröstet es, wenn es nötig sein sollte.

5. Die Mutter kommt wieder, die Fremde geht, Mutter und Kind sind wieder alleine. Die Mutter beschäftigt sich mit dem Kind und versucht, es wieder für das Spielzeug zu interessieren.
6. Die Mutter verlässt wieder den Raum mit einem Abschiedsgruß.
7. Die Fremde tritt wieder ein, sie versucht das Kind zu trösten, wenn das nötig sein sollte.
8. Die Mutter kehrt zurück, die Fremde verlässt den Raum.

Abb. Morgenstern

Auswertung des Tests:

1. Als **sicher gebunden** gelten Kinder, die nach der ersten und zweiten Trennung nach der Mutter rufen, ihr nachzufolgen versuchen, sie suchen und auch weinen. Sie sind deutlich gestresst. Auf die Wiederkehr der Mutter reagieren sie mit Freude, strecken die Arme nach ihr aus, suchen Körperkontakt und wollen getröstet werden. Nach kurzer Zeit beruhigen sie sich wieder und wenden sich dem Spielzeug zu.
2. **Unsicher vermeidend gebundene** Kinder reagieren auf die Trennung mit nur wenig Protest und zeigen auch kein deutliches Bindungsverhalten. Sie bleiben in der Regel an ihrem Platz und spielen weiter, allerdings mit wenig Neugierde oder Ausdauer. Manchmal kann man erkennen, dass sie der Mutter mit den Augen nachfolgen, ihr Verschwinden also bemerken. Auf ihre Rückkehr reagieren sie eher mit Ablehnung, wollen nicht auf den Arm genommen oder getröstet werden.
3. **Unsicher ambivalent gebundene** Kinder zeigen nach der Trennung den größten Stress. Sie weinen heftig und lassen sich kaum beruhigen. Es braucht in der Regel längere Zeit, bis sie sich beruhigt haben. Manchmal können sie auch nach mehreren Minuten nicht zum Spiel zurückfinden. Wenn sie von ihren Müttern auf den Arm genommen werden, drücken sie einerseits den Wunsch nach Körperkontakt und Nähe aus, während sie sich anderseits gleichzeitig aggressiv verhalten, indem sie strampeln, mit den Füßen treten und sich abwenden.

50–60 % der Kinder gilt als sicher gebunden,
30–40 % als unsicher vermeidend gebunden,
10–20 % als unsicher ambivalent gebunden.

Wesentliche Forschungsergebnisse zum Test „Die fremde Situation" von Ainsworth:

▶ Die drei Gruppen der Kinder lassen sich gut unterscheiden.
▶ Bei zwei- bis vierjährigen Kindern verändern sich zwar einige Verhaltensweisen, dennoch lässt sich das Verhaltenssystem auch dort noch anwenden.

- Kinder mit sicherer Bindung zeigen auch außerhalb der Testsituation weiterhin eine harmonische Mutter-Kind-Beziehung.
- Sicher gebundene Kinder zeigen positive Entwicklungen im kognitiven Bereich aber auch im Sozialverhalten. Unsicher ambivalent gebundene Kinder weisen in der Folgezeit häufiger eine langsamere kognitive Entwicklung auf. Unsicher vermeidend gebundene Kinder weisen in der Folgezeit häufiger Störungen im Sozialverhalten auf.
- Wesentliche familiäre Belastungen während des zweiten Lebensjahres konnten bei den Kindern nachgewiesen werden, die von sicherer zu unsicherer Bindung wechselten.
- Auch Kinder, die in Fremdpflege sind, bilden wesentliche Bindungsbeziehungen zur Mutter und nicht zur Pflegeperson aus.
- Berufstätigkeit der Mutter scheint keinen Einfluss auf die Bindungsqualität zu haben.
- Väter können ebenso eine Bindungsperson sein wie Mütter. Kinder können unterschiedliche Bindungsqualitäten zu ihren Vätern und Müttern entwickeln.
- Es gibt kulturelle Unterschiede der Bindungsmuster, wobei die zugehörigen Merkmale (Eltern-Kind-Interaktion) gleich zu sein scheinen.
- Ein Mensch kann sein Verhalten nur ändern, wenn er sicher gebunden ist.

Kritik am Test „Die fremde Situation" von Mary Ainsworth

Kritiker halten den Test für nicht ausreichend genug, um das Bindungsverhalten umfassend zu beschreiben.

- Das Befinden des Kindes, wie (Koliken-Schlafstörungen usw.) wird nicht berücksichtigt.
- In kinderreichen Familien haben spätgeborene Kinder mehr Kontakte zu fremden Personen als zu den Eltern und werden sich schon deswegen anders verhalten.
- Ein Kind reagiert intuitiv unterschiedlich auf verschiedene fremde Personen.

In einem Interview, dass von Ainsworth entwickelt wurde, werden Erwachsene über die Beziehung zu ihren Eltern befragt. Sie sollen sich daran erinnern, wem sie in der Kindheit nahe standen, ob und wann sie von den Eltern getrennt wurden und wie sie getröstet wurden.

Durch die Auswertung der Interviews wurde deutlich, dass die sichere Bindung durchaus noch zu einem späteren Zeitpunkt im Leben und mit anderen Bezugspersonen als den Eltern entwickelt werden kann. Die Bindung im ersten Lebensjahr ist nicht ausschließlich für die weitere Bindungsentwicklung entscheidend und lässt keine absolute Vorhersage zu.

MERKSATZ

Eine sichere Bindung ist ein guter Start ins Leben. Auch spätere Bindungen sind noch möglich.

AUFGABEN

1. Berichten Sie über Ihre Erfahrungen mit Tests.
2. Beurteilen Sie den Test von Ainsworth und die Kritik am Test.
3. Nennen Sie Vorteile einer sicheren Bindung für das Kind.

9.9 Pädagogische Grundhaltungen: Wertschätzung, Empathie, Kongruenz

Wertschätzung, Empathie und Kongruenz sind die Fähigkeiten, die zur einfühlenden Wahrnehmung des Erlebens eines anderen Menschen notwendig sind. Die genannten drei Fähigkeiten gehören zur Grundeinstellung einer Sozialassistentin oder Erzieherin:

- Mit Wertschätzung ist die Anerkennung des anderen Menschen gemeint.
- Empathie bedeutet: sich in den anderen hineinversetzen zu können.
- Kongruenz meint Übereinstimmung.

9.9.1 Wertschätzung

Zitate über die Wertschätzung
Ein bisschen Güte von Mensch zu Mensch ist besser als die Liebe zur Menschheit.
Thomas Mann

Man muss nicht bloß andere, auch sich selber ausstehen können.
Jean Paul

LF 2

Wir alle sehen ja nur, was wir sehen wollen.
Kurt Tucholsky

Es kommt nicht darauf an, den anderen zu verstehen, sondern in ihm das Beste zu sehen.
Jean Duche

Man urteilt über andere nicht so falsch wie über sich selbst.
Vuenargues

Jede vollkommene Handlung wird von Freude begleitet. Daran kann man erkennen, dass man es tun soll.
Andre Gide

AUFGABEN

1. *Gehen Sie auf die Inhalte der Zitate näher ein und schreiben Sie stichwortartig an die Tafel, welche Einstellung gegenüber anderen Menschen darin zum Ausdruck kommt.*
2. *Wählen Sie das Zitat aus, das Ihrer Meinung nach am besten die Wertschätzung eines Menschen ausdrückt. Begründen Sie Ihre Aussage.*

Wertschätzung durch andere Menschen ist für die meisten Menschen sehr wichtig. Nicht beachtet zu werden, nicht geschätzt zu werden, kann Frustrationen auslösen. Umgekehrt sollte jeder Mensch Menschen seines Umfeldes wertschätzen. Wertschätzen gehört zum Umgang der Menschen miteinander. Ein Mensch möchte wissen, welchen Stellenwert er bei den anderen hat.

Im Grundgesetz der Bundesrepublik Deutschland heißt es: „Die Würde des Menschen ist unantastbar." Das bedeutet, dass jeder Mensch zu achten und wertzuschätzen ist, ganz egal, welchen Beruf, welche Religion, welche Nationalität, welches Alter und welchen gesellschaftlichen Status er hat. Im Alltag ist leider festzustellen, dass viele Menschen sich nicht um eine würdige und wertschätzende Einstellung gegenüber anderen Menschen bemühen. Sie belügen andere Menschen, bestehlen sie und machen falsche Aussagen über sie. Schon im Kindergarten oder Kinderheim und danach in der Schule sollte ein wertschätzender Umgang miteinander vermittelt werden.

Zum wertschätzenden Umgang miteinander gehört, dass:

► alle Menschen gleich wichtig sind, Kinder sind genau so wichtig wie Erwachsene,
► Menschen anerkennende Worte füreinander haben,
► Menschen direkt und offen miteinander kommunizieren,
► Menschen sich gegenseitig im Team unterstützen,
► Menschen sich gegenseitig mit dem Namen ansprechen,
► Menschen einander zuhören und trösten,
► Menschen sich Zeit nehmen, den anderen in seiner Einzigartigkeit zu begreifen.

AUFGABEN

1. *Nennen Sie Beispiele für wertschätzendes und nicht wertschätzendes Verhalten der Menschen im Umgang miteinander.*
2. *Notieren Sie Ihre Beispiele auf einer Tapetenrolle und vergleichen Sie die Beispiele miteinander.*
3. *Wie kann die wertschätzende Einstellung im Umgang miteinander gefördert werden? Nennen Sie Beispiele für Ihre Klasse.*

9.9.2 Empathie

AUFGABE

Suchen Sie in verschiedenen Wörterbüchern nach dem Begriff „Empathie" und versuchen Sie, die Definitionen mit eigenen Worten wieder zu geben.

Mit Empathie bezeichnet man das **Einfühlen** in die Situation und die Befindlichkeit eines Mitmenschen.

In der Kommunikation bedeutet Empathie:

► die Fähigkeit des Empfängers zuzuhören,
► sich in andere hineinzuversetzen,
► zum Dialog bereit sein.

Die Fähigkeit der einfühlenden Wahrnehmung wird bereits im Kindesalter erworben und gelernt. Sie muss jedoch gefördert und geübt werden. Als Erwachsener ist der Mensch in der Lage, die Situation eines anderen Menschen nachzuempfinden und angemessen darauf zu reagieren.

Für die Arbeit mit Kindern hat die Empathie eine besondere Bedeutung. Sie ist wichtig, um sich in die zu betreuenden Kinder hineinzuversetzen, denn Kinder sind oft nicht in der Lage, das auszudrücken, was wichtig für sie ist. Auch im Umgang mit den Mitarbeiterinnen ist Empathie wichtig und trägt zum gegenseitigen Verständnis bei. Es reicht nicht aus, nur über Fachwissen zu verfügen, sondern die angehende Sozialassistentin sollte soziale und personale Kompetenzen mitbringen, um ihren Beruf mit Empathie ausüben zu können.

Voraussetzung für Empathie sind:

▶ **Selbstbewusstsein:** Eine sich selbst bejahende und von den eigenen Qualitäten überzeugte Haltung. Jeder sollte die Arbeit ausführen, die er wirklich kann, um nach außen hin überzeugend zu wirken.
▶ **Uneigennützigkeit:** Menschen, die diese Fähigkeit haben, verfügen in der Regel über viele Freunde und Bekannte, die bereit sind, sich für sie einzusetzen.
▶ **Selbstkontrolle bzw. Selbststeuerung:** Sich selbst auch in Problemsituationen unter Kontrolle zu haben; die Dinge aus übergeordneter Sicht sehen, dadurch wird vieles deutlicher, auch die eigenen Fehler und nicht nur die der anderen.
▶ **Intrinsische Motivation:** Intrinsisch bedeutet „von innen". Wenn jemand intrinsisch motiviert arbeitet, tut er das aus Freude an der Sache selbst und nicht (nur) wegen des Gehalts und der Anerkennung der anderen.
▶ **Selbsterfahrung:** Je besser man sich selbst kennt, desto besser kann man andere Menschen verstehen.

Abb. Thiele

In sozialpädagogischen Einrichtungen muss heute ein empathischer Führungsstil gefordert werden, da die Mitarbeiterinnen aufeinander angewiesen sind. Empathie trägt dazu bei, bestehende Probleme mit den zu Erziehenden und Mitarbeiterinnen gemeinsam zu lösen.

DEFINITION

Empathie bedeutet die Fähigkeit, sich in andere Menschen einzufühlen.

AUFGABE

Was hat Ihrer Meinung nach das nachfolgende Fallbeispiel mit dem Begriff Empathie zu tun?

FALLBEISPIEL

In einem Heim besteht die Regel, dass die Jugendlichen um 23 Uhr zu Hause zu sein haben. Der Erzieher Andreas sagt den Jugendlichen beim Weggehen, dass sie pünktlich zurückkommen sollen. Wenn sie dann aber unpünktlich erscheinen, sieht er großzügig darüber hinweg. Die Folge ist, dass die Jugendlichen immer unpünktlich sind und sich vorher erkundigen, wer Dienst hat.

9.9.3 | **Kongruenz**

AUFGABE

Schlagen Sie in verschiedenen Wörterbüchern den Begriff Kongruenz nach und erklären Sie ihn mit eigenen Worten.

Kongruenz oder Echtheit bedeutet Übereinstimmung zwischen verbalen Äußerungen und nonverbalen Verhaltensweisen im Gespräch und im Umgang miteinander. Bei einem kongruenten Menschen stimmt das, was er sagt mit seiner Körpersprache und seinem Tonfall überein. Alle kommunikativen Aspekte, wie die Worte, die Stimme, die Mimik oder die Gestik passen zueinander und transportieren die gleiche Botschaft. Kongruente Menschen haben widerstrebende innere Ansichten in sich ausgeglichen. Selbststeuerungstechniken tragen dazu bei, inkongruentes Verhalten auszugleichen.

LF 2

Die Körpersprache gibt oft mehr über den inneren Zustand und die inneren Prozesse eines Menschen preis als die Sprache. Der Mensch redet oft mehr mit seinem **Körper** als mit seiner **Sprache**.

Daraus könnte gefolgert werden, dass andere Menschen manchmal mehr über uns wissen, als wir über uns selbst. Wesentliche Teile unserer Persönlichkeit befinden sich außerhalb unserer Aufmerksamkeit. Sie werden aber von den anderen Menschen wahrgenommen und bewertet. Die Körpersprache ist allerdings nicht eindeutig und wird häufig fehlinterpretiert.

Kongruenz bedeutet zugleich Offenheit und Ehrlichkeit, bei der Kopf und Herz übereinstimmen. Für die sozialpädagogische Praxis bedeutet das, dass die Sozialassistentin mit ihren Gefühlen hinter dem stehen muss, was sie sagt. Auf diese Weise erreicht sie die Kinder leichter.

MERKSATZ

Die Körpersprache gibt manchmal mehr über einen Menschen preis als die Sprache. Sie ist aber nicht eindeutig und kann fehlinterpretiert werden.

AUFGABE

Beurteilen Sie die nachfolgenden Fallbeispiele hinsichtlich ihrer Kongruenz.

FALLBEISPIELE

1. Sozialassistent Tobias zeigt den Kindern das Anfertigen von Strohsternen. Die Kinder sind mit der gleichen Begeisterung dabei wie der Sozialassistent. Nach einer Bastelstunde möchten die Kinder immer noch weiter schneiden und kleben.

2. Auf dem Elternabend des Kindergartens M. schlagen die Eltern die Durchführung eines Elternachmittags mit den Kindern vor. Die Erzieherinnen und Sozialassistentinnen sind von dem Vorschlag nicht begeistert, da sie in den nächsten Wochen lieber mit den Kindern in den Wald gehen möchten. Als die Kindergartenleiterin den Vorschlag an die Kinder weiter gibt, zeigen diese ebenfalls kein Interesse. Der Elternnachmittag kommt nicht zustande.

3. Sozialassistentin Cindy lobt die neue Jacke eines eitlen Kindergartenkindes. Im Grunde ärgert sie sich über die neue Jacke, denn das Kind trägt ständig neue

Abb. Thiele

Kleidung. Das Kind spürt die Unstimmigkeit, kann sie aber nicht deuten. Es denkt, dass sein Aussehen immer noch nicht ausreicht und beschließt sich noch schöner anzuziehen.

9.10   Erzieherische Mittel und Maßnahmen

FALLBEISPIEL

Torsten, fünf Jahre alt, verhält sich nicht so, wie es seine Mutter wünscht. Wenn sie zu ihm sagt: „Räum' die Sachen auf", dann wirft er sie bewusst auseinander. Oder wenn sie ihn auffordert, still am Tisch zu sitzen, beginnt er zu schaukeln. Besonders viel Spaß macht es ihm, die Spielsachen seiner älteren Schwester Maleika kaputt zu machen. Gerade vor ein paar Tagen hat er die Puppe seiner Schwester voller Verachtung in den Dreck geworfen. Trotz der Ermahnung seiner Eltern hat Torsten sein Verhalten nicht geändert. In ihrer Verzweiflung erkundigt sich die Mutter bei der für ihn zuständigen Sozialassistentin nach seinem Verhalten im Kindergarten. Verwundert teilt ihr die Sozialassistentin mit, dass Torsten sich im Kindergarten ganz unauffällig verhalte und den Anordnungen

der Sozialassistentin Folge leiste. Die Sozialassistentin rät der Mutter, sich an die Kindergartenleiterin zu wenden.

AUFGABE
Nennen Sie mögliche Gründe für Torstens Verhalten und geben Sie Ratschläge für den Umgang der Eltern mit ihrem Sohn.

Erzieherische Maßnahmen haben den Sinn, Kindern zu helfen, den Start ins Leben zu finden und für spätere Anforderungen gewappnet zu sein.

„Kinder sind Gäste, die nach dem Weg fragen."
(Aus dem Himalaja)

Jeder Erziehungsprozess besteht aus

- ▶ dem Kind, das erzogen werden soll,
- ▶ der Erziehenden, die das Kind erzieht,
- ▶ dem Erziehungsziel, das die Erziehende beim Kind erreichen möchte,
- ▶ einer Erziehungsmaßnahme, mit deren Hilfe die Erziehende ihr Erziehungsziel zu erreichen versucht.

AUFGABE
Betrachten Sie das Bild und nennen Sie die dargestellten Erziehungsmittel.

Die Erziehungsmaßnahme ist das Werkzeug, das Mittel, mit dem die Erziehung durchgeführt wird. Sie dient dazu erwünschte Verhaltensweisen beim Kind aufzubauen und unerwünschte Verhaltensweisen abzubauen. Die Begriffe **Erziehungsmaßnahme und Erziehungsmittel** sind daher als gleichbedeutend anzusehen und werden als solche verwendet.

Es gibt viele Möglichkeiten, das Verhalten und die Einstellungen des Kindes zu beeinflussen und es in der gewünschten Art zu formen und zu verändern.

| 9.10.1 | Wirkungen von Erziehungsmaßnahmen |

AUFGABE

Berichten Sie über Ihre Erfahrungen mit unterschiedlichen Erziehungsmaßnahmen.

Zu den Erziehungsmaßnahmen, die ein erwünschtes Verhalten fördern und anregen, gehören:

▶ verstärken,
▶ ermutigen,
▶ vormachen, Beispiel geben,
▶ erklären, einsichtig machen,
▶ ausprobieren lassen, Eigenerfahrungen ermöglichen,
▶ Impulse geben.

Verstärken:

FALLBEISPIEL

Sozialassistentin Selina stellt beim Basteln fest, dass ein Kind besonders gut mit der Schere umgehen kann. Sie lobt das Kind wegen seiner Geschicklichkeit.

Beim nächsten Mal wird sich das Kind wieder anstrengen, um erneut gelobt zu werden. Das Prinzip, nach dem das Kind hierbei lernt, nennt man **Lernen durch Verstärkung**.

Das Kind kann auch eine **Belohnung** erhalten. Die Belohnung kann

▶ materiell in Form von Geschenken erfolgen,
▶ immateriell, z. B. in Form eines Zoobesuchs, Ansehen einer Fernsehsendung oder durch eine beliebte Beschäftigung erfolgen.

Lob und Belohnung haben einen positiven Einfluss auf die Persönlichkeitsentwicklung des Kindes:

▶ Das Kind erfährt, dass es richtig gehandelt hat und fühlt sich deshalb bestätigt.
▶ Es gewinnt an Selbstsicherheit und Selbstvertrauen und wird motiviert, dieselbe Handlungsweise erneut zu zeigen.
▶ Die Lernbereitschaft steigt.
▶ Zur Sozialassistentin entwickelt das Kind Sympathiegefühle, die seine Lernbereitschaft ebenfalls erhöhen.

Lob und Belohnung können auch **negative Auswirkungen** haben, wenn sie zu häufig und auch falsch eingesetzt werden (z. B. dass das Kind eine Erwartungserhaltung entwickelt, nach der es immer belohnt werden möchte).

Ermutigen:

Genau so wichtig wie Lob und Belohnung ist das **Ermutigen**. Ermutigen heißt, jemanden Mut zu machen und ihm ein Gefühl zu geben, bevorstehende Aufgaben bewältigen zu können. Die Individualpsychologie geht sogar davon aus, dass **Minderwertigkeitsgefühle** die Hauptursache für seelische Konflikte und für das Fehlverhalten von Menschen sind. Leistungsschwache Kinder benötigen daher an erster Stelle Ermutigung, auch wenn ihre Leistungen nicht so gut sind wie die der anderen Kinder. Es kann auch sinnvoll sein, ihnen eine Sonderaufgabe zu geben, die sie dann allein lösen können und für die sie dann gelobt werden.

Vormachen, Beispiel geben:

Kinder können erwünschtes Verhalten auch durch das Vorleben der Eltern, der Erzieherin oder der Sozialassistentin lernen. Das Prinzip, nach dem das Kind hierbei lernt, bezeichnet man auch als **Lernen am Modell**. Kinder ahmen aber nicht jedes Verhalten nach, sondern in der Regel nur das, was sie für reizvoll und Erfolg versprechend halten. Jugendliche kleiden und verhalten sich gern wie Filmstars oder andere Idole. Viele Verhaltensweisen lernen Kinder und Jugendliche (auch Erwachsene) durch Vormachen und Nachmachen, wie Sprechen und Verhaltensregeln.

Nachahmung hat aber nicht nur eine positive Wirkung, sondern birgt auch eine **Gefahr** in sich. Kinder ahmen auch unerwünschtes Verhalten nach. Sie unterscheiden oft nicht, ob das Vorgemachte erstrebenswert ist oder nicht.

Für eine Sozialassistentin ist es daher wichtig, dass sie sich immer so verhält, wie sie es von den Kindern erwartet. Bei negativen Vorbildern sollte die Sozialassistentin durch Gespräche entgegenwirken.

Erklären, einsichtig machen:

FALLBEISPIEL

An einem sonnigen, aber kühlen Herbsttag beschließen die Erzieherinnen eines Kindergartens in den Wald zu gehen. Vor dem Weggehen ermahnt die Sozialassistentin Selina die Kinder, sich warm anzuziehen, damit sie sich nicht erkälten. Nur Mark wehrt sich mit aller Macht dagegen, seine Jacke anzuziehen. Er sei warm genug angezogen, meint er zur Sozialassistentin, und brauche keine Jacke, wenn ihm zu kalt würde, könne er sich tüchtig bewegen. Die Sozialassistentin erklärt ihm, dass er trotz Bewegung ohne Jacke frieren würde, da es draußen nur 12 °C seien und zeigt ihm noch zusätzlich das Thermometer mit der niedrigen Temperatur. Daraufhin ist er bereit, seine Jacke anzuziehen.

AUFGABEN

1. Nehmen Sie Stellung zum Verhalten der Sozialassistentin.
2. Hätte es noch eine andere Möglichkeit gegeben, den Jungen vom Anziehen der Jacke zu überzeugen?

Möglichkeiten, bei Kindern Einsicht zu erreichen, sind:

▶ Verständliche, begründete Argumente und das Aufzeigen von Konsequenzen, wenn das erwünschte Verhalten nicht eingehalten wird.

▶ Man stellt das Kind vor eine Alternative und lässt es selbstständig entscheiden. Die Sozialassistentin kann Hilfestellungen durch kleine Denkanstösse geben. Dieses Vorgehen ist besonders positiv zu bewerten, da sie das Kind zu einem Aha-Erlebnis führen kann und zur Einsicht, richtig entschieden zu haben.

Ausprobieren lassen, Eigenerfahrungen ermöglichen:

Kinder können auch durch Ausprobieren zu wichtigen Erkenntnissen kommen, z. B. wenn sie selbstständig einen kleinen Auftrag erledigen dürfen.

▶ Ein Kind darf einen Obstsalat zubereiten.

▶ Ein anderes Kind darf ein Auto aus einer Vorlage ausschneiden.

▶ Ein weiteres Kind bekommt den Auftrag, alle Sachen für eine Bastelarbeit zu holen.

Dieses Prinzip heißt auch **Lernen durch Versuch und Irrtum**. Wenn der Versuch zum Erfolg führt, z. B. der Obstsalat gut schmeckt, dann spricht man vom **Lernen am Erfolg**. Das Kind sollte aber auch unangenehme Konsequenzen erleben dürfen, z. B. wenn der Obstsalat nicht schmeckt, weil es Salz statt Zucker verwendet hat. Diese Methode fördert die Selbsttätigkeit des Kindes.

Abb. Nühs

Impulse geben:

FALLBEISPIEL

Die Kinder des Kindergartens St. bekommen von ihrer Sozialassistentin den Auftrag, Salat, Möhren und Radieschen im Gemüsegarten des Kindergartens auszusäen. Wenn das Gemüse reif ist, soll mit den Eltern ein Fest gefeiert werden, auf dem das Gemüse zusammen geerntet und verwertet wird. Die Kinder sind von dieser Idee begeistert und freuen sich auf das Aussäen und auf das Fest mit den Eltern.

AUFGABE

Wie hätten die Kinder reagiert, wenn die Sozialassistentin sie aufgefordert hätte, mit ihr in den Garten zu gehen, um Gemüse auszusäen, ohne das Fest mit den Eltern in Aussicht zu stellen?

Impulse geben bedeutet, dem Kind Anstöße und Anregungen für eine Beschäftigung zu geben. Diese Vorgehensweise hat den Vorteil, dass das Kind nicht direkt von der Sozialassistentin zu einer Beschäftigung aufgefordert wird, sondern dass es von einem Spiel oder von einer Anleitung aus tätig wird. Die Sozialassistentin tritt zurück und steuert die Aktivität nur indirekt. Tätigwerden aus einem Spiel heraus bedeutet für Kinder Spaß. Dass Lernen auch Mühe und Frust bedeuten kann, wird hierbei geschickt umgangen.

AUFGABE

Beurteilen Sie die nachfolgenden Fallbeispiele.

FALLBEISPIELE

1. Die fünfjährige Tanja galt im Kindergarten immer als ein sehr aggressives und schwieriges Kind. Seit sie jedoch von der Sozialassistentin Corinna betreut wird, die sie sehr gern mag, nimmt sie immer mehr die freundliche Art der Sozialassistentin an.

2. Michael, 5 Jahre alt, hatte Probleme rückwärts zu laufen. Nachdem es ihm Luisa einige Male vorgemacht hatte, traute er es sich auch zu. Zunächst lief er vorsichtig ein bis zwei Schritte rückwärts, inzwischen sind es bereits zehn. Michael hofft eines Tages genau so schnell rückwärts laufen zu können wie Luisa.

3. Die Kinder der Gruppe Sperling aus dem Kindergarten K. haben Angst, auf dem Schwebebalken hin- und herzulaufen. Immer wieder ermutigt sie der Sozialassistent dazu. Aber die Kinder rühren sich nicht vom Fleck. Erst als Tobias es ihnen vormacht und zeigt, wie einfach das Laufen auf dem Schwebebalken ist, machen alle mit.

9.10.2 Gegenwirkende Erziehungsmaßnahmen: Strafen, Ermahnungen, Tadel

FALLBEISPIEL

Anna hat mit dem Ball eine Fensterscheibe eingeworfen. Daraufhin bekommt sie von der Mutter eine Ohrfeige. Außerdem teilt ihr die Mutter mit, dass sie die Scheibe von ihrem Taschengeld bezahlen muss.

AUFGABE

Beurteilen Sie das Verhalten der Mutter.

Über die Strafe als Erziehungsmittel gibt es in der Pädagogik viele kontroverse Darstellungen. Mit Strafe ist die Anwendung eines unangenehmen Reizes gemeint, z. B. Streichen des Taschengeldes oder Fernsehverbot. Ziel der Strafe ist, unerwünschtes Verhalten bei dem Bestraften zukünftig zu unterbinden. Prinzipiell ist jedoch das **Verstärken eines erwünschten Verhaltens** gegenüber der Bestrafung des unerwünschten Verhaltens vorzuziehen. Der falsche Einsatz von Strafen, z. B. wenn ein Kind eine gebotene Handlung aus Angst unterlässt oder in der Schule versagt, kann zu schwerwiegenden seelischen Problemen des betroffenen

Kindes führen. Strafen, die mit physischer oder psychischer Gewalt einhergehen, sind nach § 1631 (2) des Bürgerlichen Gesetzbuches unzulässig.

Eine Strafe anzuwenden sollte die Ausnahme sein. Wenn sie sich nicht vermeiden lässt, müssen einige Gesichtspunkte beachtet werden:

► Bevor man eine Strafe einsetzt, sollte man andere Erziehungsmaßnahmen in Betracht ziehen.

► Strafen, die demütigen, Grundbedürfnisse missachten oder das körperliche Befinden beeinträchtigen, sind verboten.

► Eine Strafe kann nur auferlegt werden, wenn das Kind weiß, wie es sich hätte verhalten sollen. Andernfalls ist die Strafe sinnlos. Das Kind muss zunächst die Gelegenheit erhalten, das richtige Verhalten zu erlernen.

► Dem Kind muss eine Möglichkeit gegeben werden, sein Verhalten zu erklären.

► Die Strafe muss angemessen, d. h. nicht zu streng sein. Das Kind soll die Strafe als gerecht empfinden.

► Die Strafe muss zeitnah erfolgen.

► Die Strafe sollte in einem sachlichen Zusammenhang mit dem unerwünschten Verhalten stehen. Sinnvoll ist z. B., eine Wiedergutmachung zu verlangen, wenn eine Schaden entstanden ist. Voraussetzung dafür ist, dass das Kind den Zusammenhang verstehen kann.

► Das Kind sollte – immer entsprechend seinem Entwicklungsstand und seiner Einsichtsfähigkeit – nach und nach lernen, die Verantwortung für die unangenehmen Konsequenzen, die aus seinem Fehlverhalten entstanden sind, zu übernehmen. So kann man von dem Kind eine Entschuldigung oder Wiedergutmachung erwarten, wenn es eine andere Person gekränkt oder geschädigt hat. Viele Strafen ergeben sich logisch aus dem Fehlverhalten. Die unangenehmen Konsequenzen des Fehlverhaltens sind nämlich oft schon Strafe genug. Verpasst ein Kind z. B. aus Unpünktlichkeit die Teilnahme an einer Veranstaltung, die es gerne besuchen wollte, so wird es enttäuscht sein.

Diese Erfahrung sollten die Eltern ihm jedoch nicht vorenthalten.

Ermahnung und Tadel

Auch Ermahnungen und Tadel gehören zu den unangenehmen Reizen. Erziehende ermahnen und tadeln, um dem Kind zu verdeutlichen, dass sein Verhalten unerwünscht ist. Während die Ermahnung einem vorwurfsvollen Erinnern gleichkommt, ist der Tadel eine negative Äußerung über ein Verhalten. Im Unterschied zur Ermahnung schreckt der Tadel ab. Er vermittelt dem Kind nicht die **Einsicht**, wie es sich verhalten soll, sondern unterdrückt sein unerwünschtes Verhalten. Nach dem Tadel sollte deshalb eine **versöhnliche Aufforderung** folgen, die dem Kind die Möglichkeit gibt, sein unerwünschtes Verhalten durch ein erwünschtes Verhalten auszugleichen. So erfährt das Kind, dass man ihm ein besseres Verhalten zutraut.

Körperliche und seelische Gewalt

Erst seit dem Jahr 2000 steht das Recht der Kinder auf gewaltfreie Erziehung im Bürgerlichen Gesetzbuch. Schläge und andere Formen von körperlicher Gewalt, aber auch seelisch verletzende Strafen sind demnach unzulässig.

Werden Kinder mit körperlicher oder seelischer Gewalt bestraft, kommt es zu folgenden Auswirkungen:

► Die Beziehung zwischen dem Kind und den Erziehenden verschlechtert sich.

► Die Strafe kann je nach Veranlagung des Kindes Aggression oder Ängstlichkeit hervorrufen.

► Das Kind entwickelt Hass und Misstrauen.

► Die Strafe kann zu Passivität, Gehemmtheit und Vermeidungsreaktionen, z. B. Weglaufen, Lügen, führen.

► Gewalt in der Erziehung kann dazu führen, dass das Kind das Verhalten der Erziehenden nachahmt und selbst anfängt, Gewalt auszuüben. Es lernt nicht, Konflikte mit gewaltfreien Mitteln zu lösen. Somit wird Gewalt von einer in die nächste Generation weiter getragen.

LF 2

FALLBEISPIELE

1. Mark ist zu spät zum Essen gekommen, so erhält er statt des Nachtisches einen Apfel.

2. Marion hat ihr Fahrrad unangeschlossen vor einem Geschäft hingestellt. Als sie aus dem Geschäft heraus kommt, ist das Fahrrad gestohlen.

3. Lena hat ihr Frühstückbrot für den Kindergarten vergessen. Nun muss sie ohne Frühstück zurechtkommen.

4. Luisa hatte Spaß daran, den anderen Kindern im Kindergarten das Spielzeug wegzunehmen. Zur Strafe musste sie immer in der Ecke des Kindergartens stehen. Eines Tages stieß sie versehentlich an einen Turm, den der kleine Ben mühsam errichtet hatte. Als er jämmerlich anfing zu schreien und die Sozialassistentin sich erkundigte, wer den Turm umgeworfen habe, meinte Luisa, sie sei es nicht gewesen.

5. Simone wollte ihr Frühstück nicht aufessen und wurde zur Strafe in ihrem Zimmer eingesperrt. Sobald die Tür verschlossen war, fing sie fürchterlich an zu schreien. Noch nach Jahren hat sie erzählt, wie furchtbar sie diese Strafe empfunden hat.

6. Ben erzählt, er sei von seinem Vater regelmäßig verprügelt worden. Heute würde er sich das nicht mehr bieten lassen.

7. Jenny hat ihre Badesachen vergessen. Nun kann sie nicht mitbaden, sondern muss sich auf eine Bank setzen, um den anderen beim Baden zuzusehen.

AUFGABEN

1. Beurteilen Sie die Fallbeispiele.

2. Beschreiben Sie Erziehungsmaßnahmen aus Ihrer Kindheit, die Sie als ungerecht empfunden haben. Welche Maßnahmen wären besser gewesen?

9.10.3 Einflüsse auf die Wirkung einer Erziehungsmaßnahme

FALLBEISPIEL

Sozialassistentin Annelie im Kindergarten G. ist überrascht: Als sie die Kinder auffordert, nach draußen zu gehen, teilen ihr die Kinder mit, sie möchten lieber im Gruppenraum spielen als draußen. Als sie den Kindern vor zwei Tagen erklärte, warum sie bei starkem Regen nicht in den Garten gehen können, haben sie es eingesehen. Heute zeigen die Kinder bei derselben Problematik keine Einsicht, obwohl die Sozialassistentin dieselben vernünftigen Argumente bringt. Diese Situation ist neu für die Sozialassistentin, denn in der Regel sind die Kinder lieber draußen als drinnen. Auf die Frage der Sozialassistentin nach den Gründen können die Kinder keine Antwort geben. Sie meinen, heute möchten sie lieber drinnen als draußen spielen.

AUFGABE

Nennen Sie Gründe dafür, dass die Gruppe lieber im Haus als draußen spielen möchte.

Eine Erziehungsmaßnahme zeigt nicht bei jedem Kind die gleiche Wirkung. Grund dafür sind verschiedene **Faktoren**, die die Erziehungsmaßnahmen beeinflussen. Nachfolgend sind einige Beispiele dazu aufgeführt:

Die Persönlichkeit der Sozialassistentin:

Den Anweisungen einer selbstsicheren Sozialassistentin folgt das Kind eher als den Anordnungen einer ängstlichen Sozialassistentin.

Die Persönlichkeit des Kindes:

Sensible Kinder sind gegenüber einem Tadel empfindlicher als robuste Kinder.

Das Verhältnis zwischen Sozialassistentin und Kind:

Ein Kind, das seine Sozialassistentin bewundert, wird diese eher nachahmen und ihr gehorchen, als ein Kind, das keinen Respekt vor der Sozialassistentin hat.

Die jeweilige Situation:

Morgens sind Kinder eher bereit, den Anweisungen der Sozialassistentin zu folgen als am Nachmittag. Sie sind morgens ausgeschlafen und hören daher eher auf die Aufforderungen der Sozialassistentin.

MERKSATZ

Der Erfolg einer Erziehungsmaßnahme hängt von der Persönlichkeit des Kindes, der Sozialassistentin (Erzieherin) und von dem Verhältnis der beiden zueinander ab.

LF 2

AUFGABEN

1. Nennen Sie Gründe dafür, dass die Persönlichkeit der Sozialassistentin von sehr großer Bedeutung im Erziehungsprozess ist.
2. Beurteilen Sie die nachfolgenden Fallbeispiele.

FALLBEISPIELE

1. Sabrina, 4 Jahre alt, ist in eine Pfütze getreten und bekam nasse Füße. Sie ging ins Haus, um sich trockene Kleidung anzuziehen. Als sie ihre Schuhe anziehen will, sagt die Mutter: „Tut mir leid, Sabrina, du kannst noch nicht wieder nach draußen gehen, deine Schuhe sind noch nass!" Mit der Entscheidung der Mutter ist Sabrina nicht einverstanden. Sie stampft mit den Füßen auf und schreit: „Ich will aber nach draußen.

2. Im Kindergarten B. zanken sich Ricky und Martin um ein Auto. Beide möchten mit dem Auto spielen. Als der Sozialassistent Daniel dazukommt, stellen beide das Auto zur Seite und tun so, als wollten sie nicht mehr mit dem Auto spielen. Ricky weiß nicht, wie Martin reagiert, wenn er ihm das Spielzeug weg nimmt. Martin könnte wütend werden und ihn schlagen. Auch ist der Sozialassistent in der Nähe, der mit ihm schimpfen würde. Ricky beschließt, eine günstige Gelegenheit abzuwarten.

Lernfeld 3:

Grundlegende Bedürfnisse von Kindern und Jugendlichen im sozialpädagogischen Handeln berücksichtigen

Im Mittelpunkt dieses Lernfeldes stehen die physischen und emotionalen Bedürfnisse von Kindern und Jugendlichen und ihre Bedeutung für die Entwicklung.

Es geht dabei um

▶ die Beschreibung und Entwicklung der physischen und emotionalen Bedürfnisse von Kindern und Jugendlichen,

▶ das aus den Bedürfnissen abgeleitete sozialpädagogische Handeln und die Fürsorgepflicht,

▶ grundlegende Aufgaben der Pflege, Betreuung und Versorgung,

▶ präventive Maßnahmen zum Erhalt der Gesundheit.

Beispiele für Lernsituationen zu diesem Lernfeld

1. *Die Bedürfnishierarchie nach Maslow und Möglichkeiten ihrer Umsetzung im Kindergarten*
2. *Verhaltensauffälligkeiten bei Kindern und Gegenmaßnahmen*
3. *Die Umsetzung von Pflege, Schutz und Fürsorge bei Kindern*
4. *Die Bedeutung der Körpersprache in sozialpädagogischen Berufen*
5. *Gesundheitspflege ist Körperpflege*
6. *Verhalten von Kindern bei Krankheiten und Unfällen*
7. *Frühstück ist der Start in den Tag.*

	Bedürfnisse	Maßnahmen
Physische Bedürfnisse	Essen, Tinken, Schlaf	Befriedigung der Grundbedürfnisse durch Nahrungsmittel und Schlafen
Psychische Bedürfnisse	Liebe, Sicherheit, Geborgenheit, Geltung, Selbstverwirklichung	Liebe, Geborgenheit und Sicherheit geben, Vermeidung von Über- oder Unterforderung

LF 3

Mit dem Begriff „Bedürfnis" wird ein physischer (körperlicher) oder psychischer (seelischer) Mangelzustand ausgedrückt. Das bedeutet, dass ein Bedarf, z. B. nach Essen oder Trinken vorhanden ist. Die Befriedigung der physischen Bedürfnisse reicht allein nicht aus, sondern der Mensch hat weitergehende emotionale Bedürfnisse, z. B. Zuwendung oder Liebe. Mit der Befriedigung der emotionalen Bedürfnisse gewinnt der Mensch emotionale Sicherheit und Geborgenheit. Mangelnde Zuwendung kann zu Krankheiten führen.

Bedürfnisse und Gefühle sind eng miteinander verbunden. So wird die Bedürfnisbefriedigung immer als angenehm empfunden, während nicht befriedigte Bedürfnisse unangenehm sind. Die Grundbedürfnisse des Menschen sollten daher immer ausreichend befriedigt werden.

10.1   Bedürfnisse von Kindern und Jugendlichen

Kinder haben ähnliche Bedürfnisse wie Erwachsene. Auch für sie ist es wichtig, dass die Grundbedürfnisse befriedigt werden.

Vor allem in den ersten Lebensjahren braucht das Kind neben einer gesunden Ernährung hinreichend Liebe, Geborgenheit und ein Sicherheitsgefühl, damit es weitere Bedürfnisse entwickeln kann. Ansonsten kann es zu übermäßiger Angst, Aggression oder später zu Machtstreben kommen.

Die Leistungsanforderungen, die an ein Kind beispielsweise in der Schule gestellt werden, sollten ein Kind weder über- noch unterfordern. Das bedeutet: Der Schwierigkeitsgrad sollte dem Leistungsvermögen des Kindes angepasst sein.

Die Bedürfnisse werden in angeborene, primäre oder physische Bedürfnisse (z. B. das Stillen von Hunger, Durst) und erworbene, sekundäre Bedürfnisse (z. B. der Wunsch nach Zuwendung, Anerkennung) eingeteilt.

MERKSATZ
Grundbedürfnisse müssen zeitnah gestillt werden.

10.1.1   Bedürfnishierarchie nach Maslow

Abraham Maslow

Abraham Maslow lebte von 1908 bis 1970. Er studierte auf Wunsch seiner Eltern zunächst Jura und wechselte dann zur Psychologie. Er betrieb intensive wissenschaftliche Studien. So stellte er fest, dass die menschlichen Bedürfnisse einer Hierarchie unterliegen, d. h. dass es Bedürfnisse gibt, die wichtiger für den Menschen sind als andere. Diese Bedürfnisse ordnete er in eine Bedürfnishierarchie ein, bei der die nächste Stufe der Bedürfnisse erst auftritt, wenn die vorausgehende ausreichend befriedigt worden ist.

Abb. Ullstein

LF 3

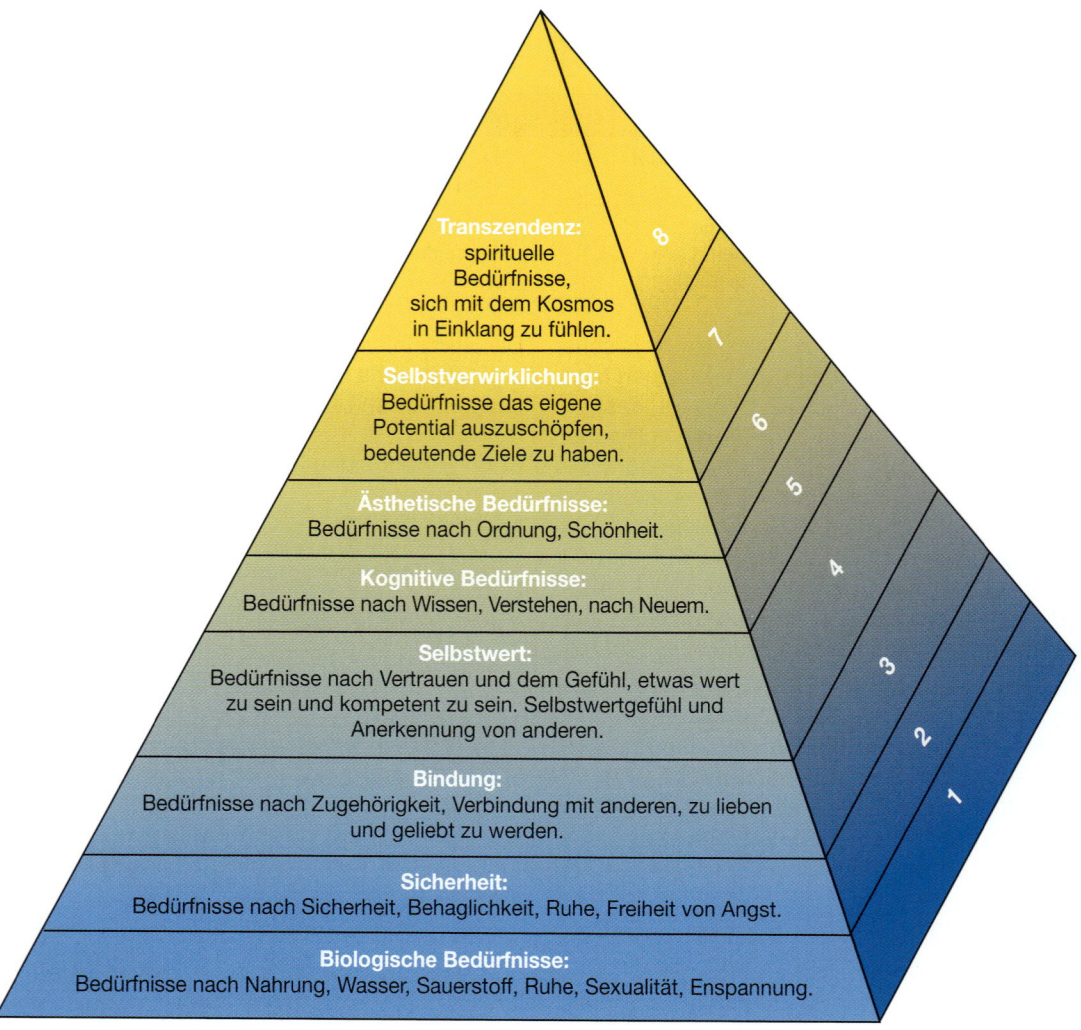

Transzendenz:
spirituelle
Bedürfnisse,
sich mit dem Kosmos
in Einklang zu fühlen.

8

7

Selbstverwirklichung:
Bedürfnisse das eigene
Potential auszuschöpfen,
bedeutende Ziele zu haben.

6

5

Ästhetische Bedürfnisse:
Bedürfnisse nach Ordnung, Schönheit.

Kognitive Bedürfnisse:
Bedürfnisse nach Wissen, Verstehen, nach Neuem.

4

Selbstwert:
Bedürfnisse nach Vertrauen und dem Gefühl, etwas wert
zu sein und kompetent zu sein. Selbstwertgefühl und
Anerkennung von anderen.

3

2

Bindung:
Bedürfnisse nach Zugehörigkeit, Verbindung mit anderen, zu lieben
und geliebt zu werden.

1

Sicherheit:
Bedürfnisse nach Sicherheit, Behaglichkeit, Ruhe, Freiheit von Angst.

Biologische Bedürfnisse:
Bedürfnisse nach Nahrung, Wasser, Sauerstoff, Ruhe, Sexualität, Enspannung.

Die Bedürfnisse des Menschen haben nach Maslow eine unterschiedliche Priorität. Grundsätzlich stellte er fest, dass die biologischen Bedürfnisse Vorrang vor den psychologischen haben. Erst, wenn sie erfüllt sind, kann sich der Mensch weiterentwickeln bis zu dem Bedürfnis nach Transzendenz.

Die Bedürfnisse stehen in einem Wechselspiel von **Unlust und Lust** bzw. von **Spannung und Entspannung**, wobei diese beiden Komponenten jedem motivierten Verhalten zugrunde liegen. Der typische Verlauf wird nachfolgend am Beispiel Hunger dargestellt:

▶ Der Organismus befindet sich in der Anfangsphase in einem Zustand der Unlust und der zunehmenden Spannung.

▶ Mit der Aufnahme von Nahrung nimmt die Spannung ab, d. h. der Organismus befindet sich in einem entspannten Zustand, bis wieder erneut Hunger oder Durst auftritt.

Bedürfnisse sind bei jedem Menschen unterschiedlich stark ausgeprägt. Vielen Menschen genügt beispielsweise die materielle Absicherung, andere haben höhere Ansprüche.

Abb. nach Maslow, A. H. (1970). Motivation and personality (rev. ed.) New York: Harper and Row.

MERKSATZ

Nach Maslow gibt es eine Gesetzmäßigkeit in der Reihenfolge der Bedürfnisse. Diese Gesetzmäßigkeit gilt seiner Meinung nach immer, ganz gleich, wie der Mensch aufgewachsen ist.

AUFGABEN

1. Nennen Sie Beispiele, die die Aussagen von Maslow bestätigen oder widerlegen.

2. Untersuchen Sie in Gruppen, wie weit die Bedürfnisse bei den Kindern, die Sie betreut haben, zutreffen. Notieren Sie Ihre Aussagen auf einer Tapetenrolle und vergleichen Sie Ihre Aussagen mit denen Ihrer Mitschülerinnen.

3. Beurteilen Sie die Bedürfnisse ihrer Eltern und Großeltern.

4. Halten Sie ein Referat über Maslow. Besorgen Sie sich dazu Literatur aus der Bücherei oder holen Sie sich Informationen aus dem Internet.

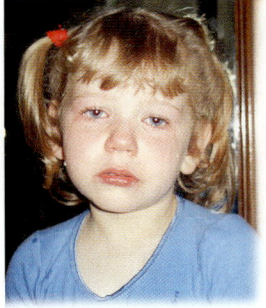
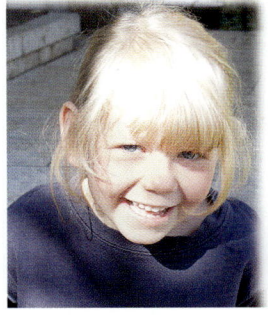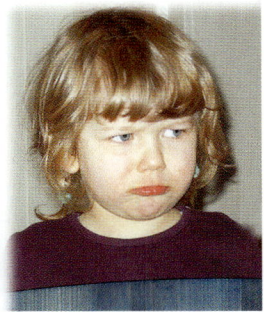

LF 3

10.1.2 Entwicklung von Bedürfnissen und Emotionen

Bedürfnisse und Emotionen sind Antriebskräfte des Menschen und leisten damit für ihn wichtige **lebenserhaltende Funktionen**. So löst das Bedürfnis nach Nahrung Hungergefühle aus oder das Bedürfnis nach der Zugehörigkeit zu anderen Menschen führt zur Kommunikation mit anderen Menschen.

AUFGABEN

1. Beurteilen Sie die Fotos und teilen Sie Ihren Mitschülerinnen Ihre Eindrücke mit.

2. Welche Gefühle lösen die Fotos aus?

Emotionen umfassen einerseits körperliche Zustände, andererseits umfassen sie seelische Befindlichkeiten eines Menschen; sie besitzen sowohl **körperliche als auch psychische Komponenten**.

Von entscheidender Bedeutung für das Verständnis des Emotionsbegriffes ist, dass Emotionen nicht nur ein Ich-Zustand sind, sondern auch das Verhalten beeinflussen. Gefühle können ein bestimmtes Verhalten aktivieren und es steuern, aber auch lähmen. Sie können zu Passivität verleiten oder ein Annäherungs- bzw. Vermeidungsverhalten auslösen.

Der Psychologe Carroll E. Izard hat Gefühle bei Kleinkindern an ihrem Gesichtsaudruck erforscht und nach dem Zeitpunkt des ersten Auftretens in eine Reihenfolge gebracht. Izard ging in seinen Untersuchungen davon aus, dass Kleinkinder noch nicht gelernt haben, ihre Gefühle zu verbergen.

Abb. Nühs

LF 3

Emotionen des Kleinkindes und der Zeitpunkt ihres Auftretens nach Izard

Emotionen	Zeitpunkt des Auftretens
▶ Interesse, ▶ spontanes Lächeln, ▶ Erschrecken bei lauten Geräuschen, ▶ Widerwillen	bei der Geburt vorhanden
▶ Zorn, ▶ Überraschung, ▶ Traurigkeit	mit 3 bis 4 Monaten
▶ Furcht	mit 5 bis 7 Monaten
▶ Scham, ▶ Scheu, ▶ Selbstbewusstsein	mit 6 bis 8 Monaten
▶ Verachtung, ▶ Schuldgefühle	im 2. Lebensjahr

Diffenzierung der Emotionen

Andere Forscher gehen davon aus, dass sich alle Emotionen aus einem anfangs undifferenzierten Erregungszustand heraus immer weiter verfeinern.

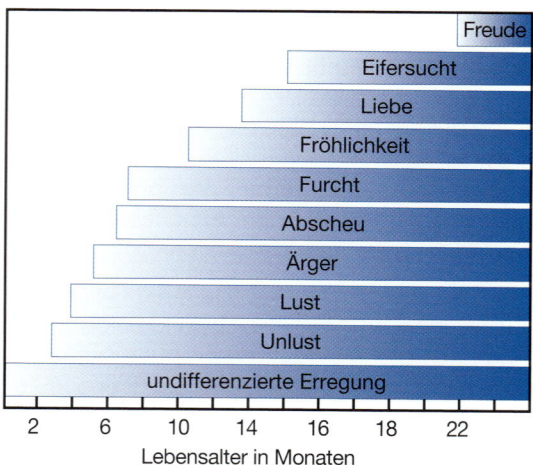

▶ Aus dem anfänglichen **Erregungszustand** in den ersten Wochen entwickelt sich **Unlust und Lust**. Die unlustbetonte Realität tritt etwas früher auf und differenziert sich in Angst, Wut und Zorn.

▶ **Angst und Furcht** kann das Kind wahrscheinlich schon sehr früh empfinden. Diese Gefühle zeigen sich, wenn das Kind gelernt hat, zwischen vertrauten und nicht vertrauten Menschen zu unterscheiden. Auf nicht vertraute Menschen reagiert es mit Abwehr.

▶ **Ärger und Wut** wird deutlich, wenn dem Kind Wünsche und Bedürfnisse versagt werden. Es kann aus Wut schreien.

▶ Das Kind kann **Liebe und emotionale Zuwendung** durch seine Bezugsperson in den ersten Lebensjahren erfahren und erwidern. Liebe und emotionale Zuwendung sind die Grundlage für die Entwicklung weiterer psychischer Funktionen, Fähigkeiten und Kräfte.

▶ Im zweiten Lebensjahr verfügt das Kind ein großes Spektrum an differenzierten Emotionen wie **Interesse, Widerwille, Freude, Zorn, Überraschung, Scham, Furcht, Verachtung und Schuldgefühle**.

▶ Die **Differenzierung der Gefühle** setzt sich in den nachfolgenden Jahren fort. Dabei ändern sich auch die Reaktionen auf diese Gefühle, z. B. schreit der Säugling bei angstauslösenden Reizen, während das zweijährige Kind Schutz bei seiner Mutter sucht.

▶ **Weitere Gefühle** entwickeln sich auch durch die Auseinandersetzung mit der Umwelt sowie durch Nachahmung und Konditionieren, z. B. erlernt das Kind die Angst vor Spinnen häufig von anderen.

Nach C. Izard gibt es so genannte **universelle Gefühle**, die in allen Kulturen zu allen Zeiten existieren. Sie zeigen sich in bestimmten Gesichtsausdrücken, z. B. Zusammenziehen der Augenbrauen bei Zorn, Blasswerden bei Ängsten, Erröten bei Scham.

Die **Sprache** ermöglicht es dem Kind, seine Emotionen auszudrücken. Kleinkinder beginnen ab dem Alter von 20 Monaten, ihre Gefühle zu benennen. Im zweiten und dritten Lebensjahr sind Kinder so weit entwickelt, dass sie ihr Emotionsvokabular einsetzen können, um andere dazu zu bewegen, auf ihre Bedürfnisse einzugehen. Im Alter von sechs Jahren verstehen Kinder differenzierte Bezeichnungen für emotionale Zustände. Trotz des Einsatzes ihrer Sprachkenntnisse bleibt das nonverbale Verhalten sowohl für das Emotionsverständnis als auch für den Emotionsausdruck für Kinder wichtig. Wenn sie ihren Willen nicht durchsetzen können, so beginnen sie z. B. zu weinen, werden zornig oder ziehen sich zurück. Die Art und Weise, Gefühle auszudrücken, wird bereits im Kleinkindalter **kulturspezifisch** gelernt und geäußert. Einen entscheidenden Einfluss darauf hat das Werte- und Normensystem.

MERKSATZ

Das Baby zeigt von Anfang an Gefühle. Im Laufe der Jahre vollzieht sich eine Differenzierung der Gefühle und Reaktionen.

AUFGABEN

1. Nennen Sie Beispiele dafür, wie die Entwicklung der Gefühle und Bedürfnisse bei Kindern durch die Erziehenden gefördert werden kann.

2. Wie können Sie als Sozialassistentin zur Minimierung von Angst und Furcht bei Kindern beitragen?

3. Informieren Sie sich über das „soziale Lächeln" bei Säuglingen.

4. Überlegen Sie, wie Gefühle der Freude, der Trauer und der Höflichkeit in den unterschiedlichen Kulturkreisen ausgedrückt werden. Befragen Sie dazu Ihre ausländischen Mitschülerinnen.

10.2 **Folgen der Vernachlässigung emotionaler und physischer Bedürfnisse**

Wenn grundlegende Bedürfnisse des Kindes nicht ausreichend befriedigt werden, wie etwa

das Bedürfnis nach Sicherheit, Geborgenheit oder Liebe, so ist die Entwicklung weiterer Bedürfnisse behindert, etwa das Bedürfnis, selbstständig und unabhängig zu werden.

Ablehnung und Vernachlässigung des Kleinkindes können Entwicklungsstörungen zur Folge haben. Solche Störungen sind unter dem Stichwort **Hospitalismus** bekannt. Mit Hospitalismus werden körperliche und psychische Entwicklungsstörungen im Säuglings- und Kleinkindalter bezeichnet. Der Hospitalismus lässt sich auf zwei Ursachen zurückführen:

1. Mangelnde emotionale Zuwendung:

Dieser Mangelzustand entsteht, wenn Säuglinge und Kleinkinder keine feste und dauerhafte Bezugsperson haben und daher auf eine stabile und liebevolle Zuwendung verzichten müssen.

2. Mangelnde Vermittlung von Reizen:

▶ Wenig Ansprache durch die Bezugsperson,
▶ kaum Reize, die die motorische und geistige Entwicklung des Kindes fördern,
▶ eine reizarme, stereotype Umgebung.

Das Baby entwickelt sich am besten in einer stabilen, intensiven Beziehung. Dabei ist es un-

Abb. Maier

erheblich, ob es sich um eine oder zwei bis drei Bezugspersonen handelt, die sich um das Kind kümmern. Ferner wird das Familienleben nicht nur von den jeweiligen Persönlichkeitsmerk-malen der Familienmitglieder geprägt, sondern auch von den sozialen Umständen und den Umweltbedingungen, unter denen die Familie lebt.

Das Kind benötigt für seine Entwicklung das **Angenommensein**. Kinder, die im ersten Lebens-jahr keine festen Bindungen eingehen konnten, sind auch später in sozialer Hinsicht benach-teiligt.

Die Art und Weise der frühkindlichen emotional-affektiven Erlebnisse entscheidet darüber, ob es bei einem Menschen zur Ausprägung des Urvertrauens oder des Urmisstrauens kommt. Die emotionale Zuwendung erzeugt beim Kind eine Atmosphäre der Geborgenheit. Diese trägt dazu bei, dass das Kind in der Lage ist, sich mit unbekannten Menschen und Dingen einzulassen. Beim Fehlen dieses Gefühls des Sich-Verlas-sen-Dürfens verschließt sich das Kind miss-trauisch und ängstlich gegenüber allem Neuen. Es traut sich nicht, Unbekanntes zu erforschen, was die Gewinnung von neuen Erfahrungen be-hindert.

MERKSATZ

Kinder benötigen von Geburt an intensive emotionale Zuwendung, damit sich das Ur-vertrauen entwickeln kann.

AUFGABE

Nennen Sie Möglichkeiten, dem Hospitalis-mus vorzubeugen.

10.2.1 Normalität und Auffälligkeit

FALLBEISPIEL

Die fünfjährige Katrin fängt nach der Geburt ihres Bruders an zu stottern. Das macht den Eltern Sorge und sie beschließen die Fami-lienberatungsstelle aufzusuchen.

AUFGABE

Welche Umstände könnten Katrins Stottern ausgelöst haben? Berücksichtigen Sie, dass Kinder im Alter von vier bis fünf Jahren zum Stottern neigen.

Zunächst ist die Klärung des Begriffes „Norma-lität" erforderlich. Er wird abgeleitet von dem Begriff „Norm". Bei der Norm werden unter-schieden:

▶ **Die statistische Norm,**
▶ **die soziokulturelle Norm,**
▶ **die individuelle Norm,**
▶ **die allgemeine Verhaltensnorm.**

Bei der **statistischen Norm** beobachtet man Menschen in der gleichen Situation. Das am häufigsten gezeigte Verhalten wird danach zur Norm erhoben. Der Nachteil dieser Festlegung besteht darin, dass angepasstes Verhalten zum Standard erhoben wird. Dabei kann abweichen-des, unübliches Verhalten der Gesellschaft durch-aus von Nutzen sein, dadurch, dass es zu Innova-tionen führen kann.

Die **soziokulturelle Norm** hat Ähnlichkeit mit der statistischen Norm. Die soziale Gruppe wird hier als Einheit zugrunde gelegt. Die Wertvorstellun-gen, die die Gruppe vertritt, gelten als allgemeine Norm für diese Gruppe. Die Folge davon ist, dass verschiedene Gruppen in derselben Ein-richtung andere Normen haben können, was manchmal Probleme bereiten kann.

Die statistische und die soziokulturelle Norm sind auf den Sozialverband bezogen. Sie können der **individuellen Norm** widersprechen. Bei der individuellen Norm steht der Mensch im Mittel-punkt. Jeder Mensch soll die Möglichkeit haben, seine Persönlichkeit zu entwickeln. Diese Sicht-weise ist auch im Grundgesetz verankert. Den-noch ist es häufig so, dass persönliche Nei-gungen durch die Gemeinschaft oder soziale Bedingungen eingeengt werden. So kann die freie Berufswahl eingegrenzt werden, wenn nicht der entsprechende Ausbildungsplatz zur Ver-fügung steht.

Alle drei Sichtweisen können in Vorstellungen von **allgemeinen Verhaltensnormen** einfließen. Diese betreffen z. B.:

▶ Selbstwertgefühl,
▶ Kommunikationsfähigkeit,

▶ Sozialverhalten,
▶ Wertvorstellungen,
▶ Motorik usw.

Wenn diese Aspekte altersgemäß ausgeprägt sind, dann kann man von einem normal entwickelten Kind sprechen. Andernfalls kann abweichendes Verhalten vermutet werden. Die Abweichung kann aber nur von einem Fachmann festgestellt werden, der fundierte Kenntnisse über die Entwicklungsstufen eines Kindes hat und es über einen längeren Zeitraum beobachtet hat. Wichtig ist, dass zwischen Verhaltensauffälligkeiten, die entwicklungsbedingt sind, und Abweichungen mit Krankheitswert unterschieden wird. Bei letzteren muss so schnell wie möglich gehandelt werden.

MERKSATZ

Der Normbegriff kann statistisch, soziokulturell, allgemein oder individuell definiert werden. Von der Norm abweichendes Verhalten kann nur durch genaue Beobachtung und entsprechende Sachkenntnis festgestellt werden.

Abb. Thiele

AUFGABEN

1. Nennen Sie Beispiele dafür, dass die statistische Norm Innovationen verhindern kann.

2. Nennen Sie Beispiele dafür, dass die individuelle Norm durch die Gemeinschaft eingeengt werden kann.

3. Erklären Sie die bei der allgemeinen Verhaltensnorm aufgeführten Begriffe, z. B. Selbstwertgefühl, mit eigenen Worten.

10.2.2 | Ursachen für Verhaltensauffälligkeiten

FALLBEISPIEL

Jonathan, fünf Jahre, kann nicht länger als fünf Minuten auf seinem Platz sitzen und sich mit einem Buch oder mit einem Spiel beschäftigen. Dieses Verhalten zeigt er sowohl im Kindergarten als auch zu Hause.

AUFGABE

Beurteilen Sie Jonathans Verhalten und überlegen Sie, wie man ihm helfen kann.

Verhaltensauffälligkeiten bei Kindern können unterschiedliche Gründe haben, z. B.

▶ **Veranlagung,**
▶ **organische Störungen**
▶ **Probleme in der Familie,**
▶ **Hemmung motorischer Aktivitäten**

In Kindergärten gibt es immer wieder Kinder mit besonderen Schwierigkeiten, so dass Erziehungsmethoden, die für die anderen Kinder angemessen sind, nicht ausreichen und über weitergehende Methoden nachgedacht werden muss. Das Verhalten kann mit einer Veranlagung zusammenhängen, es kann aber auch auf das Umfeld des Kindes zurückzuführen sein.

Wenn das abweichende Verhalten von einer organischen Störung verursacht wird, kann es sich um eine **Behinderung** handeln. Abweichendes Verhalten, das auf keine organische Störung zurückzuführen ist, wird oft als **Erziehungs-**

schwierigkeit oder **Verhaltensauffälligkeit** bezeichnet. Aufgabe des Kindergartens ist es, das Verhalten genau zu beobachten und bei Auffälligkeiten soweit wie möglich gegensteuern. Bleibt diese Maßnahme ohne Erfolg, dann sollte versucht werden, über die Erziehungsberatungsstelle Hilfe anzufordern.

Ursachen für auffälliges Verhalten bei Kindern kann auch an **Problemen in der Familie** liegen. In Zusammenarbeit mit der Familie sollten die nachfolgenden Fragen gestellt, beantwortet und darauf reagiert werden:

▶ Fühlen sich die Eltern und Kinder in der Familie geborgen?

▶ Werden Handlungsstrategien des Kindes, die der allgemeinen Norm noch entsprechen, akzeptiert, auch wenn sie von der Familiennorm abweichen.

▶ Haben einzelne Familienmitglieder kein Interesse mehr am Familienverband oder haben sie die Kommunikation eingeschränkt oder ganz aufgegeben?

Die Beantwortung der Fragen sollte dazu führen, dass möglicherweise Familienstrukturen verändert werden oder ein anderer Erziehungsstil zum Tragen kommt. Wichtig ist, dass das Kind in seinem Elternhaus anerkannt wird und dort Liebe und Geborgenheit findet.

Die **Hemmung motorischer Aktivitäten** kann zu

▶ Muskel- und Haltungsschwächen,
▶ Aggressionsstau,
▶ Wahrnehmungs- und Koordinationsstörungen,
▶ Übergewicht,
▶ emotional-sozialen Störungen

bei Kindern führen. Die Kinder sollten genug Möglichkeiten haben, sich zu bewegen. Dazu kann der Garten genutzt werden, ein Spielplatz oder ein Waldspaziergang. Soweit möglich sollte die Wohnung ausreichend Bewegungsraum bieten.

Verhaltensauffälligkeiten können sich in **gestörtem Sozialverhalten** zeigen. Menschliches Verhalten wird durch den Umgang mit anderen Menschen geprägt. Das Kind geht in der gleichen Weise vor: Es erwirbt durch den Umgang mit anderen Menschen ein **Verhaltensrepertoire**, das es je nach Situation anwendet. Bei einem gestörten Sozialverhalten fehlt das Verhaltensrepertoire oder es kann nicht angewendet werden. Aufgabe der Erziehenden ist es daher, die Kinder zu beobachten und dem auffälligen Verhalten entgegenzuwirken.

MERKSATZ

Verhaltensauffälligkeiten können mit der Persönlichkeit des Kindes oder mit seinem Umfeld zusammenhängen.

AUFGABEN

1. *Wie können Eltern Verhaltensauffälligkeiten ihrer Kinder vorbeugen?*

2. *Welche Möglichkeiten gibt es für Kinder, besser mit Konfliktsituationen zurechtzukommen.*

3. *Denken Sie sich ein Rollenspiel mit einer Konfliktsituation aus, die Sie im Kindergarten ausprobieren.*

Abb. Nühs

10.2.3 Auffälligkeiten an ausgewählten Beispielen

Wenn eine Auffälligkeit im Verhalten eines Kindes vermutet wird, ist es für die Sozialassistentin sinnvoll, das **Gespräch mit den Kolleginnen** zu suchen. Wenn diese die Auffälligkeit bestätigen, muss ein **Gespräch mit den Eltern** geführt werden. In Zusammenarbeit mit den Eltern kann versucht werden, mit dem Problem fertig zu werden. Wenn es nicht gelingt, können nachfolgende öffentliche Einrichtungen aufgesucht werden:

► **Jugendamt**,
► **Kinderärzte**,
► **Frühförderstellen** (hier arbeiten u. a. Ergotherapeuten und Heilpädagogen),
► **Sozialpädiatrische Zentren** (hier arbeiten z. B. Neuropädiater),
► **Erziehungsberatungsstellen** (hier arbeiten Psychologen und Sozialpädagogen).

Teilweise verfügen auch die Kindergärten über **Fachberater**, die sich dann der Kinder mit Verhaltensauffälligkeiten annehmen.

Nachfolgend sind einige Auffälligkeiten näher beschrieben.

Störungen des Sozialverhaltens

FALLBEISPIEL

Mara, fünf Jahre alt, fällt dadurch auf, dass sie mit zerschlissener und manchmal verschmutzter Kleidung in den Kindergarten kommt. Nach einer Auseinandersetzung mit der Sozialassistentin war sie plötzlich verschwunden. Sie hatte den Kindergarten verlassen und war in die Stadt gegangen.

AUFGABEN

1. Nennen Sie Gründe für Maras Verschwinden.
2. Hätte es Möglichkeiten gegeben, es zu verhindern?

Die Einstellungen und Verhaltensweisen von Kindern mit Störungen des Sozialverhaltens stehen im Widerspruch zu den Normen und Regeln, die für die betreffende Altersgruppe gilt:

► Die Kinder sind nicht bereit, sich einzufügen. Sie haben nicht gelernt, ihr Verhalten kritisch zu hinterfragen.
► Sie suchen zuerst ihren Vorteil und wehren sich gegen vermeintliche Benachteiligungen.
► Sie können sich in der Regel nicht längere Zeit mit einer bestimmten Aufgabe beschäftigen, sie lassen sich von spontanen Eingebungen leiten.

Die Gründe, die zu Störungen des Sozialverhaltens führen, sind ganz unterschiedlich:

► Vernachlässigung
► Dem Kind fehlt die Bezugsperson oder die Bezugsperson wechselt zu oft, daher kann es keine sicheren Bindungen entwickeln.
► Eltern lassen ihr Kind einerseits gewähren, andererseits zeigen sie große Härte, indem sie es aus geringfügigem Anlass streng bestrafen.
► Familienmitglieder pflegen keinen achtungsvollen Umgang miteinander. Das Kind lernt nicht, dass Menschen nur bei gegenseitiger Achtung zusammenleben können.

DEFINITION

Unter Vernachlässigung ist ein Mangel an Pflege und Erziehung zu verstehen.

Bei Störungen des Sozialverhaltens sollte mit den Kindern folgendermaßen umgegangen werden:

► Dem Kind zeigen, dass es erwünscht ist.
► Regeln für den Umgang miteinander verständlich machen und von allen Kindern in der Gruppe fordern.
► Das Selbstbewusstsein des Kindes stärken, etwa durch angemessene Leistungsforderungen und kreative Beschäftigungen.
► Dem Kind eigene Entscheidungsmöglichkeiten einräumen.

LF 3

AUFGABEN

1. *Erarbeiten Sie Regeln, die ein Kind mit Störungen des Sozialverhaltens in der Gruppe einzuhalten hat.*

2. *Wie kann die Gewissensbildung und das Verantwortungsgefühl bei Kindern mit Störungen des Sozialverhaltens gefördert werden?*

Hyperaktivität

FALLBEISPIEL

Der siebenjährige Jonas ist in ständiger Unruhe. Er zappelt herum und kann sich nur schwer konzentrieren. Er hat keine Ausdauer, sich längere Zeit mit einer Sache zu beschäftigen. Jonas wechselt ständig von einer Aufgabe zur anderen, ohne etwas zu Ende zu bringen. Seine Mutter versucht, ihm zu helfen, bei einer Sache zu bleiben. Aber vergeblich, alles Zureden, Ermahnen und Tadeln ist umsonst. Jonas ist nicht zur Ruhe und zur Konzentration zu bringen. Schließlich gehen die Eltern mit Jonas zu einem Kinderarzt. Er stellt eine Hyperaktivität fest.

AUFGABEN

1. *Tragen Sie die Merkmale von Hyperaktivität zusammen.*

2. *Berichten Sie über Ihre Erfahrungen mit hyperaktiven Kindern.*

Hyperaktivität tritt in den ersten Lebensjahren auf. Sie kann bis in die Schulzeit andauern, vereinzelt ist sie sogar noch im Erwachsenenalter vorhanden. Hyperaktivität tritt bei Jungen häufiger auf als bei Mädchen. Hyperaktive Kinder sind daran zu erkennen, dass

▶ sie keine Ausdauer haben, sich über längere Zeit zu konzentrieren,

▶ es ihnen schwer fällt, ruhig auf dem Platz sitzen zu bleiben,

▶ sie unaufmerksam sind und daher Aufträge und Ermahnungen oft nicht wahrnehmen,

▶ sie oft in Unfälle verwickelt sind.

Hyperaktivität ist keine Charakterschwäche. Sie stellt ein Krankheitsbild dar, dessen Ursachen bisher weitgehend ungeklärt sind.

Hyperaktive Kinder haben häufig ein geringes Selbstwertgefühl, das sie durch aggressives Verhalten auszugleichen versuchen. Für Erziehende ist es daher schwer, diese Kinder anzunehmen. Die Kinder benötigen aber Hilfestellung, weil sie sonst nicht zurechtkommen. Über Medikamente gelingt es Kinderärzten, das hyperaktive Verhalten zu reduzieren. Aber es ist keine Dauerlösung. Dafür ist eine kindertherapeutische Behandlung erforderlich.

Im Kindergarten ist es möglich, verstärkt auf diese Kinder einzugehen und ihnen zu helfen durch

▶ Ruheübungen,

▶ Akzeptanz,

▶ Übertragung von Aufgaben für die Gemeinschaft,

▶ Ermutigung zu kreativen Aufgaben, z. B. basteln, malen,

▶ Förderung der Stärken des Kindes,

▶ ausreichend Sport und Bewegung.

MERKSATZ

Hyperaktivität ist gekennzeichnet durch übermäßigen Bewegungsdrang und mangelnde Konzentrationsfähigkeit.

AUFGABEN

1. *Nennen Sie Aufgaben, die hyperaktive Kinder im Kindergarten übernehmen können.*

2. *Stellen Sie in Gruppen kreative Aufgaben zusammen, die geeignet sind, die Konzentrationsfähigkeit hyperaktiver Kinder zu stärken.*

Überängstlichkeit

Überängstlichkeit ist eine übersteigerte Angstreaktion auf Situationen, die bei den meisten Menschen der jeweiligen Bezugsgruppe keine Angst oder weniger Angst auslösen. Überängstlichkeit kann sich als Angst vor unbestimmten Gefahren, als Angst vor Liebesverlust, als Angst vor Strafe und als Angst, nicht erwünscht zu sein, zeigen. Die **Ursachen** dafür sehen – wie folgt – aus:

▶ **Angst vor unbestimmten Gefahren** kann damit zusammenhängen, dass dem Kind eine beständige Bezugsperson gefehlt hat. Diese Form der Angst entsteht durch lange Trennungen von den Eltern oder wenn das Kind ständig unvorhersehbaren, nicht einschätzbaren Reaktionen der Bezugspersonen ausgesetzt ist.

▶ **Angst vor Liebesverlust** entsteht, wenn dem Kind Liebesentzug angedroht wird. Es fühlt sich dann allein gelassen und vollkommen hilflos.

▶ **Angst vor Strafe** entsteht, wenn die Eltern das Kind hart bestrafen. Auch ein autoritärer Erziehungsstil kann Angst vor der Strafe bei den Kindern zur Folge haben.

▶ **Angst, nicht erwünscht zu sein,** entsteht leicht bei zerrütteten Ehen oder wenn sich die Eltern bei der Erziehung der Kinder nicht einig sind. Die Kinder fühlen sich dann überflüssig und nicht erwünscht, da sie zwischen den Eltern stehen.

FALLBEISPIELE

1. Harry, fünf Jahre alt, liegt abends lange wach und kann nicht einschlafen. Jede Nacht hat er große Angst, dass etwas Schlimmes passieren könnte.
2. Sabine, fünf Jahre alt, wirkt verschüchtert und traut sich nichts zu. Bevor sie mit einem Spiel beginnt, fragt sie jedes Mal ihre Mutter, ob sie das Spiel auch spielen darf. Beim Freispiel im Kindergarten hat sie ihre Jeanshose beschmutzt. Nun sitzt sie in der Ecke und weint und hat Angst, dass ihre Mutter sie ausschimpfen wird.

AUFGABEN

1. Nennen Sie jeweils die Merkmale der Angst von Harry und von Sabine.

2. Wie kann den Kindern geholfen werden?

Überängstliche Menschen werden von vielen Menschen nicht verstanden. Da es sich um **ein subjektives Empfinden** jedes einzelnen Men-

schen handelt, fühlt sich ein überängstlicher Mensch unverstanden, wenn ihm jemand seine Angst ausreden will.

Für den Umgang mit einem überängstlichen Kind empfiehlt sich das folgende Vorgehen:

▶ Dem Kind sollte deutlich gemacht werden, dass es mit seiner Angst nicht allein ist.

▶ Dem Kind sollte geholfen werden, dass es einen Platz in der Gemeinschaft findet, damit es nicht allein ist.

▶ Dem Kind sollte gezeigt werden, dass es angenommen ist, um sein Selbstbewusstsein zu stärken.

▶ Dem Kind sollten Entscheidungsmöglichkeiten eingeräumt werden, damit es Selbstbewusstsein entwickelt.

▶ Bei dem Kind sollte positives Sozialverhalten verstärkt werden, damit es sich in der Gemeinschaft sicher und wohl fühlt.

▶ Dem Kind darf nicht mit dem Liebesentzug gedroht werden, damit es sich nicht isoliert fühlt.

MERKSATZ

Überängstlichkeit hemmt die Entwicklung des Kindes zu einer selbstsicheren, selbstbewussten und kritikfähigen Persönlichkeit.

AUFGABEN

1. Nennen Sie Beispiele dafür, wie Sie überängstlichen Kindern im Kindergarten helfen können.

2. Berichten Sie über eigene Ängste und wie Sie diese bewältigen.

LF 3

Abb. Nühs

Aggression

FALLBEISPIEL

Lena mag nicht mehr zur Schule gehen. Der Grund ist Andreas. Es macht ihm Spaß, Lena hinzuschubsen und ihre Tasche auszuleeren. Die Eltern von Lena sind empört und ermutigen sie, sich gegen Andreas zu wehren und es ihm zu „zeigen". „Habe ich alles schon versucht", erwidert Lena weinend. „Er ist viel größer und stärker als ich, ich komme gegen ihn nicht an." „Dann werden wir einmal mit seinen Eltern sprechen", meint der Vater von Lena.

Andreas erzählt seine Tat ebenfalls zu Hause. Die Eltern ermahnen ihn, das zu unterlassen. „Aber", meinen Mutter und Vater von Andreas schließlich, „er ist ein richtiger Lausejunge und muss sich abreagieren."

AUFGABEN

1. Beurteilen Sie das Verhalten der beteiligten Personen.
2. Machen Sie Vorschläge, wie Lena und Andreas geholfen werden kann.

Unter Aggressivität ist das Angriffsverhalten eines Menschen zu verstehen, das die Schädigung von Lebewesen oder Gegenständen zur Folge haben kann. Aggressivem Verhalten liegt in vielen Fällen ein Frustrationserlebnis zugrunde.

In Kindergärten und in der Schule ist eine Zunahme an Gewalt festzustellen.

Das aggressive Verhalten zeigt sich

▶ als Gewalt gegenüber körperlich Schwächeren,
▶ als Gewalt gegenüber benachteiligten Personengruppen,
▶ als unangemessenes Reiz-Reaktionsverhalten: Ein falsches Wort kann eine heftige Aggression auslösen,
▶ als Gewalt gegen Sachen,
▶ als Gewalt gegen sich selbst (Autoaggression).

Aggressives Verhalten kann entstehen,

▶ durch ein lebensverneinendes soziales Umfeld,
▶ durch Fehlen einer treuen und beständigen Bezugsperson,
▶ durch schlechte Vorbilder, die durch aggressives Verhalten ihre Ziele erreichen,
▶ durch autoritäres Erziehungsverhalten der Eltern bzw. Bezugspersonen,
▶ aus Angst vor Überforderung.

Sigmund Freud (1856–1939) und Konrad Lorenz (1903–1989) sind der Meinung, dass in jedem Menschen ein Aggressionstrieb angelegt ist, der verschiedene biologisch nützliche Aufgaben erfüllt.

Unter dem Begriff „Aggression" werden nach Meinung der Psychologen Petermann und Waschberger, 1996, nicht nur negative Eigenschaften verstanden, sondern auch positive wie Selbstsicherheit, Tatkraft, Bestimmtheit und Willensstärke. Die Selbstbehauptung, die ebenfalls positiv zu bewerten ist, muss deutlich von den negativen Formen unterschieden werden.

Die verschiedenen Auffassungen über die Entstehung von negativem aggressivem Verhalten geben wichtige Hinweise für den Umgang mit aggressiven Kindern.

▶ Kinder, die bei Frustrationen ein gefühlsbedingtes Angriffsverhalten mit feindseliger ablehnender Einstellung zeigen, brauchen ein soziales Umfeld mit verständlichen und konsequent angewandten Regeln und Ordnungen.
▶ Die Frustration, die den Anreiz zur Aggression gegeben hat, ansprechen und mit dem Kind Alternativen zu seinem Verhalten erarbeiten.
▶ Bei fehlender innerer Kontrolle des Kindes muss versucht werden, sie durch äußere Kontrolle der pädagogischen Mitarbeiter auszugleichen.
▶ Dem Kind muss geholfen werden, ein neues Verhalten zu lernen. Richtige Vorbilder spielen dabei eine wichtige Rolle.
▶ Das Kind ist daran zu gewöhnen, aggressives Verhalten in einem bestimmten Rahmen zu zeigen, der aber nicht überschritten werden darf.

DEFINITION

Unter Aggression versteht man die beabsichtigte physische oder psychische Schädigung eines Lebewesens oder die Beschädigung eines Gegenstandes.

AUFGABEN

1. Nennen Sie Kennzeichen aggressiven Verhaltens.
2. Erklären Sie die Auffassungen über die Entstehung von Aggressivität im Menschen.
3. Wie können Erziehende Kindern mit aggressivem Verhalten helfen?
4. Welche Ziele beinhaltet positiv-aggressives Verhalten.

Sprach- und Sprechstörungen

FALLBEISPIEL

Der amerikanische Psycholinguistin Susan Curtiss berichtete von einem spektakulären Fall sprachlicher Deprivation (Mangel, Entzug). Im Jahr 1970 tauchte in einer kalifornischen Stadt ein 13-jähriges Mädchen mit Namen Genie auf, das sein gesamtes Leben bis zu diesem Zeitpunkt in einem kleinen Raum ohne jegliche sprachliche Anregung eingesperrt war. Dort blieb es tagsüber an ein Kinderstühlchen angebunden und verbrachte die Nacht in einem Schlafsack in einem Kinderbett, das mit einem Drahtnetz auf allen Seiten und nach oben abgesichert war. Ob die Mutter jemals mit Genie gesprochen hat, ist ungewiss. Sicher ist, dass der Vater und der gesunde Bruder niemals mit ihr gesprochen haben. Bei Aufnahme in die Kinderklinik war Genie völlig vernachlässigt und unterernährt. Sie konnte nicht aufrecht stehen, Darm und Blase nicht beherrschen und nicht selbstständig essen. Sie gab keinerlei Laute von sich, weinte und lachte nicht. Genie konnte den Spracherwerb durch ein gezieltes Training teilweise nachholen. Ihr Spracherwerb dauerte länger als bei einem Kleinkind und Grammatik erlernte sie nie. Die Linguistin folgerte daraus, dass nach dem 13./14. Lebensjahr eine grammatische Struktur nicht mehr zu erlernen ist.

AUFGABEN

1. Welche Voraussetzungen sind für den erfolgreichen Spracherwerb erforderlich?
2. Die Grundlagen der Sprachentwicklung werden im Kleinkind- und Vorschulalter gelegt. Welche weiteren Fördermöglichkeiten gäbe es jetzt noch für Genie außer dem genannten Sprachtraining.

Die Angaben über die Zahl der Auffälligkeiten und Störungen in der Sprachentwicklung von Kindern gehen weit auseinander: Einige Fachleute sprechen von 10 %, andere von 30 %. Als zuverlässig gilt die Aussage, dass die Sprachstörungen in den letzten Jahren stark zugenommen haben.

Die nachfolgend beschriebenen Symptome treten im Verlauf der Sprachentwicklung bei allen Kindern auf, daher sind sie keine Auffälligkeit. Erst wenn die Auffälligkeit über das vierte bzw. fünfte Lebensjahr hinausgeht, muss von einer Störung gesprochen werden.

Nachfolgend werden vier häufig vorkommende Sprachstörungen genannt, die nach den Symptomen eingeteilt sind:

▶ Störungen der Aussprache und der Lautbildung,
▶ Redeflussstörungen, z. B. Stottern,
▶ Stimm- und Stimmklangstörungen, z. B. Näseln,
▶ Störungen des Sprachaufbaus (Dysgrammatismus).

Störungen der Lautbildung kommt bei den Kindern am häufigsten vor. Darunter ist die Unfähigkeit des Kindes zu verstehen, einzelne Laute richtig bilden oder aussprechen zu können. Wenn nur ein Laut betroffen ist, z. B. der k-Laut, so bleibt die Sprache verständlich. Sie ist auch noch verständlich bei Störungen von mehreren Lauten oder Lautgruppen, z. B. sch. Bei schweren Lautbildungsstörungen hingegen ist das Kind kaum zu verstehen.

Beispiele für Lautbildungsstörungen sind:

▶ Laut weglassen: z. B. statt kommt – ommt, statt Sonne – onne.
▶ Den Laut durch einen anderen ersetzen: statt kommen – tommen, statt Sonne – Donne.

Eine Lautbildungsstörung kann organische oder soziale Ursachen haben.

Beim **Dysgrammatismus** ist das Kind nicht in der Lage grammatikalisch richtige Sätze zu bilden. Dabei gibt es unterschiedliche Schweregrade:

▶ Bei der leichtesten Form können nur einfache Sätze fehlerlos gebildet werden, während bei komplizierten Sätzen Grammatikfehler auftreten, z. B. „Wenn ich die Puppe mich kaufe".

▶ Bei einer mittelschweren Störung wird das Zeitwort meist in der Grundform an das Satzende gestellt, z. B. „Ich das nicht essen".

▶ Im schwersten Fall werden einzelne Wörter aneinandergehängt, ohne sie zu beugen. Die Äußerungen bestehen meist aus einem Wort bis zu höchstens drei Wörtern, z. B. „Das essen Papa".

Das Auftreten von Dysgrammatismus hat unterschiedliche Ursachen:

▶ Die Wahrnehmungsfähigkeit des Kindes ist herabgesetzt, so dass es die Sprache nicht richtig aufnimmt.

▶ Soziale Störungen, z. B. Vernachlässigung.

Eine verzögerte Sprachentwicklung ist vorhanden, wenn das Kind die Stufen der Sprachentwicklung sehr viel später oder nur unzureichend durchläuft.

Die Ursachen können mit organischen Störungen, z. B. Hirnschädigungen oder anderen Krankheiten zusammenhängen oder soziale Gründe haben, z. B. mangelnde Anregung und Zuwendung.

MERKSATZ

Bei gezielter Förderung der Sprachentwicklung kommt es bei vielen Kindern gar nicht erst zu einer Sprachstörung. Da Sprachstörungen Symptom einer Krankheit sein können, sollte der Facharzt aufgesucht werden.

AUFGABEN

1. *Setzen Sie sich mit Sprachstörungen auseinander und nennen Sie Beispiele für eine gezielte Förderung.*

2. *Nennen Sie Beispiele dafür, wie Sie Kinder zum Sprechen anregen können.*

10.2.4 **Beginnende Auffälligkeiten**

Trotz durchschnittlicher Intelligenz kann es sein, dass Kinder mit anderen Kindern nicht mithalten können. Eine Ursache kann sein, dass sie in entscheidenden Momenten nicht genug gefördert worden sind. Die Folge ist, dass sie Probleme haben, geforderte Leistungen zu erbringen.

▶ An diesen Kindern ist zu beobachten, dass die **angebotene Umwelt** kaum Aufforderungscharakter für sie hat, selbst **Materialien** können sie nicht animieren. Bei Spaziergängen in der freien Natur gehen sie an allem achtlos vorbei, so dass sie hinterher nichts zu berichten wissen. Von sich aus nehmen die Kinder kaum Notiz von ihrer Umwelt, daher muss der Erwachsene sie behutsam an die Welt heran führen. Sie müssen die elementarsten Dinge im wahrsten Sinne des Wortes begreifen. Die Erwachsenen müssen sehr geduldig mit diesen Kindern umgehen, damit keine Angstgefühle aufkommen und Abwehr erzeugt wird. Unterschiedliche Materialien sollten durch Tasten festgestellt werden. Wichtig sind auch die Puppenpflege und der Umgang mit Tieren. Beide Bereiche fördern die emotionale Entwicklung des Kindes.

Abb. Morgenstern

▶ Ein weiteres Zeichen einer beginnenden Auffälligkeit, ist die **Spielhemmung**. Wissenschaftler gehen davon aus, dass Spielen angeboren und spontan ist. Durch das Spielen erobert sich das Kind seine Umwelt. Für das Spielen benötigen Kinder Anregungen, da sie nur das spielen können, was sie gesehen und erlebt haben. Häufig werden die Ereignisse im Spiel weiter verarbeitet. Mit dem Spiel ist Freude verbunden und keinerlei Erfolgszwang oder eine Leistungsanforderung. **Spiele** werden unterschiedlich bewertet. Sigmund und Anna Freud sehen im Spiel die Möglichkeit, **Probleme zu verarbeiten und zu bereinigen**. Für Heinz Heckhausen (Psychologe 1964) bedeutet das Spiel **Spannungsabfuhr und primäre Freude**. Ganz gleich, wie man Spiele bewertet, sie sind eine **wichtige Tätigkeit** des Kindes und gehören zu seinem Leben dazu. Kinder, die nicht spielen, bedürfen der Hilfe. Ein erster Schritt dazu ist die Anleitung durch die Erzieherin oder Sozialassistentin.

▶ Ein weiteres Erkennungsmerkmal beginnender Störungen ist die **Ungeduld**. Im Grunde sind diese Kinder nicht an der Aktivität oder dem Material interessiert, dennoch können sie nicht abwarten, bis es losgeht. Ferner möchten sie immer als erste bedient werden, da sie das Warten als quälenden Zustand erleben. In diesem Fall muss die Hilfestellung im sozialen Bereich gegeben werden, denn das Vertrauen des Kindes muss gestärkt werden. Das ist nur möglich, wenn Versprechen auch eingehalten werden.

▶ Eine auffällige Zurückhaltung des Kindes ist nicht immer auf Schüchternheit zurückzuführen, sondern es kann sich auch um eine **aggressive Gehemmtheit** handeln. Sie äußert sich durch kurze heftige aggressive Entladungen, die ganz ungesteuert auftreten. Solche Momente erschrecken das Kind und es versucht, sie als Spaß zu kaschieren. Die aggressiven Momente zeigen einen kurzfristigen Kontrollverlust, der vom Kind als störend empfunden wird. Dem Kind müssen Konfliktlösungsstrategien gezeigt werden.

MERKSATZ

Der Kindergarten bietet Möglichkeiten, beginnende Störungen rechtzeitig zu erkennen und Maßnahmen dagegen zu ergreifen.

AUFGABEN

1. *Stellen Sie Verhaltensauffälligkeiten, die Sie bei den Kindern im Kindergarten erlebt haben, zusammen und berichten Sie im Plenum darüber. Wie wurde mit den Auffälligkeiten umgegangen?*

2. *Welche Auswirkungen können Verhaltensauffälligkeiten auf den späteren Lebensweg des Kindes haben?*

| 10.3 | **Betreuung als Pflege, Schutz und Fürsorge** |

AUFGABE

Nennen Sie Beispiele für Pflege, Schutz und Fürsorge.

Während seines Lebens ist jeder Mensch auf die Pflege, den Schutz und die Fürsorge anderer Menschen angewiesen. Das Bedürfnis nach Pflege, Schutz und Fürsorge ist in den einzelnen Lebensabschnitten unterschiedlich stark ausgeprägt. Besonders stark auf andere angewiesen sind Kinder und sehr alte Menschen. Die Maßnahmen der Pflege, des Schutzes und der Fürsorge bei Kindern richten sich nach dem Alter des Kindes.

Auf die Bedürfnisse des Säuglings, des Kleinkinds und des vier- bis fünfjährigen Kindes wird in den nachfolgenden Ausführungen näher eingegangen.

Die Effektivität der Maßnahmen zur Pflege, zum Schutz und zur Fürsorge des Kindes im Kindergarten kann gesteigert werden durch

▶ Förder- und Fürsorgeprogramme,

▶ kindbezogene Planung,

▶ die Mitwirkung der Eltern.

Aufgabe der Sozialassistentin ist es, das Bedürfnis der Kinder nach Pflege, Schutz und Fürsorge zu erkennen, sich darauf einzustellen und sich an geplanten Maßnahmen zu beteiligen.

10.3.1 Pflege, Schutz und Fürsorge für den Säugling und das Kleinkind

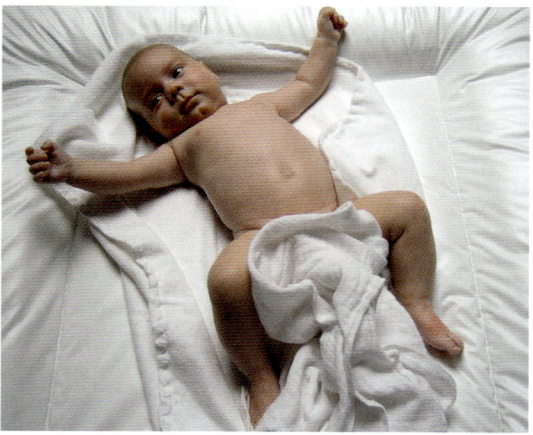

AUFGABE

Beurteilen Sie das Foto hinsichtlich Pflege, Schutz und Fürsorge für das Kind.

Säugling

Im Gegensatz zum Tier ist der Mensch nur mit wenigen lebenserhaltenden Instinkten ausgestattet. Er muss lernen, wie er in seiner Umwelt bestehen kann.

Das Neugeborene ist – sich selbst überlassen – hilflos und nicht lebensfähig. Darum braucht es in besonderem Maße die Fürsorge und Liebe von den Eltern oder der Betreuerin.

Hilflosigkeit und Abhängigkeit des neugeborenen Kindes verstärken beim erwachsenen Menschen den Wunsch, das Kind zu schützen, zu pflegen und ihm in jeder Weise zu helfen. Die Hilflosigkeit des Säuglings ist zugleich seine Stärke, weil dadurch das Fürsorgeverhalten in der Mutter ausgelöst wird.

Neben der körperlichen Pflege sind im ersten Lebensjahr die freundliche Zuwendung und das Aufforderungsverhalten für die psychische Entwicklung des Kindes wichtig.

In seinen ersten Wochen ist der Säugling weder dumm noch stumpfsinnig. Alle Eindrücke aus seiner Umwelt bleiben in seiner Erinnerung und in seinem Gemüt verhaftet. Je liebevoller er behandelt wird, je geborgener er sich fühlt, je mehr Vertrauen er erwirbt, weil er sich auf seine Betreuer verlassen kann, um so kontaktfreudiger entwickelt er sich in den nächsten Monaten, in denen er sich seiner Umgebung immer bewusster zuwendet.

Wenn das Baby anfängt zu krabbeln, sollte ihm auch die Möglichkeit dazu gegeben werden, denn es ist von Tatendrang und Neugierde erfüllt. Die Betreuerin hat die Aufgabe, alle Gefahren für das Kind so gut wie möglich zu beseitigen. Altersentsprechende Erfahrungen sollte es aber sammeln können, z. B. Tisch- und Stuhlbeine kennenlernen.

Kleinkind (1 bis ca. $3^1/_2$)

Für das Kleinkind bedeutet das **Gehenlernen** etwas Abenteuerliches. Dafür benötigt es die Hilfe der Erwachsenen. Zuerst macht es kleine unsichere Schritte. Aber rasch kommt es von Stuhl zu Stuhl voran und wird allmählich immer sicherer. Für die Betreuerin kommt jetzt eine aufregende Zeit, da neue Gefahren im Haus, Garten und auf der Straße hinzukommen. Sie muss ständig auf der Hut sein, dass dem Kind nichts passiert. Das Kind fordert sie den ganzen Tag.

Parallel zu den ersten Schritten kommen die **ersten Wörter**. Je besser das Kind körperliche und geistige Reifungsprozesse miteinander verbindet, umso problemloser entwickelt es sich. Der Spracherwerb hängt nicht nur vom persönlichen Entwicklungstempo des Kindes ab, sondern auch von den angebotenen Umweltreizen.

Abb. Maier

Das Kind lernt umso besser und leichter sprechen, je deutlicher und korrekter mit ihm gesprochen wird. Die Babysprache hört sich zwar niedlich an, sie bringt das Kind aber nicht weiter. Das Betrachten des Bilderbuchs ist besonders für das Sprachtraining geeignet, wenn es einfach gestaltet ist. Sehr schnell können Kinder das Dargestellte benennen.

Kinder, denen das Gespräch vorenthalten werden, erlernen keine Sprache und die Folge kann Mutismus (Stummheit infolge psychischer Hemmung) sein.

Das **Spielen** ist für das Kleinkind wichtig. Im Spielen

► erprobt es alle Sinne und übt die Fingerfertigkeit und Geschicklichkeit,
► erweitert es seinen Wortschatz im Dialog mit den mitspielenden Kindern und Erwachsenen,
► entfalten sich Emotionen und Fantasie.

Daher sollte die Betreuerin

► dem Kind ausreichend Zeit zum Spielen lassen,
► intensives Spielen möglichst nicht unterbrechen,
► spielerische Tätigkeiten des Kindes wohlwollend begleiten.

Die **Erziehung zur Sauberkeit** gehört ebenfalls in diese Altersstufe. Sie kann nur durch die Anleitung der Betreuerin erfolgen. Anfängliche Misserfolge sollte sie mit Gelassenheit hinnehmen und die ersten Erfolge loben.

In diesem Alter beginnen Kinder zu begreifen, dass sie eine **selbstständige Persönlichkeit** sind. Ein Zeichen dafür ist, dass sie von sich nicht mehr in der dritten Person sprechen, sondern nun „ich" sagen. Dieses Alter wird auch **Autonomiealter oder umgangssprachlich Trotzalter** genannt, da die Kinder versuchen, ihren Willen mit aller Macht durchzusetzen. Manchmal stimmen sie dazu ein lautes Geschrei an oder werfen sich vor Wut auf den Boden. Die Betreuerin sollte auf Wutausbrüche gelassen reagieren und das Verhalten nicht bestärken.

MERKSATZ

Pflege, Schutz und Fürsorge für das Kind in den ersten Lebensjahren umfasst

► körperliche Pflege,
► Förderung der motorischen und sprachlichen Entwicklung,

► Gestaltung einer anregenden, kindgerechten Umgebung (aber ohne Reizüberflutung),
► Unterstützung und Geduld beim Sauberwerden,
► liebevolle und großzügige Begleitung beim Prozess des Selbstständigwerdens.

AUFGABEN

1. Nennen Sie Beispiele dafür, wie die Wohnung abgesichert werden muss, wenn das Kind anfängt zu krabbeln oder zu laufen.

2. Überlegen Sie, ob es Kinder in Ihrer Umgebung gibt, die mehr sprachliche Zuwendung nötig haben.

3. Erkundigen Sie sich bei Ihren Eltern nach Ihrer Sauberkeitserziehung und berichten Sie darüber in Ihrer Klasse.

4. Der fast dreijährige Malte möchte unbedingt, dass seine Mutter ihm Schokolade in einem Supermarkt kauft. Wie kann sie Malte von dieser Idee abbringen?

10.3.2 Pflege, Schutz und Fürsorge für das vier- und fünfjährige Kind

AUFGABE

Begründen Sie, warum die Sozialassistentin eine Gruppe von vier- bis fünfjährigen Kindern beaufsichtigen muss.

Vier- und fünfjährige Kinder sind zwar schon verhältnismäßig selbstständig, dennoch benötigen sie die Pflege, den Schutz und die Betreuung der Erwachsenen.

Das Selbstständigwerden der Kinder kann vom Elternhaus und durch den Kindergarten gefördert werden:

► In der Gemeinschaft mit den anderen Kindern lernen sie den sozialen Umgang und die dazu nötigen Regeln.
► Durch Üben lernen sie, sich selbstständig an- und auszuziehen.

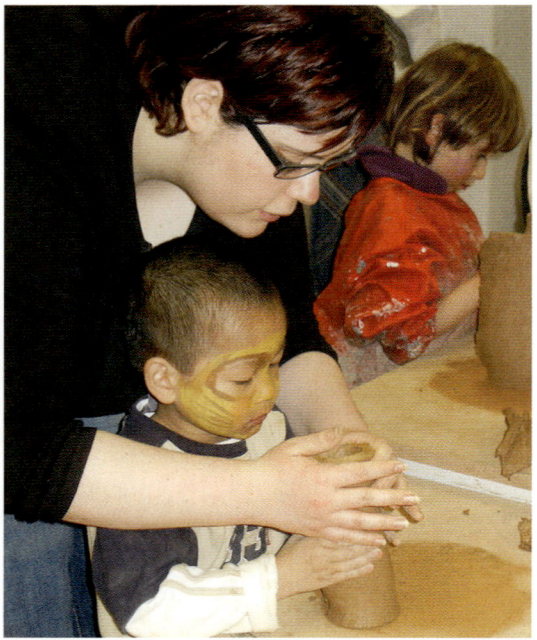

- ▶ Durch das Einfügen in eine Gruppe lernen sie, ihre persönlichen Ansprüche auf den Anteil zurückzunehmen, der ihnen wie allen Kindern zusteht.
- ▶ Durch Gruppen- und Alleinspiele, durch das Turnen, Werken und Basteln, durch Spaziergänge, gekoppelt mit Verkehrserziehung sammeln sie vielseitige Erfahrungen und werden selbstständiger.
- ▶ Das gemeinsame Vorbereiten und Feiern von Festen stärkt die fröhliche kindliche Grundhaltung.

In dieser Altersstufe geht es auch um die folgenden Punkte: **Ausbildung des Gewissens**, **Kinderlügen**, **Kinderängste** und **kindliche Sexualität**.

Aufgabe der Sozialassistentin ist es, diese Themen bei gegebenem Anlass mit dem Kind zu besprechen und Einstellungen und Verhaltensweisen mit ihm einzuüben.

Ausbildung des Gewissens

Verantwortliches Handeln muss altersgemäß gelernt werden. Dies gelingt dem Kind umso besser, je mehr es sich am Vorbild der Erwachsenen orientieren kann. Erziehende kommen nicht um

die Tatsache herum, dass ihr Verhalten das des Kindes entscheidend prägt.

Die Betreuerin kann das kindliche Gewissen folgendermaßen fördern:

- ▶ Das Kind wird dazu angehalten, angemessene Gebote zu befolgen.
- ▶ Das Kind lernt mit den Sachen seiner Eltern sinnvoll umzugehen. Dazu müssen die Besitzverhältnisse zwischen den Eltern und dem Kind geklärt werden.
- ▶ Dem Kind muss falsches Verhalten, z. B. im Umgang mit kleineren Geschwistern, klar gemacht werden, z. B. ist das Hinschubsen nicht erlaubt.
- ▶ Mit zunehmender Selbstständigkeit und Reife wächst die Fähigkeit des Kindes altersgemäße Verantwortung zu übernehmen, z. B. Helfen im Haushalt.
- ▶ Einfache sittliche Normen kann das Kind auch aus Märchen und Geschichten lernen, z. B. Gutes tun und gewissenhaft handeln wird belohnt, das Gegenteil wird bestraft.

Kinderlügen

Je jünger ein Kind ist, umso schwieriger ist es, von ihm die Wahrheit zu erfahren, denn für kleine Kinder ist das Auseinanderhalten von Lüge und Wahrheit noch sehr problematisch.

Ältere Kinder sind dagegen sehr schnell in der Lage, Lügen anzuwenden, was von der Betreuerin unterbunden werden muss.

Es muss beachtet werden, dass Kinder meistens einen Grund haben, wenn sie lügen. Gründe können sein:

- ▶ Angst vor harter Strafe,
- ▶ Angeberei,
- ▶ Fantasie und Wahrheit vermischen sich,
- ▶ schlechtes Vorbild der Eltern.

Kinder können am besten zu Wahrhaftigkeit und Ehrlichkeit erzogen werden:

- ▶ durch das gute Vorbild der Eltern,
- ▶ durch gelassenen Umgang mit der Fantasie-Lüge,
- ▶ durch sachliches und nachdrückliches Zurückweisen der Lüge aus Angeberei,
- ▶ durch Gewöhnen an vertrauensvolle Gespräche, in denen das Kind einen Fehler eingestehen kann.

Abb. Nühs

Kinderängste

Je kindbezogener und fröhlicher eine Betreuerin mit einem Kind umgeht, umso weniger Ängste entwickelt es. Trotzdem wird jedes Kind in bestimmten Situationen Ängste haben.

Was macht Kindern Angst und wie kann ihnen die Angst genommen werden?

▶ Zu strenger Umgang verängstigt die Kinder.

▶ Betreuerinnen sollen ihre Fürsorglichkeit dem Kind im Dialog vermitteln und es auch bei Geboten, Verboten und Strafen ihre Liebe spüren lassen.

▶ Angstmachen vor dem Arzt, der Polizei oder dem zukünftigen Lehrer muss auf jeden Fall unterlassen werden.

▶ Ängstliches Verhalten von Betreuerinnen in bedrohlichen Situationen färbt auf das Kind ab. Die Betreuerin sollte an ihren eigenen Ängsten arbeiten.

Andererseits ist es wichtig, dass Betreuerinnen die Kinder auf **Gefahren** aufmerksam machen, z. B. im Verkehr, vor giftigen Beeren, unbekannten Flüssigkeiten usw. Das gehört zu ihren Aufsichts- und Erziehungspflichten.

Viele Kinder leiden unter nächtlichen Angstzuständen. Diese Ängste lassen sich vermeiden, wenn abends keine Gruselgeschichten vorgelesen oder im Fernsehen angesehen werden. Die Dunkelheit kann abgemildert werden durch eine Nachtlampe oder wenn die Tür des Kinderzimmers einen Spalt breit geöffnet bleibt. Ein Schlaflied oder eine Geschichte trägt ebenfalls dazu bei, dass Kinder schnell einschlafen. Grundsätzlich gilt, dass Kinder in diesem Alter noch nicht allein gelassen werden dürfen, sondern der ständigen Fürsorge durch Erwachsene benötigen.

Gespräche über Unglücks- und Todesfälle sollten nicht unnötig in Anwesenheit des Kindes geführt werden, da sie ihm ebenfalls Angst bereiten können.

Trotz aller erzieherischen Möglichkeiten, Kindern Ängste zu nehmen, bleiben ungelöste Fragen und Konflikte, um deren Beantwortung sich die Betreuerin bemühen muss.

Kindliche Sexualität

Nach und nach erkennen Kinder geschlechtliche Unterschiede zwischen Mädchen und Jungen.

Neugierig wie bei allen Dingen, die es beschäftigen, fragt es auch hier. Die Fragen sollten ebenso unbefangen beantwortet werden, wie sie gestellt worden sind. Wichtige Themen sind für Kinder in der Regel das **Heranwachsen des Kindes im Mutterleib** und die **Geburt**. Beides sollte ihnen in sachlicher Form erklärt werden.

Das Kind hat ein Recht auf seinen Körper und darf nicht zum Schmusen oder zu einem Begrüßungsküsschen gezwungen werden. Ihre eigene sexuelle Neugier befriedigen Kinder in der Weise, dass sie sich in kleinen Gruppen ausziehen und ihre Geschlechtsteile betrachten und berühren. Die **Doktorspiele** dienen ebenfalls diesem Zweck.

Genitalspiele sind im Kindergartenalter ein Zeichen einer guten psycho-sexuellen Entwicklung. Kinder sind nicht von Natur aus schamhaft, sondern erlernen das Schamgefühl erst. Hierzu gehört auch, dass die Betreuerin das entstehende **Schamempfinden** des Kindes respektiert. Wenn Kinder sich nicht in Anwesenheit Erwachsener ausziehen möchten, haben diese den Raum zu verlassen.

AUFGABEN

1. Tragen Sie Beispiele zusammen, wie die Sozialassistentin das Selbstständigwerden der Kinder im Kindergarten unterstützen kann.

2. Berichten Sie darüber, wie Ihre Eltern Ihr Gewissen geschult haben.

3. Können Sie sich noch daran erinnern, als Sie das erste Mal gelogen haben? Welche Folgen hat das für Sie gehabt?

4. Nennen Sie weitere Beispiele dafür, wie Erwachsene Kinder unterstützen können, besser mit Ängsten umzugehen.

10.3.3 Förderprogramme in Kindergärten

FALLBEISPIEL

I.G.E.L. Förderprogramm ein erster Erfolg
Zusätzliche finanzielle Mittel für Kigas!
Nachdem drei Bamberger Kindergärten die Möglichkeit nutzten, Finanzmittel zur Sprach- und Motorikförderung für ihre Kinder zu beantragen, war I.G.E.L. (Interessengemeinschaft der Eltern der Bamberger Kindergartenkinder) in der glücklichen Lage alle beantragten Projekte zu bewilligen.
Jeweils mit 50 % der Kosten, die andere Hälfte übernahm der Träger, konnten Anschaffungen, wie ein Kügelchenspiel, ein Laufrad und ein großes Trampolin bezuschusst werden. Somit konnte im ersten Jahr des Bestehens des I.G.E.L. Förderprogramms ein dreistelliger Euro-Betrag zusätzlich für Kindergärten zur Verfügung gestellt werden. Vielen Dank unseren Sponsoren und Spendern! Wir wünschen den Kindern der drei Kindergärten viel Spaß mit den neuen pädagogischen Spielgeräten! Unterstützen auch Sie uns, damit es eine Neuauflage dieses Programms gibt! Ein Sponsor sicherte schon wieder sein Mitwirken zu. Machen Sie mit!

AUFGABEN

1. Erkundigen Sie sich nach Förderprogrammen und deren Finanzierung in den Kindergärten vor Ort.
2. Vergleichen Sie die Förderprogramme miteinander und nennen Sie die Vor- und Nachteile.
3. Nennen Sie Gründe dafür, dass noch Förderprogramme zu dem üblichen Programm in den Kindergärten angeboten werden.

Zusätzlich zu den üblichen Angeboten, wie **kreatives Gestalten** oder **Sport**, werden in vielen Kindergärten Förderprogramme angeboten. Diese Förderprogramme können bei Entwicklungsverzögerungen in speziellen Bereichen gezielt eingesetzt werden. In der Schulzeit ist es schwieriger, die Verzögerung mit individueller Förderung auszugleichen. Die Defizite können z. T. auf mangelnde Zuwendung im Elternhaus zurückgeführt werden, sie können aber auch durch andere Umweltbedingungen entstanden oder angeboren sein.

Es gibt Förderprogramme, die die Kindergärten von sich aus erarbeiten bzw. mit Unterstützung von Fachkräften aus übergeordneten Institutionen zusammenstellen. Manche Kindergärten sind sehr findig und arbeiten eng mit dem Sportverein zusammen oder holen sich eine Fachkraft ins Haus.

Finanziert werden die Förderprogramme durch die Träger der Einrichtungen bzw. mit finanzieller Unterstützung der Elternbeiräte.

Einfacher haben es die Bundesländer, z. B. Bayern, die bereits über einen Erziehungs- und Bildungsplan für Kindergartenkinder verfügen.

Förderprogramme haben in der Regel Schwerpunkte in den nachfolgenden Gebieten: Motorik, Sprache, Konzentration und Wahrnehmung, Kognition, Sozialverhalten, Umwelt- und Naturverständnis, Orientierung und kindliches Spiel.

Motorik

Arbeitsgeräte wie Schere, Messer, Säge oder Materialien von Montessori tragen dazu bei, die Handgeschicklichkeit des Kindes zu fördern. Aber auch durch Tanz, Pantomime und Gymnastik lernt das Kind, seinen Körper zu beherrschen, Bewegungsabläufe zu steuern und Handlungen gezielt auszuführen.

Sprache

Durch Spiele verschiedenster Art, aber auch durch den sprachlichen Umgang lernt das Kind, seine Sprache exakt zu gebrauchen, die Sätze richtig zu formulieren, ein genaues Vokabular anzuwenden sowie Gefühle sprachlich auszudrücken.

Konzentration und Wahrnehmung

Das Kind lernt, seine Konzentration auf einen Gegenstand zu richten. Besonders geeignet zur Förderung der kindlichen Konzentration sind die Montessori-Materialien. Kinder lernen unterschiedliche Farben, Formen, Oberflächenbeschaffenheiten, Geräusche und Töne zu unterscheiden.

Kognition

Das Bilden von Begriffen, logischen Schlussfolgerungen, Wenn-dann-Folgerungen usw. kann ebenso durch Spiele aller Art angeregt und gefördert werden. Auch hierfür ist das Montessori-Material geeignet, aber auch die Fröbelschen Spielsachen. Die kognitive Förderung bezieht sich auf kindliche Denk-, Intelligenz- und Gedächtnisleistungen.

Sozialverhalten

Wie schon erwähnt, bieten altersgemischte Kindergruppen eine gute Grundlage für Kinder, sich im Sozialverhalten zu üben. Sie lernen Konflikte auszutragen, Hilfsbereitschaft, Fürsorge, auf die Bedürfnisse der anderen einzugehen, eigene Bedürfnisse zu reduzieren, zu teilen oder auf andere zu warten.

Umwelt- und Naturverständnis

Ein Spaziergang im Wald oder in den Grünanlagen der Stadt trägt besonders dazu bei, bei den Kindern das Interesse an der Natur zu wecken und ihnen die Bedeutung der Natur für den Menschen deutlich zu machen. Sie können auch die jahreszeitlichen Veränderungen an den Pflanzen und Bäumen beobachten.

Orientierung

Durch das Kennenlernen des Weges vom Elternhaus zum Kindergarten, lernt das Kind die räumliche Orientierung. Sich zeitlich zu orientieren, lernt es durch die Mahlzeiten im Kindergarten sowie durch die Bring- und Abholzeiten. Die räumliche und zeitliche Orientierung ist eine wichtige Vorbereitung für den späteren Schulbesuch.

Kindliches Spiel

Im Kindergarten haben die Kinder die Möglichkeit, an Regelspielen, Spielen in Gruppen, Wettspielen, Rollenspielen oder Bewegungsspielen teilzunehmen. Spiele können erfolgreich durchgeführt werden, wenn der Faktor Zeit ausreichend zur Verfügung steht. Das Spiel trägt insbesondere dazu bei, das Sozialverhalten einzuüben sowie zur Förderung der

kognitiven Fähigkeiten und der Motorik beizutragen. Dem freien Spiel kommt dabei eine besondere Bedeutung zu, da die Kinder hier die Möglichkeit haben, ihrer Fantasie freien Lauf zu lassen. Allerdings ergeben sich Grenzen, wenn sie in die Bereiche der anderen Kinder eingreifen.

MERKSATZ

Immer mehr Kinder weisen Defizite in der Motorik, im Sprechen und im Sozialverhalten auf. Daher sind Förderprogramme zwingend erforderlich.

10.3.4 Planung der pädagogischen Arbeit

Die richtige Vorgehensweise im Kindergarten trägt dazu bei, das Kind in seinen Anlagen zu fördern. Grundsätzlich wird zwischen der offenen und geschlossenen Planung unterschieden. Es gibt aber auch Kindergärten, die beide Formen anwenden.

▶ Bei der **offenen Planung** wird wenig vorweg festgelegt. Die natürliche Lernmotivation und selbstständige Lernfähigkeit der Kinder werden ausgenutzt, um sie an unterschiedliche

Abb. Morgenstern

Lerninhalte heranzuführen. Die Erzieherin mit der Sozialassistentin bemüht sich, die Lerninteressen der Kinder und den damit verbundenen Handlungsbedarf zu erkennen und danach die Lernangebote festzulegen. Bevorzugt werden breit angelegte Anregungen, Impulse und Bestärkungen.

Bei der offenen Planung wird die Selbstbestimmung des Kindes oder der Gruppe so weit wie möglich zugelassen. Dadurch hat das Kind bzw. die Gruppe den Eindruck Lernziele, Lernwege und Lernergebnisse weitgehend selbst gefunden zu haben. Das Selbstwertgefühl der Kinder wächst an dem Prozess, an der eigenen Planungs- und Entscheidungsmitarbeit.

▶ Bei der **geschlossenen Planung** wird das Lernprogramm vorweg festgelegt. Die einzelnen Lernschritte sind klar gegliedert; in der Regel wird vom Leichten zum Schweren gearbeitet. Eltern und andere Bezugspersonen sehen nicht nur die Ergebnisse, sondern können den geplanten Verlauf erkennen. Innerhalb des Lernprogramms werden Abweichungen und Ablenkungen möglichst nicht zugelassen, um zu den geplanten Lernergebnissen zu kommen. Selbstverständlich bemüht man sich auch hier, die Tätigkeiten freudig und motivierend zu gestalten und die natürlichen Lerninteressen des Kindes einzubeziehen.

Die geschlossene Planung hat vor allem dort einen Sinn, wo es sich um den Erwerb **kognitiver** (erkenntnismäßiger) und **psychomotorischer Fähigkeiten** handelt. In diesen messbaren Lernbereichen kann das Geführtwerden durch eine Sozialassistentin (Erzieherin) angebracht und sinnvoll sein. Die geschlossene Planung kommt vor allem für Kinder mit Behinderungen in Frage, da diese ohne bestimmte Vorgaben und ohne systematisches Üben bestimmte Handlungen nicht lernen.

Nachfolgend ist jeweils die Vorgehensweise einer offenen und geschlossenen Planung aufgeführt und es wird auf den Einsatz beider Planungsformen hingewiesen.

In vielen Kindergärten gibt es heute so genannte Mischformen, d. h. die Kinder können mitbestimmen, aber einiges wird auch vorgegeben.

MERKSATZ
Lernen heißt Erfahrungen sammeln und Situationen meistern.

AUFGABE
Begründen Sie die Aussage.

Vorgehen bei der offenen Planung

Offene Planung bedeutet **ganzheitliches Lernen nach dem Situationsansatz** (siehe dazu 1.2.8), d. h. dass die Kinder das Programm weitgehend selbst bestimmen. Es wird das gemacht, an dem die Kinder gerade Interesse haben. Wenn sie einen Zoo besuchen möchten, so wird das auch gemacht. Zusätzlich wird auf den Zoo, die Tiere, die dort leben, auf ihre Pflege sowie auf alles, was mit dem Zoo zusammen hängt, eingegangen. Natürlich gehört auch die Besichtigung des Zoos dazu. Untersuchungen haben ergeben, dass diese Vorgehensweise eine ganzheitliche Förderung ermöglicht: Die Kinder erwerben nicht nur Sachkenntnisse über die Tiere und ihre Pflege, sie können sie sich auch ansehen, in dem einen oder anderen Fall sogar streicheln und die Bewegungen der Tiere im Sportunterricht nachmachen.

Wenn nur eine einseitige Förderung der Kinder erfolgt, besteht die Gefahr von Entwicklungs-

Abb. Morgenstern

verzögerungen oder gar von Entwicklungsdefiziten. Wichtig für das Kind ist daher, die Förderung von **Geist, Körper und Seele**:

A Förderung des Geistes bedeutet:

► Entdecken, ausprobieren, experimentieren,
► Spaß an der eigenen Leistung bzw. an der Leistung anderer zu haben,
► Erkennen von Stärken und Schwächen,
► Zunahme des Differenzierungsvermögens, z. B. durch Erkennen unterschiedlicher Farben, Formen, Dimensionen,
► Sprache und Zahlenverständnis entwickeln,
► Kind, Spiel und Bewegung bilden eine Einheit.

B Förderung des Körpers durch Bewegung bedeutet:

► Sich drinnen und draußen bewegen,
► schaukeln, klettern, rennen und hüpfen.

C Förderung der Seele bedeutet:

► Gefühle ausdrücken können, Freude erleben, traurig sein dürfen,
► sich selbst annehmen mit Stärken und Schwächen und sich seiner selbst bewusst werden,
► Sozialverhalten üben und andere wahrnehmen,
► trösten lernen und Trost annehmen.

Vorgehen bei der geschlossenen Planung

Andere Kindergärten haben ein **festes oder geschlossenes Programm**, mit dem sie ihre Kinder fördern möchten. Oft ist es so, dass sich die Planung an den Jahreszeiten und kirchlichen Festen orientiert, wie nachfolgend dargestellt:

► So wird zu Weihnachten gebastelt und/oder ein Krippenspiel aufgeführt.
► In der Faschingszeit verkleiden sich die Kinder nach einem selbst gewählten Thema, z. B. Zirkus oder Indianer.
► Im März erfolgt die Vorbereitung auf Ostern, z. B. Eier bemalen.
► Im Mai wird für den Muttertag gebastelt.
► Das Sommerfest folgt und damit werden die angehenden „Schulkinder" entlassen.
► Nach den Sommerferien kommen neue Kinder in den Kindergarten, die die Älteren einführen müssen.
► Erntedankfest im Kindergarten oder in der Kirche.
► Laternen basteln für den Martinsumzug.
► Nikolaustag mit Überraschungen.
► Kindergeburtstage im Kindergarten.
► Singen in einem Altenwohnheim, Beschenken der Bewohner mit selbst gebastelten Dingen.

Einsatz beider Planungsformen:

Neben den oben genannten Kindergärten gibt es auch solche, die beide Planungsformen einsetzen. Die Entscheidung für eine stärkere geschlossene oder offene Planung richtet sich nicht allein nach den Lernbereichen, für die eine Planung vorgenommen wird. Sie kann auch von der **Situation der Einrichtung** oder vom **Verhalten und dem Entwicklungsstand der Kinder** abhängen. Letztlich liegt die Wahl der Vorgehensweise im Ermessen des Kindergartenteams.

Sowohl geplantes wie auch spontanes Handeln bauen auf der **Beobachtung** auf. Sozialassistentin und Erzieherin beobachten die Kinder ihrer Gruppe und legen danach ihre Vorgehensweise fest.

Abb. Jordan

LF 3

MERKSATZ

Die Planung der Kindergartenarbeit erfolgt nach dem offenen bzw. geschlossenen Prinzip. Bei der offenen Planung wird die Selbstbestimmung des Kindes bzw. der Gruppe zugelassen. Bei der geschlossenen Planung wird das Lernprogramm vorweg festgelegt. Einige Kindergärten führen beide Formen der Planung durch und machen sie abhängig vom Thema.

AUFGABEN

1. Berichten Sie über die Planungsaufgaben Ihres „Kindergartens". Wie weit konnten Sie sich in die Planung einbringen?

2. Beurteilen Sie die Planungsraster. Welches gefällt Ihnen besser. Begründen Sie Ihre Aussagen.

3. Nennen Sie Grundsätze, die für die Planung wichtig sind.

10.3.5 Erziehungspartnerschaft

AUFGABE

Begründen Sie die Notwendigkeit der Mitarbeit der Eltern im Kindergarten.

Die Arbeit im Kindergarten ist effektiver, wenn sie von den Eltern unterstützt und mitgetragen wird. Die **Erziehungspartnerschaft** zwischen den Eltern und den Fachkräften im Kindergarten bezieht sich auf

▶ gemeinsame Erziehungsziele,
▶ den Erziehungsstil,
▶ das pädagogische Konzept des Kindergartens,
▶ die Ansprüche der Eltern an den Kindergarten.

Sinnvoll ist, dass Elternhaus und Kindergarten ähnliche **Erziehungsziele** verfolgen, damit das Kind nicht zwischen den Anforderungen im Elternhaus und dem Kindergarten hin- und hergerissen wird.

Der Übergang des Kindes vom Elternhaus zum Kindergarten darf nicht zu einem Bruch führen, sondern muss fließend sein. Sinnvoll kann es sein, dass Kinder vorweg den Kindergarten besichtigen und sich dort einige Stunden aufhalten, um die so genannte Schwellenangst zu überwinden. Mitarbeiterinnen des Kindergartens und die Eltern müssen sich als Partner gegenseitig akzeptieren und ihre Zusammenarbeit durch **Absprache** miteinander regeln. So können sich die Kompetenzen beider Seiten gegenseitig ergänzen und sich daraus **einheitliche Erziehungsvorstellungen** entwickeln.

Auch wenn sich die Eltern nur begrenzt an den Aktivitäten im Kindergarten beteiligen können, bringt das Kind seine Familie durch seine innere Einstellung und sein Verhalten gegenüber den Erzieherinnen und den Kindern mit in den Kindergarten hinein. Einige Regeln oder Verhaltensmuster, die es von zu Hause mitbringt, passen nicht immer zu den Vorstellungen im Kindergarten. Wichtig ist, dass es beide Vorstellungen miteinander verbindet und seinen Nutzen daraus zieht.

Probleme kann es auch geben, wenn im Elternhaus ein anderer **Erziehungsstil** angewendet wird als im Kindergarten. Für ein Kind, das zu Hause einen autoritären Erziehungsstil gewöhnt ist, ist es schwer, sich an den demokratischen im Kindergarten zu gewöhnen. Da ist Absprache erforderlich.

Abb. Nühs

Die enge Zusammenarbeit zwischen dem Elternhaus und dem Kindergarten ist die Voraussetzung für den Erfolg vieler Erziehungsmaßnahmen. Die schon erwähnte offene Planung bezieht die Elternhäuser sehr stark mit ein, d. h. sie orientiert sich an den Lebenswelten der Kinder, zu denen vor allem das Elternhaus gehört. Aber auch andere Konzepte beziehen die familiären Verhältnisse der Kinder mit ein. Kontakte zu den Elternhäusern müssen daher gepflegt werden. In den meisten Kindergärten gibt es

▶ Tür- und Angelgespräche, d. h. kurze Gespräche beim Bringen und Abholen der Kinder,
▶ Gespräche während der Sprechstunden oder zu ausgemachten Terminen.

Differenzen zwischen den Eltern und dem Kindergarten können sich ergeben, wenn die Eltern zu **hohe Ansprüche** an den Kindergarten stellen und diese nicht erfüllt werden können. So gibt es beispielsweise Eltern, die vom Kindergarten erwarten, dass die Kinder lernen, sicher zu sprechen. Diese Forderung kann jedoch nur in Zusammenarbeit zwischen dem Kindergarten und dem Elternhaus erfüllt werden, denn das richtige Sprechen muss auch zu Hause geübt werden. Es darf nicht unbeachtet bleiben, dass im Kindergarten das **freie kindliche Spiel** im Vordergrund steht.

MERKSATZ

Die Erziehungspartnerschaft zwischen den Eltern und den Mitarbeiterinnen im Kindergarten trägt dazu bei, dass viele Probleme gar nicht erst entstehen.

AUFGABEN

1. Berichten Sie über die Erfahrungen, die Sie mit der Erziehungspartnerschaft zwischen Eltern und Mitarbeiterinnen in Ihrem Praktikumskindergarten gemacht haben.

2. Begründen Sie noch einmal die Notwendigkeit einer guten Zusammenarbeit zwischen Elternhaus und Kindergarten.

3. Stellen Sie *Erziehungsziele* zusammen, die von den Eltern und vom Kindergarten verfolgt werden sollten.

10.3.6 Elternmitwirkung nach dem KJHG (Kinder- und Jugendhilfegesetz)

Neben dem Kontakt, den jedes Elternpaar bzw. jede Mutter zum Kindergarten hat, gibt es noch den **Beirat**, der aus den Reihen der Elternschaft gewählt wird. Seine Aufgabe besteht insbesondere darin, an den Entscheidungen des Kindergartens in wesentlichen Angelegenheiten mitzuwirken. Diese Möglichkeit ist im Zusammenhang mit der im KJHG enthaltenen Leitnorm, der Betroffenenbeteiligung, zu sehen. Das KJHG stellt somit die rechtliche Grundlage der Elternmitwirkung dar. Im KJHG heißt es dazu:

1. In Kindergärten, Horten und anderen Einrichtungen, in denen sich Kinder für einen Teil des Tages oder ganztags aufhalten, soll die Erziehung des Kindes zu einer eigenverantwortlichen und gemeinschaftsfähigen Persönlichkeit gefördert werden.
2. Die Aufgabe umfasst die Betreuung, Bildung und Erziehung des Kindes. Das Leistungsangebot soll sich pädagogisch und organisatorisch an den Bedürfnissen der Kinder und ihrer Familien orientieren.
3. Bei der Wahrnehmung ihrer Aufgaben sollen die in den Einrichtungen tätigen Fachkräfte und andere Mitarbeiter mit den Erziehungsberechtigten zum Wohl der Kinder zusammenarbeiten. Die Erziehungsberechtigten sind an den Entscheidungen in wesentlichen Angelegenheiten der Tageseinrichtung zu beteiligen.

Die Grundsatzaussagen und Grundsatzregelungen zur Elternbeteiligung finden ihre Umsetzung in den **Ausführungsgesetzen der Länder,** die Mitwirkungsgremien oder Mitwirkungsorgane vorsehen. Die inhaltliche Ausgestaltung dieser verankerten Mitwirkungsgremien ist von Bundesland zu Bundesland verschieden. In der Regel gilt bei den Ausführungsgesetzen:

Die Eltern wählen auf der Ebene der Einrichtung oder auf der Gruppenebene ihre Vertretung für ein **Gremium**, zu dem entweder

LF 3

auch Vertreter des Trägers und der Fachkräfte gehören oder zu dessen Sitzungen Trägervertreter und Fachkräfte einzuladen sind. Das heißt: In jeder Einrichtung besteht ein Gremium, in dem **Eltern, Träger und Mitarbeiter zusammen beraten**. Das Zahlenverhältnis ist unterschiedlich geregelt. Da das Gremium nicht darauf angelegt ist, Mehrheitsbeschlüsse herbeizuführen, spielen die Zahlenverhältnisse eine untergeordnete Rolle, wenn auch bei Entscheidungen möglichst ein **Einvernehmen** hergestellt werden sollte.

Die Mitwirkungsrechte der Eltern in den Ausführungsgesetzen der Länder betreffen folgende Sachverhalte:

▶ Recht auf Information in wichtigen Fragen der Erziehung und Bildung,
▶ Recht auf Beratung über pädagogische Programme und Konzepte,
▶ Förderung der Zusammenarbeit zwischen Eltern, Träger und Fachkräften,
▶ Beratung über Angebote für die Elternbildung,
▶ Mitwirkung bei der Aufstellung von Grundsätzen für die Aufnahme von Kindern,
▶ Unterstützung des Trägers in organisatorischen, baulichen und personellen Angelegenheiten,
▶ Anhörungsrecht bei der Festlegung der Öffnungszeiten,
▶ Finanzierungsangelegenheiten,
▶ Beteiligung im Verfahren der Erstellung und Verabschiedung des Bedarfsplans,
▶ Gesundheitserziehung der Kinder.

Die institutionalisierte Form der Elternmitwirkung kann die Zusammenarbeit mit der **Gesamtelternschaft** nicht ersetzen, sondern sie kann nur darauf aufbauen und sie ergänzen. Damit dies ermöglicht wird, müssen die gewählten Elternvertreterinnen Wert auf das **gemeinsame Gespräch** zwischen pädagogisch tätigen Fachkräften und den Erziehungsberechtigten der Tageseinrichtung legen.

Die Elternvertretung in Kindertageseinrichtungen ist eine **unverzichtbare ehrenamtliche Aufgabe**. Zahlreiche Eltern investieren Jahr für Jahr viel Zeit und Kraft in diese Tätigkeit. Sie erfüllen eine wichtige Funktion hinsichtlich der Kooperation zwischen Elternhaus und Kindertageseinrichtung, die sich in vielseitigen Aufgaben und Aktivitäten niederschlägt. Die Aktivitäten sehen im Einzelnen – wie folgt – aus:

▶ Die Elternvertretung hat ein offenes Ohr für die Probleme der Eltern.
▶ Sie vermittelt zwischen den Eltern und den Erzieherinnen.
▶ Sie beteiligt sich an der Weiterentwicklung der pädagogischen Konzeption.
▶ Sie vertritt die Eltern und die Einrichtung in der Öffentlichkeit.
▶ Sie organisiert in Zusammenarbeit mit der Einrichtung Angebote für die Eltern.
▶ Sie stellt den Kontakt zu den Beiräten der anderen Kindertageseinrichtungen her.
▶ Sie schließt sich zum Stadt-, Kreis- und Landeselternrat zusammen.
▶ Sie trägt zur gesellschaftlichen Anerkennung des Elementarbereiches bei.

Die ehrenamtliche Tätigkeit des Elternbeirats ist konkrete Mitgestaltung des gesellschaftlichen Lebens. Sie ist in einer Gesellschaft, die geprägt ist vom Nützlichkeits-, Zweck- und Versorgungsdenken, gelebte Mitverantwortung, ohne die eine Demokratie nicht auskommt.

MERKSATZ

Die Vertretung der Elternschaft wirkt in wichtigen Entscheidungen der Kindertagesstätte mit. Durch ihr Engagement tragen sie zur positiven Zusammenarbeit von Elternschaft und der Tageseinrichtung sowie dem Träger bei und nützen dabei den Kindern.

AUFGABEN

1. Kreuzen Sie die Mitwirkungsrechte an, die Sie für besonders wichtig halten. Begründen Sie Ihre Auswahl.

2. Erstellen Sie eine Mind-Map, in dem Sie Möglichkeiten der Elternmitarbeit im Kindergarten darstellen und seine Notwendigkeit begründen.

10.4 Körpersprache

AUFGABE

Lesen Sie sich das Märchen „Schneewittchen" durch und versuchen Sie die Szene zu erklären.

Die Körpersprache spielt im Leben der Menschen eine größere Rolle als allgemein angenommen wird. Jeder Mensch benutzt sie größtenteils unbewusst, daher kennt er die Bedeutung der Signale, die er aussendet und empfängt nur selten. Jeder Mensch nimmt bewusst oder unbewusst die Körpersprache seines Gegenüber wahr.

Grundsätzlich beinhaltet die Körpersprache

▶ alle bewussten und unbewussten Bewegungen des Körpers, die dazu benutzt werden der Außenwelt eine emotionale Botschaft zu übermitteln,

▶ kulturelle, umweltbedingte und soziale Unterschiede, d. h. dass es Gesten und Bewegungen gibt, die nur in einer bestimmten kulturellen Umgebung verstanden werden, aber auch andere, die über die Kulturgrenzen hinweg gelten,

▶ Besonderheiten bei der Zweisprachigkeit, z. B. dass Menschen ihre Körpersprache ändern, wenn sie von einer Sprache zur anderen wechseln.

Der Mensch erwirbt seine Körpersprache **durch Vererbung, durch Lernen und durch Nachahmung.**

Schon bei der Geburt ist der Mensch mit den Grundelementen der nicht-verbalen Kommunikation ausgerüstet. Freude, Unlust und weitere primäre Gefühle kann er anderen Menschen anzeigen, ohne gelernt zu haben, wie man das macht. Das bedeutet auch, dass man diese Gesichtsausdrücke überall auf der Welt richtig erkennt. Aber viele andere Gesten muss er erlernen, und diese unterscheiden sich daher in den verschiedenen Gesellschaften. Ein gutes Beispiel ist das Kopfnicken: Während es in den meisten Ländern ein Ja bedeutet, zeigt es in bestimmten Bevölkerungsgruppen in Indien genau das Gegenteil an.

MERKSATZ

Die Körpersprache eines Menschen wird bestimmt von der Kultur, der Umwelt und seinem sozialen Status. Primärgefühle wie Unlust oder Freude haben weltweit die gleiche Körpersprache.

AUFGABE

Führen Sie die Übung „Fröhlich und traurig" durch:

An der Übung können etwa 10 bis 20 Personen teilnehmen.

Sie setzen sich in zwei Reihen gegenüber.

Die erste Person geht von vorne nach hinten durch den Mittelgang und versucht auf dem Hinweg „fröhlich" zu sein und auf dem Rückweg „Trauer" auszudrücken. Nachdem sie wieder auf dem Platz sitzt, kommt die nächste Person an die Reihe.

Die sitzenden Personen beobachten genau, wie sich die Körperhaltung und der Gesichtsausdruck bei diesen konträren Gefühlsausdrücken verändern, z. B. hängende Schultern bei Trauer, aufrechter Gang bei Fröhlichkeit.

Als Abschluss erfolgt die Auswertung im Plenum.

LF 3

10.4.1 Körperdistanzen

Menschen haben ihre Lieblingsplätze im Zug, im Park, bei Veranstaltungen usw. Es handelt sich dabei immer um ein Bedürfnis nach einem Revier, um den Wunsch nach einem Platz, den man sein Eigen nennen kann. Diesen Bereich verteidigt der Mensch mit unbewussten Signalen. Jeder Mensch

hat seine spezifischen Raumbedürfnisse. Die meisten Menschen haben **vier verschiedene Distanzen**, die mit zunehmender Vertrautheit immer enger werden, die **intime, persönliche, gesellschaftliche und öffentliche Distanz**. Die Maße dieser Distanzen können von Person zu Person und kulturabhängig variieren und von den hier genannten Zahlen abweichen.

1. Intime Distanz:

Bis **45 Zentimeter** Abstand befindet man sich in der **Intimzone** eines anderen Menschen. Eine solche Nähe signalisiert Vertrautheit. Sie kommt vor bei sehr engen Freundschaften und bei Kindern, die sich an ihre Eltern oder an Spielkameraden klammern. In bestimmten Situationen kann es vorkommen, dass sich völlig Fremde einander sehr nahe kommen, z. B. in der U-Bahn oder im Fahrstuhl. Bei den meisten Menschen führt das zu Unbehagen und zu Vermeidungsverhalten der übrigen Körperteile, z. B. wird der Blickkontakt vermieden, man dreht sich so weit wie möglich vom Nachbarn weg, bewegt sich möglichst wenig oder baut seine Tasche als Barriere auf.

2. Persönliche Distanz:

Bis ca. **1,20 Meter** befindet man sich in der **persönlichen Distanz**. Es ist der Abstand, den gute Freunde und Bekannte zueinander einnehmen, auch Familienmitglieder bei alltäglichen Verrichtungen. Wenn man sich dabei anschaut oder den Körper dem anderen zuwendet, versteht der andere das als Gesprächsaufforderung.

3. Gesellschaftliche Distanz:

Bis etwa **3,60 Meter** reicht die **gesellschaftliche Distanz**. Diese Distanz halten Menschen ein, die in sozialen Funktionen miteinander kommunizieren: z. B. die Kindergartenleiterin und die Mitarbeiterinnen oder Käuferin und Verkäuferin. Die Körperdistanz zwischen der Kindergartenleiterin und ihren Mitarbeiterinnen verringert sich, wenn sie Freundinnen geworden sind. Auch im Umgang mit Kindern sollte anfangs die gesellschaftliche Distanz eingehalten werden.

Abb. Thiele

4. Öffentliche Distanz:

Bei einem Abstand von **über 3,60 Meter** befindet man sich in der öffentlichen Distanz. Dieser Abstand wird bei Theateraufführungen, bei Militärparaden oder bei Vorlesungen an der Universität zum Publikum eingehalten. Er entspricht der Distanz zwischen Redner und Publikum. Während in näheren Entfernungen ein dauernder Blickkontakt als störend empfunden wird, ist hier ein längeres Hinsehen oft die einzige Möglichkeit, in Kontakt zu bleiben – zumindest wird es für das stumme Publikum als Zeichen von Interesse gewertet.

Mit der Distanz, die man auswählt, will man eine Botschaft aussenden: Sie reicht vom Körperkontakt bis zur Distanz zum Zuschauer im Theater.

MERKSATZ

Die Art der Beziehung, die Menschen zueinander haben, lässt sich an ihrem körperlichen Abstand erkennen. Je näher er ist, umso enger ist die Beziehung.

AUFGABEN

1. Ordnen Sie den körperlichen Abstand der nachfolgenden Personen zueinander ein:
   ▶ Sozialassistentin und Kind,
   ▶ Lehrerin und Schülerin,
   ▶ Vater und Tochter,
   ▶ Mutter und Sohn,
   ▶ Polizist und Gangster,
   ▶ Verkäuferin und Kundin,
   ▶ Eltern und Sozialpädagogin in einer Familienberatungsstelle,
   ▶ Erzieherin und Jugendliche,
   ▶ Ärztin und Patientin,
   ▶ Krankenschwester und Kranke.

2. Finden Sie heraus, wie groß für Sie selbst die intime und die persönliche Distanz ist.

| 10.4.2 | Bedeutung von Körperhaltung, Blick, Gestik und Mimik |

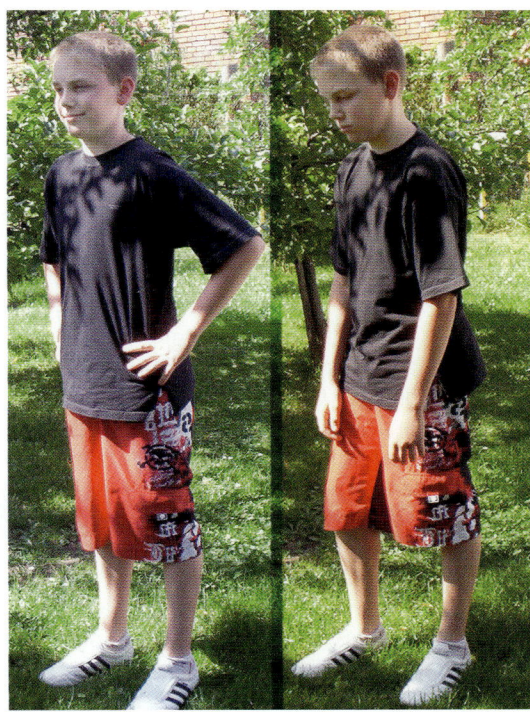

Unbewusste Signale des Körpers geben mehr Wahrheit preis als Worte, umso wichtiger ist es, die Körpersprache richtig zu deuten. Die Kenntnis dieses Fachgebietes zählt zu den **Schlüsselfähigkeiten** in der Kindererziehung.

Die Körpersprache ist leichter und schneller zu lernen, wenn man sich zunächst mit den Einzelheiten beschäftigt, wie: **Körperhaltung, Blick, Mimik, Gestik.**

▶ Hängende Schultern und ein auf den Boden gehefteter Blick können auf eine niedergedrückte Stimmung hindeuten. Wer den Rücken gerade hält, atmet freier und wirkt selbstbewusster. Lockere Bewegungen deuten auf Entspannung und Wohlbefinden hin.

LF 3

Abb. Strähle

▶ Genau so wichtig wie die Körperhaltung ist der **Blick**. Ein chinesisches Sprichwort sagt: „Der Blick ist das zweite Rückgrat." Tatsächlich ist der Blick die wichtigste Möglichkeit, ohne körperliche Berührung Kontakt zu anderen Menschen aufzunehmen. Umgekehrt ist es eine Beleidigung, einen Menschen zu übersehen.

Nicht umsonst heißt es: **„Du bist Luft für mich!"**

Wer den Blick abwendet, wirkt schüchtern. Wer den anderen ruhig in die Augen sieht, erweckt Vertrauen. Ein Blick unter Fremden wird registriert, wenn er etwa drei Sekunden dauert. Etwas länger als drei Sekunden ist ein Zeichen von Interesse. Dauert der Blick allerdings sehr viel länger, wirkt er drohend, besonders bei einer geringen Distanzzone.

Unter Gesprächspartnern ist der Blick ein **wichtiger Regulator**. Wer redet, wird es vermeiden, den anderen ununterbrochen anzusehen, sondern die Augen werden auch zur Seite gerichtet. Anders der Zuhörer: Wer den Sprecher unverwandt ansieht, signalisiert Interesse und Sympathie und ermuntert ihn auszusprechen. Senkt der Zuhörer den Blick, dann wirkt er schüchtern und abgelenkt.

▶ Als **Mimik** bezeichnet man den Gesichtsausdruck. Bei Freude zeigen wir einen typischen Gesichtsausdruck, ebenso, wenn wir uns ärgern, ekeln oder traurig sind. So kann die Sozialassistentin am Gesichtsausdruck der Kinder erkennen, wie deren Stimmung ist:

Ein im Alltag sehr häufiger Gesichtsausdruck sieht wie eine Mischung aus Ärger und Missmut aus, obwohl man der Meinung ist, freundlich auszusehen. Das liegt vor allem daran, dass man sich oft über irgendwelche Kleinigkeiten ärgert. Für Erzieherinnen und Sozialassistentinnen ist es besonders wichtig, dass sie Lockerheit und Sympathie ausstrahlen, damit sich die Kinder bei ihnen wohl fühlen. Alltagsprobleme sollten sie gelassen sehen oder ansprechen, um dauerhafte Lösungen zu finden.

▶ Sichere **Gesten** verraten Selbstvertrauen. Wer Gesten eher vermeidet, wirkt eingeschüchtert. An sich herumzupfen, sich kratzen und andere nervöse Gesten enthüllen Anspannung und Unsicherheit.

Psychologen wissen zum Beispiel, dass jemand mit einer depressiven Störung kaum Gesten einsetzt. Mit den Händen untermalen wir und kommentieren wir unser Gespräch – und zwar eindeutiger und wahrhaftiger als die gesprochene Sprache es könnte. Nach oben offene Hände symbolisieren z. B. Geben, Nehmen und Bitten. Sind die Hände nach unten geöffnet, zeigen sie Zudecken, Beschwichtigen.

MERKSATZ

An der Körperhaltung, dem Blick, der Mimik und Gestik kann die Sozialassistentin die psychische Verfassung des Kindes erkennen.

AUFGABEN

1. Beschreiben Sie die Körpersprache eines Kindes, wenn es traurig, fröhlich oder böse ist.
2. Woran kann es liegen, dass depressive Menschen kaum Gesten einsetzen?

10.4.3 Bewusster Einsatz der Körpersprache

Der bewusste Umgang mit der Körpersprache spielt in einigen Berufen eine große Rolle, z. B. bei Politikern, Psychologen und natürlich Schauspielern.

AUFGABE

Versuchen Sie zu deuten, ob die Kinder eine Auseinandersetzung haben oder sich etwas mitteilen.

Auch die Sozialassistentin sollte einige Kenntnisse in der Körpersprache haben, um sich noch besser auf die zu betreuenden Kinder einzustellen.

Abb. Nühs

Wichtig ist, dass die **Körpersprache** nicht für sich allein gedeutet wird, sondern sie steht in einem Zusammenhang mit dem **gesprochenen Wort**.

Wenn Menschen miteinander sprechen, steht jede Bewegung mit dem, was sie sagen, in einer bestimmten Beziehung, z. B. wenn bei einer Frage die Stimme am Satzende gehoben wird, hebt der Sprecher manchmal genau wie die Stimme auch den Kopf, die Arme oder die Hände.

Die Körpersprache kann der verbalen Sprache widersprechen, das bedeutet, dass man an den Gesten und Bewegungen eines Menschen manchmal erkennen kann, ob der Mensch lügt oder nicht. Stimmt die Köpersprache mit dem Gesagten überein, spricht man von Kongruenz. Wenn ein Kind lügt, dann bedeckt es den Mund mit der Hand. Diese unbewusste Geste geht zwar mit dem Alter nicht verloren, sie ändert sich aber mit den Jahren. Wenn ein Erwachsener lügt, dann gibt ihm sein Unterbewusstsein ebenfalls den Befehl, die Worte zurückzuhalten. Nur folgen Erwachsenen nicht mehr blindlings dem Unterbewusstsein, sie stoppen die Gesten ab.

Politiker haben gelernt, wie wichtig die Körpersprache ist, und sie wenden sie mehr oder weniger gut an, um ihre Reden zu betonen und lebendig zu gestalten, aber auch um ihre Worte und ihre Persönlichkeit annehmbar zu machen.

Für **Schauspieler** hat die Körpersprache ebenfalls eine besondere Bedeutung. Durch die richtige Gestik und Mimik können sie den Text, den sie vortragen, veranschaulichen.

Menschen, die aus eigenem Erleben und dem Erleben anderer lernen, sprachliche und körpersprachliche Botschaften bewusst aufzunehmen, können die Bedeutung der Botschaft voll ausschöpfen. Dadurch kann Echtheit, Kongruenz und eine Qualität der Kommunikation entstehen, die beide Seiten zufriedenstellt: den Sender und Empfänger.

MERKSATZ

Eine Aussage hat erst dann eine eindeutige Bedeutung, wenn die Körpersprache und die gesprochene Sprache übereinstimmen.

Abb. Theater der Dämmerung, Düsseldorf

AUFGABEN

1. Nennen Sie Beispiele für die Nutzung der Körpersprache in der Kindererziehung.
2. Berichten Sie über Erfahrungen, die Sie mit der Köpersprache gemacht haben.
3. Sammeln Sie Fotos, auf denen die Körpersprache deutlich dargestellt ist.
4. Üben Sie mit den Kindern im Kindergarten ein Schattenspiel ein, bei dem die Kinder ihre Körpersprache voll einsetzen müssen, z. B. das Herrichten eines Frühstückstisches.

Hinweise für die Durchführung des Schattenspiels:

Sie spannen ein weißes Bettlaken oder ein großes weißes Tuch vor einem freien Platz im Kindergarten. Nun verdunkeln Sie den Raum. Hinter dem weißen Tuch stellen Sie eine Lampe auf. Zwischen Lampe und Tuch zeigen die Kinder, was sie den Tag über machen. Der Tag beginnt mit dem Frühstück:
Sie stellen einen Tisch und Stuhl hinter das weiße Tuch, ein Kind setzt sich an den Tisch und tut so, als ob es esse. Durch die Beleuchtung erscheinen Schatten auf der Vorderseite des Tuches und die anderen Kinder können feststellen, was das Kind darstellen möchte. Mit den übrigen Tätigkeiten geht es weiter.
Die zuschauenden Kinder haben zu erraten, was das Kind bzw. die Kinder jeweils darstellen möchten.
Märchen lassen sich ebenfalls sehr gut als Schattenspiel darstellen.

Verschiedene Aussagen zu Gesundheit:
- ▶ Schwester Liliane Juchli: „Gesundheit ist die Kraft, mit der Realität zu leben:"
- ▶ Sigmund Freud: „Gesundheit ist die Fähigkeit, lieben und arbeiten zu können."
- ▶ Aristoteles: „Auch das Denken schadet bisweilen der Gesundheit."
- ▶ Ernest Hemingway: „Glück, das ist einfach eine gute Gesundheit und ein schlechtes Gedächtnis."

AUFGABE

Diskutieren Sie in Ihrer Klasse über das Verständnis des Begriffes „Gesundheit" und schreiben Sie dazu Stichpunkte an die Tafel.

Trotz vieler Definitionsversuche ist es bisher nicht gelungen, den Begriff **Gesundheit** verbindlich und allgemein anerkannt festzulegen. Vielfach wird unter Gesundheit die körperliche, geistige und seelische Unversehrtheit und das Freisein von Krankheiten verstanden.
Die Weltgesundheitsorganisation WHO (World Health Organisation) ging schon 1946 über dieses begrenzte Verständnis des Gesundheitsbegriffes hinaus und definierte: „Gesundheit ist der Zustand des vollständigen körperlichen, geistigen und sozialen Wohlbefindens und nicht nur des Freiseins von Krankheiten und Gebrechen".
Diese Definition geht von einem Ideal aus, das nicht immer zu verwirklichen ist. Menschen mit chronischen Krankheiten, wie die Zuckerkrankheit, können sich durchaus als leistungsfähig und den Gesunden gegenüber als gleichwertig empfinden, obwohl sie weder als krank noch gesund angesehen werden können. Das Gleiche trifft für Menschen mit Behinderungen zu. Trotz einer Behinderung können sie sich gesund und leistungsfähig fühlen. Gesundheit ist eben nicht etwas Vollkommenes, sondern durchaus auch etwas Unvollkommenes und Wechselhaftes, das von Mensch zu Mensch sehr unterschiedlich wahrgenommen wird.

Merkmale der Gesundheit sind:
Schmerzfreiheit, Motivation, körperliche und geistige Leistungsfähigkeit, Konzentrationsfähigkeit, verantwortungsvolles Denken und Handeln.

Abb. MEV

Das Bild der Krankheit hat sich im Laufe der Geschichte stark gewandelt. In früheren Jahren waren Infektionskrankheiten äußerst gefährlich und bedrohlich für den Menschen. Durch die Verbesserung der Ernährung und der Hygiene und mithilfe neu entwickelter Medikamente gelang es, viele Krankheiten wirkungsvoll zu behandeln.

Trotz aller medizinischen Fortschritte gibt es nicht weniger Krankheiten. Neue Krankheitsformen, nicht zuletzt bedingt durch Zivilisation und Wohlstand, sind entstanden. Dagegen kann nicht früh genug mit Vorsorgemaßnahmen vorgegangen werden, wie sie nachfolgend beschrieben werden.

AUFGABE

Welche Zivilisationskrankheiten fallen Ihnen ein?

11.1 Pflege des menschlichen Körpers

Die wichtigste Vorsorgemaßnahme gegen Krankheiten ist die Pflege des menschlichen Körpers. Dazu gehören
- ▶ Gesundheitsbewusstsein und gesunder Lebensstil,
- ▶ das Anpassen des Körpers an wechselnde Bedingungen, z. B. unterschiedliche Temperaturen.

In diesem Sinn ist Gesundheit kein stabiler Zustand. Sie fordert zu ihrer Erhaltung immer die Eigenverantwortlichkeit des Menschen in seiner persönlichen Lebensführung heraus.

Dabei hat der jüngere Mensch die besseren Chancen. Je früher die Vorsorge beginnt, desto eher lassen sich Krankheiten verhüten.

AUFGABEN

1. *Nennen Sie Beispiele dafür, wie Sie Ihren Körper gesund erhalten.*
2. *Wie sieht Ihre tägliche Körperpflege aus?*

11.1.1 Pflege des Säuglings

AUFGABEN

1. *Überlegen Sie sich Grundsätze, die beim Einkauf von Säuglingskleidung berücksichtigt werden müssen.*
2. *Gehen Sie in ein Fachgeschäft für Säuglingskleidung und stellen Sie fest, wie weit dort Ihre Grundsätze berücksichtigt werden. Vergleichen Sie Ihre Erfahrungen mit denen Ihrer Mitschülerinnen in der Klasse.*

Zur Pflege des Säuglings gehört zunächst einmal die richtige **Ausstattung**. Dazu zählen:

▶ **Die richtige Kleidung,**
▶ **alles zum Schlafen,**
▶ **alles zum Wickeln,**
▶ **alles für die Körperpflege,**
▶ **alles zum Ausfahren.**

Kleidung

Die **Erstlingsausstattung** des Säuglings sollte aus Naturfasern hergestellt sein und möglichst mit dem Öko-Tex-Etikett versehen sein. **Baumwolle** ist für die empfindliche Babyhaut am besten geeignet.

TEXTILES
VERTRAUEN
Schadstoffgeprüfte Textilien
nach Öko-Tex Standard 100
Prüf-Nr. 00.0.0000 · FI Hohenstein

Schlafen

Die meisten Eltern entscheiden sich von Anfang an für ein **Gitterbett** und verzichten auf die Wiege. Das Gitterbett sollte in der ersten Zeit mit Stoff ausgekleidet sein, um dem Kind Geborgenheit zu vermitteln. Die Gitterstäbe dürfen höchstens einen Abstand von 7,5 cm haben, damit der Säugling den Kopf nicht durchstecken kann.

Die **Matratze** muss fest und eben sein, damit sich die Wirbelsäule des Kindes nicht verbiegt. Zum Schutz vor Nässe wird sie mit einer wasserundurchlässigen Betteinlage abgedeckt.

Ein Kopfkissen benötigt der Säugling nicht. Er könnte sogar in einem dicken Kissen ersticken.

Zum **Zudecken** benötigt das Baby eine eigene Decke, in der kalten Jahreszeit ein wärmendes Oberbett in der Größe von 80 x 80 cm.

Babys fühlen sich auch in einem Strampelsack wohl. In ihm können sie sich frei bewegen und sind immer zugedeckt

Wickeln

Als **Wickelplatz** eignet sich eine Fläche von mindestens 70 x 80 cm. Wenn in der Wohnung nur wenig Platz vorhanden ist, dann bietet sich ein Wickelaufsatz für eine Badewanne oder ein stabiles, wegklappbares Wickelbrett an, das an der Wand montiert wird. Auf die Wickelfläche kommt eine gepolsterte abwaschbare Auflage.

Unverzichtbar sind eine genügend große Abstellfläche und Stauraum, damit Windeln, Wäsche, Reinigungs- und Pflegeutensilien griffbereit sind.

Körperpflege

Praktisch ist die **Babywanne** mit einem Abfluss. Sie steht auf einem Gestell oder auf einem rutschfesten Aufsatz über der großen Badewanne.

Für die Wahl der richtigen Wassertemperatur ist ein **Badethermometer** erforderlich.

Außerdem werden benötigt: Eine Haarbürste, eine Babynagelschere, Waschlappen und Badetücher, eine Wundcreme bei einem wunden Po, Deckeleimer für die schmutzige Wäsche und für die schmutzigen Windeln.

Ausfahren

Der **Kinderwagen** muss kippsicher sein und eine Feststellbremse haben. Der Aufsatz muss groß genug sein, damit der Säugling darin ausreichend Platz hat. Erst mit etwa acht Monaten ist ein Sportwagen oder ein Klappsportwagen sinnvoll.

LF 3

Im **Tragebeutel oder -tuch** werden die Säuglinge vor dem Bauch getragen. Tragebeutel müssen aus stabilem Material sein. Tragetücher können dem Alter und der Größe des Kindes entsprechend auf verschiedene Weise umgebunden werden.

Tragekraxen werden auf dem Rücken getragen und eignen sich für größere Säuglinge und Kleinkinder.

Im **Auto** muss das Kind durch einen speziellen Sitz, der sich nach Gewicht und Alter des Kindes richtet, besonders gesichert werden.

MERKSATZ

Die richtige Ausstattung trägt dazu bei, gesundheitliche Schäden zu vermeiden.

AUFGABEN

1. *Erarbeiten Sie eine Ausstellung über die Ausstattung eines Säuglings und erstellen Sie eine Liste mit dem nötigen Zubehör.*
2. *Vergleichen Sie die Preise der Kinder- und Sportwagen miteinander und erkundigen Sie sich nach der Qualität bei der „Stiftung Warentest".*

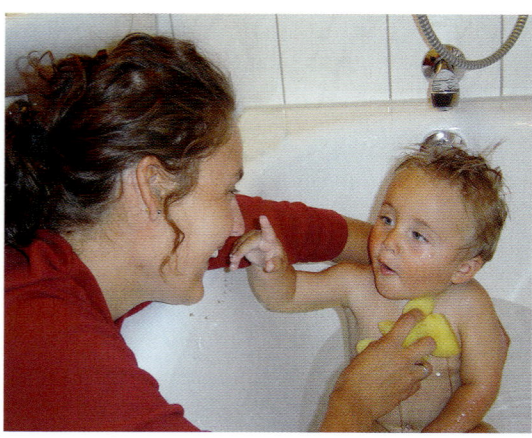

AUFGABEN

1. *Beurteilen Sie das Foto.*
2. *Berichten Sie über Ihre Erfahrungen beim Baden eines Säuglings.*

Die meisten Säuglinge sind nicht wasserscheu, im Gegenteil, das **Baden** macht ihnen Spaß. Dennoch sollte Säuglinge möglichst wenig gebadet werden, da das Wasser die Haut austrocknet. Der Säugling sollte täglich im Windelbereich gewaschen werden. Wenn der Säugling gebadet wird, sollte er munter, aber nicht gerade ausgehungert sein. Bevor der Säugling in die Wanne kommt, wird **der Po gereinigt**. Wenn der Säugling einige Monate alt ist, kann er auch mit den Eltern baden. Das macht ihm Spaß, denn er liebt den **Hautkontakt**.

Beim Baden sollte eine Zimmertemperatur von mindestens **23 °C** eingehalten werden. Was für das Baden gebraucht wird, liegt am Wickelplatz griffbereit: Kleidung, frische Windel, Öl, Waschlappen und Badetuch. Das **Badewasser** sollte körperwarm sein, also mindestens **36 °C bis 37 °C** haben. Am besten benutzt man ein Badethermometer. Die Badewanne wird nur bis zur Hälfte mit Wasser gefüllt, damit der Säugling dort bequem hinein gelegt werden kann. Das Baden an sich darf nicht länger als fünf Minuten dauern.

Der **Kopf des Kindes** muss besonders **gestützt** werden. Dazu schiebt die Mutter oder Betreuerin den Unterarm unter den Nacken des Säuglings und umfasst mit der Hand den Oberarm in Höhe der Achselhöhle. Mit der freien Hand wäscht sie den Säugling. In der Bauchlage greift sie unter den Armen durch, stützt den Säugling mit Hals und Kinn auf dem Unterarm und hält ihn mit dem Oberarm fest. Beim Umdrehen muss er an der Brust gehalten werden, sonst muss er kurz aus dem Wasser gehoben werden.

Das **Badetuch** sollte griffbereit neben der Wanne liegen, damit das Kind nach dem Baden in das Handtuch hinein gekuschelt werden kann. Gutes **Abtrocknen** bis in die Hautfalten hinein ist wichtig.

MERKSATZ

Beim Säuglingsbad muss eine Zimmertemperatur von 23 °C und eine Wassertemperatur von 36 °C bis 37 °C eingehalten werden. Richtige Handgriffe sind zum Abstützen von Kopf und Körper des Babys erforderlich.

AUFGABE

Üben Sie das Säuglingsbad mit einer Badepuppe.

Abb. Krill

LF 3

11.1.2 Pflege des Kleinkindes

AUFGABE

Warum sollten Kinder das selbstständige Händewaschen lernen?

Die Körperpflege des Kleinkindes ist ähnlich wie die des Erwachsenen:

▶ Waschen/Duschen am Morgen und am Abend,
▶ Zähne putzen,
▶ Händewaschen vor dem Essen und nach dem Toilettengang,
▶ regelmäßiger Wechsel der Kleidung, besonders der Unterwäsche,
▶ Kleidung der Witterung anpassen,
▶ ausreichend Schlaf in einer ruhigen Umgebung (12 Std. Schlaf für Kinder im Vorschulalter),
▶ gesunde Ernährung.

Für ein Kleinkind ist wichtig, dass es Verrichtungen, wie Waschen/Duschen, Zähneputzen, nach und nach selbstständig lernt. Dadurch wird sein Selbstbewusstsein gestärkt und es lernt verantwortlich mit seinem Körper umzugehen. Durch Vormachen und Nachmachen

kann es das Zähneputzen, Waschen und Anziehen am besten lernen. Zähneputzen und Händewaschen gehören auch zum Programm des Kindergartens und werden dort geübt.

11.1.3 Das Sauberwerden

Ein wichtiger Entwicklungsschritt ist das **Sauberwerden**. Hier sollten die Eltern keinen falschen Ehrgeiz an den Tag legen. Das Sauberwerden ist ein längerer Prozess und geschieht schrittweise. Auf das Kind sollte dabei keinerlei Druck ausgeübt werden. Folgende Voraussetzungen müssen zunächst gegeben sein:

▶ Das Kind muss seine Blasen- und Darmmuskulatur kontrollieren können. Vollständig gelingt das frühestens mit drei Jahren.
▶ Das Kind muss den Stuhl- und Harndrang bewusst empfinden können.
▶ Das Kind muss den Zusammenhang zwischen dem Drang und dem Entleerungsvorgang erkennen.
▶ Das Kind sollte in der Lage sein, seine Handlungen ein wenig aufzuschieben.

Den richtigen Zeitpunkt, das Kleinkind an den Topf zu gewöhnen, kann man am Verhalten des Kindes erkennen.

▶ Das Kind beginnt, sich für die Toilette, den Topf, den Windelinhalt zu interessieren.
▶ Es lässt sich nicht mehr so gerne wickeln.
▶ Es zieht sich zurück, wenn es in die Windel macht.
▶ Es meldet sich, wenn die Windel voll ist.

Je älter das Kind wird, umso lästiger werden ihm die Windelpackungen. Kleinkinder sind lern- und wissbegierig und oft von selbst daran interessiert, wie die „Großen" auf die Toilette zu gehen. Eltern können das Kind wie folgt unterstützen:

▶ Die Eltern sollten das Kind beobachten und nur dann auf den Topf setzen, wenn es muss. Feste Zeiten haben sich nicht bewährt, weil das Kind dann den Zusammenhang zwischen Drang und Entleerung nicht so gut erkennen kann. Zu lange „Sitzungen" sollten vermieden werden.

LF 3

Abb. Nühs

- Während das Kind auf dem Topf sitzt, sollte es nicht spielen, damit es besser auf seine Körpersignale achten kann.
- Geeignete Kleidung wählen: Hosen mit Gummizug sind praktischer, wenn es öfters mal schnell gehen muss.
- Bei Erfolg wird das Kind gelobt.
- Klappt nicht alles wie vorgesehen, nimmt man das gelassen.
- „Rückfälle" passieren jedem Kind. Ein vollständiger Verzicht auf die Windel ist frühestens mit etwa drei Jahren möglich, viele Kinder brauchen länger. Wenn das Kind mit fünf Jahren immer noch häufig in die Hose oder ins Bett macht, sollte man sich an einen Kinderarzt wenden.

MERKSATZ

Die körperlichen und geistigen Lernanforderungen beim Sauberwerden sind für das Kleinkind nicht leicht. Geduld und Ausdauer der Erziehenden ist hier gefordert.

11.2 Pflege von Haut, Haaren, Nägeln und Zähnen

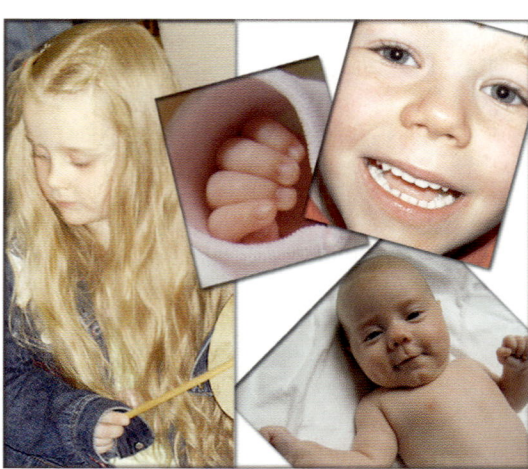

Richtige Kleidung, Ernährung, Entspannung und Bewegung an der frischen Luft tragen zur Gesunderhaltung des Menschen bei. Dennoch reicht es nicht aus, sich nur mit den allgemeinen Regeln zur Gesunderhaltung auseinanderzusetzen. Spezielle Kenntnisse sind in den Bereichen, die die tägliche Körperpflege tangieren, erforderlich: **Haut, Haare, Nägel und Zähne.**

Da Kinder hier besonders empfindlich sind, bedürfen diese Körperteile einer behutsamen Pflege. Dazu sind Kenntnisse der Anatomie und Physiologie erforderlich.

AUFGABE

Erstellen Sie eine Mind-Map über Ihre tägliche Körperpflege.

11.2.1 Die Haut und ihre Pflege

AUFGABE

Wie kann die empfindliche Haut des Säuglings geschützt werden?

Die Haut umhüllt den ganzen Körper und stellt die Verbindung zwischen Innen und Außen her. Ihre Aufgaben sind sehr vielfältig:

- Sie schützt den Körper gegen übermäßige Wasserabgabe und vor dem Eindringen von Bakterien und Schadstoffen.
- Sie ist das Organ, das hauptsächlich zur **Wärmeregulierung** beiträgt. Entscheidend ist dafür ihre Fähigkeit, die Schweißabgabe und die Durchblutung den Bedürfnissen des Organismus anzupassen.
- Sie unterstützt die Niere als Ausscheidungsorgan von Wasser, Harnstoff und Harnsäure.
- Die Sekrete der Talgdrüsen halten die Haut geschmeidig.
- Die Haut ist das größte Sinnesorgan. Sie vermittelt **Druck-, Temperatur- und Schmerzempfinden**.

Zur **Pflege** der Haut gehört in erster Linie die Reinigung, denn Staub und Schmutz setzen sich auf der Haut fest. Zum Entfernen des Schmutzes gibt es verschiedene Methoden. Am geläufigsten ist sicher das Waschen mit Wasser und Seife.

Abb. Maier/Nühs

Grundsätzlich gilt, dass jeder Wasserkontakt den natürlichen Schutzmantel der Haut angreift.

Viele unterschiedliche Meinungen gibt es zu der Frage, ob **Duschen** besser ist als **Baden**. Hautärzte sprechen sich eher für das Duschen aus, weil die Haut beim Duschen nicht so stark ausgelaugt wird.

Das Baden soll aber eine Wohltat für den Körper und die Seele sein.

Ob Kinder nun jeden Tag oder nur einmal in der Woche geduscht werden, bleibt jedem selbst überlassen. Wer nicht täglich duscht, sollte sich allerdings waschen. Zu bedenken ist aber, dass die verwendeten Seifen und Duschmittel die Haut auslaugen und entfetten. Der normalen und gesunden Haut macht das wenig aus, weil die Natur es so eingerichtet hat, dass die Haut den **Säuremantel**, der sie umgibt, und das **entzogene Fett** innerhalb einer halben Stunde erneuert und regeneriert. Nur bei trockener Haut ist es nötig, sich nach dem Duschen oder Baden einzucremen.

Zu heißes Wasser lässt die Haut aufquellen und begünstigt das Auslaugen. Empfehlenswert sind Temperaturen von **ca. 30 bis 35 °C**. Abwechselnd kalt und warm duschen bringt nicht nur den Kreislauf in Schwung, sondern dient auch der Abhärtung des Körpers, der so weniger anfällig für Erkrankungen wird.

Die Haut besteht aus der Oberhaut (Epidermis) und der Lederhaut (Corium). Darunter liegt das Unterhautfettgewebe (Subcutis), in dem die großen Gefäße und Nerven verlaufen. Die Dicke der Haut ist unterschiedlich. So ist sie an den Augenlidern am dünnsten, an den Handinnenflächen und Fußsohlen am dicksten, weil sie dort am meisten strapaziert wird.

▶ In der **Oberhaut** befinden sich mehrere Zellschichten, von denen die oberste Hornschicht genannt wird. Sie besteht aus den abgestorbenen Zellen der unteren Schichten, die von neu gebildeten Zellen nach außen gedrängt werden. Diese verhornten Zellen werden ständig in Form kleinster Schuppen abgegeben. Unter normalen Bedingungen ist die Oberhaut ungefähr alle vier Wochen erneuert.

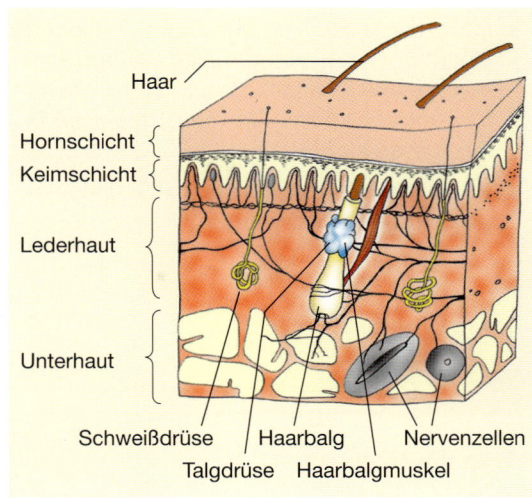

Haar
Hornschicht
Keimschicht
Lederhaut
Unterhaut
Schweißdrüse   Haarbalg   Nervenzellen
Talgdrüse   Haarbalgmuskel

LF 3

▶ Die darunter liegende **Lederhaut** enthält Blutgefäße, Lymphgefäße, Nerven, Schweiß- und Talgdrüsen. Sie besteht zum großen Teil aus faserigem Bindegewebe, das im Laufe des Lebens an Elastizität verliert. In der Lederhaut befinden sich Talgdrüsen und Haarwurzeln, die in einen Haarkanal münden. Die Talgdrüsen fetten die Hautoberfläche ein. Die Nervenenden nehmen Empfindungen wie Druck, Temperatur und Schmerz auf und haben dadurch gleichzeitig eine Schutzfunktion für den Menschen.

▶ In der **Unterhaut**, die unter der Lederhaut liegt, lagern zahlreiche Fettzellen. Bei Übergewichtigen kann die Schicht sehr dick sein. Dieses Gewebe mit seinen Fettzellen dient dem Körper als Energiespeicher und wird bei Bedarf abgebaut.

MERKSATZ

Die Haut schützt nicht nur den Körper, sondern sie ist auch ein Ausscheidungsorgan und vermittelt Druck-, Temperatur- und Schmerzempfinden.

AUFGABEN

1. Nennen Sie die Funktionen der einzelnen Hautschichten.

2. Wenn große Teile der Haut zerstört sind, ist der Mensch nicht mehr lebensfähig. Woran liegt das?

3. *Informieren Sie sich durch die Zeitschrift „test" über das Angebot an Hautpflegemitteln, ihre Inhaltsstoffe und ihre Eignung für Kinder. Werten Sie die Ergebnisse in der Klasse aus.*

4. *Wie können Kinder vor starker Sonneneinwirkung geschützt werden?*

11.2.2 Pflege der Haare und Nägel

Pflege der Haare

Die Haare erhalten die notwendigen Nährstoffe, Vitamine und Mineralstoffe durch eine gesunde und ausgewogene Ernährung. Zusätzlich bedarf das Haar der Pflege von außen:

▶ Es muss regelmäßig gekämmt und gebürstet werden. Dadurch wird die Aktivität der Haut angeregt und die Versorgung gefördert.
▶ Es muss regelmäßig gewaschen werden, ca. alle fünf bis sieben Tage. Für Kinder sollte ein mildes Kindershampoo verwendet werden, das die Haut zwar reinigt, sie aber nicht zu stark entfettet. Zu starkes Entfetten kann zur Schuppenbildung beitragen.

Zusätzlich kann das Haar mit Kräuterspülungen gepflegt werden, die man fertig kauft bzw. selbst herstellen kann aus: Brennnesseln, Birkenblättern oder Kamille.
Zum Trocknen sollte ein Fön verwendet werden, der nicht zu heiß ist, um die Haare nicht auszutrocknen. Besser noch ist das Trocknen der Haare an der frischen Luft.

Pflege der Nägel

Regelmäßig gepflegt werden müssen auch die Finger- und Fußnägel. Während die Fingernägel einmal wöchentlich geschnitten werden, reicht das Schneiden der Fußnägel 14-tägig aus. Mit der Nagelfeile werden dabei evtl. entstehende Ecken und Grate begradigt.
Falsch verstandene und übertriebene Nagelpflege ist häufig die Ursache für **Nagelbettentzündungen** und **Vereiterungen**. Verletzungen der Nagelhaut beim Zurückschneiden der Nägel, die an den Ecken zu weit und schräg anstatt gerade geschnitten sind, sind ein idealer Nähr-

boden für Krankheitskeime. Besser ist es, die Nagelhaut zurückzuschieben, als sie abzuschneiden. Grundsätzlich gilt, dass Fingernägel oval geschnitten werden, während Fußnägel gerade geschnitten werden, um ein Einwachsen zu verhindern.

MERKSATZ

Gepflegte Haare, Finger- und Fußnägel tragen zur Gesunderhaltung und zum Wohlbefinden des Menschen bei.

AUFGABE

Üben Sie das Schneiden und Feilen von Finger- und Fußnägeln im Kindergarten im Rahmen eines Projektes über Körperpflege.

11.2.3 Zähne und ihre Pflege

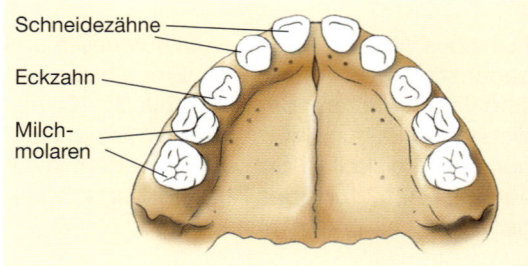

Schneidezähne
Eckzahn
Milch-molaren

AUFGABE

Vergleichen Sie das Milchgebiss der obigen Darstellung mit dem Gebiss eines Erwachsenen.

Wenn die ersten Zähne da sind, muss mit der **regelmäßigen Zahnpflege** begonnen werden. Zunächst wird eine Watterolle oder ein Läppchen verwendet, bis eine weiche Kinderzahnbürste eingesetzt werden kann. Die Pflege der ersten Zähne ist genau so wichtig wie die Pflege der bleibenden Zähne, da sie eine **Platzhalterfunktion** für die nachrückenden Zähne haben. Im Alter von etwa sechs Jahren erscheinen hinter den letzten Zähnen des Unterkiefers vier weitere Backenzähne. Diese **Zähne** müssen sorgfältig gepflegt werden, denn sie sind die ersten bleibenden Zähne, die ein ganzes

Leben halten müssen. Sie sind darüber hinaus für den Aufbau des Kieferbogens verantwortlich.

Bis zum 14. Lebensjahr erfolgt der Zahnwechsel. Die so genannten Milchschneide- und Milchbackenzähne fallen nacheinander aus und werden durch die bleibenden Zähne ersetzt. Ab dem 18. Lebensjahr brechen die „Weisheitszähne" durch. Damit ist dann das Gebiss vollständig vorhanden.

Aufbau eines Zahnes

AUFGABE

Berichten Sie über den Aufbau eines Zahnes an der Abbildung.

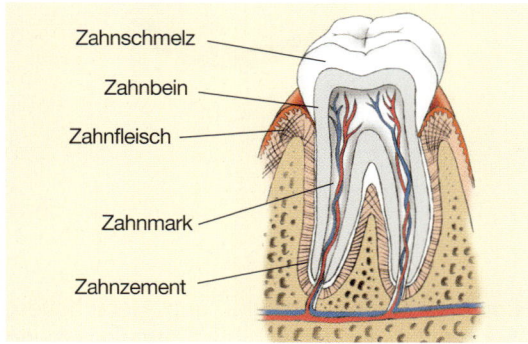

Der Aufbau der Zähne entspricht den Leistungen, die sie vollbringen müssen:

▶ Der sichtbare Teil des Zahnes, die **Zahnkrone**, ist von der härtesten Substanz umgeben, die der menschliche Körper hervorbringen kann: vom Zahnschmelz. Dieser besteht aus Apatit, einer Verbindung aus Calcium und Phosphat.

▶ Unter dem Zahnschmelz befindet sich das **weichere Zahnbein**. Es ist von feinsten Kanälchen durchzogen, in die Nervenenden hineinreichen, welche beispielsweise auf Temperaturveränderungen oder chemische Reize, z. B. Fruchtsäuren, reagieren.

▶ Die **Zahnwurzel** ist von Zahnzement umgeben, einer dünnen knochenartigen Schicht, an der Bindegewebsfasern befestigt sind, welche die elastische Verbindung zwischen Zahn und Zahnfach (Alveole) herstellen und zur Wurzelhaut gehören.

▶ An der **Wurzelspitze** befindet sich eine kleine Öffnung, durch die die Blutgefäße und Nerven des Zahnmarks mit dem Gefäß- und Nervensystem des übrigen Körpers verbunden sind.

Der gesamte Zahnhalteapparat wird am Zahnhals vom Zahnfleisch abgedeckt.

Zähne haben je nach Funktion unterschiedliche Formen:

▶ Die insgesamt acht oberen und unteren vorderen Zähne haben die Aufgabe, mundgerechte Bissen abzuschneiden. Sie heißen deshalb **Schneidezähne**, ihre Form ist die eines scharfkantigen Keils.

▶ Die vier **Eckzähne** entsprechen in Form und Funktion den Reißzähnen eines Raubtieres. Sie halten Nahrungsteile fest, damit man sie abbeißen oder zerreißen kann.

▶ Die **Backenzähne** zermahlen und zerquetschen die abgebissenen Happen, damit diese dann, mit Speichel vermengt, von der Zunge in die Speiseröhre befördert werden können.

Zähne unterscheiden sich nicht nur in der Form voneinander; jeder einzelne Zahn verändert sich im Laufe des Lebens. Das hängt von der Ernährung und Lebensweise ab.

Zahn- und Zahnsaumpflege

AUFGABE

Beurteilen Sie das selbstständige Zähneputzen durch Kinder.

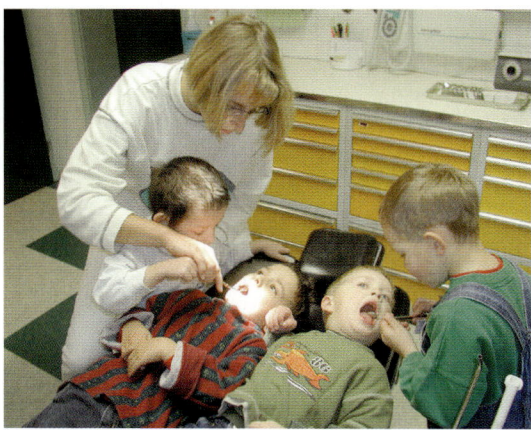

Abb. Morgenstern

Kinder können das Zähneputzen sehr schnell lernen, wenn sie richtig angeleitet werden. Es macht ihnen sogar Spaß, wenn sie es können! Die Zähne müssen regelmäßig und richtig gereinigt werden. Zahnseide und eine Mundusche gehören ebenfalls zu einer gründlichen Zahnpflege. Regelmäßige Zahnkontrolle beim Zahnarzt und die richtige Ernährung zur Gesunderhaltung bei. Die vier Säulen der Zahngesundheit sind also:

▶ **Mundhygiene:** Die Zähne stets gründlich reinigen.
▶ **Ernährung:** Vollwertige Kost bevorzugen.
▶ **Fluoridierung:** Im 1. Jahr Fluor zur Härtung des Zahnschmelzes einnehmen.
▶ **Zahnarztkontrolle:** Regelmäßig zum Zahnarzt gehen.

Der Erfolg des Zähneputzens hängt auch von der **richtigen Zahnbürste** und der **richtigen Putztechnik** ab:

Zur Zahnbürste:

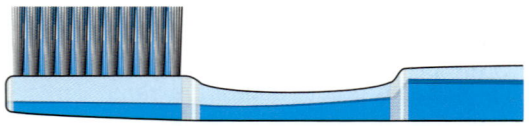

▶ Der Griff muss abgewinkelt sein.
▶ Der Borstenkopf sollte nicht länger als 3 cm sein.
▶ Das Borstenfeld muss gerade sein und mit abgerundeten Kunststoffborsten versehen sein.
▶ Die Zahnbürste sollte nicht länger als drei bis vier Monate gebraucht werden!

Zur Putztechnik:

1. Von Rot nach Weiß putzen!
2. Von links oben nach rechts oben putzen!
3. Hinter den Zähnen reinigen, dazu wird die Bürste fast senkrecht gehalten!
4. Von links unten nach rechts unten putzen!
5. Kauflächen mit kreisenden Bewegungen reinigen!

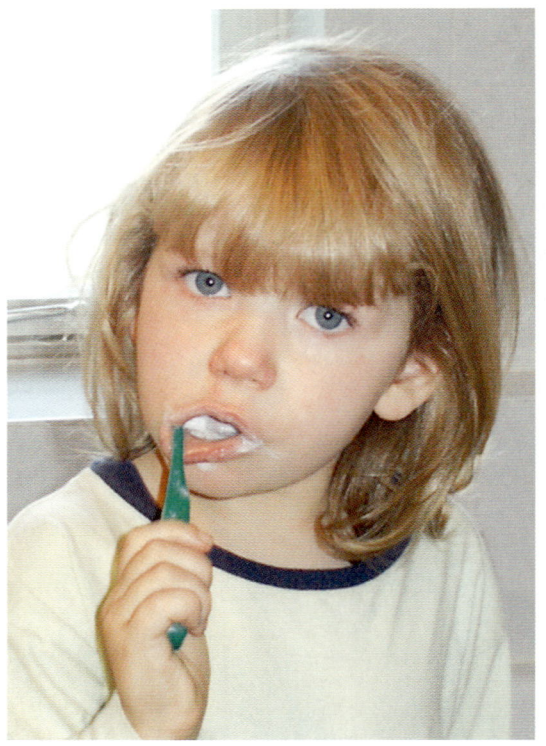

Hinweis: Ein grobes Hin- und Herscheuern über die Zahnkronen schädigt Zahnfleisch und Zahnschmelz.

MERKSATZ

Gesunde Ernährung und die richtige Zahnpflege tragen zum Erhalt der Zähne bei.

AUFGABEN

1. Erarbeiten Sie ein Plakat mit den Regeln zur richtigen Zahnpflege.

2. Sie stellen fest, dass Ihre Bekannte ihrem Kleinkind nachts immer gesüßten Pfefferminztee gibt. Wie reagieren Sie darauf?

Abb. Nühs

LF 3

Im Kindergarten und in den ersten Jahren in der Schule ziehen sich die meisten Kinder die Kinderkrankheiten zu, gegen die sie nicht geimpft worden sind. Nach der Krankheit bzw. nach dem Impfen sind sie zunächst einmal viele Jahre hindurch immun gegen diese Krankheiten. Im Alter kann es sein, dass sie die eine oder andere Krankheit noch einmal bekommen.

Kinder im Kindergarten- bzw. in der Grundschule sind sehr unternehmungslustig. Sie versuchen alles Mögliche auszuprobieren. Dabei passiert es,

▶ dass sie sich überschätzen,
▶ dass sie spontan handeln,
▶ dass sie die Gefahr nicht erkennen.

So klettern sie beispielsweise auf einen Baum und sehen nicht, dass seine Äste sie nicht tragen können oder sie springen über einen Graben, der viel zu breit für sie ist. Dadurch kann es sehr leicht zu Verletzungen kommen, bei denen die Erzieherin und Sozialassistentin erste Hilfe leisten müssen.

Aufgabe der Erziehenden ist es daher, die Kinder gut zu beobachten und auf mögliche Gefahren hinzuweisen. Rollenspiele können ebenfalls dazu beitragen, auf mögliche Gefahren aufmerksam zu machen.

12.1	Kinderkrankheiten und Gegenmaßnahmen

Die meisten Kinderkrankheiten sind Infektionskrankheiten. Früher glaubte man, dass Infektionskrankheiten eine Strafe Gottes seien, denn sie waren eine Geißel für die Menschheit. Die Pest entvölkerte im Mittelalter in Deutschland ganze Landstriche. Im napoleonischen Krieg gegen Russland starben mehr Soldaten an Fleckfieber als an den unmittelbaren Kriegshandlungen. Heute haben Pest, Cholera, Typhus und Pocken viel von ihrem Schrecken verloren. Durch den Siegeszug der Medizin gelang es, viele Seuchen zu bekämpfen. Es gelang aber nicht, diese Seuchen völlig auszurotten.

Daher ist **Vorsorge besser als heilen!**

Abb. DPA

AUFGABEN

1. *Nennen Sie Merkmale von Masern.*
2. *Berichten Sie über den Verlauf von Masern aus eigener Erfahrung.*

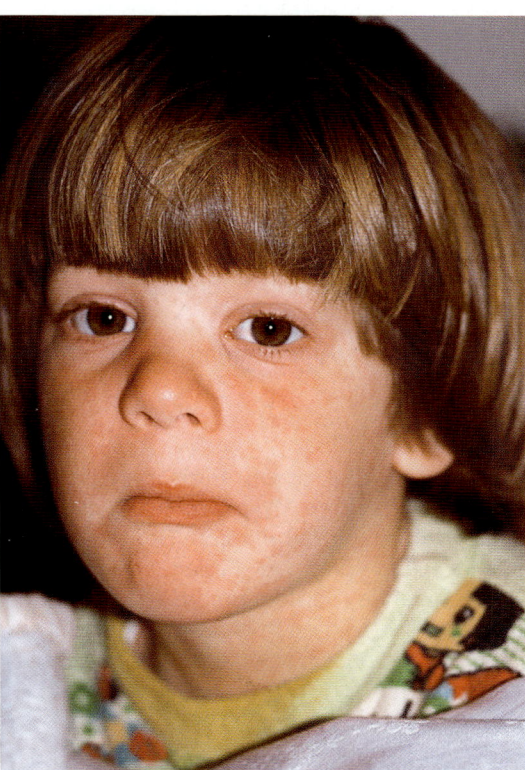

Infektionskrankheiten werden durch Mikroben oder Mikroorganismen hervorgerufen. Man unterscheidet folgende Mikroorganismen: **Viren, Bakterien, Einzeller und Pilze.**

Viren

Sie bestehen aus Nukleinsäure und einer umgebenden Eiweißhülle. Die Viren dringen in den menschlichen Körper ein und leben dort von den Wirtszellen. Von diesen Wirtszellen aus verbreiten sie sich im ganzen menschlichen Körper und verursachen die Krankheit. Viruserkrankungen sind:

Röteln, Mumps, Influenza (Grippe), Kinderlähmung, Tollwut, Pocken, Windpocken, Hepatitis (Gelbsucht) und Warzen.

LF 3

LF 3

Bakterien

Sie sind kleine, einzellige Lebewesen von 0,001 mm Größe. Sie kommen überall in der Natur vor und sind teilweise sogar nützlich, z. B. Fäulnisbakterien. Krankmachende (pathogene) Bakterien dringen in den menschlichen Körper ein, vermehren sich dort und lösen die Krankheit aus. Krankheiten, die durch Bakterien entstehen, sind:

Angina, Eiterungen, Keuchhusten, Tetanus, Scharlach, Diphtherie, Ruhr und Cholera.

Einzeller

Sie bestehen nur aus einer Zelle und haben keinen richtigen Zellkern. Wie die Viren und Bakterien vermehren sie sich im menschlichen Körper und verursachen dort die Krankheit. Einzellerkrankheiten sind:

Toxoplasmose, Amöbenruhr, Schlafkrankheit und Malaria.

Pilze

Krankheiten, die durch Pilze hervorgerufen werden, nennt man Mykosen. Meistens ist die Haut von den Pilzen betroffen. Der Pilz besteht aus schlauchförmigen Fäden, dem Myzel. Scheidewände (Septen) unterteilen die Fäden. Zu den Pilzkrankheiten zählen: Fußpilz, Hautflechten, Soor (Bläschenausschlag auf den Schleimhäuten von Mund und Speiseröhre).

Die Ansteckung durch Viren, Bakterien, Einzeller, Pilze erfolgt durch:

▶ **Ausscheidungen**: Auswurf, Stuhl, Urin usw.
▶ **Tröpfcheninfektion**: durch Anniesen oder Anhusten,
▶ **Nahrungsmittelinfektion**: verunreinigte Lebensmittel,
▶ **direkten Kontakt**: Geschlechtsverkehr, Mutterkuchen (Plazenta),

Als Eintrittspforte für die Mikroben kommen alle Körperöffnungen sowie Wunden und kleinste Schleimhauteinrisse in Betracht.

MERKSATZ

Viren, Bakterien, Einzeller, Pilze sind die Verursacher der Infektionskrankheiten. Sie können durch alle Körperöffnungen in den Körper eindringen.

AUFGABEN

1. Erstellen Sie eine Mind-Map über Mikroben.
2. Nennen Sie Beispiele dafür, wie Sie Ihren Körper vor Mikroben schützen können.

12.1.2 Erkennungsmerkmale von Infektionskrankheiten

FALLBEISPIEL

„Nadine kommt morgen bestimmt nicht zum Kindergarten", meinen die Kinder der Gruppe Spatz im Kindergarten M. Auf die Nachfrage der Sozialassistentin Meike teilen die Kinder mit, sie huste den ganzen Vormittag, habe Schüttelfrost und säße am liebsten in der Ecke, wo sie keiner störe. „Sonst ist Nadine immer ganz anders", fügt die fünfjährige Mara hinzu, „sie ist immer die erste, die draußen ist. Auch bei Regen ist sie lieber draußen als im Haus." „Wenn das so ist", sagt die Sozialassistentin Meike, „dann sollten wir bei Nadines Mutter anrufen und sie bitten, Nadine nach Hause zu holen."

AUFGABEN

1. Beurteilen Sie die Vorgehensweise der Sozialassistentin Meike.
2. Unterscheiden Sie Grippe und grippaler Infekt.

Nach dem Eintritt der Krankheitserreger fühlt sich der Mensch noch nicht gleich krank. Nach der Ansteckung folgt eine Zeitspanne, in der sich die Mikroben im Körper vermehren und den Organismus unbemerkt schädigen. Diese Zeit wird als Inkubationszeit bezeichnet. Sie ist bei den Infektionskrankheiten unterschiedlich lang:

1. Grippe: 1 – 3 Tage
2. Röteln: 2 – 3 Wochen
3. Scharlach: 3 – 4 Tage
4. Mumps: 2 – 3 Wochen
5. Windpocken: 8 – 17 Tage
6. Keuchhusten: 2 – 3 Wochen

Danach treten die ersten Krankheitserscheinungen auf:

▶ **gestörtes Allgemeinbefinden**, z. B. Kopf- und Gliederschmerzen, Abgeschlagenheit.

▶ **Fieber:** 38° bis 38,5° bedeutet mäßiges Fieber, 39° bis 40,5° hohes Fieber und über 40,5 °C sehr hohes Fieber.

▶ **Kreislaufstörungen:** erhöhter oder unregelmäßiger Puls, erniedrigter Blutdruck.

▶ **Atmungsstörungen:** schnelle und kurze Atmung.

▶ **Verdauungsstörungen:** Appetitlosigkeit und Übelkeit, Verstopfung.

▶ **Veränderung des Blutbildes**: Die Zahl der weißen Blutkörperchen ist bei einer Infektion erhöht.

▶ **Leber- und Milzschwellung**: Durch eine Entzündung sind Leber und Milz vergrößert.

Bei diesen Anzeichen ist es sinnvoll, den Arzt aufzusuchen.

„Keine Mikroben, keine Infektionskrankheit."

Mögliche Infektionsquellen können andere Menschen, verdorbene Lebensmittel und unsachgemäßer Umgang mit Lebensmitteln sein, sowie unsaubere Kleidung, Wunden an Händen und Armen und Reste auf Essgeschirr.

Hygiene ist der beste Schutz gegen Infektionen.

MERKSATZ

Bei Anzeichen einer Krankheit sollte der Arzt aufgesucht werden. Die Einhaltung von Hygieneregeln ist die beste Vorbeugung.

AUFGABEN

1. Berichten Sie über Krankheiten, die Sie als Kind gehabt haben.
2. Erkundigen Sie sich bei Ihrer Mutter oder Ihrer Pflegeperson über den Krankheitsverlauf.
3. Nennen Sie Beispiele dafür, wie Sie Nahrungsmittel vor dem Verderb schützen können.

12.1.3 Früherkennungsuntersuchungen

FALLBEISPIEL

Einen Monat ist Sonja alt. „Nun wird es Zeit, dass wir weiterhin zu den Früherkennungsuntersuchungen gehen!" sagt ihre Mutter Klara. „Die Früherkennungsuntersuchungen zeigen uns, ob du dich normal entwickelt hast. Die Untersuchungen sind bisher sehr gut ausgefallen. Hoffen wir, dass es so weiter geht!" Und so geschieht es: Mutter Klara legt einen Termin beim Kinderarzt fest. Einige Tage später fährt sie mit Sonja zum Arzt.

AUFGABEN

1. Erklären Sie den Begriff Früherkennungsuntersuchung und begründen Sie die Notwendigkeit der Durchführung.
2. Welche Früherkenungsuntersuchungen wurden bei Ihnen durchgeführt?

Das Kind soll von Geburt an gesund durchs Leben gehen. Der Zeitpunkt der Früherkennungsuntersuchungen (U1 bis U9) ist daher so gelegt, dass eventuelle Entwicklungsstörungen, Schädigungen oder typische Erkrankungen rechtzeitig erkannt und vorbeugend behandelt werden können:

▶ Die U1 erfolgt sofort nach der Geburt. Sie heißt daher auch **Neugeborenen-Untersuchung**. Dabei werden Atmung, Muskeltätigkeit, Herzschlag und Reflexe kontrolliert sowie behandlungsbedürftige Missbildungen untersucht.

▶ Die U2 erfolgt bis zum **10. Lebenstag**. Alle Organe, die Sinnesorgane und Reflexe werden untersucht. Aus der Ferse wird eine Blutprobe entnommen. Sie dient der Früherkennung von eventuellen Stoffwechsel- und Hormonstörungen.

▶ Die U3 findet in der **vierten bis zur sechsten Lebenswoche** statt. Der Arzt prüft, ob sich die Reflexe, die Motorik, das Gewicht und die Reaktionen altersgemäß entwickeln. Er erkundigt sich, ob das Kind gut trinkt. Er tastet bzw. hört die Organe ab. Außerdem wird eine Untersuchung auf Störungen und Verrenkungen des Hüftgelenks durchgeführt. Darüber hinaus gibt er Ernährungshinweise im Hinblick auf die Mundgesundheit.

LF 3

▶ Die U4 findet im dritten bis **vierten Lebensmonat** statt. Auch bei diesem Vorsorgetermin werden die Körpermaße, Haut, Brust-, Bauch-, Geschlechts- und Sinnesorgane sowie die Motorik und das Nervensystem untersucht.

▶ Die U5 erfolgt im **sechsten oder siebten Monat**. Wieder geht es darum, ob das Baby gut hören und sehen kann. Darüber hinaus schaut der Arzt nach, ob es sich seinem Alter entsprechend bewegt und hält. Die Eltern erhalten Hinweise zur Mundhygiene und zahnschonenden Ernährung.

▶ Die U6 erfolgt im **10. bis 12. Lebensmonat**. Bei dieser Untersuchung stehen die geistige Entwicklung und die Sinnesorgane im Mittelpunkt. Der Arzt fragt nach, ob das Kind Doppellaute plappert, auf seinen Namen reagiert und kleine Aufforderungen versteht. Des Weiteren wird geprüft, ob das Kind krabbelt, sitzen oder stehen kann. Außerdem gibt er Hinweise zur Pflege der ersten Zähne.

▶ Die U7 muss zwischen dem **21. und 24. Lebensmonat** erfolgen. Mit einfachen Bildern oder im Gespräch testet der Arzt, wie weit das Kind in seiner sprachlichen Entwicklung ist. Auch die Feinmotorik und Körperbeherrschung sowie Verhaltensauffälligkeiten werden beobachtet.

▶ Die U8 findet zwischen dem **43. bis 48. Lebensmonat** statt. Alle Organe, die Bewegungsabläufe und die generelle Entwicklung werden intensiv geprüft. So können noch rechtzeitig vor der Einschulung eventuelle Organerkrankungen, Bewegungsstörungen, Seh- und Hörfehler, Sprachstörungen und Verhaltensauffälligkeiten erkannt und gezielt behandelt werden. Auch eine Harnuntersuchung mittels Teststreifen wird durchgeführt.

▶ Die U9 erfolgt zwischen dem **60. und 64. Lebensmonat.** Alle Organe werden erneut genau geprüft. Außerdem testet der Arzt das Gehör, die Sehfähigkeit, die Sprachentwicklung und die Bewegung. Auch hier ist das Ziel, eventuelle Krankheiten vor dem Schuleintritt zu heilen, um dem Kind zeit- und nervenraubende Therapien parallel zum Lernen zu ersparen.

▶ Jugendgesundheitsuntersuchung:
Bei der Untersuchung zwischen dem vollendeten **13. und 14. Lebensjahr** geht es um die Früherkennung solcher Krankheiten, die die weitere Entwicklung gefährden könnten. Außerdem werden Teenager auf Themen wie Rauchen und Drogen, aber auch ihr Ernährungsverhalten angesprochen.

MERKSATZ

Die regelmäßige Teilnahme an Früherkennungsuntersuchungen ist ein wichtiger Beitrag zum langfristigen Erhalt der Gesundheit von Kindern und Jugendlichen.

AUFGABEN

1. Erkundigen Sie sich bei Kinderärzten über die Teilnahme an den Früherkennungsuntersuchungen.

2. Erarbeiten Sie ein Rollenspiel mit einer Mitschülerin, in dem Sie einer jungen Mutter deutlich machen, wie wichtig die Teilnahme an den Früherkennungsuntersuchungen ist.

12.1.4 Impfen

[Impfen schützt!]

Impfungen

Als Eltern wissen Sie, wie schwer es ist, Kinder durch die vielen kleinen und großen Schwierigkeiten des Alltags zu lotsen. Vor der Gefahr schwerer Infektionskrankheiten können Sie Ihr Kind jedoch leicht durch Impfungen schützen.

BZgA
Bundeszentrale für gesundheitliche Aufklärung

Weitere Informationen erhalten Sie bei Ihrem Kinder- und Jugendarzt und unter: www.kindergesundheit-info.de

AUFGABE

Wie ist Ihre Meinung über das Impfen?

Abb. BZgA

Der Staat möchte, dass sich seine Bürger gegen bestimmte übertragbare Krankheiten durch Impfung schützen. Deshalb spricht er für diese Impfungen eine so genannte **öffentliche Empfehlung** aus. Im Gegenzug gewährt der Staat im Falle des begründeten Verdachts eines Schadens durch eine öffentlich empfohlene Impfung eine **Versorgung (Rente)** nach den Vorschriften des Bundesversorgungsgesetzes aus.

Impfungen gehören zu den **segensreichsten Fortschritten der Medizin**.

So selbstverständlich ist ihr umfangreiches Wirken geworden, dass man sich heute noch schwer vorstellen kann, in welchem täglichen Schrecken die Menschen vor Krankheiten lebten, die heute durch Impfungen ganz oder fast völlig verschwunden sind.

Die aktive und passive Schutzimpfung

Die **aktive Schutzimpfung** befähigt den Organismus zur **aktiven, eigenständigen Abwehr** im Gegensatz zur **passiven Schutzimpfung**, bei der dem Organismus der **Schutz geliehen** wird. Die Kunst bei der aktiven Schutzimpfung besteht darin, diesen Kontakt mit dem Immunsystem so zu gestalten, dass der Mensch nicht tatsächlich erkrankt oder Schaden erleidet. Hierzu musste man bei der Impfstoffentwicklung verschiedene Wege gehen. Man verwendet **Lebendimpfstoffe und Totimpfstoffe**.

▶ **Lebendimpfstoffe:**

Lebendimpfstoffe enthalten vermehrungsfähige Erreger, die man aber durch verschiedene Verfahren abgeschwächt hat (Attenuierung). Ihr Vorteil ist, dass sie eine echte Krankheit sozusagen im Kleinen durchspielen, und daher oft eine gute und lang anhaltende Immunität erzeugen. Ihr Nachteil ist, dass es in sehr seltenen Fällen zu ernsthaften und sogar schwerwiegenden Nebenwirkungen und Krankheitserscheinungen kommen kann. Beispiele für Lebendimpfungen sind: Mumps, Masern, Röteln und Gelbfieber, und auch die BCG-Impfung (Tuberkulose).

▶ **Totimpfstoffe:**

Totimpfstoffe bestehen aus **Erregern**, die **inaktiviert und nicht mehr vermehrungsfähig** sind oder aus **Teilen von deren Bestandteilen.** Inaktiviert werden die Erreger oder ihre Bestandteile durch chemische Maßnahmen wie Behandlung mit Formalin oder durch die Zuführung von Hitze. Oft genügt es, dem Immunsystem ein charakteristisches Merkmal eines Krankheitserregers zu präsentieren, um es zur Produktion von Antikörpern anzuregen. Ein Vorteil von **Totimpfstoffen** ist, dass eine daraus folgende Erkrankung ausgeschlossen ist. Durch inaktivierte Erreger wirken vor allem die Impfstoffe gegen Keuchhusten, Grippe, Cholera, Fleckfieber, Tollwut, Ruhr, Pneumo- und Meningokokkeninfektionen.

Bei der passiven Schutzimpfung führt man dem Organismus geeignete **Konzentrate von Antikörpern** zu. Dies erfolgt in der Regel durch eine Injektion. Der Körper ist dadurch für eine gewisse Zeit geschützt, als ob er die Antikörper selber gebildet hätte. Der Schutz hält aber nur eine Weile an, da die Antikörper abgebaut werden. Bei immungeschwächten Personen, in bedrohlichen Krankheitssituationen oder auch zur Prophylaxe, z. B. bei Hepatitis A oder vor Fernreisen, findet diese Methode Anwendung.

Öffentlich empfohlene Impfungen

In Deutschland gibt es keine Pflichtimpfungen mehr, wie dies früher z. B. bei der Pockenschutzimpfung der Fall war. Dennoch hat der Staat als Gemeinwesen ein hohes Interesse an einer möglichst lückenlos geimpften Bevölkerung. Er spricht deshalb regelmäßig **Empfehlungen** aus.

Die Ständige Impfkommission (STIKO) am Robert Koch Institut (RKI) in Berlin überarbeitet die Empfehlungen regelmäßig und veröffentlicht sie. Alle Bundesländer stützen sich auf diese Empfehlungen.

Die **Weltgesundheitsorganisation (WHO)** hat es sich zum Ziel gesetzt, durch weltweite Impfprogramme bestimmte Infektionskrankheiten auszurotten oder stark zu reduzieren, wie das bei den Pocken schon gelungen ist.

DEFINITION

Bei der Impfung wird zwischen der aktiven und passiven Schutzimpfung unterschieden. Bei der aktiven Schutzimpfung wird mit **Lebend- und Totimpfstoffen** geimpft, während bei der passiven Schutzimpfung dem Organismus geeignete **Konzentrate von Antikörpern** zugeführt werden.

LF 3

LF 3

AUFGABEN

1. Nennen Sie Gründe dafür, dass der Staat ein hohes Interesse an einer möglichst lückenlos geimpften Bevölkerung hat.

2. Beschreiben Sie die aktive und passive Schutzimpfung und arbeiten Sie die Unterschiede heraus.

3. Überprüfen Sie mit einer Umfrage, wie viele Mädchen in Ihrer Schule gegen Röteln geimpft worden sind. Erkundigen Sie sich, welche Folgen Röteln während einer Schwangerschaft für das ungeborene Kind haben können.

4. Im Jahr 2002 erkrankten in Coburg 1000 Menschen an Masern wegen der niedrigen Impfrate. Beurteilen Sie diesen Vorfall.

12.2 Verhalten bei Unfällen

AUFGABE

Nennen Sie häufig vorkommende Verletzungen bei Kindern und die richtigen Gegenmaßnahmen.

Im Kindergarten und in der Grundschule vergeht kaum ein Tag, in dem nicht Hilfe bei meist nur kleinen Unfällen geleistet werden muss. Oft ist es nur ein Pflaster, das auf den Arm oder auf das Knie geklebt werden muss. In diesem Alter sind Kinder ständig in Bewegung, oft unachtsam und impulsiv, und dadurch erhöht gefährdet. Für eine Sozialassistentin ist es daher wichtig, über Kenntnisse in der Ersten Hilfe bei Kindernotfällen zu verfügen.

FALLBEISPIEL

Sie arbeiten als Sozialassistentin in einem Kindergarten. Plötzlich ein Geschrei: Ein Kind ist von einem Spielgerät gestürzt. Alle Kinder rennen zur Unfallstelle und schauen bestürzt auf das heruntergefallene Kind, das auf der Erde liegt. Zum Glück ist der Untergrund weich und das Kind steht nach kurzer Zeit wieder auf.

AUFGABE

Wie reagieren Sie und was muss als Erstes passieren?

Eine Notsituation kann bei den Verantwortlichen zunächst einmal Hilflosigkeit auslösen. In den nächsten Minuten ist aber ein **gezieltes Handeln** angesagt. Durch tiefes Ein- und Ausatmen kann der Schreckmoment bei der Betreuerin verkürzt werden.

Auch wenn der Sturz nicht gefährlich aussah, das Kind schnell wieder aufsteht und keine Verletzungen zu sehen sind, muss der Zustand des Kindes überprüft werden:

▶ Man fragt das Kind nach Schmerzen.

▶ Man achtet auf Schwellungen und Fehlstellungen der Arme oder Beine.

▶ Wenn sich das Kind etwas beruhigt hat, bittet man es, vorsichtig Arme und Beine zu bewegen.

▶ Man beobachtet das Kind weiterhin.

Gegebenenfalls werden der Arzt und die Eltern verständigt. Eine Mitarbeiterin bleibt bei dem Kind und beruhigt es.

Abb. Nühs

12.2.1 Häufige Verletzungen bei Kindern

Häufige **Verletzungen** des Kindes sind:

▶ **Bruch**
Wenn man bei einem verletzten Kind eine starke Schwellung, starke Schmerzen oder eine Bewegungsbeeinträchtigung feststellt, dann kann man von einem Knochenbruch ausgehen. In diesem Fall muss der Arzt sofort gerufen werden.

▶ **Quetschung**
Kleine Kinder quetschen sich häufig die Finger, z. B. an **Schubladen** und **Türen**. Quetschungen sollten als erstes gekühlt werden, damit sich die Schwellung nicht so stark entwickelt.

▶ **Prellungen**
Prellungen an Knochen, Gelenken und Muskeln entstehen meist durch dumpfe Gewalteinwirkung. Auf der Haut entstehen blaue Flecken. Bei Prellung hilft Kühlung am besten.

▶ **Muskelzerrung**
Bei einer Zerrung wird der Muskel überdehnt, eventuell reißen auch einige Fasern. Schonung und das Einreiben mit Arnikasalbe fördert die Heilung.

▶ **Zerrung eines Gelenkes**
Zu Zerrungen kommt es durch eine plötzliche Gewalteinwirkung auf das Gelenk. Die Bänder des Gelenkes können gedehnt werden, einreißen oder ganz abreißen. Dies muss durch eine ärztliche Untersuchung geklärt werden. Zur **Erstversorgung** sollte das Gelenk hoch gelagert und gekühlt werden. Die häufigste Zerrung ist das Umknicken des Sprunggelenkes.

▶ **Verrenkung (Luxation)**
Verrenkungen entstehen, wenn ein Knochen aus dem Gelenk gesprungen ist. Dabei können die **Bänder der Gelenkkapsel** teilweise oder völlig zerreißen. Der Bereich des verletzten Gelenkes ist deutlich deformiert. Die Schmerzen sind heftig, sie können stärker als bei einem Bruch sein. Allerdings darf das Gelenk nur vom Arzt wieder eingerenkt werden. Anschließend sollte durch eine Röntgenkontrolle die richtige Lage des Gelenkes

geprüft werden. Als Erste-Hilfe-Maßnahme sollte das Körperteil ruhig gestellt und bequem gelagert werden.

▶ **Verstauchung**
Bei der Verstauchung werden die beiden Gelenkflächen in einem Gelenk gegeneinander gepresst oder gegeneinander verschoben. Dabei entsteht im Gelenk selbst eine Schwellung, die die Beweglichkeit des Gelenkes beeinträchtigt und Schmerzen verursacht.

▶ **Schnittverletzungen**
Sie werden am besten mit einem Pflaster oder einem Verband versorgt. Schnittwunden dürfen auf keinen Fall ausgewaschen werden.

MERKSATZ

Die Sozialassistentin benötigt fundierte Kenntnisse in Erster Hilfe, da Kinder sehr schnell einen Unfall erleiden können. Die Kenntnisse müssen ständig aufgefrischt werden, um zu jeder Zeit auf dem Laufenden zu sein. In kritischen Situationen sollten Notarzt und Rettungswagen angefordert werden.

AUFGABEN

1. Tragen Sie die Knochenbrüche und Prellungen zusammen, die häufig bei Kindern vorkommen.

2. Cordula, vier Jahre alt, hat sich ihre Finger an einer Schublade gequetscht. Was ist zu tun?

3. Olli ist von der Kletterstange auf den Kopf gefallen. Wie müssen Sie vorgehen?

4. Regen Sie einen Erste-Hilfe-Lehrgang in Ihrer Klasse an.

12.2.2 Verhalten bei Unfällen im Straßenverkehr

Im Straßenverkehr verhalten sich Kinder oft sehr unkontrolliert und sind daher häufig die Ursache für Unfälle. Dieses Verhalten ist besonders ausgeprägt, wenn sie mit dem Fahrrad unterwegs sind.

Bei einem Unfall kann man nur einen kühlen Kopf bewahren, wenn die Schritte, die eingeleitet werden müssen, vorher bekannt sind.

1. Schritt: Unfallstelle sichern:

Als Beteiligter an einem Unfall muss man sich unverzüglich an einer geeigneten Stelle aufhalten, die Warnblinkanlage einschalten, ein Warndreieck aufstellen und gegebenenfalls den übrigen Verkehr durch Handzeichen warnen. Vom Unfallort darf man sich nicht unerlaubt entfernen, es könnte als Unfallflucht ausgelegt werden.

2. Schritt: Sich um Verletzte kümmern:

Wenn es Verletzte gegeben hat, so ist **Erste Hilfe** zu leisten, sobald die Unfallstelle abgesichert ist. Verletzte Personen sind aus der Gefahrenzone zu entfernen und dabei möglichst wenig zu bewegen. Bewusstlose Personen sind in die stabile Seitenlage zu bringen und gegebenenfalls mit Decken gegen Unterkühlung zu schützen. Die so genannte **Rettungskette** ist in Bewegung zu setzen:

Dieses Vorgehen gilt nicht nur für Unfallbeteiligte, sondern auch für Verkehrsteilnehmer, die als Erste an die Unfallstelle kommen, denn unterlassene Hilfeleistung wird mit einer Geld- oder Freiheitsstrafe bestraft.

3. Schritt: Polizei anfordern:

Bei größeren Sachschäden oder Unfällen mit Verletzten ist es sinnvoll, die Polizei anzurufen. Die Fahrzeugpositionen sollten dann nicht verändert werden, damit eine Rekonstruktion des Unfallherganges möglich ist. Auch bei kleinen Blechschäden muss die Polizei gerufen werden, falls ein Beteiligter darauf besteht. **Tel.: 110 Polizei, 112 Rettungsdienst**

4. Schritt: Wichtige Daten aufschreiben:

Folgende Daten der beteiligten Fahrer und Fahrzeughalter sind wichtig:

▶ Amtliches Kennzeichen,
▶ Marke und Typ des Fahrzeuges,
▶ Namen und Anschriften (Ausweispapiere),
▶ Versicherungsgesellschaft und Nummer des Versicherungsscheins,
▶ Ort und Zeitpunkt des Unfalls,

5. Schritt: Namen der Zeugen aufschreiben:

Unfallzeugen sind für die Beurteilung des Unfallhergangs äußerst wichtig, daher sollte man sich ihre Namen und Anschriften notieren.

6. Schritt: Schadenaufnahme:

Eine **Unfallskizze** und ein **Unfallprotokoll** helfen ebenfalls bei der Rekonstruktion des Unfalles. Es sollte von allen Beteiligten unterzeichnet werden. Auf Wunsch können entsprechende Formulare (so genannter Europäischer Unfallbericht) von der Versicherung angefordert werden. Es empfiehlt sich außerdem, stets eine **Kamera im Auto** zu haben, um die Fahrzeugposition für spätere Ermittlungen festzuhalten. Durch diese Fotos können die Angaben und Skizzen später ergänzt werden.

7. Schritt: Einige Hinweise:

Je nach der Art der Unfallfolgen darf nicht vergessen werden, die nachfolgenden Versicherungen bzw. Personen zu informieren:

▶ Kaskoversicherung,
▶ Insassenversicherung,
▶ Rechtsschutzversicherung,
▶ Rechtsanwalt,
▶ Schutzbriefversicherung,
▶ Private Unfall- oder Lebensversicherung,
▶ Krankenversicherung,

Abb. oben: Nühs

▶ Gesetzliche Renten- oder Unfallversicherung,
▶ Arbeitgeber.

MERKSATZ

Bei Unfällen im Straßenverkehr sind nicht nur die persönlichen Belange zu berücksichtigen, sondern auch die Schäden, die anderen Menschen zugefügt worden sind.

AUFGABEN

1. *Sammeln Sie Zeitungsartikel über Verkehrsunfälle mit Kindern und stellen Sie die Unfallursachen fest.*
2. *Wie können Sie Kinder vor Verkehrsunfällen schützen? Erarbeiten Sie dazu eine Collage mit „Ihren" Kindern im Kindergarten.*

12.2.3 Hausapotheke und Verbandsmaterial

AUFGABE

Überprüfen Sie Ihre Hausapotheke mit folgender Liste

Verbandstoffe

❏ Verbandmull
❏ Mullbinden
❏ Verbandpäckchen
❏ Elastische Binden
❏ Heftpflaster(rolle)
❏ Wundschnellverbände
❏ Brandwunden-Verbandpäckchen

Arzneimittel

❏ Gel für Insektenstiche
❏ Gel für Sonnenbrand
❏ Desinfektionsmittel für kleinere Verletzungen
❏ Arnikatinktur für Umschläge
❏ Schmerztabletten
❏ Krampflösende Zäpfchen
❏ Kreislaufmittel
❏ Hustenmittel
❏ Schnupfenmittel
❏ Halspastillen
❏ Gurgelmittel
❏ Präparat gegen Mundschleimhautentzündung

❏ Mittel gegen Durchfall
❏ Mittel gegen Verstopfung
❏ Häufig benötigte Tees (z.B. Kamillentee, Pfefferminztee)

Bei Kleinkindern im Haus

❏ Mittel bei Zahnungsbeschwerden
❏ Mittel gegen Blähungen
❏ Kleinkinder-Nasentropfen
❏ Salbe gegen Wundsein
❏ Zäpfchen gegen Fieber

Instrumente

❏ Verbandschere
❏ Sicherheitsnadeln
❏ Splitterpinzette
❏ Dreiecktuch
❏ Augenklappe
❏ Wattestäbchen
❏ Mundspatel
❏ Wärmflasche
❏ Fieberthermometer und Kinderfieberthermometer

Die Hausapotheke soll sehr schnell Hilfe bei Beschwerden des Alltags und bei der ersten Hilfe im

Falle von Unfällen im Kindergarten ermöglichen. Alle Mitarbeiterinnen des Kindergartens sollten daher über den Inhalt informiert sein.

Telefonverzeichnis (kann an die Innentür der Hausapotheke angeheftet werden): Polizei: 110,

▶ Feuerwehr und Rettungsleitstelle: 112

Hinweis:

Kindern dürfen Medikamente nur nach Rücksprache mit den Eltern gegeben werden!!

Überprüfung der Hausapotheke:

Die einzelnen Gegenstände können in ein Inventarverzeichnis eingetragen werden. So kann jederzeit die Vollständigkeit der Hausapotheke überprüft werden:

▶ Dinge, die entnommen werden, sollten umgehend ersetzt werden.

▶ Medikamente sind grundsätzlich mit dem Beipackzettel aufzuheben.

▶ Das Verfallsdatum der Medikamente muss regelmäßig überprüft werden.

▶ Medikamente müssen gewissenhaft eingesetzt werden, d. h. dass **verschreibungspflichtige Medikamente** nur für Erkrankungen verwendet werden dürfen, für die sie verordnet worden sind.

▶ Aussortierte Medikamente dürfen nicht in den Müll geworfen werden, sondern müssen in die Apotheke zurück gebracht werden.

▶ Auch das Verbandmaterial muss regelmäßig überprüft werden, ob es noch brauchbar ist.

MERKSATZ

Die Hausapotheke darf für Kinder nicht zugänglich sein. Sie muss sich an einem kühlen, trockenen Ort befinden und regelmäßig hinsichtlich ihrer Vollständigkeit und Brauchbarkeit überprüft werden.

AUFGABEN

1. *Wie sieht der Inhalt Ihrer Hausapotheke aus?*
2. *Führen Sie folgendes Rollenspiel durch: Ein Arzt wird gerufen, weil ein Kind an Masern erkrankt ist.*

LF 3

Die gesunde Entwicklung des Menschen hängt ganz entscheidend von einer richtig zusammen gesetzten Ernährung zusammen. Fit und leistungsfähig ist der Mensch nur, wenn er mit seiner Nahrung die nötigen **Nährstoffe (Eiweiß, Fett, Kohlenhydrate), Mineralstoffe und Vitamine** (Lebensstoffe) in ausreichender Menge, im richtigen Verhältnis und in der richtigen Form aufnimmt.

Für alle Lebensvorgänge braucht der Körper **Energie**, die ihm mit der Nahrung zugeführt wird. Ganz offensichtlich ist der Energiebedarf bei jeder Bewegung, die vom Gehirn über die Nerven und mithilfe spezieller Botenstoffe, den Hormonen, gesteuert wird. Selbst wenn sich der Mensch nicht bewegt, wird für den Blutkreislauf, die Verdauung und den Stoffwechsel Energie verbraucht. Der größte Teil der zugeführten Energie, nämlich 70 %, wird in Wärme umgesetzt. Mehr als zwei Drittel der Energie werden zur Erhaltung der Körpertemperatur benötigt.

13.1	Vollwertige Ernährung nach den Regeln der Deutschen Gesellschaft für Ernährung

1 Getreide, Getreideprodukte und Kartoffeln; 2 Gemüse und Hülsenfrüchte, 3 Obst, 4 Milch und Milchprodukte, 5 Fisch, Fleisch und Eier, 6 Fette und Öle, 7 Getränke

Abb. DGE

Hilfen und Anregungen für eine gesunde Ernährung gibt die **Deutsche Gesellschaft für Ernährung (DGE)**. Sie hat die nachfolgenden Regeln aufgestellt, die besonders auf eine vollwertige Ernährung hinweisen, d. h. eine Ernährung mit allen Nährstoffen, Vitaminen, Mineralstoffen und sekundären Pflanzenstoffen (z. B. Carotinoiden, Flavonoiden).

Die Regeln heißen:

1. **Vielseitig essen,** d. h. die Vielseitigkeit der vielen Lebensmittel sollte genossen werden. Es gibt keine gesunden und ungesunden Lebensmittel. Auf die Menge, Auswahl und Kombination kommt es an.

2. **Getreideprodukte mehrmals am Tag und reichlich Kartoffeln essen:** Vollkorn sowie Kartoffeln enthalten kaum Fett, aber reichlich Vitamine, Mineralstoffe, Spurenelemente sowie Ballaststoffe und sekundäre Pflanzenstoffe.

3. **Gemüse und Obst – Nimm fünf am Tag:** Fünf Portionen Gemüse und Obst am Tag sind empfehlenswert, um den Körper reichlich mit Vitaminen, Mineralstoffen, Ballaststoffen und sekundären Pflanzenstoffen zu versorgen.

4. **Täglich Milch und Milchprodukte, einmal in der Woche Fleisch, Wurst sowie Eier in Maßen essen:** Diese Lebensmittel enthalten wertvolle Nährstoffe, Mineralsstoffe, z. B. Calcium in der Milch, Jod, Selen und Omega-3-Fettsäuren in Seefisch sowie Vitaminen. Fleisch ist wegen seines hohen Eiweißgehaltes, seines Beitrages an verfügbarem Eisen und den Vitaminen B1, B6 und B12 vorteilhaft. 300 bis 400 g fettarmes Fleisch und Wurst pro Woche reichen aus.

5. **Wenig Fett und fettreiche Lebensmittel:** Zu viel Fett führt zu Herz- und Kreislauferkrankungen und zu Krebs. 70 bis 90 g Fett, möglichst pflanzlicher Herkunft reichen täglich aus. Diese Fettmenge liefert ausreichend Fettsäuren und fettlösliche Vitamine.

6. **Zucker und Salz in Maßen:** Statt Zucker sollten Zuckerersatzstoffe wie Honig verwendet werden. Salz kann durch Kräuter und Gewürze ersetzt werden.

7. **Reichlich Flüssigkeit:** Täglich sollten Erwachsene 1,5 bis 2 l Flüssigkeit aufnehmen. Alkoholische Getränke sollten nur in Maßen getrunken werden: 0,5 l Bier oder 0,25 l Wein oder 0,06 l Branntwein pro Tag. **Die risikoarme Alkoholmenge bei Frauen ist geringer als bei Männern, da sie den Alkohol langsamer abbauen.**

8. **Schmackhaft und schonend zubereiten:** Die Speisen sollten nur bei niedrigen Temperaturen gegart werden und soweit es geht nur kurz mit wenig Fett und Wasser. Das erhält den natürlichen Geschmack, schont die Vitamine und verhindert die Bildung schädlicher Verbindungen, z. B. Acrylamid.

9. **Zeit zum Essen nehmen:** Bewusstes Essen hilft, richtig zu essen. Auch das Auge isst mit, d. h. dass die Speisen appetitlich angerichtet werden sollten.

10. **Auf das Wunschgewicht achten und in Bewegung bleiben:** Das richtige Gewicht trägt zum Wohlbefinden bei. Durch reichlich Bewegung kann es gehalten werden. Bewegung trägt dazu bei, fit zu bleiben.

Auch an die **Lebensmittel** sollten entsprechende Anforderungen gestellt werden. Sie sollten

▶ wenig verarbeitet sein,
▶ frei von Zusatzstoffen, z. B. Konservierungsstoffen, sein,
▶ aus der Region und der Jahreszeit entsprechend ausgewählt werden,
▶ möglichst frisch und unverpackt sein,
▶ den Bedürfnissen des Einzelnen entsprechen.

MERKSATZ

Lebensmittel müssen täglich in der richtigen Menge ausgewählt werden. Obst und Gemüse können reichlich genossen werden. Auf Frische muss geachtet werden.

AUFGABEN

1. Vergleichen Sie Ihre tägliche Ernährung mit den hier genannten zehn Regeln für eine gesunde Ernährung. Erstellen Sie dazu Ihr Ernährungstagebuch für einen Tag.

2. Teilen Sie Ihren Mitschülerinnen mit, was sich bei Ihrer Ernährung ändern muss.

13.1.1 Gestaltung der täglichen Mahlzeiten

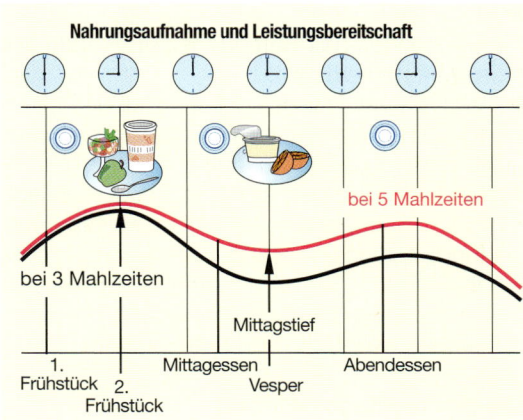

Nahrungsaufnahme und Leistungsbereitschaft

bei 5 Mahlzeiten

bei 3 Mahlzeiten

Mittagstief

1. Frühstück
2. Frühstück
Mittagessen
Vesper
Abendessen

AUFGABE

Machen Sie aufgrund des Verlaufs der Leistungsbereitschafts-Kurve Vorschläge für die Mahlzeitengestaltung.

Das Frühstück:

Das gute Frühstück ermöglicht die Leistungsfähigkeit am Tag. Für das Frühstück sollten die nachfolgenden Grundsätze eingehalten werden:

▶ In Ruhe frühstücken,
▶ am gedeckten Tisch frühstücken,
▶ beim Frühstück nicht an der Vielseitigkeit sparen,
▶ das Frühstück abwechselungsreich gestalten mit verschiedenen Brotsorten, unterschiedlichen Brotbelägen, Fruchtsäften, Obst, Müsli, Joghurt usw.

Das zweite Frühstück:

Das zweite Frühstück sollte das erste Frühstück ergänzen, d. h. dass fehlende Nährstoffe,

LF 3

Vitamine und **Mineralstoffe** jetzt aufgenommen werden sollten.

Besonders geeignet sind: Obst, Gemüse, Milch und Milchprodukte.

Das Mittagessen:

Für das Mittagessen gelten die nachfolgenden Regeln:

▶ Die Mittagsmahlzeit sollte nicht zu umfangreich sein, da sie sonst sehr viel Verdauungsarbeit erfordert, die die geistige Leistungsfähigkeit beeinträchtigen kann. Kleinere Mahlzeiten helfen schneller über das Mittagstief hinweg.

▶ Beim Mittagessen sollte man sich Zeit lassen, da sich das Sättigungsgefühl erst nach 15 Minuten einstellt.

▶ An Stelle von Fleisch können Milch und Milchprodukte, Fisch, Hülsenfrüchte und Getreidegerichte gegessen werden.

▶ Fett ist in Lebensmitteln oft zu reichlich enthalten. Fettreiche Lebensmittel sollten daher durch fettarme ersetzt werden, da sie zu Übergewicht führen können. Auch bei der Zubereitung der Gerichte ist auf die sparsame Verwendung von Fett zu achten.

Die Nachmittagsmahlzeit:

Die Nachmittagsmahlzeit sollte wie das zweite Frühstück vitamin- und mineralstoffreich sein.

Fünf kleine Mahlzeiten können die Leistungsfähigkeit des Körpers besser erhalten als drei.

Das Abendbrot:

Nährstoffe, Vitamine und Mineralstoffe, die bei den anderen Mahlzeiten nicht aufgenommen worden sind, können jetzt noch berücksichtigt werden, z. B. wenn das Mittagessen vitamin-

Abb. MEV

arm war, dann können die fehlenden Vitamine durch frisches Obst ergänzt werden.

Das Abendbrot sollte spätestens zwei Stunden vor dem Schlafengehen eingenommen werden, da der Schlaf sonst beeinträchtigt wird.

MERKSATZ

Grundsätzlich gilt für die **Mahlzeitenzusammenstellung**:

– Die Speisen sollten appetitanregend aussehen.

– Die Gerichte einer Mahlzeit sollten unterschiedliche Farben und Strukturen haben, z. B. Möhrensalat, Kräuterreis und Kalbsgeschnetzeltes.

– Die Mahlzeiten sollten sich gegenseitig durch ihren Gehalt an Nährstoffen, Vitaminen und Mineralstoffen ergänzen.

AUFGABE

Stellen Sie Grundregeln für ein gutes Essverhalten zusammen.

13.1.2 **Gesunde Ernährung für Kinder**

FALLBEISPIEL

Fehlernährung eines Kindes

Ganz erschüttert kehrte die Schülerin Steffi aus einem Praktikum im Krankenhaus in die Schule zurück. „Ich habe etwas Schreckliches erlebt", meinte sie, „eine Mutter hat ihr dreijähriges Kind, das furchtbar weinte, bei uns in der Kinderstation abgegeben und ist dann sofort weggegangen." Auf die Frage, was mit dem Kind gewesen sei, teilt Steffi der Klasse mit, das Kind habe keine Zähne mehr im Mund gehabt. Sie seien regelrecht weggefault, nur noch kleine schwarze Stümpfe seien vorhanden gewesen. Das Kind sei falsch ernährt worden, habe die Stationsschwester gesagt. Es habe sicherlich nur Süßes den ganzen Tag bekommen oder seine Zähne nicht regelmäßig gepflegt.

AUFGABE

Nennen Sie weitere Beispiele für falsche Ernährung bei Kindern.

Das Ernährungsverhalten eines Menschen wird entscheidend in der Kindheit geprägt. Eltern, Kinder, der Kindergarten, später die Schule sowie Freunde wirken auf die Essgewohnheiten ein.

Milch

Die Muttermilch ist die natürliche Kost des Säuglings. Sie hat folgende Vorteile:

▶ Sie ist bei der richtigen Ernährung der Mutter gut verträglich.
▶ Sie hat die richtige Temperatur.
▶ Sie ist keimfrei.
▶ Die Milchmenge sowie der Energie- und Nährstoffgehalt entsprechen dem Bedarf und der körperlichen Entwicklung des Kindes.
▶ Die Abwehrstoffe der Muttermilch schützen das Kind vor Infektionen und Allergien. Besonders reich an Abwehrstoffen ist die so genannte Vormilch der Mutter an den ersten Tagen.

Die **Stillzeiten** sollten sich nach dem Verhalten des Kindes richten. Gestillt wird, wenn es Hunger hat. So kann es vorkommen, dass es in den ersten Tagen sehr oft angelegt werden muss. Nach und nach pendelt sich ein Rhythmus von **vier bis fünf Mahlzeiten am Tag** ein.

Kuhmilch kann für Babys in den ersten drei Monaten nicht unverändert als Nahrung verwendet werden, da der Eiweiß- und Mineralstoffgehalt doppelt bis dreimal so hoch ist wie bei der Muttermilch. Kohlenhydrate sind wesentlich weniger in der Kuhmilch enthalten und die Vitamine sind anders verteilt als in der Muttermilch, z. B. ist der Vitamin-B2-Anteil viermal so hoch wie in der Muttermilch.

Aus diesen Gründen muss die Kuhmilch der Muttermilch angepasst oder adaptiert werden. Einfacher ist es, auf **Fertignahrung** für Säuglinge zurückzugreifen. Sie kann schnell zubereitet werden und entspricht der besonderen Ernährung von Säuglingen während der ersten drei Monate. Danach wird die **Folgenahrung** für Säuglinge über vier Monate verabreicht. Wichtig ist, dass die Dosierungsvorschriften auf den Packungen genau beachtet werden.

AUFGABE

Befragen Sie junge Frauen nach ihrer Einstellung zum Stillen.

MERKSATZ

Muttermilch ist nicht nur Nahrung, sondern auch Medizin für das Kind, da sie Abwehrstoffe gegen Infektionskrankheiten und Allergien enthält.

In der Wachstumsphase ist eine bedarfsorientierte Ernährung eine wesentliche Voraussetzung für eine gesunde körperliche und geistige Entwicklung. Der im Aufbau befindliche Körper braucht viel Eiweiß, Mineralstoffe und Vitamine. Der Energiebedarf ist groß. Er steigt in Abhängigkeit vom Wachstum und der körperlichen Betätigung an.

Bei der Auswahl der Säuglingsnahrung ist Folgendes zu beachten:

▶ Fertignahrung muss genau nach Vorschrift zubereitet werden.
▶ Nährstoff-, Energie- und Wirkstoffgehalt muss an das Alter des Kindes angepasst sein.
▶ Der Bedarf an Flüssigkeit wird zusätzlich mit ungesüßtem Früchte- und Kräutertee gedeckt.
▶ In den ersten Lebensmonaten ist äußerste Sauberkeit bei der Nahrungszubereitung für den Säugling lebenswichtig, um ihn vor Infektionen zu schützen.

Ernährungsplan für das erste halbe Lebensjahr			
Lebens-alter	Anzahl der Mahl-zeiten	Milch-menge	Feste Mahl-zeit
1. Woche	Versorgung nach Bedarf		Keine
2. Woche	5–6	450–600 ml	Keine
3. Woche	5–6	500–650 ml	Keine
4. Woche	5–6	550–700 ml	Keine
5. Woche	5–6	600–750 ml	Keine
6.–8. Woche	5	700–850 ml	Keine
3.–4. Monat	5	750–900 ml	Keine

Ernährungsplan für das erste halbe Lebensjahr			
Lebens-alter	Anzahl der Mahl-zeiten	Milch-menge	Feste Mahl-zeit
5. Monat	4–5	650–800 ml	Karottenmus, später Karotten-Kartoffel-Fleischmahl-zeit: bis zu 150 g
6. Monat	4	500–550 ml	Gemüse-Kartoffel-Fleischmahl-zeit: bis zu 200 g

In den nachfolgenden Monaten ändert sich an der Säuglingsernährung wenig.

▶ Für die ersten Löffelmahlzeiten sind selbstge-kochte Breis aus Gemüse aus biologischem Anbau zu bevorzugen. Auch die Gläschenkost wird laufend hinsichtlich ihrer Nitratwerte und Schadstoffbelastungen überprüft.

▶ Vor dem Füttern sollte die Temperatur der Nahrung durch einige Tropfen auf der Innen-seite des Unterarmes überprüft werden. Säug-lingsnahrung muss sich körperwarm anfühlen.

▶ Fläschchen und Gläschen werden im Was-serbad erwärmt und nicht in der Mikrowelle. Nahrung, die in der Mikrowelle erwärmt wor-den ist, kann unterschiedlich warm sein: innen heiß und außen kalt.

MERKSATZ

Die **Säuglingsnahrung** muss vorschrifts-mäßig zusammengesetzt sein, um die opti-male Entwicklung des Säuglings sicherzustel-len. Neben der richtigen Zusammensetzung und Temperatur der Nahrung sind Hygiene-grundsätze zu beachten.

AUFGABEN

1. Bewerten Sie die Milchnahrung des Säug-lings: Muttermilch, Kuhmilch, Fertigmilch.

2. Bereiten Sie einen Gemüsebrei für einen Säugling zu und vergleichen Sie Preis und Geschmack mit einem fertigen Gemüse-brei aus dem Gläschen.

Bei der täglichen Nahrung von Kindern sind fol-gende Aspekte zu beachten:

▶ Die tägliche Nahrung muss den Energiebe-darf des Kindes decken. Er besteht aus dem Grund- und Leistungsumsatz.

▶ Der **Grundumsatz** ist vom Alter, Geschlecht, der Körpergröße und dem Körpergewicht eines Menschen abhängig.

▶ Der **Leistungsumsatz** hängt von der Tätig-keit ab. Je häufiger ein Kind herumtollt, um-so mehr Energie benötigt es.

  Der **Leistungsumsatz** wird auch in PAL-Werten angegeben. PAL-Werte (Physical Activity Level) bezeichnen den **Quotienten aus dem Gesamtenergiebedarf und dem Grundumsatz**. Sie stellen ein Maß für die individuelle körperliche Aktivität eines Men-schen dar. Für die Berechnung des Energie-bedarfs muss also der Grundumsatz mit dem jeweiligen PAL-Wert multipliziert werden.

▶ Kinder haben einen hohen Bedarf an den Nährstoffen Eiweiß, Fett und Kohlenhydrate.

Bei der **Zusammenstellung** von Gerichten sind die nachfolgenden Aussagen mit zu be-rücksichtigen:

▶ Der **Kohlenhydratbedarf** sollte 50 bis 60 % des Energiebedarfs decken. Bevorzugt wer-den sollten stärke- und ballaststoffreiche Koh-lenhydrate wie Vollkornprodukte, Gemüse, Hülsenfrüchte, Kartoffeln, Reis und Obst. Ein hoher Zuckerkonsum kann zu Karies führen (s. Fallbeispiel).

▶ Der **Fettbedarf** liegt bei 30 bis 35 % des Ge-samtenergiebedarfs und deckt den durch das Wachstum bedingten höheren Energiebedarf ab. Auf versteckte Fette muss besonders bei den Fast-Food-Gerichten sowie bei Käse und Wurst geachtet werden. Sie können zu einer überhöhten Fettaufnahme führen. Leicht ver-dauliche Fette sind zu bevorzugen.

▶ Der **Eiweißbedarf** liegt bei Kindern höher als bei Erwachsenen. Er sinkt von 1,0 g pro Kilogramm Körpergewicht auf 0,9 g pro Körperkilogramm. Auf eine gemischte Eiweißversorgung aus pflanzlichen (Kartoffeln, Soja, Hülsenfrüchte, Getreideprodukte) und tierischen Eiweiß-trägern (Milch, Fleisch, Fisch) ist zu achten, um den Körper mit allen essentiellen (lebens-notwendigen) Aminosäuren zu versorgen.

▶ **Vitamine** haben in der Ernährung eine besondere Bedeutung. Die tägliche Versorgung muss optimal auf die Bedürfnisse des Körpers abgestimmt sein. Die fettlöslichen Vitamine (A, D, E, K) kann der Körper speichern, daher ist eine tägliche Zufuhr nicht unbedingt erforderlich. Anders ist es bei den wasserlöslichen Vitaminen, wie B oder C. Sie müssen dem Körper ständig zugeführt werden.

▶ **Mineralstoffe** und **Vitamine** müssen für eine normale Entwicklung in ausreichender Menge zur Verfügung stehen. Während der Bedarf an Vitaminen durch reichlich frisches Obst, Salate sowie Vollkornprodukte abgedeckt wird, ist bei der Versorgung mit Mineralstoffen auf die Einnahme von Milch und Milchprodukten, Fleisch- und Wurstwaren und Vollkornprodukten zu achten.

▶ **Jodmangel** tritt häufig in der Pubertät auf. Durch den Verzehr von Seefisch sowie der Verwendung von jodhaltigem Salz kann vorgebeugt werden.

▶ **Eisen**, ebenfalls ein sehr wichtiger Mineralstoff für Kinder, kommt in magerem Fleisch, Vollkornprodukten, grünem Gemüse und Hülsenfrüchten vor.

▶ **Ballaststoffe** sollten Kinder in geringen Mengen zu sich nehmen, da sie Blähungen und Bauchschmerzen verursachen können. Gut geeignet für Kinderkost sind Getreideflocken, Vollkornnudeln, Vollkornbrot sowie verschiedene Obst- und Gemüsesorten. Ungemahlenes Getreide und getrocknete Hülsenfrüchte vertragen Kinder erst gegen Ende des zweiten Lebensjahres. Bei ballaststoffreicher Nahrung müssen Kinder viel trinken, sonst kann es zu Verstopfung kommen.

▶ Der **Flüssigkeitsbedarf**: Kleine Kinder benötigen in der Regel 1.5 l Flüssigkeit, während ältere Kinder und Jugendliche einen Bedarf von 2 l bis 2.5 l haben. **Wasser**, **Mineralwasser**, **Kräuter-** und **Früchtetees** löschen den Durst. Fruchtsäfte sollten Kindern als Durstlöscher nur verdünnt gegeben werden, da sie einen hohen Anteil an Energie haben. Bei dem Genuss von Instant-Tee und Fruchtgetränken ist aufgrund des hohen Zuckergehaltes und Farbstoffen Vorsicht geboten. Das Gleiche gilt auch für Colagetränke. Sie sind abzulehnen, weil sie viel Zucker und Koffein enthalten.

LF 3

Tageskostplan für ein 5-jähriges Mädchen

Wünschenswerte Energie- (D-A-CH Referenzwerte) und Nährstoffzufuhr:

Gesamtenergiebedarf	1400 kcal bzw. 5800 kJ/Tag		
Eiweiß 15–20 %	210–280 kcal	=	53–70 g EW/Tag
Fett ca. 30 %	420 kcal	=	47 g F/Tag
Kohlenhydrate 50–55 %	700–770 kcal	=	175–193 g KH/Tag

Frühstück: 20 g Cornflakes, 50 g Apfel, 150 ml Milch, 5 g Blütenhonig
Getränke: 100 ml Orangensaft + 100 ml Mineralwasser, Kakao (150 ml Milch, 5 g Kakaopulver)
Zwischenmahlzeit: 40 g Weizenvollkornbrot, 30 g Fleischwurst, 30 g eingelegter Kürbis, 250 ml Malventee, 200 ml Mineralwasser
Mittagessen: Toast Hawaii: 25 g Weißbrot-Weizentoastbrot mit Schrotanteilen, 20 g Kochschinken, 30 g Ananas, 20 g Edamer, Bunter Salat mit Buttermilchdressing: 30 g Kopfsalat mit Buttermilchdressing, 20 g Tomate, 10 g Paprikaschote, Schnittlauch, Petersilie, Dill, 30 ml Buttermilch,1 Prise Salz,1 Prise Zucker, 3 ml Walnussöl **Getränk:** 200 ml Apfelschorle, **Dessert:**1 Banane
Zwischenmahlzeit: 50 g Quark-Rosinen-Tasche **Getränk:** 250 ml Zitronenmelissentee
Abendessen: 60 g Vollkornroggenbrot, 20 g Camembert, 20 g Kalbsleberwurst. Fenchel-Apfel-Rohkost: 40 g Fenchel, 40 g Apfel, 10 ml Zitronensaft, 5 ml Rapsöl, 1 Prise Salz, 1 Prise Pfeffer, Fenchelgrün
Getränk: 250 ml Lindenblütentee

Gesamtsumme Tageskostplan			
kcal	1428	KJ	5976
EW	53,62 g		
F	48,52 g		
KH	187,23 g		

Nährstoffrelation		
Eiweiß	54 g	15 %
Fett	49 g	31 %
Kohlenhydrate	187 g	54 %

MERKSATZ

Das Ernährungsverhalten des Menschen wird entscheidend in der Kindheit geprägt. Kinder müssen ausreichend mit Nährstoffen, Vitaminen und Mineralstoffen sowie Flüssigkeit versorgt werden.

AUFGABEN

1. *Entwickeln Sie Kostpläne für Kindergartenkinder, in denen Sie das Alter und die Jahreszeit berücksichtigen.*
2. *Stellen Sie einen Kostplan für das 3-jährige Kind des Fallbeispiels auf S. 204 zusammen.*
3. *Welche Bedeutung haben die Inhaltsstoffe in der Nahrung für die Ernährung von Kindern?*
4. *Kinder sollten entsprechend ihrem natürlichen Sättigungsgefühl essen dürfen. Nennen Sie Gründe dafür.*

13.1.3 Kochen mit Kindern

AUFGABE

Nennen Sie Gründe dafür, dass Kinder am Kochen beteiligt werden sollten.

Kochen mit Kindern stellt immer einen Höhepunkt im Jahresablauf des Kindergartens da. Kindern macht es sehr viel Spaß, beim Kochen mithelfen zu dürfen oder sogar das eine oder andere selbstständig zuzubereiten. Wichtig ist, dass Kinder von Anfang an bei der Zubereitung der Mahlzeit dabei sind:

▶ Sie müssen eingebunden werden in den Einkauf von saisonalen Erzeugnissen der Region.
▶ Sie müssen auf die Kosten, die die Lebensmittel verursachen, hingewiesen werden.

So lernen sie die Jahreszeiten geschmacklich kennen und wissen nun, das Lebensmittel Geld kosten. Auch kleine Kinder können schon nach ihren Fähigkeiten in der Küche „helfen". Auf diese Weise bekommen sie ein ganz natürliches Verhältnis zu Lebensmitteln und deren Zubereitung.

Industriell vorgefertigte Nahrung wie Tiefkühlkost, Fertiggerichte und Soßen sind zwar schnell zubereitet, aber nährstoffarm und der erste – eigentlich ja unerwünschte – Kontakt zu Fast Food ist hergestellt. Gemeinsames Backen und Kochen mit Kindern macht Spaß, und ist der beste Weg zu einer gesunden Ernährung, die die Kinder durch Geschmack, Fantasie und Vielfalt überzeugen muss.

Die Erziehung zu bewusster, gesunder Ernährung beginnt bereits im Säuglingsalter mit der ersten Beikost aus natürlichen Zutaten. So bleiben die sensiblen Geschmacksnerven von Kindern erhalten und werden nicht durch falsche Ernährung abgestumpft.

Mit Zucker sollte sparsam umgegangen werden. Denn Zucker liefert nur Kohlenhydrate in isolierter Form, also leere Kalorien. Gerade Kinder gewöhnen sich schnell an stark gesüßte Speisen und lehnen schließlich schwächer Gesüßtes ab. Bei der Verwendung von Salz, künstlichen Aromastoffen und Geschmacksverstärkern ist ebenfalls Vorsicht geboten, denn sie können zu Bluthochdruck und Krebs führen.

Kinder interessieren sich von klein auf sehr fürs Essen. Sie sind begeistert, wenn sie bei der Zubereitung zuschauen, mitmachen und naschen dürfen. Wenn sie noch zu klein sind, um mitzuhelfen, dann sollten sie z. B. bei der Salatzubereitung einfach kleine Häppchen probieren dürfen. So nehmen sie gesunde Rohkost auf und gewöhnen sich an den Genuss.

Bereits kleinen Kindern macht es Spaß:

▶ Stückchen in Schüssel oder Topf zu werfen,
▶ Zutaten umzurühren, besonders solche, wie Teig, die sie gleich probieren können,
▶ Kuchenteig oder Pizzateig auszurollen, auszustechen und zu belegen.

LF 3

Etwas ältere Kinder lieben es:

► einfache Mahlzeiten wie kleine Imbisse, Dips, Salate, Nudeln mit Soße oder Reisgerichte selbst zuzubereiten.

Wichtiger Hinweis: Kinder müssen von klein auf an Hygiene bei der Nahrungszubereitung gewöhnt werden. Dazu gehören:

► Hände waschen,
► einen kleinen Kittel bzw. ein sauberes T-Shirt anziehen,
► lange Haare zusammenbinden.

Rezept-Ideen zum Backen und Kochen mit Kindern:

1. Bunter Salat
Zutaten für 2 Portionen
1 Stange Porree, 2 Orangen
200 g Sojabohnensprossen
Saft einer Zitrone
2 EL Walnussöl
1 kleine Prise Meersalz und schwarzer Pfeffer
3 Blätter Zitronenmelisse
1 EL gehackte Petersilie

Porree waschen, putzen und in dünne Scheiben schneiden. Orangen schälen und würfeln. Sprossen waschen und trocken tupfen. Alles miteinander vermischen. Zitrone auspressen. Melissenblätter fein hacken. Aus Öl, Zitronensaft, Melisse, Salz und Pfeffer eine Soße anrühren und mit dem Salat vermengen. Vor dem Servieren mit Petersilie bestreuen.

Tipp: Gemüse, Salate und Kräuter im Garten, auf dem Balkon oder der Fensterbank von den Kindern aussäen, pflegen, ernten und verarbeiten lassen. Es schmeckt den Kindern noch einmal so gut. Auf diese Weise bekommen sie leichter einen Bezug zu den Lebensmitteln und ihrer Herkunft.

2. Kartoffel-Gratin
Zutaten für 6 Portionen:
30 g Butter
1 Zwiebel
200 g Sonnenblumenkerne
1 kg Kartoffeln
500 g Tomaten
200 g geriebener Emmentaler
Meersalz und schwarzer Pfeffer

Kartoffeln in etwas Wasser gar kochen, abkühlen lassen, pellen und in Scheiben schneiden. Zwiebel schälen, klein hacken und in der erhitzten

Butter goldgelb dünsten. Sonnenblumenkerne hinzugeben und anrösten. Tomaten waschen und in Scheiben schneiden. Käse reiben. In eine gefettete Auflaufform schichtweise Kartoffeln, Tomaten, Zwiebel-Sonnenblumen-Mischung und Käse legen. Jeweils leicht salzen und pfeffern. Im Backofen bei 200° C etwa 40 Minuten backen.

3. Überbackene Äpfel
Zutaten für 4 Portionen
4 saure Äpfel (z. B. Boskop)
100 g Datteln oder Rosinen, 1 EL Zitronensaft
1 EL gehackte Walnüsse
30 g Butter, 1/8 l Wasser
5 EL Vollrohrzucker, 1/4 TL Zimt

Äpfel waschen, Kerngehäuse ausstechen und das obere Viertel schälen. Datteln klein hacken, mit Walnüssen und Zitronensaft mischen und in die Äpfel drücken. Die gefüllten Äpfel in eine Auflaufform setzen. Wasser, Vollrohrzucker, Butter und Zimt in einer Pfanne aufkochen und anschließend über die Äpfel gießen. 60–75 Minuten bei 180 °C backen.

Tipp: Mit selbst gemachtem Vanilleeis servieren.

4. Vanille-Eis
Zutaten für 2–3 Portionen
1/4 l Milch, 1/4 l Sahne, 3 Eigelb
1/2 Vanilleschote, 1–2 EL Blütenhonig

Milch und Sahne aufkochen, die aufgeschnittene Vanilleschote darin ziehen lassen. Eigelbe mit Honig zu einer dicken, schaumigen Masse schlagen. Vanille aus der Milch-Sahne nehmen. Das Gemisch vorsichtig unter die Eigelb-Honig-Masse rühren. Auf kleiner Flamme unter ständigem Rühren soweit erhitzen, bis die Masse etwas dicker wird (Nicht kochen!). Abkühlen lassen und in das Gefriergerät geben. Öfter umrühren!

Kinder in der Küche

Das Kochenlernen wird im Rahmen von Projekten in den Kindergärten durchgeführt. Die Kinder werden hier zum Mitmachen ermuntert. Die Vorteile für die Entwicklung der Kinder liegen auf der Hand: Kochen ist nicht nur Training für die Geschmacksknospen, auch die **Feinmotorik der Hände** wird durch verschiedene Arbeitstechniken und Handgriffe in der Küche geschult, was beispielsweise später das Schreiben erleichtert. Außerdem wird die Fähigkeit geschult, eine Sache zu Ende zu bringen.

Die Kinder lernen nicht nur, wie sich eine Kartoffel im Unterschied zur Tomate anfühlt, sondern alle Sinne werden ganzheitlich trainiert und dabei das **Selbstbewusstsein** der Kinder gefördert. Die aktive Mitarbeit der Kinder in der Küche ist der beste Weg, ihnen die Angst vor unbekannten Zutaten zu nehmen. Ebenso sollte Wert darauf gelegt werden, dass

▶ die Kinder von Anfang an bei der Planung der Gerichte dabei sind,

▶ sie das Einkaufen mit übernehmen und hinterher ihr selbst zubereitetes Mal genießen und beurteilen.

Am gedeckten Tisch können sie ein Stück Esskultur erfahren und lernen, sich rücksichtsvoll zu verhalten.

MERKSATZ

Essen ist mehr als satt werden: Kinder können ihre Feinmotorik schulen, Geschmacksknospen trainieren und ein Stück Esskultur am gedeckten Tisch erfahren.

AUFGABEN

1. Führen Sie die nachfolgenden Projekte mit den Kindern im Kindergarten oder in der Schule durch: Gesundes Frühstück, Vegetarisches Mittagessen, Kindergeburtstag, Picknick im Freien und Kekse backen im Advent.

2. Begründen Sie die Notwendigkeit, mit Kindern über gesundes Essen zu sprechen.

3. Welche Fähigkeiten werden durch die Mithilfe beim Kochen gefördert?

13.1.4 Kritischer Umgang mit Lebensmitteln

FALLBEISPIEL

Aufregung im Kindergarten

Sabrina hatte beschlossen, in diesem Sommer ihren Geburtstag im Kindergarten zu feiern. Schon Wochen vorher hatte sie alle Kinder eingeladen. „Meine Mutti backt einen ganz besonderen Kuchen!" hatte Sabrina vorweg bekannt gegeben und alle Kinder neugierig gemacht. „Was mag das für ein Kuchen sein?" meinte Cindy zu Monique. „Ich bin ganz neugierig!" erwiderte Monique. Endlich war das besondere Ereignis heran gekommen. Sabrina hatte Geburtstag und ihre Mutter kam mit der Torte. Sie sah wunderbar aus. Den Kindern lief das Wasser im Mund zusammen. „Viel zu schade, sie anzuschneiden", meinte Olli.

Nachdem alle Kinder die Sahnetorte bewundert hatten und die Sozialassistentin Jenny sogar ein Foto gemacht hatte, wurde die Sahnetorte angeschnitten. Jeder bekam ein großes Stück und war gespannt, wie sie wohl schmecken würde. Aber statt „ohs" und „wie lecker" sagten die meisten Kinder „äh" und „mir schmeckt die Torte nicht." Was war mit der Sahnetorte passiert? Sie war sauer. Bestürzt meinte Sabrinas Mutter: „Die Torte ist sauer geworden! Dabei habe ich sie gestern Abend noch in den Keller gestellt."

AUFGABEN

1. Nennen Sie Gründe für das Sauerwerden der Torte.

2. Wie hätte es verhindert werden können?

Alle Lebensmittel sind empfindlich gegenüber äußeren Einflüssen, wie Feuchtigkeit, Wärme, Licht und Sauerstoff, und verändern sich dadurch.

So schrumpfen, welken und trocknen Lebensmittel aus, wenn die Feuchtigkeit und die Temperatur nicht stimmen. Bei Temperaturen unter dem Gefrierpunkt werden die Zellwände sogar zerstört (physikalische Veränderungen).

▶ **Enzyme** (Stoffe biologischer Herkunft, deren Anwesenheit den Ablauf chemischer Vorgänge bedingen) beeinflussen den Geschmack, Geruch und die Farbe der Lebensmittel und führen zu **Qualitätseinbußen** oder zum **Verderb** der Lebensmittel. Durch diese Veränderungen können sie die Gesundheit des Menschen gefährden und sein Leben bedrohen.
Darüber hinaus können sich Giftstoffe in der Nahrung befinden, die zu weiteren gesundheitlichen Beeinträchtigungen, wenn nicht sogar zum Tod führen können.

▶ **Mikroorganismen** sind mikroskopisch kleine Lebewesen. Sie führen zu Fäulnis, Schimmelbildung, Ranzigwerden, Gärung und Säuerung von Lebensmitteln. Sie sind in der Natur weit verbreitet und haben durch den Abbau organischer Substanzen auch positive Eigenschaften. Den Lebensmitteln sieht man nicht immer an, dass sie verdorben sind (siehe Fallbeispiel). Dadurch können schwere **Erkrankungen** und **Lebensmittelvergiftungen** ausgelöst werden. Der Lebensmittelverderb durch Mikroorganismen kann verhindert werden.

Das wird erreicht durch:

a) Vermeidung von Verunreinigungen an Lebensmitteln,

b) Vorbeugung gegen Infektionen mit Mikroorganismen,

c) Einschränkung der Lebensbedingungen der Mikroorganismen.

Zu a) Jeder, der mit Lebensmitteln umgeht, hat bestimmte Vorschriften einzuhalten, d. h. dass er die **Hände** vor der Nahrungszubereitung **waschen** muss, lange **Haare zusammenbinden** und zusätzlich mit einer Kopfbedeckung versehen muss sowie die **Arbeitskleidung** bzw. den Arbeitskittel täglich wechseln muss. Die Arbeitskleidung sollte hell und kochfest sein.
Das Rauchen ist in Räumen, in denen Lebensmittel hergestellt, gelagert und verarbeitet werden, verboten.

Zu b) Die Ausstattung und Arbeitsmittel in Verpflegungseinrichtungen müssen **hygienischen Anforderungen** entsprechen.
So müssen die Betriebsräume: genügend hoch, ausreichend hell, trocken, gut zu be- und entlüften sein.
Sie dürfen keinen direkten Zugang zu den Toiletten und Waschräumen haben. Reinigungs- und Desinfektionsgeräte müssen zur Verfügung stehen und eine regelmäßige **gründliche Reinigung und Desinfektion** ist sicher zu stellen. Auf eine regelmäßige **Schädlingsbekämpfung** ist zu achten. Bereits bei der Planung sind hygienische Aspekte zu beachten, wie wasserundurchlässiger und pflegeleichter Fußboden oder Gitter und Filter zum Fernhalten von Insekten.

Zu c) Mikroorganismen, die krank machen, müssen an ihrer Vermehrung gehindert werden. Das geschieht durch:

– Säuern und Trocknen, z. B. bei Trockenobst und eingelegten Früchten

– Kühl- und Gefrierlagerung, z. B. von Resten vom Mittagessen, Kuchen, Obst, Gemüse und Fleisch

– Ausreichende Gartemperaturen über 70 °C

Für den Herstellungsprozess bedeutet dies:

– Ausreichende Kühlung bis zum Verzehr,

– ausreichendes Garen der Speisen,

– Vermeidung von Warmhaltezeiten.

MERKSATZ

Lebensmittel müssen hygienisch einwandfrei verarbeitet und gelagert werden. Veränderungen der Lebensmittel durch Enzyme, Mikroorganismen und physikalische Einflüsse können zu schweren Erkrankungen führen.

LF 3

AUFGABEN

1. Worauf müssen Sie achten, wenn Sie gemeinsam mit einer Kindergartengruppe ein einfaches Mittagessen zubereiten wollen?

2. Wie können die Reste des Mittagessens am besten verwertet werden?

3. Im Kindergarten P. soll eine neue Küche eingerichtet werden. Geben Sie Tipps für die Einrichtung.

13.1.5 Europäische Lebensmittel-Hygiene-Verordnung

Nach der **Europäischen Lebensmittel-Hygiene-Verordnung** (seit 01.01.2006) oder **LMHV** ist jeder Betrieb, der Lebensmittel herstellt, verarbeitet oder in den Verkehr bringt, verpflichtet, im Prozessablauf die für die Lebensmittelsicherheit kritischen Arbeitsstufen:

► zu ermitteln,
► zu überwachen,
► aufzuschreiben,
► angemessene Sicherheitsmaßnahmen festzulegen.

Spezielle Hygienevorschriften, die über diese Mindestanforderungen hinausgehen, wie z. B. die Fleischhygieneverordnung, sind in der LMHV verankert.

Ziel der LMHV ist die Konkretisierung und Systematisierung der betrieblichen Eigenkontrolle, die auf den Grundsätzen des HACCP-Konzeptes basieren. Die Abkürzung bedeutet:

► **H**azard (Gefährdung) = Gefahr für die Gesundheit
► **A**nalysis (Analyse) = Untersuchung der Gefährdung
► **C**ritical = kritisch, entscheidend
► **C**ontrol = Lenkung, Überwachung der Bedingungen
► **P**oint (Punkt) = Stelle bzw. Abschnitt des Verfahrens.

Nach § 41 des Lebensmittel- und Bedarfsgegenständegesetzes sind alle Betriebe, die von dieser Verordnung betroffen sind, zu Ei-

genkontrollmaßnahmen gegenüber den Überwachungsbehörden verpflichtet.

Ein weiterer Bestandteil der betriebseigenen Kontrollmaßnahmen ist eine regelmäßige – nach allgemeinen Empfehlungen – mindestens einmal jährlich stattfindende **Mitarbeiterinnenschulung**. Einen Leitfaden für die Durchführung dieser Schulungen stellt die DIN 10514 dar. Danach sollte die Hygieneschulung mindestens folgende Punkte beinhalten:

A: Unterweisung in Lebensmittelmikrobiologie und Lebensmittelhygiene:

► Grundkenntnisse in Lebensmittelmikrobiologie,
► Wachstumsvoraussetzungen für Mikroorganismen,
► mikrobiologische Gefährdung des Produkts,
► Gefährdung durch Schädlingsbefall,
► weitere Gefährdung, z. B. durch Rückstände von Reinigungs- und Desinfektionsschutzmittel.

B: Hygienische Besonderheiten des Arbeitsplatzes:

► Raum- und Anlagenhygiene,
► Rohstoff-, Lager- und Transporthygiene,
► Verarbeitungs- und Produkthygiene,
► Personalhygiene,
► Entsorgungshygiene.

Diese Schulungen sind ebenfalls zu dokumentieren. Wichtig ist, dass sie **praxisnah** erfolgen.

MERKSATZ

Die Europäische Lebensmittel-Hygiene-Verordnung (seit 01.01.2006) oder LMHV enthält wichtige Hinweise über die Lebensmittelmikrobiologie und Lebensmittelhygiene sowie über hygienische Besonderheiten des Arbeitsplatzes.

AUFGABEN

1. Beurteilen Sie die Eigenkontrolle, die nach der LMHV gefordert wird.

2. Ermitteln Sie mögliche kritische Punkte bei der Zubereitung eines Mittagessens für Kinder am Beispiel „Nudelauflauf mit Tomatensoße".

13.1.6 Infektionsschutzgesetz

Am 01. Januar 2001 trat das Infektionsschutzgesetz in Kraft. Es löste das Bundesseuchengesetz ab und gilt für Personen, die gewerblich Lebensmittel behandeln, bearbeiten oder in den Verkehr bringen bzw. mit Bedarfsgegenständen z. B. Teller, Besteck, die für diese Lebensmittel in Berührung kommen. Ziel des neuen Gesetzes ist es, die Verantwortung des Einzelnen zu stärken sowie Prävention durch Information und Aufklärung zu betreiben.

Die für die Speisenversorgung in Tageseinrichtungen für Kinder relevanten Bestimmungen finden sich im achten Abschnitt mit dem **§ 42 Tätigkeits- und Beschäftigungsverbot** und dem § 43 Belehrung, Bescheinigung des Gesundheitsamtes.

Jeder, der erstmalig mit Lebensmitteln (§ 42 Absatz 2) oder Bedarfsgegenständen, die für diese verwendet werden, in unmittelbaren Kontakt kommt, muss in mündlicher und schriftlicher Form belehrt werden. Inhalte dieser Belehrung müssen die in **§ 42 aufgeführten Hinderungsgründe**, z. B. Erkrankungen und ihre Symptome, für eine Tätigkeit sein und die sich daraus ergebenden Verpflichtungen. Ferner muss der Belehrte nach der Schulung schriftlich erklären, dass ihm keine Tatsachen für ein Beschäftigungsverbot bekannt sind.

Solche Tatsachen können sich auf medizinische Indikationen, z. B. Erbrechen, Durchfall, Fieber oder auf epidemiologische Aspekte, z. B. Aufenthalt in Epidemiegebieten, beziehen.

Das **Gesundheitsamt** oder ein Arzt, der von diesem beauftragt ist, führt diese **Erstbelehrung** durch. Wenn sich bei der Belehrung

herausstellen sollte, dass Verdachtsmomente bestehen, so darf die Bescheinigung erst ausgestellt werden, wenn durch ein ärztliches Gutachten nachgewiesen ist, dass keine Hinderungsgründe mehr bestehen.

Die Bescheinigung des Gesundheitsamtes ist dem Arbeitgeber bei Arbeitsbeginn vorzulegen.

Im Folgenden zwei Ablaufschemata für die Vorgehensweisen:

A)

Gesundheitszeugnis vorhanden:
Belehrung durch den Arbeitgeber
Jährliche Folgebelehrung durch den Arbeitgeber

B)

Erstbelehrung durch das Gesundheitsamt
Belehrung durch den Arbeitgeber
Jährliche Folgebelehrung durch den Arbeitgeber

Wenn während der Tätigkeit Anzeichen einer Erkrankung auftreten, dann ist der Arbeitgeber sofort zu informieren und entsprechende Schritte sind einzuleiten.

MERKSATZ

Das Infektionsgesetz löste das Bundesseuchengesetz ab. Es appelliert an die Verantwortung jedes Einzelnen, bei Infektionskrankheiten den Betrieb zu informieren und der Arbeit fernzubleiben.

AUFGABEN

1. *Sozialassistentin Jessica bekommt den Auftrag, in der Kindertagesstätte B., das Tischdecken zu übernehmen. Welche Belehrung ist für sie erforderlich?*

2. *Malte, fünf Jahre alt, hat Scharlach. Darf er in den Kindergarten?*

Abb.: Thiele

LF 3

13.2 Ernährungsbedingte Krankheiten

Immer mehr Kinder werden krank, weil sie nicht richtig ernährt werden. Die Ursachen sind ganz unterschiedlicher Art. Mangelnde Kenntnis der Eltern über eine gesunde Ernährung ist ein Grund, oft sind es auch psychische Probleme der Kinder. Zusätzlich spielt häufig die Veranlagung eine wichtige Rolle. Eine Ernährungsumstellung wirkt sich vielfach sehr günstig als vorbeugende Maßnahme aus.

Etwa 30 % aller Kosten aus dem Gesundheitswesen werden für ernährungsbedingte Krankheiten ausgegeben. An der Spitze stehen Herz-Kreislauferkrankungen, denen Kariesbehandlungen folgen. Nicht immer sind Zusammenhänge zwischen Ernährung und Krankheitsentstehung eindeutig zu belegen. Oft wirken Veranlagung und zahlreiche Umweltfaktoren in unterschiedlicher Gewichtung zusammen. Studien dazu müssen häufig über Jahre laufen, um zu eindeutigen Ergebnissen zu kommen und um detaillierte Zusammenhänge zwischen Ernährung und Gesundheit aufzudecken.

13.2.1 Überernährung

FALLBEISPIEL

Jenny war das dickste Mädchen in der Gruppe B des Kindergartens H. Die anderen Kinder in der Gruppe ärgerten sie ständig, besonders im Sportunterricht. „Du musst abnehmen, Jenny, bald passt du nicht mehr durch die Tür!" oder „Du wirst jeden Tag dicker!" Diese Bemerkungen musste sie sich immer wieder anhören. Manchmal gab sie vor, Bauchschmerzen zu haben, um am Sportunterricht nicht teilnehmen zu müssen. Auf dem Weg nach Hause ließ sie sich von ihrer Mutter mit einem Stück Schokolade trösten. „Du bist nicht dicker als die anderen", meinte die Mutter. „Es sieht sogar besser aus, wenn man nicht so dünn ist", ergänzte der Vater, „man hat dann auch etwas zuzusetzen!"
Die Eltern konnten das gar nicht verstehen, dass Jenny gehänselt wurde. Sie waren mit dem Aussehen ihrer Tochter vollkommen zufrieden. Schließlich war die Großmutter von Jenny auch ganz schön rundlich. Die Veranlagung hatte Jenny von ihr geerbt. Mit der Zeit würde sich das schon geben.
Nach einem Gespräch mit der Sozialassistentin im Kindergarten erfuhren Jennys Eltern von den Hänseleien, die sich Jenny immer wieder anhören musste. „Meines Erachtens ist Jenny zu dick", meinte schließlich auch die Sozialassistentin, „isst sie denn zu viel Süßes? Viele Kinder werden dünner, wenn sie keine Schokolade oder andere Süßigkeiten mehr essen und sich mehr bewegen!"
Die Aussage der Sozialassistentin machte die Eltern nachdenklich. „Sie hat Recht!" meinte schließlich der Vater. „Überall in der Wohnung stehen Süßigkeiten herum, wenn wir die alle wegschließen, wird Jenny vielleicht schon etwas dünner!" Gesagt, getan! Die Süßigkeiten wurden gegen Obst eingetauscht und Jennys Figur änderte sich. Sie wurde schlanker!

AUFGABEN

1. Beurteilen Sie das Verhalten der Eltern gegenüber Jenny.
2. In den Zeitungen und wissenschaftlichen Berichten ist zu lesen, dass es viele überernährte Kinder gibt. Nennen Sie die Gründe dafür.

Übergewicht entwickelt sich meist langsam und stetig durch falsche **Essgewohnheiten** und **Bewegungsmangel**. Gleichzeitig hat jeder viele Begründungen für sein Übergewicht bereit, z. B. Veranlagung oder Stress.

Übergewicht kann man nicht abstellen, sondern man schleppt es mit sich herum und schädigt bzw. gefährdet den Körper. Schäden können sein:

▶ Veränderungen an der **Wirbelsäule**, den **Knien** und **Füßen** durch Überbeanspruchung der Knochen und Gelenke.
▶ Anfälligkeit gegen **Bronchitis**, da die Atmung beeinträchtigt ist.
▶ **Herz- und Kreislauferkrankungen**, da Herz und Kreislauf überbelastet sind.

▶ **Stoffwechselerkrankungen** können zum Ausbruch kommen, wie Bluthochdruck, Zuckerkrankheit (Diabetes mellitus), Fettstoffwechselstörungen und Gicht.

▶ **Seelische Störungen** treten bei Übergewichtigen als Komplexe (Minderwertigkeitsgefühle) auf.

Das beste Gegenmittel bei Übergewicht ist eine Reduktionsdiät. Das bedeutet:

▶ Mehr frisches Obst und Gemüse auswählen, das möglichst roh gegessen werden sollte. Sie enthalten mehr Ballaststoffe, Wasser, Vitamine und Mineralstoffe als gekochtes Obst und Gemüse.

▶ Vollkornprodukte und Kartoffeln häufiger essen, sie enthalten Ballaststoffe, Vitamine, Mineralstoffe und Eiweiß. Sie geben sehr schnell ein Gefühl der Sättigung bei einem geringen Energiegehalt.

▶ Stark verfeinerte Lebensmittel wie Auszugsmehle, Zucker, stark gezuckerte Lebensmittel meiden, da sie einen hohen Anteil an Kalorien haben.

▶ Tierische, eiweißreiche Nahrungsmittel sollten nicht in so großen Mengen gegessen werden, da sie meistens noch zusätzlich große Mengen an Fett enthalten.

Fettkonsum reduzieren sowie fettarme Gartechniken auswählen, z. B. Dünsten oder Dämpfen:

▶ An Stelle von Salz Kräuter und Gewürze bevorzugen, denn stark gesalzene Speisen können bei einer Reduktionsdiät den Nieren schaden.

▶ Eine ausreichende Flüssigkeitszufuhr ist unbedingt einzuhalten, damit die Zellen ihre vielfältigen Funktionen ausführen können und Stoffwechselendprodukte der abgebauten körpereigenen Stoffe ausgeschieden werden können.

Auf bewusstes Essverhalten sollte auch in der Kita geachtet werden:

▶ den Teller nur einmal und nicht ganz voll füllen,
▶ langsam essen, kleine Bissen und Schlucke nehmen,
▶ gründlich kauen,
▶ auf Geschmack und Sättigung achten,
▶ regelmäßig zu festgelegten Zeiten essen,
▶ kleine Mahlzeiten einnehmen,
▶ nicht zwischendurch essen,
▶ Knabbereien und Süßigkeiten dürfen nicht mitgebracht oder angeboten werden.

Abb. DPA

MERKSATZ

Bei einer ausgewogenen Ernährung kommt es in der Regel nicht zu einem Übergewicht.

AUFGABEN

1. Wie können Sie durch eine richtig zusammengesetzte Nahrung Krankheiten vorbeugen?

2. Stellen Sie Nahrungsmittel zusammen, die einen positiven Einfluss auf die Figur haben.

LF 3

13.2.2 Unterernährung

AUFGABEN

1. Beurteilen Sie die Figur des Mädchens auf dem Foto.

2. Welche Einstellung haben Sie zu Ihrem Gewicht?

Unterernährung kommt bei Kindern seltener vor, dafür aber bei den 14- bis 19-jährigen Mädchen umso häufiger. Das Interesse an Jogging, Trimmaktionen und Diäten hat zugenommen, weil jeder schlank sein möchte. Gleichzeitig vermitteln die Medien den Eindruck, dass Glück und Erfolg vom Erreichen eines Idealgewichtes abhängen. Viele Mädchen haben bereits das Gefühl, Übergewicht zu haben. Etwa die Hälfte der 18-jährigen Mädchen hat versucht abzunehmen. Das Schlankheitsideal und die Nahrungsfülle tragen ebenfalls zum Entstehen von Essstörungen bei.

Von einer Essstörung kann gesprochen werden, wenn sich die Gedanken und Gefühle nur noch auf das Essen konzentrieren.

Alles andere, z. B. die Freunde oder die Familie, werden als unwichtig betrachtet. Untersuchungen gehen davon aus, dass etwa 1,5 Millionen Frauen in der Bundesrepublik Deutschland an Magersucht oder sogar an Ess-/Brechsucht (Bulimie) leiden. Die Betroffenen brauchen Verständnis und Hilfe zur Überwindung dieser Krankheiten. In den meisten Fällen ist ärztliche Hilfe erforderlich, um wieder gesund zu werden. Selbsthilfegruppen tragen ebenfalls zur Gesundung bei.

Kennzeichen der Magersucht sind:

▶ Die Pubertätsmagersucht fällt in eine Entwicklungsstufe zwischen Kindheit und Erwachsenen. Einige Jugendliche werden mit der Veränderung ihres Körpers nicht fertig und versuchen, über das Hungern den alten Zustand beizubehalten.
▶ Es besteht ein Zwang zum Hungern, gegen den man nicht ankommt.
▶ Eine falsche Einschätzung des Körpergewichtes liegt vor. Man meint, man wäre sehr dick. Selbst bei Untergewicht empfindet man sich als dick.
▶ Die Gedanken kreisen ständig um das Essen.
▶ Die Belastbarkeit ist gering, der Ehrgeiz dagegen sehr hoch.
▶ Die Krankheit wird geleugnet.
▶ Bleibende Schäden können durch Eiweiß-, Vitamin- und Mineralstoffmangel entstehen.
▶ Von einer Magersucht spricht man nur dann, wenn der Gewichtsverlust mit keiner anderen Krankheit begründet werden kann.

Neben der Magersucht gibt es die **Ess-/Brechsucht** (Bulimia nervosa). Ihre Ursache besteht häufig in ungelösten Konflikten, so dass die Betroffene in einen Kreislauf gerät, aus dem sie nur noch mit Hilfe von Fachleuten heraus kommt. Besonders Frauen im Alter zwischen 15 und 35 Jahren sind von der Ess-/Brechsucht betroffen. Der ständige Kampf mit dem Gewicht rückt das Essen in den Mittelpunkt ihres Lebens.

Auffällig ist, dass die Betroffenen größere Lebensmittelmengen wahllos durcheinander verschlingen. Die Heißhungerattacken können in Phasen zwischen zwei- bis dreimal pro Woche und mehrmals täglich auftreten und werden oft durch selbst herbeigeführtes Erbrechen beendet.

Nach vermehrtem Essen erfolgt der Versuch, wieder abzunehmen. Um abzunehmen kommen eine strenge Diät, Erbrechen und Entwässerungs- und Abführmittel zum Einsatz. Gewichtsschwankungen von bis zu 5 kg zwischen übermäßigem Essen und Fasten sind keine Seltenheit. Die betroffenen Personen haben Angst, die Willenskontrolle über die Nahrungsaufnahme zu verlieren. Meistens ziehen sie sich zurück. Minderwertigkeitsgefühle und Selbstvorwürfe folgen den Fressanfällen.

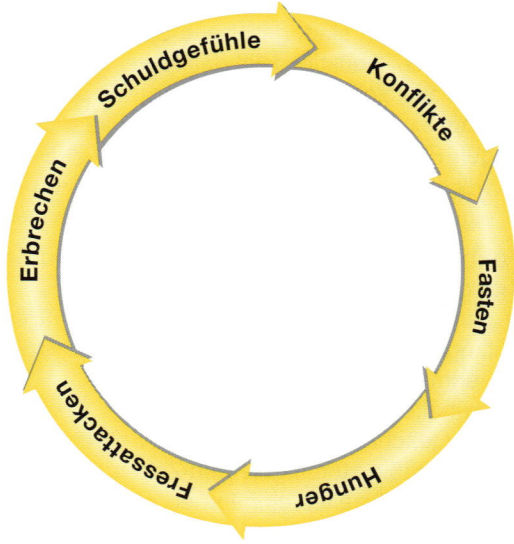

Bulimiekranke befinden sich in einem **Kreislauf**, aus dem sie nur schwer wieder herausfinden.

Das Erbrechen kann zu einer Schädigung des Magens, der Speiseröhre, des Mundes und der Zähne führen, da Magensalzsäure mit ausgeschieden wird. Der Mineralstoffhaushalt gerät durcheinander und es kann zu Vitamin- und Eiweißmangel kommen.

Neben einer **Normalisierung des Ernährungsverhaltens** ist eine **psychologische Betreuung** erforderlich.

DEFINITION

Eine Essstörung ist eingetreten, wenn sich die Gedanken und Gefühle nur noch auf das Essen, den Körper und das Gewicht konzentrieren und das Interesse am Beruf, an der Schule, an den Freunden und an der Familie abnimmt bzw. gar nicht mehr vorhanden ist.

AUFGABEN

1. *Vergleichen Sie die beiden Formen der Essstörungen. Stellen Sie Gemeinsamkeiten und Unterschiede fest.*

2. *Stellen Sie mit Hilfe des Internets fest, welche weiteren Merkmale es bei diesen Krankheiten gibt.*

13.2.3 Diabetes mellitus

Eine weitere ernährungsabhängige Krankheit ist der Diabetes mellitus, bekannter unter dem Namen „Zuckerkrankheit". Die Krankheit ist seit über tausend Jahren bekannt, dennoch gelang die klinische Behandlung erst 1931, nachdem das **Insulin** bereits 1922 entdeckt worden war.

Etwa 5 % der Bevölkerung leiden unter der Zuckerkrankheit. Die Zahl ist wahrscheinlich noch viel größer, da viele Menschen nicht wissen, dass sie zuckerkrank sind. Sonderaktionen zum Feststellen von Diabetes mellitus werden ab und an von den Apotheken gestartet.

Die **Zuckerkrankheit ist eine Stoffwechselkrankheit. Glukose** (Traubenzucker) reichert das Blut an und wird über die Nieren mit dem Urin ausgeschieden. Die Zuckerkonzentration beträgt nüchtern beim gesunden Menschen 80 bis 120 mg pro 100 ml Blut. Beim Diabeti-

ker ist der Zuckeranteil wesentlich höher, da die Regulation der Zuckerwerte durch die Hormone **Insulin und Glukagon** nicht ordnungsgemäß funktioniert. So lagert sich überschüssige Glukose an die Körpereiweißstoffe an und schädigt deren Struktur. Weiße Blutkörperchen können ebenfalls geschädigt werden, so dass das Immunsystem geschwächt ist. Die Veränderung der Hauteiweißstruktur Kollagen bewirkt eine schnelle Alterung der Haut.

Der Blutzuckergehalt steigt nach einer kohlenhydratreichen Mahlzeit (Teigwaren, Brot, Kartoffeln, Reis) an. Die Kohlenhydrate werden durch die Verdauungssäfte im Dünndarm in Glukose zerlegt, welche durch die Darmwand vom Blut aufgenommen wird. Der Blutzuckerspiegel steigt dadurch an. Der Blutzucker wird durch das **Insulin**, das mit dem Ansteigen der Blutzuckerwerte ausgeschüttet wird, den Körperzellen zur Verfügung gestellt, wo er zur Energiegewinnung genutzt wird. Bei einem Überangebot an Glukose wird diese in Form von **Glykogen** hauptsächlich in den Muskeln und der Leber gespeichert. Ist nur wenig Insulin vorhanden oder fehlt es total, so können die Körperzellen nicht arbeiten, da ihnen trotz hoher Zuckerwerte im Blut keine Glukose zur Verfügung steht. Die **Funktion des Glukagons** ist der des Insulins entgegengesetzt. Es bewirkt eine Anhebung der Zuckerkonzentration, indem es Glykogen in Glukose verwandelt.

Zwischen **zwei Diabetes-Typen** wird unterschieden und zwar der Diabetes Typ 1 und der Diabetes Typ 2.

▶ Bei dem **Diabetes Typ 1** produziert die Bauchspeicheldrüse kein Insulin, so dass es von außen zugeführt werden muss. Dieser Diabetes Typ tritt vor allem bei Kindern und Jugendlichen auf. Bei diesem Diabetiker-Typ müssen Kohlenhydrat- und Insulinzufuhr genau aufeinander abgestimmt werden.

▶ Der **Diabetes Typ 2** (Altersdiabetes) ist ernährungsbedingt. Die Bauchspeicheldrüse produziert Insulin, dieses kann jedoch seine Aufgabe nicht mehr erfüllen. Die Krankheit tritt meistens erst bei älteren, übergewichtigen Menschen auf. Eine Diät und Bewegungstherapie verbessert in 80 % der Fälle die Stoffwechselsituation. In anderen Fällen helfen Tabletten, die die Insulinwirkung unterstützen. Da Übergewichtige häufig unter die-

LF 3

ser Krankheit leiden, ist eine energiereduzierte Mischkost angesagt, in der vor allem auf fetthaltige Nahrung verzichtet wird.

► **Kennzeichen des Diabetes mellitus**
Der Beginn der Krankheit ist meist unauffällig. Aber dann lassen den Betroffenen Abgeschlagenheit und Müdigkeit, ständiger Durst und Ausschläge, besonders an den Geschlechtsteilen, schlecht heilende Wunden und häufiges Wasserlassen schließlich zum Arzt gehen. Blut- und Harnuntersuchungen bestätigen dann die Krankheit.

Die Symptome bei Diabetes mellitus Typ 1 und 2 sind die gleichen.

Die Stoffe des Fettabbaues reichern sich im Blut an als so genannte Ketonkörper. Sie führen zu einer Übersäuerung des Blutes, der Ketoacidose. Diese Stoffwechselprodukte sind für den Organismus giftig und können zum **diabetischen Koma** führen. Die Symptome dafür sind Erbrechen, niedriger Blutdruck und in schlimmen Fällen Bewusstlosigkeit. Die sofortige Einweisung in ein Krankenhaus ist zwingend erforderlich, da dieser Zustand zum Tod führen kann.

Eine weitere Komplikation ist die Unterzuckerung, die zum **hypoglykämischen Schock** führen kann. Im Blut ist dann zu wenig Glucose vorhanden. Hierzu kann es kommen, wenn sich Diabetiker zu hohe Insulinmengen verabreichen und anschließend zu wenig Nahrung zu sich nehmen oder sich körperlich überanstrengen und dabei zu viel Glucose verbrauchen. Die Anzeichen des hypoglykämischen Schockes sind:

► blasse Haut,
► schweißnasses Muskelzittern und Muskelkrämpfe sowie
► erweiterte Pupillen.

Ein Traubenzuckerstückchen oder ein Glas Cola kann bereits helfen. Bei Bewusstlosigkeit ist eine intravenöse Injektion mit einer Glukoselösung erforderlich. Bewusstlosen darf auf keinen Fall etwas in den Mund gegeben werden, da sie ersticken können.

Spätschäden von Diabetes mellitus
Wenn Diabetes nicht ausreichend behandelt wird, dann kommt es zu Gefäßschäden in Kapillaren und Arterien. Organe werden nicht mehr ausreichend durchblutet, so dass ausge-

prägte Schädigungen entstehen. Besonders ausgeprägt sind die Schäden an den nachfolgenden Körperstellen:

► **Netzhautschäden:** Das Sehvermögen ist stark beeinträchtigt.
► **Nierenschäden:** Die Nierenfunktion kann gestört sein. Sogar Nierenversagen kann eintreten.
► **Arteriosklerose:** Blutgefäße können verkalken, so dass Hirn- und Herzinfarkte eintreten können. Bei den Beinarterien kann ein totaler Verschluss durch Verkalkung entstehen. Dadurch können die nicht durchbluteten Gliedmaßen schlimmstenfalls absterben. Man spricht von einer Gangrän.

Diabetiker sind anfällig für Infektionskrankheiten. Die Lebenserwartung verringert sich, wenn die Krankheit nicht sorgfältig behandelt wird.

MERKSATZ

Beim Diabetiker ist der Zuckeranteil im Blut höher als beim gesunden Menschen, da die Regulation der Zuckerwerte durch die Hormone Insulin und Glukagon nicht funktioniert.

AUFGABEN

1. Welche Folgeschäden können bei der Zuckerkrankheit eintreten?
2. Wie kann es zum diabetischen Koma kommen?
3. Erklären Sie den Unterschied zwischen dem Diabetiker Typ 1 und 2.

13.2.4 Behandlung des Diabetes mellitus

Der Diabetiker Typ 1 ist auf die regelmäßige Zufuhr von Insulin angewiesen. Insulin wird in erster Linie synthetisch hergestellt.

Mit einem so genannten Pen wird es unter die Haut in die Muskulatur eingebracht. Da es verschiedene Insulinmischungen gibt, können diese den individuellen Bedürfnissen des Diabetikers angepasst werden.

Die Diabetesbehandlung basiert heute auf drei Säulen:

▶ Richtige Ernährung
▶ Insulin
▶ Bewegung

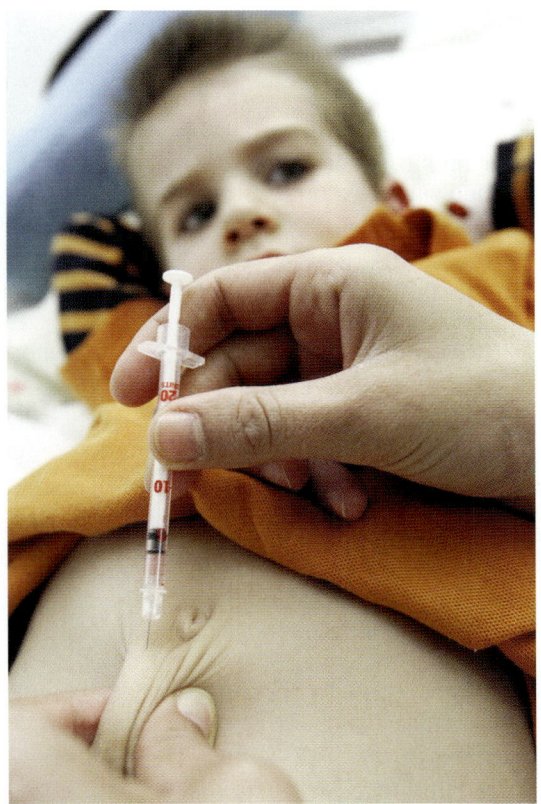

Die Nährstoffrelationen entsprechen denen einer gesunden vollwertigen Ernährung:

Kohlenhydrate dürfen bis zu **55 %** der täglichen Nahrung aufgenommen werden. Besonders zu empfehlen sind ballaststoffreiche, zuckerarme Lebensmittel wie Obst, Gemüse, Getreideprodukte und Hülsenfrüchte. Eine mäßige Zuckeraufnahme ist erlaubt. Alle Lebensmittel, die Traubenzucker, Rohrzucker oder Malzzucker enthalten, sind ungeeignet, z. B. Konfitüre, Gelee, Bonbons, Kuchen oder Limonaden.

Zur Vereinfachung des Austauschs kohlenhydrathaltiger Lebensmittel werden Austauschmaße angewendet. Man spricht von einer Berech-

nungseinheit – 1 BE oder 1 KHE – **K**ohlen**h**ydrat**e**inheit.

1 BE oder 1 KHE entspricht der Lebensmittelmenge, die 10 bis 12 g Kohlenhydrate enthält.

Kohlenhydrathaltige Nahrungsmittel werden in der Diabetiker-Kostform in vier Gruppen eingeteilt:

▶ Mindestens eine **BE** sollte täglich in Form von fettarmer Milch und Milchprodukten aufgenommen werden. Diese Menge entspricht etwa 1/4 l Buttermilch.
▶ 2 BE sollten täglich in Form von Obst gegessen werden. 1 BE entspricht im Durchschnitt einer kleinen Hand voll Obst.
▶ **Ohne Anrechnung** sind fast alle Gemüsesorten. Das bedeutet, dass täglich davon mindestens 200 g verzehrt werden können. Eine Ausnahme bilden Mais und Kartoffeln. Sie haben einen hohen Kohlenhydratanteil und müssen daher angerechnet werden. Eine normale Portion Hülsenfrüchte kann ohne Berücksichtigung gegessen werden.
▶ Getreideprodukte haben einen hohen Kohlenhydratanteil. **Vollkornprodukte** sowie eine fettarme Zubereitung sollten bevorzugt werden.

Der tägliche **Fettanteil** sollte unter 30 % der Gesamtenergiemenge liegen. Fettreiche Nahrungsmittel müssen gemieden werden, da sie das Risiko für Herzerkrankungen erhöhen. Bei Cholesterinwerten, die über den normalen Werten liegen, sollte die tägliche Aufnahme von Cholesterin nicht über 300 mg liegen.

Fischverzehr ist empfehlenswert, da er das Risiko von Herzerkrankungen zu senken scheint.

Die tägliche Aufnahme von **Eiweiß** kann zwischen **10 bis 20 %** der Gesamtenergiemenge liegen. Fleisch und Fleischprodukte sollten nicht im Übermaß gegessen werden, da sie oft sehr fetthaltig sind. Milch- und Milchprodukte sind dagegen sehr gesund, besonders auch wegen des Calciumanteils (für Knochen und Zähne).

Auf eine vitamin- und nährstoffreiche Kost ist besonders zu achten. Im Folgenden eine Übersicht über erlaubte, in Maßen oder nur mit Vor-

LF 3

sicht zu essende Lebensmittel und Getränke für den Diabetiker:

Unbegrenzt: Gemüse außer Mais und Kartoffeln, Vollkornprodukte

In Maßen: Obst, fettarme Milchprodukte, fettarme Fleischprodukte

Vorsicht: Zucker, fettreiche Milchprodukte, trockene Weine, Bier, Sekt, Saft

Besonders ungünstig: Liköre, süße Weine, Sekt und gezuckerte Limonaden

---

MERKSATZ

Im Gegensatz zu früher kann ein Diabetiker heute ein erfülltes leistungsfähiges Leben führen. Voraussetzung ist jedoch eine frühzeitige und richtige Behandlung.

AUFGABEN

1. Erläutern Sie die beiden Typen des Diabetes mellitus.
2. Nennen Sie wichtige Gesichtspunkte bei der Beköstigung eines Diabetikers.
3. Vergleichen Sie Diabetiker-Produkte hinsichtlich ihrer Zusammensetzung und des Preises.

13.2.5 Magen- und Darmbeschwerden

FALLBEISPIEL

Marvin, 4 Jahre alt, hat öfter Magenbeschwerden. Alle Untersuchungen, selbst bei unterschiedlichen Ärzten, haben keine konkreten Hinweise auf seine Krankheit ergeben. „Vielleicht gibt es zu viel Stress in der Familie!" meint schließlich der Hausarzt zu Marvins Mutter. „Marvins Vater ist nur am Wochenende zu Hause, Sie arbeiten den ganzen Tag im Supermarkt. Vielleicht möchte Marvin etwas mehr Zuwendung?" Nachdenklich geht Marvins Mutter nach Hause.

Der Arzt hat Recht, meint sie schließlich zu sich selbst. Morgens, vor dem Kindergarten, treibe ich Marvin auch noch an, da er sehr langsam beim Anziehen ist. Das muss sich ändern, nimmt sie sich schließlich vor.

AUFGABEN

1. Beurteilen Sie das Verhalten der Mutter gegenüber ihrem Sohn.
2. Konnten Sie im Kindergarten feststellen, dass einige Kinder morgens gehetzt angekommen sind?
3. Wie sieht es allgemein mit dem Appetit der Kinder im Kindergarten aus?

Magen- und Darmerkrankungen sind heute sehr häufig, jeder Dritte leidet daran. Die Ursachen sind ganz unterschiedlich:

▶ Falsche Ernährung bzw. zu viel Nahrung,
▶ Stress,
▶ Überforderung im Kindergarten bzw. in der Schule,
▶ Probleme mit anderen Kindern, Mitarbeiterinnen des Kindergartens bzw. der Schule.

Sodbrennen, Völlegefühl, Appetitlosigkeit oder Druckempfindlichkeit können Symptome für Magenbeschwerden sein. Häufig wird zu viel Magensäure produziert, die die Magenschleimhaut angreift und Magenschleimhautentzündung zur Folge haben kann. Kinder essen sehr leicht zu viel und die Folge kann sein, dass sie sich übergeben müssen. Nach einem Tag hungern oder essen von leichter Kost, ist die Krankheit schnell überstanden. Aber auch Stress und Streitigkeiten der Eltern können sich auf das Essverhalten des Kindes auswirken.

Dagegen sind regelmäßige vollwertige Mahlzeiten, in Ruhe verzehrt, die beste Vorbeugung gegen Magen- und Darmerkrankungen.

Liegt bereits eine Erkrankung vor, dann sind Ruhe und eine leichte Vollkost die beste Behandlungsmethode. Die leichte Vollkost entlastet die erkrankten Organe und fördert so den Heilungsprozess. Sie wird bei Magenschleimhaut-, Gallenblasen- und Leberentzündungen sowie bei Gallensteinen verordnet. Die leichte Vollkost ist eine Ernährungsform, die sich von der normalen Ernährung dadurch unterscheidet, dass sie bestimmte Speisen, die nicht vertragen werden, eine Zeit lang meidet.

Folgende Empfehlungen sollten beachtet werden:

▶ Zucker- und fettreiche Lebensmittel meiden,
▶ auf scharfe Gewürze verzichten und stattdessen Kräuter einsetzen,

- ▶ auf gebratene und geröstete Speisen verzichten,
- ▶ keine kohlensäurehaltigen Getränke, Kaffee und Alkohol zu sich nehmen.
- ▶ keine blähenden Lebensmittel wie Zwiebeln, Kohl, Gurken oder Hülsenfrüchte verwenden,
- ▶ fünf bis sechs kleine Mahlzeiten statt drei große Mahlzeiten einnehmen.

Lebensmittelauswahl bei leichter Vollkost:	
Empfehlenswert	**Nicht empfehlenswert**
Gemüse wie Möhren, Kopfsalat, Kohlrabi oder Blumenkohl	Gemüse wie Weißkohl, Zwiebel, Hülsenfrüchte
Obst: Pfirsiche, Bananen, Äpfel, Birnen, Erdbeeren können als Rohkost oder Kompott gegessen werden.	Pflaumen, Trauben, Feigen nicht verwenden, ebenso wenig zuckerhaltige Obstkonserven.
Backwaren: fettarmes Gebäck wie Hefeteig oder Biskuit.	Blätterteig, Siedegebäck oder Buttercremetorten, da sie zu fetthaltig sind.
Fleisch: mageres Fleisch in Folie gegart oder gekocht.	fettes Fleisch, das noch zusätzlich gebraten oder geräuchert ist.
Wurstwaren: magere Wurstsorten	fettreiche Wurstsorten wie Mettwurst, Salami oder geräucherter Schinken
Magerfisch wie Seelachs oder Kabeljau gedünstet oder gekocht.	Fettfisch wie Makrele, Aal oder Hering
Milch und Milchprodukte in fettarmer Form.	Fettreiche und gezuckerte Milchprodukte.
Kräuter: frische und tief geforene	Scharfe Gewürze wie Pfeffer, Paprika, Chili, Curry.
Getränke: Mineralwasser ohne Kohlensäure, Kräutertee, Gemüse- und Fruchtsäfte	Kaffee, schwarzer Tee, Limonade- und Colagetränke und alkoholhaltige.

Darüber hinaus gibt es **Lebensmittel**, die für einige Menschen **unverträglich** sind. Sie sollten bei Magen- und Darmbeschwerden gemieden werden. Die Arbeitsgemeinschaft für klinische Diätetik hat diese Lebensmittel zusammengestellt. Nachfolgend sind die wichtigsten aufgeführt:

Hülsenfrüchte	30,1 % der Menschen
Gurkensalat	28,6 % "
Frittierte Speisen	22,4 % "
Weißkohl	20,2 % "
Kohlensäurehaltige Getränke	20,1 %
Grünkohl	18.1 % "
Fette Speisen	17,2 % "
Paprikagemüse	16,8 % "
Sauerkraut	15,8 % "
Rotkraut	15,8 % "
Süße und fette Backwaren	15,8 % "
Zwiebeln	15,8 % "
Wirsing	15,6 % "
Pommes frites	15,3 % "

MERKSATZ

Die Ursache für Magen- und Darmerkrankungen hängt nicht nur mit falscher Ernährung zusammen, sondern häufig mit Stress und Aufregung.

AUFGABEN

1. Nennen Sie die Ursachen für Magen- und Darmerkrankungen.
2. Stellen Sie einen Wochenspeiseplan für Magen- und Darmerkrankte zusammen.

LF 3

Lernfeld 4:

Verhalten von Kindern und Jugendlichen in das sozialpädagogische Handeln einbeziehen

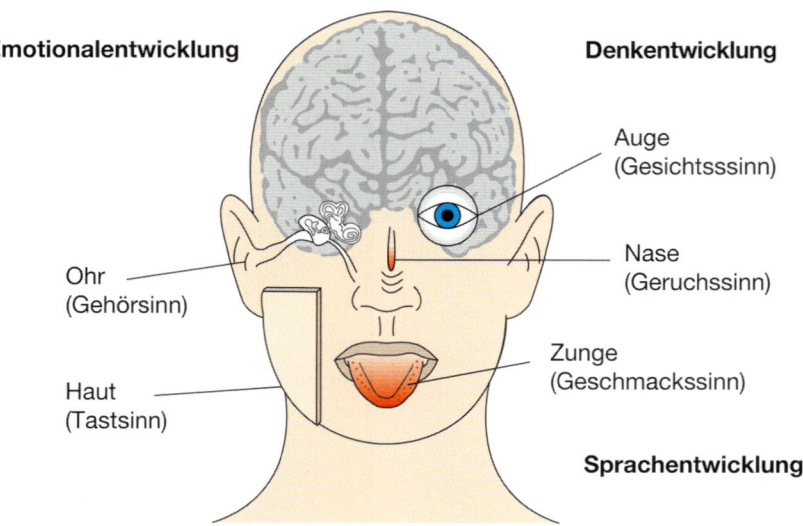

Emotionalentwicklung   Denkentwicklung

Auge (Gesichtssinn)

Nase (Geruchssinn)

Ohr (Gehörsinn)

Zunge (Geschmackssinn)

Haut (Tastsinn)

Sprachentwicklung

Schwerpunkt dieses Lernfeldes ist die Beobachtung als Grundlage pädagogischen Handelns. Dabei steht die Beobachtung von einzelnen Kindern bzw. Jugendlichen im Vordergrund.

Die Auswertung der Beobachtungen und das darauf aufbauende sozialpädagogische Handeln orientieren sich an der Entwicklung der Kinder und Jugendlichen.

Im Einzelnen wird behandelt:

▶ Die Überprüfung von Gelegenheitsbeobachtungen mit geplanten und systematischen Beobachtungen an einzelnen Kindern und Jugendlichen,

▶ Die Beobachtung von Kindern und Jugendlichen in ausgewählten Bereichen ihrer Entwicklung.

Darüber hinaus soll die Subjektivität der Wahrnehmung reflektiert werden und bei der Auswertung der Beobachtung berücksichtigt werden. Aus den Beobachtungen soll pädagogisches Handeln abgeleitet werden.

Beispiele für Lernsituationen zu diesem Lernfeld

1. *Die Vor- und Nachteile der Subjektivität bei der Wahrnehmung*

2. *Die Bedeutung der Wahrnehmungskonstanz für die pädagogische Arbeit*

3. *Fehler bei der sozialen Wahrnehmung und Vorbeugungsmaßnahmen. Entwicklung von Beobachtungsbögen für unterschiedliche Beobachtungsmethoden und ihre Anwendung in einer Kindergruppe im Kindergarten*

4. *Der Begriff der Selbststeuerung und Beispiele zu ihrer Förderung*

5. *Die Bedeutung der Wahrnehmung für die Entwicklung des Menschen*

6. *Der Einfluss der körperlichen und motorischen Entwicklung auf das Denkvermögen des Menschen*

7. *Querverbindungen zwischen der Denk- und Sprachentwicklung und Möglichkeiten zu ihrer Weiterentwicklung*

8. *Die Sozial- und Moralentwicklung des Menschen*

9. *Der Einfluss des Umfeldes auf die Entwicklung des Menschen*

10. *Der Umgang mit Entwicklungsabweichungen und Behinderungen*

Beobachtungen sind ein wichtiger Teil im Beruf einer Sozialassistentin. In der Regel werden sie durch die Wahrnehmung ausgelöst: Wenn man sieht, wie sich beispielsweise ein Kind nicht so verhält, wie es von ihm erwartet wird, so ist dies zunächst eine ungeplante Beobachtung. Die unerwarteten und ungeplanten Beobachtungen aus alltäglichen Situationen heraus nennt man Gelegenheitsbeobachtungen.

Die Beobachtung bezieht sich im Allgemeinen auf: **Verhaltens-, Handlungs- und Interaktionsformen**.

Beobachtung ist die aufmerksame und planvolle Wahrnehmung und Registrierung von Vorgängen und Gegenständen, Ereignissen oder Mitmenschen in Abhängigkeit von bestimmten Situationen. Die Ergebnisse der Beobachtungen in Kindergärten, -heimen und Schulen dienen als Grundlage für erzieherische Handlungen, oder sie dienen der Erstellung von Beurteilungen, Zeugnissen, Eignungsfeststellungen für bestimmte Schularten oder Berufe.

14.1   Wahrnehmung und Beobachtung

FALLBEISPIEL

Der vierjährige Lukas spielt mit seinen Bausteinen im Kinderzimmer. Da kommt die Mutter mit der neun Monate alten Sonja auf dem Arm herein, um sie auf der Kommode zu wickeln. Lukas spielt zwar weiter, aber seine Augen hängen an der Mutter und an Sonja. Er ist gespannt und aufmerksam. Als die Schwester fertig gewickelt ist, entspannt sich Lukas. Doch bevor die Mutter Sonja auf den Teppich setzt, küsst und streichelt sie sie. Kaum sitzt Sonja auf dem Teppich, als Lukas zu ihr hinrennt und sie schlägt.

AUFGABEN

1. *Nennen Sie Gründe für das Verhalten von Lukas.*
2. *Wie hätte die Mutter das Verhalten Ihres Sohnes verhindern können?*

Die Wahrnehmung spielt im Leben der Menschen eine entscheidende Rolle. Ohne sie wäre Erleben und Verhalten, ja menschliches Leben, überhaupt nicht möglich. Der Mensch kann der Wirklichkeit nur begegnen und sich mit ihr auseinandersetzen, wenn er sie wahrnimmt.

Die Wahrnehmung dient dem Menschen dazu, Informationen zu gewinnen, um sich in seiner Umwelt zu orientieren und angemessen verhalten zu können.

Die Informationen können aus der Umwelt stammen, z.B. von den Mitmenschen, Dingen und Objekten (Umweltreize) oder aus dem Körperinneren, z.B. die Wahrnehmung eines Schmerzes (Körperreize).

Als **Wahrnehmung** wird jedoch nicht nur der Prozess, sondern auch das Ergebnis der **Informationsgewinnung** und **-verarbeitung** bezeichnet.

Die **Beobachtung** dagegen ist auf die **Gewinnung von Erkenntnissen** angewiesen, denn jedes erfahrungswissenschaftliche Wissen geht auf die Beobachtung zurück. Sie kann als geplante, gezielte und systematische Wahrnehmung eines bestimmten Teilbereiches der Wirklichkeit gesehen werden, z.B. werden Kinder gezielt beim Spielen beobachtet, um die Art ihres Spielens, die Kommunikation mit anderen Kindern usw., festzustellen. Die Sozialassistentin/ Erzieherin bedient sich in der Regel geeigneter Hilfsmittel wie beispielsweise eines Beobachtungsbogens, um Kinder gezielt zu beobachten.

MERKSATZ

Die Wahrnehmung ist eine Orientierungshilfe für den Menschen. Sie dient der Informationsgewinnung und -verarbeitung. Die Beobachtung, dagegen, ist eine geplante, gezielte und systematische Wahrnehmung, um zu bestimmten Erkenntnissen zu kommen.

AUFGABE

Nennen Sie weitere Beispiele zu Wahrnehmung und Beobachtung, die die Unterschiede und Gemeinsamkeiten beider Begriffe herausstellen.

LF 4

14.1.1 Subjektivität der Wahrnehmung

EXPERIMENT

Für das Experiment benötigt man drei Schüsseln: Eine Schüssel wird mit relativ heißem Wasser gefüllt, eine mit kaltem und die dritte mit lauwarmem Wasser. Einige Minuten lang wird eine Hand in kaltes und die andere in das relativ heiße Wasser getaucht. Anschließend werden beide Hände in das lauwarme Wasser getaucht.

AUFGABEN

1. Berichten Sie Ihren Mitschülerinnen über Ihre Erfahrungen mit dem Wasser und versuchen Sie eine Begründung für Ihre Wahrnehmung zu finden.

2. Beobachten Sie anschließend nachfolgendes Bild des belgischen Künstlers M. C. Escher. Teilen Sie Ihren Mitschülerinnen mit, was Sie sehen.

Was man mit den Augen sieht oder mit den Ohren hört, das empfindet man als unmittelbar gegebene Merkmale der in der Umwelt befind-

LF 4

Abb. MC. Escher's „Circle Limit IV" © 2005 The M.C. Escher Company-Holland. All rights reserved

lichen Dinge und Personen. Es handelt sich dabei um ein elementares und selbstverständliches Geschehen, über dass man sich im Allgemeinen keine besonderen Gedanken macht. Vielmehr ist man fest davon überzeugt, dass man durch die Sinnesorgane ein **genaues Abbild der jeweiligen objektiven Realität** bekommen hat. Auch geht man davon aus, dass andere Menschen die Umwelt genau so wahrnehmen wie man selbst und legt diese Annahme der gegenseitigen Verständigung zugrunde.

Die subjektive Sicht der Dinge entspricht nun aber trotz der vorhandenen Gewissheit keinesfalls einer einfachen Abbildung der Welt. So kann es sein, dass man beim Abfahren eines Zuges auf dem gegenüber liegenden Bahnsteig das Gefühl hat, es sei der eigene Zug, der abfährt. In Wirklichkeit steht aber der eigene Zug noch.

Natürlich entsprechen die subjektiv gemachten Wahrnehmungen, die auf die Hände und Augen einwirken, nicht dem objektiven physikalischen Reizgegebenheiten. Wasser ist nicht gleichzeitig kalt und warm (siehe Experiment); ebenso sehen manche Menschen auf dem Bild von Escher nur Teufel oder nur Engel. Bei vorhandener Funktionstüchtigkeit des Haut- und Gesichtssinnes können demnach nur **innerpsychische Vorgänge** für diese Fehlwahrnehmung und Beobachtung verantwortlich sein.

MERKSATZ

Die subjektive Sicht der Dinge entspricht keinesfalls den objektiven Gegebenheiten. Objektivität wird erst durch eine genaue Beobachtung, durch Messungen usw. möglich.

AUFGABE

Sehen Sie das Bild an und erklären Sie, was Sie sehen.

14.1.2 Wahrnehmungsvorgang

LF 4

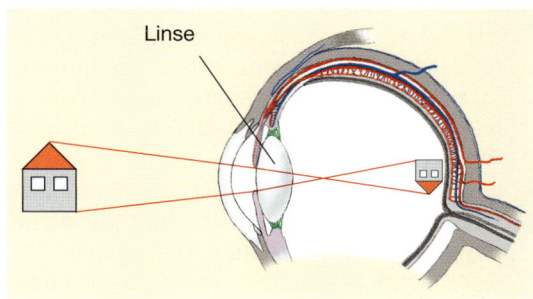

Linse

AUFGABE

Versuchen Sie, die obige Darstellung zu erklären.

Bei der menschlichen Wahrnehmung handelt es sich um einen aktiven psychischen Prozess, der aus einer komplexen **physiologischen Verarbeitung der Reiz-Signale** wie auch aus einer nicht weniger komplexen **psychologischen Verarbeitung der erhaltenen Information** besteht. Es ist der Prozess, durch den jeder Mensch mit seiner Umwelt in Beziehung tritt.

Der Prozess besteht aus mehreren Stationen, die kurz beschrieben werden sollen, ohne aber auf anatomische und physiologische Einzelheiten näher einzugehen:

▶ Die **Reize** aus der Umwelt treffen auf die Empfangsstationen, die Sinnesorgane. Diese besitzen hochspezialisierte Rezeptor- oder Empfangszellen. Durch eine **Erregung** der Rezeptorzellen werden Nervenimpulse erzeugt, wobei jeder Nerv seine spezielle Sinnesmodalität besitzt. So können beim Sehnerv nur Lichtempfindungen ausgelöst werden, der Ohrnerv nur Geräuschempfindungen aufnehmen. An Sinnesempfindungen besitzt der Mensch weit mehr als die bekannten Sinne: **Gesichts-, Gehör-, Geschmacks-, Haut-, Gleichgewichts- und Muskelsinn**.

▶ Die Nervenimpulse werden über spezifische Nervenbahnen an die jedem Sinnesorgan zugehörige Verarbeitungsstation (z. B. Sehzentrum) weiter geleitet. Dort lösen sie entsprechende **Empfindungen** aus. Diesen Vorgang darf man sich aber nicht so vorstellen, als ob im Gehirn ein direktes Abbild, eine Art Fotoabzug, entstünde. Das Auge ist daher auch nicht mit einer Kamera zu vergleichen, sondern es liefert neuronale Impulse, die in der Sehregion im Gehirn ein dem beobachteten Objekt entsprechendes Muster an neurophysiologischer (Zusammenhang zwischen Nervensystem und psychischen Vorgängen) Aktivität hervorrufen.

▶ Im Gehirn kommt es über die neuronalen Muster (Empfindungen) erst dann zur **Wahrnehmung** des Umfeldes, z. B. Gegenstände, Geräusche Menschen und andere Lebewesen, wenn das Empfundene beim Vergleich mit bereits bekannten Mustern wiedererkannt wird.

Die Sinnesorgane nehmen Reize (Informationen) aus der Umwelt auf. Diese gelangen zum Gedächtnis, wo sie ausgewertet werden. Nach der Verarbeitung (Enkodierung und Erkennung) im Gedächtnis kommt es zur Wahrnehmung.

Die Sinnesorgane sind keine neutralen Messinstrumente. Die Wahrnehmung wird vielmehr von vielen Faktoren beeinflusst, z. B. durch

▶ **aktuelle Stimmungen und Gefühle**. Bei Fröhlichkeit sieht der Mensch in der Regel alles positiver, als wenn er bedrückt gestimmt ist.

▶ **Interessen**

▶ **Krankheiten, Medikamente, Drogen**

▶ **Erwartungen**, z. B. durch die Kenntnis der Rolle des anderen. Wenn jemand Polizist ist, werden ihm andere Eigenschaften zugeordnet als einem Künstler.

▶ **Gesetzmäßige Abläufe** wie die Gestaltgesetze oder die Wahrnehmungskonstanzen.

DEFINITION

Wahrnehmung ist der Prozess der physiologischen und psychischen Verarbeitung von Reizen aus der Umwelt. Der Prozess gliedert sich in die Stationen: Reiz, Erregung, Empfindung und Wahrnehmung.

AUFGABEN

1. Nennen Sie Gründe für die subjektive Wahrnehmung des Umfeldes.

2. Zwei Sozialassistentinnen sind sich über das Verhalten des Kindergartenkindes Lena nicht einig: Sozialassistentin Luisa meint, Lena sei auffällig gewesen, ihre Kollegin behauptet das Gegenteil. Geben Sie die Gründe für die unterschiedliche Wahrnehmung an.

3. Kinder haben eine andere Wahrnehmung als Erwachsene. Woran liegt das?

14.1.3 Wahrnehmungskonstanzen und Gestaltgesetze

Ein Gegenstand (z. B. Baum) erscheint dem Menschen in zwei Metern Entfernung nicht größer als in sieben Metern, obwohl der physikalische Reiz größer ist. Ein Buch wird immer als rechteckig gesehen, obwohl es auf der Netzhaut je nach Perspektive als Rhombus oder Parallelogramm abgebildet wird.

AUFGABE

Erläutern Sie diese Aussagen.

Es ist dem Menschen möglich, Personen und Gegenstände, die er in unterschiedlicher Entfernung wahrnimmt, als dieselben zu erkennen. Die unveränderte Wahrnehmung bei unterschiedlichen Gegebenheiten nennt man **Wahrnehmungskonstanz**. Diese Fähigkeit ist für den Menschen wichtig, um Ordnung und Beständigkeit in die vielen Informationen zu bekommen, denen er täglich ausgesetzt ist.

DEFINITION

Eine Wahrnehmungskonstanz ist die unveränderte Wahrnehmung bei veränderten Umweltbedingungen.

Gestaltgesetze

Der Mensch ordnet und vervollständigt ungeordnete Reize zu sinnvollen Gestalten. Das geschieht nach bestimmten Gesetzen, die bei allen Menschen gleich ablaufen. Mit Hilfe der Wahrnehmung werden die einzelnen Reize in einen Gesamtzusammenhang gebracht, um in jedem Reiz einen Sinn und eine Ordnung zu finden. Mit diesen Gesetzmäßigkeiten beschäftigten sich schon vor etwa 100 Jahren die Gestaltpsychologen.

Die wichtigsten Gesetze sind:

1. **Gesetz der Ähnlichkeit:** Das bedeutet, dass ähnliche Reize als zusammengehörig wahrgenommen werden.

2. **Gesetz der Nähe:** Reize, die beieinander liegen, werden als zusammengehörig wahrgenommen: Zwei Menschen, die sich an der Hand halten, werden als Paar wahrgenommen oder zwei Menschen, die miteinander singen, werden als Duett eingeordnet.

3. **Gesetz der Geschlossenheit:** Unvollendete Reize werden als vollendet angesehen, z. B. erkennt man das Dreieck, obwohl es nicht durch Linien begrenzt ist.

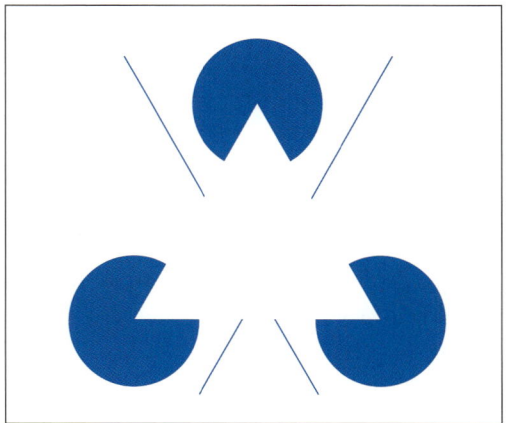

4. **Gesetz der Kontinuität:** Reize, die eine Fortsetzung zu sein scheinen, werden als zusammengehörig empfunden.

5. **Gesetz der gemeinsamen Bewegung:** Reize, die sich in dieselbe Richtung bewegen, werden als zusammengehörig empfunden.

AUFGABEN

1. Erstellen Sie eine Collage, die verschiedene Wahrnehmungskonstanzen verdeutlicht.

2. Berichten Sie von Erfahrungen, die Sie mit den Gestaltgesetzen gemacht haben.

Abb. links: Zimbardo Psychology & Life
Abb. rechts oben: Nühs
Abb. rechts unten: MEV

LF 4

14.1.4 Fehler bei der sozialen Wahrnehmung

Wie bereits beschrieben, vermittelt die Wahrnehmung dem Menschen ein subjektives Bild seiner Wirklichkeit. Aufgrund von Beobachtungen, Erfahrungen und Lernprozessen lernt er seine subjektive Wahrnehmung zu versachlichen. Dennoch kommen die nachfolgenden Fehler sehr häufig vor:

▶ **Interpretationsfehler, Halo-Effekt, soziale Stereotype, Primacy-Effekt, Pygmalion-Effekt.**

Interpretationsfehler

FALLBEISPIEL

Die Sozialassistentin beobachtet, dass ein Kind ein anderes anstößt. Daraufhin nimmt sie an, dass das Kind aggressiv ist.
Eine andere Sozialassistentin sieht, dass ein Kind im Kindergarten ständig mit dem Stuhl schaukelt. Sie nimmt an, dass das Kind nervös ist.

AUFGABE

Überlegen Sie, ob es zu jeder Wahrnehmung unterschiedliche Interpretationen geben kann?

Aus einzelnen Handlungen anderer Menschen werden Schlüsse für die Ursache seines Verhaltens gezogen und ihm daraus bestimmte Eigenschaften zugeteilt. Es sind nur wenige Informationen nötig, damit sich die Menschen über andere Menschen ein Bild machen.

Ein weiterer Fehler wird häufig begangen, wenn Menschen anderen Menschen Eigenschaften zuschreiben wollen, die sie bei sich selbst nicht wahrhaben wollen. Sie projizieren ihre Fehler auf andere Menschen und schreiben dem anderen Menschen ihre Eigenschaften zu.

Beispiel:

Wenn zwei Kolleginnen nicht miteinander zurechtkommen, dann versuchen sie, sich gegenseitig die Schuld zuzuschieben.

Halo-Effekt

FALLBEISPIEL

Wenn ein Kind in Mathematik und Deutsch besonders gut ist, dann geht man auch davon aus, dass es in den anderen Fächern ebenfalls gut ist. Schlechte Leistungen in diesen Fächern werden nicht mehr wahrgenommen.

AUFGABE

Beurteilen Sie das Fallbeispiel und versuchen Sie, es durch eigene Erfahrungen zu erklären.

Die Wahrnehmung eines anderen Menschen kann sich an **einzelnen, hervorstechenden Eigenschaften** orientieren. Diese Eigenschaften werden dann als besonders charakteristisch für die Person angesehen. Die besonderen Eigenschaften wirken sich auf die Wahrnehmung des anderen so aus, dass er sie immer wieder „bestätigt" bekommt. Andere Eigenschaften werden dabei übersehen. Diese Beurteilung eines Menschen nach einzelnen hervorstechenden Merkmalen wird als Halo-Effekt bezeichnet.

Soziale Stereotype

FALLBEISPIEL

Einer Krankenpflegerin werden automatisch Eigenschaften wie Hilfsbereitschaft oder Mitgefühl zugeschrieben.

AUFGABE

Versuchen Sie, das Fallbeispiel zu erklären und weitere Beispiele dazu zu nennen.

Abb. Nühs

LF 4

Mit Stereotyp wird etwas Feststehendes, Unveränderliches bezeichnet.

Mit einem sozialen Stereotyp ist eine **feststehende Meinung** über **Persönlichkeitseigenschaften** von Menschen in bestimmten Rollen gemeint.

Trotz gegenteiliger Beweise bleiben diese Fehler meistens bestehen.

Primacy-Effekt

FALLBEISPIELE

1. Karin M. besuchte mit ihrer Freundin das Theater in C. Beim Hinausgehen traf sie der Blick eines Mannes, der etwas älter war als sie. Seit dieser Zeit schwärmte sie von dem Mann, den sie trotz aller Bemühungen nicht wieder getroffen hat.
2. Die Sozialassistentin Carola G. hat ein Vorstellungsgespräch in einem DRK-Büro. Sie hat sich um die Stelle als Sozialassistentin in einem Kindergarten beworben. Von ihrer Mutter erhält sie alle möglichen Ratschläge: „Vergiss nicht," sagt die Mutter, „– der erste Eindruck ist entscheidend, daher zieh dich ordentlich an, – sei pünktlich, – antworte auf alle Fragen fachgerecht".

AUFGABE

Berichten Sie über den ersten Eindruck, den Ihre Betreuerin im Kindergarten auf Sie gemacht hat und wie sie jetzt auf Sie wirkt.

Wegen der Neigung vieler Menschen, sich sofort ein Bild über einen Menschen bzw. eine Gruppe zu machen, ist der **erste Eindruck** besonders wichtig. Wenn man einen bestimmten Eindruck hat, dann neigt man dazu, diese Person bzw. Gruppe auch in Zukunft so wahrzunehmen.

Oft ist der erste Eindruck, den man sich von einem Menschen macht, falsch. Die erste Beurteilung ergibt sich aus Vermutungen, Verallgemeinerungen, sozialen Stereotypen. Der erste Eindruck erweist sich jedoch manchmal als so

hartnäckig, dass er nicht mehr korrigiert wird. Dieser Beurteilungsfehler, der auf der Dominanz des ersten Eindrucks beruht, wird Primacy-Effekt genannt (engl. primacy = Vorrang).

Pygmalion-Effekt

Der **Pygmalion-Effekt** zeigt sich, wenn z. B. eine Sozialassistentin aufgrund der Wahrnehmung eines Kindes **bestimmte Erwartungen** an dieses Kind stellt. Diese Erwartungen lenken sein Verhalten so, dass die **erwartete Situation auch eintritt**, z. B. erwartet die Sozialassistentin von einem Kind, dass es besonders gut malen kann. Aufgrund dieser Erwatungen bemüht sich das Kind auch, gut zu malen.

Wenn Menschen sich treffen, ordnen sie die anderen Menschen aufgrund des Bildes, das sie sich von ihnen gemacht haben, ein. Das zukünftige Verhalten ist abhängig vom Ergebnis dieser Deutung. Ist ein Mitmensch in einer Machtposition, so wird der andere Mensch sein Verhalten auf die Erwartungen seines Mitmenschen abstellen. Mit anderen Worten: Abhängige Personen formen sich nach dem Bild, das sich die Autoritätsperson von ihnen macht.

Pygmalion-Effekt bedeutet, dass ein Kind Erwartungen erfüllt, die an es gestellt werden.

MERKSATZ

Fehlern in der sozialen Wahrnehmung kann man begegnen, indem man sie sich bewusst macht.

AUFGABEN

1. *Sie stellen während Ihres Praktikums bei einem Kind, von dem Sie besonders viel erwartet haben, fest, dass es Lernfortschritte gemacht hat. Wie haben Sie diese Lernfortschritte möglicherweise gefördert?*
2. *Berichten Sie aus eigenen Erfahrungen, wie Sie Menschen, z. B. Ihre Eltern, die hohe Erwartungen an Sie gestellt haben, zufriedengestellt haben.*

LF 4

LF 4

FALLBEISPIEL

Seit einigen Tagen machen die Kinder im Kindergarten M. eine merkwürdige Erfahrung. Immer wenn die Sozialassistentin die Farben unterschiedlicher Gegenstände von den Kindern bestimmen lässt, sagt Olli irgendetwas, aber nicht die richtige Farbe. Im Unterschied zu allen anderen Kindern ist er der Einzige, der mit den Farben nicht zurechtkommt. Schließlich meint die Sozialassistentin: „Olli, du solltest deine Augen vom Augenarzt untersuchen lassen. Vielleicht bist du farbenblind!" Gesagt – getan! Der Augenarzt stellt Farbenblindheit bei Olli fest.

AUFGABE

Welche Erfahrungen haben Sie mit Kindern mit Wahrnehmungsstörungen gemacht?

Die Wahrnehmungsfähigkeit kann durch Krankheiten oder Behinderungen eingeschränkt sein. Zu einer Wahrnehmungsstörung kann es kommen, wenn die Sinnesorgane, wie im Fallbeispiel, nur bedingt oder gar nicht funktionieren, z. B. bei angeborener oder erworbener Schwerhörigkeit, Gehörlosigkeit, Blindheit usw. oder wenn das Nervensystem oder Bereiche des Gehirns geschädigt sind. Dann ist die Wahrnehmungsstörung **körperlich** (organisch) bedingt. Es gibt aber auch **Störungen der sensorischen** (die Sinnesorgane betreffend) **Integration** (Eingliederung in ein größeres Ganzes) **oder Teilleistungsstörung**. Hierbei ist der Mensch trotz intakter Sinnesorgane nicht in der Lage, Sinneseindrücke zu verarbeiten. Diese Störung gibt es sowohl beim Säugling als auch beim Erwachsenen. Reize, die zum Gehirn weiter geleitet werden, können dort nicht richtig verarbeitet werden.

Ursachen für Wahrnehmungsstörungen sind heterogen. Sie können sowohl neurologische als auch psychologische Ursachen haben. Die Ursachen sind nicht immer eindeutig festzustellen. Die Erzieherinnen haben durch den täglichen Umgang mit den Kindern die Möglichkeit, Wahrnehmungsstörungen frühzeitig zu erkennen und den Eltern mitzuteilen. Wenn die Störungen rechtzeitig erkannt werden, dann kann dem Kind geholfen werden. Dazu ist eine gründliche Untersuchung erforderlich, in der die Störungen genau festgestellt werden. Mit Fachkräften aus der Ergotherapie, Sprachtherapie, Erziehungsberatung u. a. wird ein Behandlungsplan aufgestellt, in dem gezielt und dosiert Sinnesreize angeboten werden, um die neurophysiologische Struktur zu verbessern.

AUFGABEN

1. Nennen Sie Gründe für die eingeschränkte Wahrnehmungsfähigkeit eines Menschen. Wie kann es dazu kommen?

2. Welche Möglichkeiten gibt es, diesen Menschen zu helfen? Erkundigen Sie sich bei den entsprechenden Fachärzten.

AUFGABE

Nennen Sie mögliche Gründe für das traurige Aussehen des Kindes.

Abb. MEV

Bereits im Kindergarten ist festzustellen, wenn Kinder unter Störungen der sensorischen Integration leiden. Sie sind

- ▶ überaktiv und leicht abzulenken,
- ▶ auffällig im Verhalten und in der Sprachentwicklung,
- ▶ nicht in der Lage, zu planen und zu ordnen.

Darüber hinaus können sie Störungen des Gleichgewichts, der Koordination, der Muskelspannung und der Lern- und Leistungsbereitschaft haben.

Kinder mit **Verhaltensproblemen** sind überempfindlich und verletzlich. Sie können nicht teilen und nicht verlieren. Sie möchten erfolgreich und bedeutend sein, aber sie schaffen es nicht. Mit Alltagssituationen werden diese Kinder oft nicht fertig, da ihr Selbstbewusstsein nur schwach entwickelt ist. Gleichaltrige Kinder verstehen sie nicht und weisen sie zurück.

Kinder mit **Störungen in der Koordination ihrer Bewegungen** verlieren häufig ihr Gleichgewicht und stolpern. Sie schaffen es nicht einen Turm zu bauen, da sie ihn vorher umstoßen. Sie haben in der Regel eine **niedrige Muskelspannung**, was an der schlechten Körperhaltung festzustellen ist. Wenn sie an einem Tisch sitzen, stützen sie den Kopf auf. Sie vermeiden es, auf Klettergerüste oder Stühle zu steigen, die Treppe hinunter zu sausen oder die Schaukel und Wippe zu benutzen. Beim Turnen fallen kindhafte und reflexartige Bewegungen auf.

Diese Kinder haben auch eine **verzögerte Sprachentwicklung** sowie **Störungen der Aussprache**.

Bei Kindern, bei denen diese Störung vermutet wird, muss besonders geachtet werden

- ▶ auf den Gleichgewichtssinn und den Bewegungsapparat,
- ▶ auf die Handgeschicklichkeit und die Bewegungsvorgänge, z. B. beim Umgang mit Spielzeug, sowie beim Basteln, Malen, Schneiden oder Kleben,
- ▶ auf die taktile (den Tastsinn betreffende) Abwehr, d. h. diese Kinder lehnen häufig jeden Körperkontakt ab. Sie mögen auch nicht barfuss im Sand laufen oder Sand und Erde anfassen,

▶ die visuelle und auditive Wahrnehmung, z. B. gibt es Kinder, die ihre Augenmuskeln nicht willkürlich auf Gegenstände richten können. Das Erkennen von Formen fällt ihnen schwer. Gehörtes kann verspätet aufgenommen werden, so dass sich die Sprachentwicklung verzögert.

Kinder mit einer Störung der sensorischen Integration sind ständig in Bewegung. Schon beim Kleinkind fällt die Zappeligkeit auf. Die Konzentration fällt schwer. Die überschießende Aktivität kann dazu führen, dass sie keine **Ordnung** halten können oder eine Aufgabe oder ein Spiel nicht beenden können.

Auch das Problem sich im Raum zurechtzufinden, kann ein Anzeichen von Störungen der sensorischen Integration sein. Sie rempeln andere an, da sie die **Entfernungen** schlecht abschätzen können und nicht genau wissen, wo ihr eigener Körper steht. Im Kindergarten können durch Bewegungsspiele Raumerfahrungen gemacht werden und diesem Problem begrenzt abgeholfen werden.

Störungen der sensorischen Integration beruhen darauf, dass Abschnitte des Zentralnervensystems nicht miteinander zusammenarbeiten, so dass sich Kinder mit dieser Störung nicht sinnvoll mit ihrer Umgebung auseinandersetzen können. Das Nervensystem kann die Fülle der Sinneseindrücke nicht ordnen. Deshalb kann es keine sinnvolle Reaktion geben. Das Durcheinander ist mit einem Verkehrschaos zu vergleichen.

Nach den Gründen für diese Störung wird nach wie vor geforscht. In Fachkreisen geht man davon aus, dass eine der Ursachen für sensorische Integrationsstörungen auf **Erziehungsgegebenheiten** zurückgeht. Das könnten negative oder unzureichende Einflüsse aus der Umgebung sein. Die Kinder leben in einer sensorischen Mangelsituation. Man geht davon aus,

- ▶ dass sie zu wenig berührt worden sind und selbst zu wenig berührt bzw. ertastet haben,
- ▶ dass sie sich zu wenig bewegt haben.

Diese Vermutung wird auch dadurch bestätigt, dass bei den Untersuchungen dieser Kinder

LF 4

keine Störung der Hirnfunktion oder der kognitiven Entwicklung festgestellt werden konnte.

Therapiemöglichkeiten liegen überall dort, wo Kinder spielerisch Erfahrungen machen können, die sie von sich aus vermeiden würden.

DEFINITION

Störungen der sensorischen Integration äußern sich in Konzentrationsschwäche, Störungen des Gleichgewichts, der Koordination, der Muskelspannung und der Lern- und Leistungsbereitschaft.

AUFGABEN

1. Überlegen Sie sich Übungsspiele, die die Sinnestätigkeit und Körpergeschicklichkeit der Kinder schulen.

2. Stellen Sie erlebnisorientierte Projekte zusammen, bei denen sich die Kinder ganzheitlich (mit Kopf, Herz und Hand) einbringen müssen.

3. Probieren Sie Geh- und Fahrspielzeuge, z. B. Stelzen, Dosenstelzen, Pedalos, Roller, oder Skateboards aus. Berichten Sie über Ihre Erfahrungen und Möglichkeiten diese auch für Kinder, besonders mit Störungen der sensorischen Integration, einzusetzen.

14.2 Beobachtungsmethoden, Beobachtungsdokumentation

Abb. Nühs

AUFGABE

Zu welchen Erkenntnissen kann die Sozialassistentin beim Beobachten der Kinder kommen? Notieren Sie sich Stichpunkte und vergleichen Sie Ihre Aussagen mit denen Ihrer Mitschülerinnen.

Beobachten gehört zu den Alltagsaufgaben der erzieherischen Berufe. Die Ergebnisse der Beobachtungen in Kindergärten, Schulen und Heimen dienen als Grundlage für erzieherische Handlungen, oder sie dienen der Erstellung von Beurteilungen, Zeugnissen, Eignungsfeststellungen für bestimmte Schularten oder Berufe.

Im Folgenden zwei Beispiele von Beobachtungsberichten aus der erzieherischen Praxis:

FALLBEISPIELE

1. Marvin, 5 Jahre alt, hat helles Haar und blaue Augen. Er ist von schlanker Gestalt und hat eine blasse Hautfarbe. Seine Körperhaltung wirkt schlaff und seine Antriebsschwäche ist auffällig. Manchmal wirkt er sehr unruhig.

Seine psychische Verfassung entspricht seinem physischen Zustand. Er wirkt resigniert und teilweise auch depressiv. Er vermittelt den Eindruck, als könne er keine sozialen Kontakte aufbauen. Es fehlt ihm ein entsprechendes Selbstvertrauen. Die sozialen Kontakte, die er hat, konzentrieren sich auf Erwachsene. Man hat den Eindruck, als suche er dort Schutz. In der Gruppe zeigt er Verhaltensunsicherheit und Unangepasstheit. Er hat eher die Rolle des Außenseiters. Seine Emotionen zeigt er selten. Seine intellektuellen Fähigkeiten scheinen mäßig zu sein. Marvin ist nur für eine kurze Zeit konzentrationsfähig, Leistungslust und Interesse sind nur selten vorhanden. In allen Entwicklungsbereichen scheint er ein retardiertes Kind zu sein. Seine Familie lebt in sehr einfachen und beengten Verhältnissen. Das Sprachverhalten und Milieu der Familie scheint ihm wenige Anregungen zu geben.

LF 4

2. *Dienstag: 9.00 h bis 9.30 h:*

Tatjana sitzt in der Malecke. Lukas und Wibke sitzen ebenfalls an diesem Tisch und malen ein Bild. Tatjana sieht zum Fenster hinaus. Lukas fragt Tatjana, was sie sieht. Tatjana antwortet nicht, schaut aber Lukas und Wibke beim Malen zu. Die Sozialassistentin fragt: „Möchtest Du auch malen?" Tatjana nickt. Die Sozialassistentin gibt ihr einen Stift.

Tatjana nimmt den Stift und steckt ihn in den Mund. Nach einer Weile nimmt sie den Stift aus dem Mund und beginnt ein Tier zu zeichnen. Clara kommt dazu und meint: „Ich kann auch ein Tier malen." Tatjana hält im Malen inne und schaut Clara zu, die ein Tier, eine Straße und ein Haus malt. Plötzlich steht Tatjana auf und geht in die Puppenecke, wo gerade kein Kind spielt. Sie setzt sich auf den Teppich und blickt unverwandt in den Gruppenraum.

Mittwoch: 9.00 h bis 9.30 h

Tatjana, Lukas, Clara und Wibke sitzen um einen Tisch und kneten. Die Kinder beschließen, Zäune für ihre Holztiere zu bauen. Tatjana sitzt dabei und schaukelt auf ihrem Stuhl. Die anderen Kinder sind bemüht, auf ihrem Knetbrett etwas zustande zu bringen. Tatjana dreht eine Kugel.

Clara hat einen Kreis mit Stäbchen aus Knete auf das Brett gestellt und setzt ein Holzkälbchen in die Mitte. Die anderen versuchen eine ähnliche Vorgehensweise. Tatjana klebt die Kugel, an der sie die ganze Zeit gedreht hat, auf das Brett. Danach steht sie auf, geht zum Fenster und schaut in den Regen.

DEFINITION

Beobachtung ist die aufmerksame und planvolle Wahrnehmung und Registrierung von Vorgängen, Ereignissen oder Mitmenschen in Abhängigkeit von bestimmten Situationen.

Abb. Nühs

AUFGABEN

1. Lesen Sie sich die Berichte kritisch durch. Welcher Bericht gibt Ihnen den besten Einblick in das Verhalten der Kinder?

2. Welche Formulierungen sind wertend, welche beschreibend? Unterstreichen Sie die entsprechenden Formulierungen in unterschiedlichen Farben.

3. Welchen Zweck könnten die Berichte haben?

4. Ergänzen Sie mit einer Arbeitsgruppe das Fehlende und formulieren Sie einen „Vorzeigebericht".

LF 4

14.2.1 Formen der Beobachtung

Die aufmerksame planvolle Beobachtung von Mitmenschen und Vorgängen kann auf unterschiedliche Weise erfolgen. Entscheidend ist, dass die Beobachtung zu konkreten Ergebnissen kommt.

Man unterscheidet:

▶ **Fremdbeobachtung,** d. h. dass eine Person eine andere beobachtet. Bei dieser Beobachtungsform wird die **teilnehmende Beobachtung** von der **nicht teilnehmenden Beobachtung** unterschieden.

– **Teilnehmende Beobachtung:** Die Beobachterin ist trotz ihrer zusätzlichen Aufgabe in das laufende Geschehen im Kindergarten eingebunden. Sie spricht während der Beobachtung mit dem Kind, das sie beobachtet.

LF 4

– **Nicht teilnehmende Beobachtung:** Die Beobachterin registriert das Verhalten eines Kindes, sie beteiligt sich aber nicht am Geschehen um das Kind. Sie notiert sich ihre Beobachtungen oder nimmt sie mit der Filmkamera auf.

▶ **Selbstbeobachtung:** Die Selbstbeobachtung wird als wissenschaftliche Methode häufig in Frage gestellt, da die Daten, die durch sie gewonnen werden, nur begrenzt nachprüfbar sind.

▶ **Kontrollierte Bedingungen:** Sie liegen beispielsweise vor beim Beobachten einer vorgegebenen Spielsituation. Zusätzlich kann die Beobachterin ein Kind auffordern, einen Auftrag auszuführen, um daran die Leistungsfähigkeit dieses Kindes zu überprüfen.

▶ **Natürliche Bedingungen:** Bei dieser Form der Beobachtung werden einzelne Kinder oder eine Kindergruppe in ihrem Gruppenraum bei gewohnten Aktivitäten beobachtet. Sie wechseln nicht den Standort.

▶ **Wissenschaftliche Beobachtung:** Bei der wissenschaftlichen Beobachtung müssen Aspekte wie **Objektivität, Zuverlässigkeit und Gültigkeit** berücksichtig werden:

– **Objektivität:** Mehrere Beobachterinnen beobachten ein Kind bzw. eine Kindergruppe. Wenn alle Beobachterinnen zum gleichen Beobachtungsergebnis kommen, dann kann von einem objektiven Ergebnis gesprochen werden.

– **Zuverlässigkeit** (Reliabilität): Die gleiche Situation wird mehrmals beobachtet. Wenn jedes Mal dasselbe Ergebnis entsteht, dann kann von einem zuverlässigen Ergebnis gesprochen werden.

– **Gültigkeit** (Validität): Hier geht es um die Frage, ob die verwendeten Mittel und Methoden überhaupt das erfassen können, was man erfassen will. Ist z. B. ein bestimmter Beobachtungsbogen zur Aggressivität wirklich geeignet, Aggressivität zu messen?

MERKSATZ

Jede Beobachtung sollte objektiv, zuverlässig und gültig sein. Die wissenschaftliche Beobachtung muss den genannten Grundsätzen im besonderen Maße entsprechen.

AUFGABEN

1. Bilden Sie Arbeitsgruppen, in denen Sie jeweils eine Form der Beobachtung in der Praxis durchführen.

2. Finden Sie die Vor- und Nachteile jeder Beobachtungsform im Klassenverband heraus.

14.2.2 **Beobachtung und andere Verfahren**

AUFGABE

Füllen Sie den Ausschnitt aus dem Beobachtungsbogen auf Seite 238 für 5–7-jährige Kinder für ein Kind aus.

Die Beobachtung und andere Verfahren dienen der systematischen Wahrnehmungskontrolle und sollen subjektive Verzerrungen und Fehler in der Wahrnehmung möglichst ausschalten. Eine genaue Beobachtung kann nur durchgeführt werden, wenn im Vorhinein geklärt ist:

▶ **Wer beobachtet werden soll,**
▶ **was beobachtet werden soll,**
▶ **wie beobachtet werden soll und**
▶ **womit (Hilfsmittel) beobachtet werden soll.**

Nachfolgend sind einige Instrumente zur Beobachtung beschrieben:

1. Kategoriensysteme bei der Beobachtung

(Kategorie: Begriffsgruppe, in die etwas eingeordnet wird)

Kategoriensysteme dienen der systematischen Wahrnehmungskontrolle und sollen subjektive Verzerrungen und Fehler in der Wahrnehmung möglichst ausschalten. Dazu werden Verhaltenskriterien aufgestellt, die zu dem relevanten Verhalten des Kindes gehören bzw. der Kinder gehören, die beobachtet werden sollen.

Kriterien der Aggressionen können z. B. sein: **Andere Kinder anschreien, beschimpfen, schubsen, Kinder schlagen, Kinder treten, an den Haaren ziehen u. a.** Sinnvoll ist es, zusätzlich die Uhr- und Tageszeit anzugeben.

	1. Beobachtung Datum:			2. Beobachtung Datum:			3. Beobachtung Datum:		
A: Modalitätsspezifische Bereiche	trifft nicht zu	teils/teils	trifft zu	trifft nicht zu	teils/teils	trifft zu	trifft nicht zu	teils/teils	trifft zu
Taktile Modalität: Das Kind									
1. lässt Körperkontakt, Berührungen, Streicheln und Schmusen zu	☐	☐	☐	☐	☐	☐	☐	☐	☐
2. kann einfache Formen bei geschlossenen Augen ertasten	☐	☐	☐	☐	☐	☐	☐	☐	☐
3. kann die Beschaffenheit unterschiedlicher Materialien erkennen (hart-weich, rau-glatt)	☐	☐	☐	☐	☐	☐	☐	☐	☐
4. ist unbefangen beim Umgang mit feucht-glitschigen Materialien (Fingerfarbe, Kleister ...)	☐	☐	☐	☐	☐	☐	☐	☐	☐
5. ist normal schmerzempfindlich	☐	☐	☐	☐	☐	☐	☐	☐	☐
6. kann Berührungspunkte auf dem Handrücken/Körper exakt lokalisieren	☐	☐	☐	☐	☐	☐	☐	☐	☐
7. kann einfache geometrische Grundmuster als Hautzeichnung wiedererkennen	☐	☐	☐	☐	☐	☐	☐	☐	☐

Kommentar:

	trifft nicht zu	teils/teils	trifft zu	trifft nicht zu	teils/teils	trifft zu	trifft nicht zu	teils/teils	trifft zu
Kinästhetische Modalität: Das Kind									
8. geht Treppen im Wechselschritt herauf und herunter	☐	☐	☐	☐	☐	☐	☐	☐	☐
9. kann Dreirad/Fahrrad/Roller/Laufrad fahren	☐	☐	☐	☐	☐	☐	☐	☐	☐
10. benutzt beim Malen/Schreiben Dreifingergriff	☐	☐	☐	☐	☐	☐	☐	☐	☐
11. zeigt flüssige Bewegungsabläufe beim Daumen-Finger-Versuch, beim Gehen, Laufen	☐	☐	☐	☐	☐	☐	☐	☐	☐
12. hat ein Gefühl dafür, wie stark es mit dem Stift aufdrücken muss	☐	☐	☐	☐	☐	☐	☐	☐	☐
13. malt Bilder, auf denen mehrere Objekte (Haus, Baum, Sonne) erkennbar dargestellt sind	☐	☐	☐	☐	☐	☐	☐	☐	☐
14. führt Bewegungen mit angemessenem Kraftaufwand aus	☐	☐	☐	☐	☐	☐	☐	☐	☐

Kommentar:

	trifft nicht zu	teils/teils	trifft zu	trifft nicht zu	teils/teils	trifft zu	trifft nicht zu	teils/teils	trifft zu
Vestibuläre Modalität: Das Kind									
15. kann auf einer Linie im Zehen-Hacken-Gang balancieren (vorwärts/rückwärts)	☐	☐	☐	☐	☐	☐	☐	☐	☐
16. kann sicher auf einem Bein stehen (5 jähr. mindest. 4 Sek.; 6 jähr. mindest. 6 Sek.)	☐	☐	☐	☐	☐	☐	☐	☐	☐
17. kann auf einem Bein (rechts/links) hüpfen (5jähr. mindest.3 mal; 6jähr.mindest. 5 mal)	☐	☐	☐	☐	☐	☐	☐	☐	☐
18. klettert, schaukelt, lässt sich hochheben	☐	☐	☐	☐	☐	☐	☐	☐	☐
19. bewegt sich gern und beteiligt sich an Bewegungsangeboten	☐	☐	☐	☐	☐	☐	☐	☐	☐
20. ist bei sportlichen Aktivitäten ausdauernd	☐	☐	☐	☐	☐	☐	☐	☐	☐

LF 4

2. Das Experiment

Das Experiment ist eine andere Form der Datenerhebung: Im Unterschied zur Beobachtung wird hier eine Situation absichtlich herbeigeführt.

Beispielsweise kann die Versuchsleiterin der Sozialassistentin vorgeben, wie sie sich verhalten soll, um dann das Verhalten der Kinder als Reaktion auf das Verhalten der Sozialassistentin zu beobachten.

Vorteile des Experimentes gegenüber der Beobachtung ergeben sich aus der Möglichkeit, dass die Versuchsleiterin die **Situation selbst bestimmen und ihre Bedingungen selbst verändern** kann. Darüber hinaus kann sie die experimentelle Untersuchung beliebig oft wiederholen.

3. Der Test

Mit Hilfe eines Tests ist es möglich, bestimmte **psychische Merkmale** und den Grad ihrer Ausprägung festzustellen, z. B. die Intelligenz Interessen, Einstellungen, Wahrnehmung oder Konzentrationen eines Menschen.

Für den Test als Messinstrument müssen **Kriterien der Reliabilität** (exaktes Messen), **Validität** (Kriterium der Gültigkeit) und der **Objektivität** (Versachlichung) in besonderem Maße zutreffen. Dabei vergleicht man die Leistung der Testperson in einer eindeutig definierten Testsituation mit den Ergebnissen vergleichbarer Menschen. Die Leistungen einzelner Kinder können mit den Leistungen anderer Kinder des gleichen Alters und der gleichen Schulbildung verglichen werden und Folgerungen für den Umgang mit den Kindern gezogen werden.

Die wichtigsten Testarten sind:

▶ Leistungstests wie zum Beispiel Intelligenz-, Reaktions-, Konzentrations-, Begabungs- oder Eignungstests,
▶ Reife- und Entwicklungstests
▶ Persönlichkeitsfragebögen.

4. Die mündliche Befragung (das Interview)

Die Befragung bzw. das Interview ist eine weit verbreitete Technik zur Gewinnung von Informationen. Dazu werden Fragen formuliert und

Abb. © Dr. Karlheinz Barth

an ausgewählte Personen bzw. -Gruppen gestellt, die diese beantworten. Die Befragung bietet sich auch für Schülerinnen an, um beispielsweise Informationen aus den Kindergärten zu bekommen.
Eine mündliche Befragung wird gewöhnlich als Interview bezeichnet.

5. Die Fragebogenerhebung (schriftliche Befragung):

Sie hat vieles mit dem Interview gemeinsam, die Fragen sind aber vorweg festgelegt und müssen schriftlich beantwortet werden.

6. Das soziometrische Verfahren (Soziogramm):

Bei diesem Verfahren werden die emotionalen Beziehungen in einer Gruppe nach den Kriterien der Zuneigung und Ablehnung erfasst. Das Soziogramm kann die Sozialbeziehungen in einer Gruppe bewusst machen.

7. Die Anamnese (Vorgeschichte):

Sie umfasst alle Informationen, die zum Lebenslauf eines Menschen gehören. Dazu werden die Betroffene und ihre Bezugspersonen befragt. Tagebücher, Bemerkungen in Schülerbögen, Zeugnisse u. a. können ebenfalls herangezogen werden.

AUFGABEN

1. Vergleichen Sie die unterschiedlichen Verfahren der Datenerhebung und nennen Sie Beispiele für ihre Anwendung.

2. Stellen Sie Fragen für ein Interview mit jungen Müttern zusammen, deren Kinder in absehbarer Zeit den Kindergarten besuchen werden.

14.2.3 Vorgehen bei der Beobachtung

Zunächst wird geklärt, welches Kind beobachtet werden muss. Dabei erhebt sich die Frage,

ob es ausreicht, nur ein Kind zu beobachten oder ob es sinnvoller ist, die Spielkameraden ebenfalls mit zu beobachten.

Nach dem diese Fragen geklärt sind, wird der Zeitpunkt und die Dauer der Beobachtung festgelegt:

▶ **Während des Freispieles oder bei Anleitungen,**

▶ **vormittags oder nachmittags,**

▶ **10 Minuten oder länger?**

Bei Kindern verwendet man:

▶ **Dauerbeobachtung,**

▶ **Kurzzeitbeobachtung,**

▶ **Ereignisbeobachtung.**

Dauerbeobachtung: Sie bedeutet, dass das Kind während einer Stunde oder eines Tages beobachtet wird.

Kurzzeitbeobachtung: Sie hat bisher die besten Ergebnisse gebracht. Bei dieser Beobachtung wird ein Kind täglich und das über mehrere Wochen für einen kleinen Moment beobachtet.

Ereignisbeobachtung: Bei dieser Beobachtung wird jedes Mal aufgeschrieben, wenn ein Kind beispielsweise aggressiv wird.

Nach dem alle Fragen zur Vorgehensweise geklärt sind, kann der Beobachtungsbogen erstellt werden.

Beispiele für Beobachtungsbögen

1. Beobachtung nach einem Kategoriensystem:

▶ Kind: Annalena
▶ Beobachtetes Verhalten: Aggressivität gegenüber anderen Kindern
▶ Beobachterin: Maria Meyer (Sozialassistentin)
▶ Zeit: 9.00 h bis 10.00 h

Kategorie	MO	DI	Mi	Do	Fr
Anschreien	IIII	II	I		III
Schlagen		III		IIII	
Treten	II		II		II
Schubsen	I	III	I	II	I

Ergebnis: Das Ergebnis wird im Kindergartenteam ausgewertet und überlegt, ob etwas bei Annalena unternommen werden muss, z. B. Verhaltensregeln im Gespräch mit ihr festlegen.

Häufig werden zur Beobachtung **Ratingskalen** verwendet, die nachfolgend dargestellt sind:

2. Ratingskalen:

Beispiel:

Das Kind zieht sich ohne Anleitung an:

stimmt   **stimmt nicht**

          6   5   4   3   2   1

Das Zutreffende wird jeweils angekreuzt!

MERKSATZ

Eine genaue Beobachtung kann nur durchgeführt werden, wenn die entsprechenden Kriterien (wer, was, wie und womit) geklärt sind.

AUFGABEN

1. *Nennen Sie Vor- und Nachteile der Verfahren hinsichtlich ihrer Genauigkeit.*

2. *Stellen Sie Beobachtungskriterien zu konzentriertem bzw. unkonzentriertem Verhalten zusammen.*

3. *Beobachten Sie während Ihres Kindergartenpraktikums ein verhaltensauffälliges Kind.*

14.2.4   Interpretation von Beobachtungen

FALLBEISPIEL

Susanne, die Sozialassistentin im Kindergarten P., spielt mit den Kindern Jenny, Jeannette, Olli und Ben „Mensch ärgere dich nicht". Es fällt ihr auf, dass Olli schummelt. Immer, wenn einer seiner Steine hinausgeworfen werden müsste, rückt er seine Steine heimlich weiter, so dass er bei jedem Spiel als Sieger hervorgeht. Die anderen Kinder machen den Eindruck, als ob sie sein Schummeln bemerken. Sie setzen das Spiel aber fort und nehmen auch hin, dass Olli gewinnt. Schließlich platzt Susanne der Geduldsfaden. Sie besteht darauf, dass Olli die Spielpunkte, die er für jeden Sieg bekommen hat, herausgibt. Susanne fällt es schwer, Olli zu ermahnen, denn Olli ist für seine Wutanfälle bekannt. Er schreckt auch nicht davor zurück, etwas kaputt zu machen.

Dieses Mal bekommt Olli keine Wutanfälle und gibt die Spielpunkte nach einigem Zögern heraus. Er meint, damit sei die Sache in Ordnung. „Das ist sie nicht," antwortet ihm Susanne, „es geht auch um faires Verhalten den anderen gegenüber. Jeder hat die Regeln einzuhalten." Susanne befürchtet während der Auseinandersetzung mit Olli, dass die anderen das Spiel abbrechen könnten. Aber sie hat Glück. Die anderen spielen weiter.

AUFGABEN

1. *Nennen Sie Gründe dafür, dass die anderen Kinder das Verhalten von Olli hinnehmen.*

2. *Beurteilen Sie das Verhalten der Sozialassistentin.*

3. *Spielen Sie ein Rollenspiel, das dem Fallbeispiel ähnelt. Berichten Sie über Ihre Erfahrungen.*

Pädagogisches Handeln hat zum Ziel, dass ein pädagogisch **relevanter Effekt** erzeugt wird, der nachhaltig wirkt. Pädagogisches Handeln ist also abhängig vom Erziehenden, von der Situation und vom Kind. Einflussfaktoren auf pädagogisches Handeln sehen – wie folgt – aus:

LF 4

LF 4

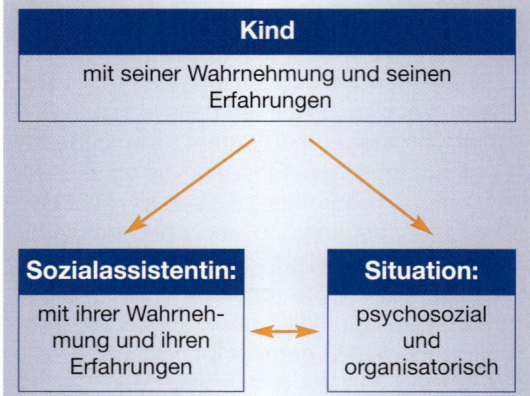

Pädagogisches Handeln kann nur sinnvoll gestaltet werden, wenn die Sozialassistentin die Situation und das Kind möglichst so wahrnimmt, wie es ist. Sie muss sich ihrer möglichen Wahrnehmungsfehler bewusst sein, in dem sie sich selbst beobachtet, um eigene Fehler zu erkennen und zu wissen, welche Fehlinterpretation sich in ihre Wahrnehmung schleichen kann.

Die Erzieherin muss einschätzen können, wie das Kind sie wahrnimmt, welche Gedanken sie provoziert, und zu welchen Handlungen sie motiviert. Nicht selten sind Verhaltensauffälligkeiten eine Folgewirkung des Verhaltens des Betreuers, z. B. erzeugt eine unsichere Erwachsene auch Unsicherheit bei den Kindern. In diesem Fall muss sicheres Verhalten trainiert werden. Nachfolgend eine Übersicht über die Subjektivität der Wahrnehmung:

AUFGABE

Erklären Sie die oben stehende Übersicht an einem Beispiel.

Das Trainieren der Wahrnehmung kann mit Unterstützung einer **Kontrollinstanz** erfolgen. Das können sein:

- ▶ Das Gespräch mit der Erzieherin, die den Vorgang beobachtet hat.
- ▶ Der Einsatz eines **Filmes oder einer Videoaufnahme**, die hinterher ausgewertet wird.
- ▶ Das **Rollenspiel:** Es ermöglicht das Hineinversetzen und Hineinfühlen in die Situation der anderen.
- ▶ Eine weitere Möglichkeit, besser mit Problemen umzugehen, ist die Teilnahme an einer **Supervision.**

Sinnvolles pädagogisches Handeln ist nur möglich, wenn das **soziale Umfeld** des Kindes, **seine Familie** und **seine Vergangenheit** bekannt sind. Nur so können Hypothesen darüber aufgestellt werden, wie das Verhalten zustande gekommen ist, was in dem Kind vorgeht und wie man ihm helfen kann.

Unterschiedliche Untersuchungsmethoden geben die Möglichkeit, ein umfassendes Bild von dem Kind zu bekommen.

MERKSATZ

Pädagogisches Handeln wird bestimmt von der Sozialassistentin, der Situation und dem Kind oder Jugendlichen. Der Wahrnehmung kommt dabei eine Schlüsselfunktion zu.

FALLBEISPIEL

Der Sozialassistentin Karina im Kindergarten K. fällt seit etwa 14 Tagen auf, dass Lea immer am Montag verändert wirkt. Besonders beim Freispiel ist sie mehr als zurückhaltend, was sie sonst nicht ist. Ihre Fröhlichkeit hat Lea am Montag zu Hause gelassen. Karina meint, auch einige blaue Flecken bei ihr entdeckt zu haben. Auf die Frage nach den blauen Flecken sieht Lea sie immer ganz groß an, als wollte sie ihr etwas mitteilen. Die Sozialassistentin möchte Aufschluss über Leas Verhalten erhalten. Sie beschließt, aktiv zu werden.

14.3 Bedeutung von Beobachtungen in der sozialpädagogischen Praxis

Die Beobachtung ist die Grundlage vieler Beurteilungen und ein zentraler Bestandteil der Kindergartenarbeit. Beobachtungen geben die Möglichkeit,

▶ die **Stärken und Schwächen** (Ressourcen) eines Kindes zu erkennen,

▶ die Kontinuität bzw. Inkontinuität der kindlichen **Entwicklung** festzustellen,

▶ **Ziele zu setzen**, die für das Kind herausfordernd und erreichbar sind bzw. bei **Defiziten** sinnvolle Maßnahmen zu treffen,

▶ den **Einfluss der Gruppe** auf das Kind bzw. den Einfluss des Kindes auf die Gruppe festzustellen und zu fördern bzw. zu bremsen.

▶ **soziales Lernen** des Kindes zu unterstützen, z. B. bei Konfliktsituationen,

▶ die **Schulreife** eines Kindes zu erkennen bzw. sie zu fördern, wenn sie noch nicht vorhanden ist.

LF 4

AUFGABEN

1. *Welche Informationen benötigt die Sozialassistentin über Lea, um Gründe für das veränderte Verhalten am Montag herauszubekommen?*

2. *Berichten Sie über Erfahrungen, die Sie mit den unterschiedlichen Beobachtungsmethoden während Ihres Praktikums gemacht haben. Befragen Sie dazu auch die Erzieherinnen in den Kindergärten.*

3. *Erstellen Sie eine Mind-Map über die unterschiedlichen Untersuchungsmethoden beim Beobachten eines Kindes.*

4. *Ein Kind hat Probleme mit anderen Kindern zu spielen. Wie können Sie die Gründe für sein Verhalten am besten erfahren?*

5. *Wählen Sie eine Problemsituation aus Ihrem Praktikum aus. Spielen Sie diese nach. Beobachten Sie dabei besonders die „Sozialassistentin" und das „Kind". Welche Erfahrungen haben Sie gemacht? Schreiben Sie dazu Stichpunkte auf.*

Abb. MEV

14.3.1 Beobachtungsanlässe

In der sozialpädagogischen Praxis gibt es unterschiedliche Anlässe für freie oder systematische Beobachtungen.

Freie Beobachtung

Im Kindergarten ergeben sich oft Situationen, in denen spontan verschiedene Verhaltensweisen von Kindern beobachtet werden.

Beispielsweise stellt eine Sozialassistentin fest, dass ein fünfjähriges Kind immer mit den drei- bis vierjährigen Kindern spielt.

Diese Beobachtung ist noch kein Nachweis dafür, dass das Kind Probleme hat mit Gleichaltrigen zu spielen, sondern dafür muss es erst gründlicher und über einen längeren Zeitraum beobachtet werden.

Diese **freien Beobachtungen** können dazu führen, dass das Beobachten, Interpretieren und Beurteilen miteinander vermischt werden. Ebenso leicht wird das Augenmerk auf auffällige Situationen gelenkt oder es wird oft in ähnlichen Situationen beobachtet.

Die freie Beobachtung ist nicht aussagekräftig genug, um als Grundlage für Beurteilungsgespräche oder Berichte zu dienen, da sie anfällig für Fehler und meist zu einseitig ist. Freie Beobachtungen können aber optimiert werden, wenn **Vorlagen** verwendet werden. Sie trennen die Beobachtung von der Interpretation und der Beurteilung.

Vorlage zur Optimierung der freien Beobachtung:

Kind: M. _____

Datum: _____

Beobachterin: _____

Beobachtung	Interpretation
M. geht im freien Spiel umher, spricht niemanden an, spielt nicht.	▶ M. traut sich nicht Kontakt aufzunehmen ▶ langweilt sich, ▶ hat Angst

Folgerungen	Bereich
▶ im Gespräch überprüfen, welche Interpretation zutrifft, ▶ mehr Hilfestellung im freien Spiel geben.	Problem ist dem Bereich der Kontaktfähigkeit zuzuordnen.

Systematische Beobachtung

Als **systematisch** werden alle Beobachtungen bezeichnet, die im Voraus geplant werden und eine bestimmte Absicht verfolgen. Für die jeweils zu beobachtende Situation müssen entsprechende **Beobachtungsinstrumente** erstellt werden. Das nachfolgende Beispiel gibt dazu Hilfen und Anregungen.

Beispiel:

Kriterien für das Beurteilen der Kontaktfähigkeit:

Suchfragen	Beobachtungen
▶ Wie sucht M. Kontakte? ▶ In welchen Situationen spricht er andere Kinder an? ▶ Wann spricht er die Sozialassistentin an?	▶ Er spricht andere Kinder nicht von sich aus an. ▶ Er sucht für sich ein Spiel und wartet, bis ein anderes Kind Kontakt aufnimmt. ▶ Er spricht die Sozialassistentin nicht an.

AUFGABE

Stellen Sie Suchfragen für einen anderen Verhaltensbereich zusammen.

Beobachtungsanlässe können sein:
▶ Verhaltensauffälligkeiten,
▶ Dokumentation von Lern- und Entwicklungsfortschritten

MERKSATZ

Beobachtung ist ein zentraler Bestandteil der Tätigkeit der Erzieherin und Sozialassistentin. Die freie Beobachtung ist nicht aussagekräftig genug, sie muss daher durch die systematische ergänzt werden.

14.3.2 Beobachten – Planen – Handeln

Eine Beobachtung sollte immer für einen festgelegt Zeitraum geplant werden. Nachfolgende Fragen können eine Hilfe für das Vorgehen sein:

▶ Welche Bereiche sollen beobachtet werden?
▶ Welche Kinder sollen beobachtet werden?
▶ Wann, wie lange und in welcher Situation soll beobachtet werden?

Die Beobachtungsschwerpunkte sollten ebenfalls im Voraus festgelegt werden. So können sie in die **Gesamtplanung** der Kindergartenarbeit integriert werden. Die Planung muss flexibel genug sein, um auf unerwartete Situationen reagieren zu können.

Beispiel für einen Beobachtungsplan:

Name des Kindes: _____

Zeitraum	Beobachtungsschwerpunkt	Beobachtungssituation
1.–3. Woche	Kontaktfähigkeit bzw. Interessen bzw. Spielverhalten	Pause, Freispiel
4.–6. Woche	Rücksichtnahme bzw. Hilfsbereitschaft	Partner- und Gruppenarbeiten, Freispiel
7.–9. Woche	Wahrnehmungsfähigkeit bzw. Auffassungsvermögen	Anleitungsaufgaben

LF 4

Neben den Beobachtungsschwerpunkten, die für die ganze Gruppe festgelegt worden sind, bietet es sich an, sich noch **Beobachtungsschwerpunkte für einzelne Kinder** vorzunehmen.

Beispiele:

▶ *Kann Jenny mittlerweile eine Begebenheit in verständlicher Form erzählen?*
▶ *Wie reagiert Torsten auf ein Überangebot an Beschäftigungen? Welche Beschäftigungen bevorzugt er?*
▶ *Meidet Monique nach wie vor Konstruktionsspiele?*

Auswertung:

Wichtig ist, dass die Beobachtungen ausgewertet, interpretiert und auf ihre Vollständigkeit hin überprüft werden.

Sinnvoll ist es, ein **Ablagesystem für Kinder** mit den nachfolgenden Rubriken anzulegen, um schnell einen Überblick zu haben:

Personalien des Kindes: _____
Freie und systematische Beobachtungen: _____
Individuelle Zielsetzungen: _____
Mögliche Beobachtungen von Drittpersonen: _____
Gesprächsprotokolle und Vereinbarungen mit den Eltern: _____
Aufzeichnungen von Gesprächen und Reflexionen mit dem Kind: _____
Arbeiten des Kindes: Zeichnungen, Bastelarbeiten u. a.: _____

Die Beobachtungen bilden die Grundlage für Gespräche mit dem Kind, den Eltern und möglicherweise mit der nachfolgenden Schule. Entscheidend ist,

▶ dass dem Kind **Hilfen** an die Hand gegeben werden, wenn es Probleme im Umgang mit anderen Kindern hat. Bei der Partnerarbeit kann es beispielsweise mit einem kontaktfähigen Kind zusammengeführt werden,
▶ dass in besonders kritischen Momenten eine Psychotherapeutin, z. B. bei grober Rück-

sichtslosigkeit, Verwahrlosung, hinzugezogen werden muss,

▶ dass überlegt werden muss, wie weit die anderen Kinder bei einer geplanten Beobachtung informiert werden müssen.

MERKSATZ

Die gezielte Beobachtung hat den Vorteil, dass Probleme, die die Kinder haben, rechtzeitig erkannt und Hilfe eingeschaltet werden kann. Die Beobachtung sollte immer für eine bestimmte Zeit und nach vorgegebenen Kriterien erfolgen.

AUFGABEN

1. *Entwickeln Sie in Kleingruppen in Ihrer Klasse einen Beobachtungsplan und legen Sie fest, wann die Beobachtungen jeweils erfolgen sollen.*
2. *Nennen Sie Beispiele dafür, wann eine Fachkraft, z. B. Ergotherapeutin, eingeschaltet werden sollte.*

14.3.3 Einschätzungsbögen, bei denen Kinder mit einbezogen sind

Einschätzungs- oder Ratingverfahren (engl. to rate = einschätzen, bewerten) sind keine unmittelbaren Beobachtungen. Vielmehr wird versucht, in der Vergangenheit gezeigte Verhaltensweisen aus der Erinnerung zu dokumentieren.

Die nachfolgenden Übersichten zeigen Möglichkeiten, Kinder bei der Dokumentation ihres Verhaltens einzubeziehen. Das ist aber frühestens bei Vorschulkindern möglich. Sie können dadurch lernen, sich in Konfliktsituationen konstruktiv zu verhalten. Darüber hinaus werden sie sensibilisiert, sich kritisch einzuschätzen.

Beispiele:

Mein Verhalten in Konfliktsituationen
Arbeitsauftrag an ein Kind:

▶ *Versuche, Dich an Situationen in den letzten Tagen zu erinnern, in denen Du in einem Konflikt verwickelt warst. Wie hast Du Dich verhalten?*

Male die zutreffenden Felder gelb an. (Die Sozialassistentin liest die Frage vor, das Kind malt die entsprechenden Felder gelb an).

Mein Verhalten in Konfliktsituationen	nie	selten	manchmal	immer
Ich habe auf körperliche Gewalt verzichtet.				
Ich habe mich gegen Angriffe gewehrt, ohne selber Gewalt anzuwenden.				
Ich habe Hilfe geholt, wenn ich mir nicht mehr selber zu helfen wusste.				
Ich habe mich nach dem Streit wieder versöhnt.				
Ich habe mich für eine Lösung des Streites eingesetzt.				
Ich habe Lösungsvorschläge akzeptiert und ausprobiert.				

Versuche, Dich nun an Situationen zu erinnern, in denen Du einen **Konflikt beobachtet** hast, bei dem Du nicht direkt beteiligt warst.

► Wie hast Du Dich in dieser Situation verhalten?
► Male die zutreffenden Felder blau an.
► Setze Dich mit Deiner Sozialassistentin zusammen und vergleicht Eure Einschätzungen.
► Versucht, die Wahl der Felder mit bestimmten Situationen zu begründen.
► Achtet darauf, dass Ihr nicht auf Eurer Einschätzung beharrt, sondern versucht, Euch gegenseitig zu verstehen.

Mein Verhalten als Außenstehender	nie	selten	manchmal	immer
Ich habe den Streit angesprochen.				
Ich habe versucht, zwischen den Streitenden zu vermitteln.				
Ich habe darauf verzichtet, den Streit anzuheizen.				
Ich habe Hilfe bei Erwachsenen geholt.				

14.3.4 Beobachtungsfehler

Das Problem der Beobachtung besteht darin, dass immer nur ein kleiner Ausschnitt aus dem gesamten Verhaltensrepertoire erfasst wird und jede pädagogische Interpretation sich daher auf Verhaltensauschnitte stützt, die nicht repräsentativ sein müssen. Die Sozialassistentin sollte sich diese Tatsache jederzeit vor Augen halten. Folgende Faktoren können zu Fehlbeurteilungen führen:

► Man übersieht, dass sich typische Merkmale eines Kindes im Laufe der Entwicklung verändern können.
► Beobachtung und Beurteilung sind im Rahmen der sozialen Wahrnehmung immer abhängig von den Bedürfnissen, Erwartungen, Werthaltungen und Einstellungen des Beurteilers.
► Die Beobachtung kann durch äußere, situative Umstände gestört werden: Ablenkungen, schlechter Blickwinkel.
► Die Befindlichkeiten der beteiligten Personen kann die Beobachtung beeinflussen: Fehlsichtigkeit, Ermüdung, Erregung, Hunger, Konzentrationsprobleme, Schmerzen.

Die genannten Fehlerquellen beeinträchtigen ganz erheblich eine objektive Beobachtung und Beurteilung. Die Objektivität der Beobachtung kann erhöht werden durch:

► Wissen über mögliche Fehler bei der sozialen Wahrnehmung
► Training der Wahrnehmungsfähigkeit durch Video- und Filmbeobachtung und entsprechende Rückmeldung,
► Übung der sprachlichen Genauigkeit.

Durch regelmäßige **Fremd- und Selbstkontrolle**, aber auch durch die Bereitschaft, eigenes Beobachten und Handeln in Frage zu stellen, erreicht man auf Dauer eine optimale Beobachtungsleistung.

MERKSATZ

Wichtig ist, dass der Zweifel an der Objektivität der Wahrnehmung bestehen bleibt. Bei entscheidenden Beobachtungen sollte eine zweite, wenn nicht sogar dritte Person hinzugezogen werden.

AUFGABE

Nennen Sie Beispiele für Fehlbeobachtungen aus Ihrem täglichen Leben oder aus dem Praktikum im Kindergarten.

Abb. beide Nühs

Die Entwicklung des Menschen beginnt mit seiner Zeugung. Früher wurde der Beginn der Entwicklung mit der Geburt gleichgesetzt. Heute weiß man, dass es bereits vor der Geburt Einflüsse gibt, die sich auf das spätere Leben des Kindes auswirken können (z. B. Infektionskrankheiten). Deshalb wird der Beginn der menschlichen Entwicklung heute mit der Bildung des Embryos (befruchtete entwicklungsfähige Eizelle) festgelegt und endet mit dem Tod.

Embryo ▶ Entwicklung ▶ Tod

LF 4

Die Veränderungen, die ein Mensch während seiner Entwicklung durchläuft, hängen eng miteinander zusammen und bauen aufeinander auf, z. B. ist das Stehen eine Voraussetzung für das Laufen oder das Lallen findet vor dem Sprechen statt.

Entwicklung ist die Veränderung von Erleben und Verhalten eines Menschen im Laufe seines Lebens. Die Veränderungen sind auf ein Ziel hin gerichtet und haben eine bestimmte Reihenfolge.

15.1   Entwicklungsprozesse

Die Entwicklung des Menschen folgt zwar bestimmten Gesetzmäßigkeiten, dennoch kann festgestellt werden, dass sich jeder Mensch anders entwickelt. Das hängt mit folgenden entwicklungsauslösenden Faktoren zusammen (vgl.: 9.6)

1. endogenen Faktoren (genetische Anlagen),
2. exogene Faktoren (Umwelteinflüsse),
3. autogenen Faktoren (Selbststeuerung).

15.1.1 Endogene Faktoren

Endogene Faktoren sind die **genetischen Erbinformationen**, die in den Chromosomen enthalten sind. Sie werden durch die Eltern an die Kinder weiter gegeben. Die genetische Ausstattung eines Menschen verändert sich während seines gesamten Lebens nicht. Allerdings werden verschiedene Gene zu unterschiedlichen Zeitpunkten aktiv und beeinflussen mit ihrer Aktivität die weitere Entwicklung, die **Reifung,** des Menschen. Reifung läuft gewissermaßen wie ein **biologisches Programm** ab, d. h. Veränderungen treten immer in einer bestimmten Reihenfolge auf.

Die genetische Ähnlichkeit variiert zwischen den Menschen. **Eineiige Zwillinge** stimmen in ihrem genetischen Erbgut überein. Wenn sich eineiige Zwillinge in ihrer Intelligenz und in ihrem Temperament unterschiedlich entwickeln, sind nicht genetische Einflüsse, sondern **unterschiedliche Umwelterfahrungen** dafür verantwortlicht. **Zweieiige Zwillinge** und andere **Geschwister** weisen eine durchschnittliche genetische Übereinstimmung von **50%** auf. Entwicklungsunterschiede lassen sich hier sowohl auf Unterschiede im Erbgut als auch auf unterschiedliche Umwelterfahrungen zurückführen.

Erbanlagen stellen das Wachstums- und Entwicklungspotential eines Menschen dar. Teilweise werden sie direkt wirksam, z. B. bei der Festlegung des Geschlechts oder der Haar- und Augenfarbe oder sie wirken indirekt, wenn es um den Verhaltensbereich geht.

Von den Anlagen hängt es auch ab, wann optimale Lernbedingungen für die Entstehung von Verhaltensweisen und Fähigkeiten bestehen, z. B. kann das Kind erst sprechen, wenn die dafür benötigten Muskeln und Nerven zusammenarbeiten. Oft handelt es sich um begrenzte Zeitabschnitte, in denen bestimmte Verhaltensweisen erworben werden können.

Abb. MEV

MERKSATZ

Die Erbinformationen, die das Kind durch seine Eltern mitbekommt, wirken direkt, indirekt und zu einem bestimmten Zeitpunkt.

AUFGABEN

1. *Nennen Sie Beispiele für den Abschluss von körperlichen Reifungsvorgängen.*
2. *Wie können körperliche Fähigkeiten gefördert werden?*

15.1.2 Exogene Faktoren

Mit exogenen Faktoren sind Umwelteinflüsse gemeint. Mit dem Begriff „Umwelt" wird die **materielle und die soziale Umgebung eines Menschen** umschrieben.

▶ Zur **materiellen Umgebung** zählen neben dem verfügbaren Geld, die Qualität des Wohnraumes (Größe, Lage), Verfügbarkeit von Ressourcen (Bücher, neue Medien) oder auch die Qualität der Wohngegend (Bildungsstätten, Freizeitmöglichkeiten).

▶ Zur **sozialen Umgebung** eines Menschen gehört an erster Stelle die Familie. Aber auch Nachbarn, Freunde, Erzieherinnen und Lehrer.

Wesentlich ist, dass die Einflüsse dauerhaft auf das Kind einwirken. Einmalige Ereignisse haben nur selten eine nachhaltige Wirkung.

Den Vorgang, der durch die Umweltreize in Gang gesetzt und gehalten wird, bezeichnet man als **Lernen**. Durch das Lernen werden die ererbten Möglichkeiten aktiviert: Zum Beispiel lernt das Kind nur zu sprechen, wenn es durch die Umwelt dazu angeregt wird. Beim Laufenlernen ist es ähnlich. Auch da benötigt das Kind Anreize.

Zusammenwirken von Anlage und Umwelt

In der wissenschaftlichen Forschung ist unbestritten, dass bei der Ausgestaltung aller **menschlichen Merkmale** wie der Entwicklung, der Intelligenz, der Sprache, der schulischen Leistungen oder des Sozialverhaltens sowohl die Anlage als auch die Umwelt als Einflussfaktoren beteiligt sind. Die Frage liegt nahe, wie die genetische Ausstattung und Umwelteinflüsse bei der kindlichen Entwicklung zusammen wirken, wenn ein Kind z. B. hochbegabt oder ausgesprochen temperamentvoll ist.

Aussagen zu dieser Fragestellung sind bisher nur begrenzt möglich, weil nur unzureichend bekannt ist, welche Gene in welcher Kombination für welches Persönlichkeitsmerkmal verantwortlich sind. Durch die Entschlüsselung des menschlichen Genoms wird es erst in Zukunft präzisere Erkenntnisse über die Art und Weise geben, in der spezifische genetische Ausstattungen mit spezifischen Umwelten zusammenwirken und welche Chancen und Risiken mit verschiedenen Kombinationen von genetischer Ausstattung und Umwelt verbunden sind.

Der Einfluss von Anlage und Umwelt auf die Entwicklung eines Kindes

Häufig wird die Frage gestellt, wie stark die Anlage und Umwelt zur Ausprägung eines Merkmals bei einem einzelnen Menschen beigetragen haben, ob z. B. auffälliges aggressives Verhalten eines Kindes stärker auf seine Erbanlagen oder stärker auf ungünstige Erziehungseinflüsse zurückgeführt werden kann. Wichtig zu wissen ist, dass eine solche Frage prinzipiell nicht beantwortet werden kann, weil sich eine individuelle Merkmalsausprägung immer im Zusammenwirken von Anlage und Umwelt ergibt, deren Beiträge zu dem Endprodukt nicht quantifiziert werden können.

Die Bedeutung von Anlage und Umwelt ist je nach Alter unterschiedlich.

Die Bedeutung von Anlage und Umwelt variiert auch mit dem Alter der Personen. Das hängt damit zusammen, dass bestimmte Gene nur zu bestimmten Zeitpunkten aktiv sind. So ist in den letzten Jahren festgestellt worden, dass der genetische Einfluss mit wachsendem Lebensalter zunimmt. Dies zeigt sich darin, dass Intelligenzunterschiede zwischen eineiigen Zwillingen kleiner werden können. Aus der Perspektive der Milieutheoretiker bedeutet das: Wenn die Umweltbedingungen der entscheidende Faktor bei der kindlichen Entwicklung sind, dann muss darauf hingearbeitet werden,

Kinder durch bildungspolitische und pädagogische Maßnahmen optimal zu fördern.

Festgestellt worden ist auch, dass die **Intelligenzunterschiede** bei zweieiigen Zwillingen, Adoptivkindern und Geschwistern mit **zunehmendem Alter** größer werden. Das hängt damit zusammen, dass Kinder und Jugendliche mit wachsendem Lebensalter außerhalb der Familie verstärkt solche Umwelten aufsuchen oder aktiv erst herstellen, die ihren Fähigkeiten entsprechen.

MERKSATZ

Die genetische Ausstattung eines Menschen kann nicht durch Umweltmaßnahmen überwunden werden. Förderprogramme können aber dazu beitragen, vorhandene Fähigkeiten zu verbessern.

AUFGABEN

1. Erstellen Sie eine Collage, in der Sie die Einflüsse von Anlage und Umwelt darstellen. Schneiden Sie dazu Fotos aus Illustrierten aus.
2. Nennen Sie Beispiele dafür, von wem Sie in Ihrer Familie Ihr Aussehen, Ihre Charaktereigenschaften u. a. geerbt haben könnten.
3. Erklären Sie, wie ein kumulatives Defizit in der sozialen Entwicklung eines Kindes entstehen kann. Lesen Sie sich dazu das nachfolgende Fallbeispiel durch:

FALLBEISPIEL

Karl ist ein normal begabter Junge. Aber er hat einen Sprachfehler. Die Folge ist, dass er langsamer lesen und schreiben lernen kann als die anderen Kinder. Da er nicht richtig lesen kann, wird er in anderen Fächern auch schwerer mitkommen. Wenn er keine besondere Förderung erhält, dann fehlen ihm nach den ersten Schuljahren viele Grundlagen. Später wird er immer mehr Schwierigkeiten haben, den Stoff zu verstehen und zu lernen. Es ist ein kumulatives Defizit entstanden.

LF 4

15.1.3 Autogene Faktoren

LF 4

AUFGABE

Nennen Sie Beispiele dafür, wie Sie von sich aus aktiv geworden sind und dadurch zu Ihrer Weiterentwicklung beigetragen haben.

Mit autogenen Faktoren ist die Selbststeuerung des Menschen meint.

Ziel allen menschlichen Verhaltens ist nach Rogers die Befriedigung der Grundbedürfnisse (s. Maslow: Bedürfnisse des Menschen). Neben der Befriedigung der Grundbedürfnisse gibt es ein Grundstreben des Menschen, sich selbst als Person zu bewahren und zu fördern bzw. seine Eigenart zu bewahren. Diese Entfaltung nennt Rogers **Selbstaktualisierung oder Selbststeuerung**.

Die Selbststeuerung steht mit den beiden Faktoren Erbanlage und Umwelt in einer **Wechselbeziehung**. Schon die Tatsache, dass sich die aktive Selbststeuerung aufgrund von Anlage und Umwelt herausbilden kann, weist auf einen engen Zusammenhang hin. Die Selbststeuerung wiederum wirkt auf die Umwelt zurück.

Normalerweise wird jeder Mensch zunehmend selbstständiger, unabhängiger und entwickelt eine ihm eigene und gemäße Form des Lebens. Geschieht dies nicht, gelingt die Selbstaktualisierung nicht, kommt es in der Regel zu Verhaltensstörungen.

Neben vielen anderen Dingen nimmt der Mensch auch sich selbst in irgendeiner Weise wahr. Die Selbstwahrnehmung wird bei einem Kind im Laufe der Zeit immer deutlicher und das Selbst hebt sich immer mehr von den übrigen Dingen der kindlichen Welt ab. Das Kind entwickelt allmählich eine Vorstellung von der **eigenen Persönlichkeit**. Diese Vorstellung nennt man sein **Selbstbild**. Das Selbstbild kann ganz unterschiedlich aussehen:

▶ Ein Kind, das häufig Misserfolge erlebt und oft getadelt wird, kann den Eindruck gewinnen, dass es **minderwertig** ist. Das Kind hat ein negatives Selbstbild von sich selbst und wird sich im Leben nicht so viel zutrauen und dementsprechend aus Furcht vor Misserfolg weniger Erfahrungsmöglichkeiten aufsuchen, also weniger Erfahrungen sammeln. Das Grundstreben nach Selbstaktualisierung würde nicht angemessen befriedigt.

Mit der Herausbildung eines Selbstbildes beginnt der Mensch allmählich seine **Erfahrungen zu bewerten**. Rogers geht davon aus, dass man nur solche Dinge gern wahrnimmt oder erfährt, die der Vorstellung, die man von sich selber hat, nicht widersprechen bzw. dazu passen:

▶ So wird ein Kind, das gewöhnt ist, immer im Mittelpunkt zu stehen, das sehr von seinen Fähigkeiten überzeugt ist und immer nur Erfolge erlebt hat, nicht gerne erfahren, dass andere Kinder auch einmal im Mittelpunkt stehen und ihm in bestimmten Fähigkeiten überlegen sind.

▶ Erfahrungen, die nicht zum Selbstbild passen, werden oft als unangenehm und bedrohlich empfunden. Menschen, die ein **unrealistisches Selbstbild** von sich haben, werden zwangsläufig Spannungen erleben zwischen der Vorstellung, die sie von sich selbst haben, und den Erfahrungen, die sie mit ihrer Umwelt machen. Spannungen sind häufig die Grundlage für die verschiedensten **psychischen Störungen**.

Günstig ist es, wenn Menschen **offen** gegenüber neuen Erfahrungen sind und bereit sind, ihr Selbstbild entsprechend den gemachten Erfahrungen zu verändern.

Abb. MEV

Als Endpunkt einer **günstigen Persönlichkeitsentwicklung steht:**

▶ einmal ein **positives Selbstkonzept**, also Selbstvertrauen im Umgang mit den Problemen des Alltags und Akzeptieren der eigenen Persönlichkeit,

▶ zum anderen aber auch die Bereitschaft zur **Verwertung von Erfahrungen** im Sinne einer möglichen Veränderung des Selbstbildes.

DEFINITION

Einen Entwicklungsprozess, der durch den eigenen Willen in Gang gesetzt wird, bezeichnet man als Selbststeuerung.

AUFGABEN

1. Nennen Sie Beispiele, wie die Selbststeuerung bei Kindern gefördert werden kann.
2. Welche Bedeutung kann das „Freie Spiel" dabei haben?
3. Aldous Huxley (1894–1963 brit. Schriftsteller) sagt: „Was Du bist, hängt von drei Faktoren ab: Was Du geerbt hast, was Deine Umgebung aus Dir machte und was Du in freier Wahl aus Deiner Umgebung und Deinem Erbe gemacht hast."

   Gehen Sie auf diese Aussage näher ein. Welche Forderungen ergeben sich daraus für den zu Erziehenden?

15.1.4 Kritische Phasen und sensible Phasen

FALLBEISPIEL

Die Schülerinnen Tatjana und Sabrina unterhalten sich über ihre vor kurzem noch blinde Mitschülerin Martina. „Die Operation hat bei Martina nicht viel gebracht", meint Sabrina. „Sie kann nun zwar die Farben unterscheiden, aber bei dem Auseinanderhalten von Personen hat sie Schwierigkeiten." „Neulich hat sie Monika und Tanja miteinander verwechselt und die Namen von Doreen und Silke wusste sie auch nicht mehr", erwidert

Tatjana. „Wir müssen abwarten, wie sich alles weiter entwickelt", meint Sabrina hoffnungsvoll. „Frau Burmester hat vor einiger Zeit im Unterricht gesagt, dass bestimmte Fähigkeiten in einem bestimmten Alter gelernt werden müssen. Hinterher lernt man sie gar nicht mehr oder nur noch ganz schwer. Vielleicht trifft das für Martina zu und sie lernt nicht mehr Personen optisch auseinander zu halten", meint Tatjana nachdenklich. „Das wäre schlimm, aber ich meine, wir sollten abwarten", meint Sabrina abschließend.

AUFGABEN

1. Beurteilen Sie das Gespräch von Sabrina und Tatjana.
2. Nennen Sie die Fähigkeiten, die Mara nach ihrer Operation noch nicht beherrscht.

Verhaltensweisen oder Fähigkeiten, die zu einem bestimmten Zeitraum der Entwicklung nicht gemacht werden, lassen sich später nicht mehr bzw. nur unzureichend nachholen. Diesen Zeitraum bezeichnet man als **kritische Phase**. Es handelt sich dabei um grundlegende Lernprozesse, die meist unbemerkt ablaufen, weil fast jede Umwelt solche Strukturen bietet.

In der menschlichen Entwicklung ist die Annahme von kritischen Phasen umstritten. Sicher nachweisen lässt sie sich in der embryonalen Entwicklung, z. B. beim Aufbau der Organe. Diese muss zu bestimmten Zeiten abgeschlossen sein. Ansonsten gilt der Grundsatz, dass nichts endgültig festgelegt ist. Deshalb wird hier meist von **sensiblen Phasen** gesprochen. Das bedeutet, dass Entwicklungen in bestimmten Zeiträumen gemacht werden sollten, da sie hinterher nur unter großen Schwierigkeiten bzw. unvollständig nachgeholt werden können. So gilt das Alter von 2 bis 12 als sensible Phase für die Sprachentwicklung. Wird erst später Sprechen erlernt, bleibt die Sprachentwicklung aber auf dem Stand eines vierjährigen Kindes stehen.

Der frühen Kindheit wird eine besondere Bedeutung für die Persönlichkeitsentwicklung zugesprochen: Das bedeutet, dass der Erziehung und Entwicklung des Kindes eine besondere Aufmerksamkeit zukommen muss, damit Lernprozesse nicht versäumt werden.

LF 4

LF 4

Es kann sogar zu einem **kumulativen Defizit** kommen, wenn bestimmte Fähigkeiten nicht zu einem bestimmten Zeitpunkt gelernt werden. Dadurch können sich weitere Entwicklungsrückstände bilden, da folgende Entwicklungsschritte auf diesen Fähigkeiten aufbauen.

DEFINITION

Sensible Phasen sind Lebensabschnitte, in denen Verhaltensweisen und Merkmale dauerhaft festgelegt werden.

AUFGABEN

1. *Nennen Sie Folgeerscheinungen, wenn Kinder nicht richtig zu sprechen gelernt haben.*
2. *Für den späteren Umgang mit Menschen müssen Kinder gelernt haben, mit anderen Kindern auszukommen. Begründen Sie die Aussage.*

15.1.5 Normale, beschleunigte und verlangsamte Entwicklung

AUFGABE

Vergleichen Sie den Entwicklungsstand der Kinder und den unterschiedlichen Betreuungsanspruch.

Die Entwicklung des Menschen erfolgt fortlaufend. Zwischen den einzelnen Entwicklungsstufen sind Übergänge vorhanden. So kann ein Kind erst sprechen, wenn es vorher Silben aneinander gereiht hat oder erst laufen, wenn es sicher steht. Die Fortschritte in den einzelnen Bereichen lassen sich meist einem bestimmten Alter zuordnen. Allerdings ist es nicht möglich, sie bestimmten Tagen oder Wochen zuzuordnen, vielmehr werden Zeiträume angegeben, z. B. bis Ende des 15. Monats sollte ein Kind frei stehen können.

Wenn die Fortschritte in den entsprechenden **Zeiträumen** stattfinden, dann wird von einer normalen Entwicklung gesprochen.

Daneben gibt es Kinder, deren Entwicklung von der Norm abweicht: Sie sind der Norm voraus oder hinterher. In diesen Fällen besteht eine beschleunigte oder verlangsamte Entwicklung. Bereiche, die davon betroffen sein können, sind: Die Sprech-, Denk- oder Lauffähigkeit.

Eine Abweichung ist aber erst dann vorhanden, wenn sehr **große Unterschiede zum Durchschnitt** vorliegen bzw. **mehrere Entwicklungsbereiche** betroffen sind. So gibt es Kinder, die erst mit drei Jahren sprechen, während andere bereits mit 12 Monaten damit beginnen.

Die Ursachen für diese Abweichungen können vielfältig sein, z. B. wenn die Pflegeperson zu wenig mit dem Kind spricht.

DEFINITION

Eine beschleunigte oder verlangsamte Entwicklung liegt vor, wenn sie erheblich von der Norm abweicht.

AUFGABEN

1. *Nennen Sie Beispiele für eine beschleunigte bzw. verlangsamte Entwicklung bei Kindern aus Ihrem Praktikum im Kindergarten oder aus Ihrem Bekannten- und Verwandtenkreis.*
2. *Stellen Sie mit Hilfe von Fachliteratur oder des Internets fest, in welchem Alter ein Kind in der Regel sitzen, krabbeln, frei stehen, laufen, die Treppe steigen u. a. kann.*
3. *Erkundigen Sie sich bei Ihren Eltern, wann Sie die o. g. Fähigkeiten beherrscht haben.*

Abb. Morgenstern/Nühs

15.1.6 Selbstbild und Fremdbild

AUFGABE

Welchen Eindruck haben Sie von sich, wenn Sie sich in einem Spiegel sehen? Nennen Sie Gründe für Ihre Zufriedenheit bzw. Unzufriedenheit mit Ihrer äußeren Erscheinung.

Jeder Mensch hat von seiner äußeren Erscheinung, von seinem Umgang mit anderen Menschen oder seinem Umgang mit sich selbst ein bestimmtes **Selbstbild**. Dieses wird durch den Einfluss von Bezugspersonen geprägt. Auch die Selbstbeobachtung trägt zur Bildung des Selbstbildes bei. Ist meine Meinung über mich überwiegend positiv, dann habe ich auch ein gutes Selbstwertgefühl. Umgekehrt macht man sich über andere Menschen ein Bild, das **Fremdbild**. Stellt man Vermutungen an, wie der andere einen selbst sieht, spricht man vom **Metabild**.

Im Umgang mit anderen Menschen erfährt jede,

▶ was andere über sie denken,
▶ wie sie sie beurteilen,
▶ was sie von ihr erwarten.

Menschen des täglichen Umganges sind die Eltern, Geschwister, Erzieherinnen, Freundinnen, Lehrerinnen und Arbeitskolleginnen. Ihr Urteil bekommt man ständig zu spüren, da sie einem deutlich machen, wenn sie nicht einverstanden bzw. einverstanden sind. Das Selbst-bild und das Fremdbild beeinflussen sich ständig gegenseitig und können sich verändern.

Das Selbstbild bildet sich im Lauf des Lebens. Das Selbstbild von Kindern hängt entscheidend von der Meinung, dem Fremdbild, ihrer Bezugspersonen ab. Traut die Betreuungsperson dem Kind viel zu, wird es auch mehr lernen. Wird hingegen nur das negative, z. B. Unordentlichkeit oder schlechte Essgewohnheiten, am Kind gesehen, werden sich diese Eigenschaften verstärken. Dieses Phänomen nennt man auch **Rosenthal-Effekt**. Der amerikanische Psychologe Rosenthal hat 1968 den Einfluss der Erwartungen des Lehrers auf die Leistungen von Schülern wissenschaftlich untersucht. Er führte mit Schülern einen Intelligenztest durch und wählte jedes fünfte Kind nach dem Zufallsprinzip aus. Die ausgewählten Kinder nannte er den Lehrern als besonders intelligent. Am Ende des Schuljahres konnte bei den angeblich besonders talentierten Kindern tatsächlich eine IQ-Steigerung nachgewiesen werden. Man spricht hier von einer **sich selbst erfüllenden Prophezeiung**.

▶ Problematisch kann es bei Kindern werden, wenn diese einmal kleine Diebereien begangen haben. Bei weiteren Vorfällen dieser Art wird man sie als erstes verdächtigen. Die Folge kann das Begehen weiterer krimineller Taten sein, da sie ihr Verhalten an der Betreuerin ausrichten, die sie ohnehin in die „Kategorie der Diebe" einordnet.

▶ Kinder aus besonders angesehenen Familien werden häufig bevorzugt. Das liegt ebenfalls an den Erwartungen, die an sie gestellt werden und die sie daher auch zu erfüllen bereit sind.

Das **Selbstbild des Kindes** gewinnt immer mehr an **Profil**, je älter es wird. Es lernt, sich selbst kritisch zu beurteilen und Fehler einzusehen. Eine günstige Persönlichkeitsentwicklung liegt vor, wenn das Kind ein positives Selbstkonzept entwickelt, d. h. dass es Selbstvertrauen im Umgang mit den Problemen des Alltags und der eigenen Persönlichkeit hat.

Auch die **Körpersprache** trägt entscheidend zum Gesamteindruck des Menschen bei. Mit dem Körper sendet der Mensch Signale aus,

LF 4

die dem Mitmenschen Empfindungen, Gefühle und Interessen mitteilen. Die Körpersprache unterstreicht das entstandene Bild:

▶ So wird Freude und Erfolg bei vielen Menschen mit dem Reiben der Hände zum Ausdruck gebracht.
▶ Mit dem Angstschweiß auf der Stirn drückt ein Prüfungskandidat seine Prüfungsangst aus.
▶ Eine zentrale Bedeutung bei der Körpersprache hat der Gesichtsausdruck, der seine Wirkung noch durch den Blickkontakt verstärkt.

Das **Fremdbild eines Kindes** wird auch von seiner äußeren Erscheinung geprägt. Große und geschickte Kinder haben es leichter, Beachtung zu finden, als kleine, ungeschickte und dicke Kinder. Sie müssen sich erst einen gewissen Stellenwert erarbeiten, während er den Kindern mit positiver Ausstrahlung so zufällt. Viele soziale Erfahrungen hängen mit dem Aussehen eines Menschen zusammen.

DEFINITION

Das **Selbstbild** eines Menschen ist die Summe aller Wahrnehmungen über sich selbst oder die Meinung über sich selbst. Das Bild, das wir von anderen Menschen haben, ist das **Fremdbild**. Durch unsere Meinung über ihn, beeinflussen wir sein Selbstbild.

AUFGABEN

1. Wie verhalten Sie sich, wenn Kinder nachfolgende Aussagen über andere Kinder machen:

   Anna ist zu „ klein" zum Mitspielen!

   Lars ist „zu dick und moppelig"!

   Ben ist ein „langer Lulatsch"!

2. Wie können Sie durch Ihre äußere Erscheinung ein positives Bild bei den Kindern abgeben?

3. Berichten Sie über Erfahrungen, bei denen das Äußere eines Menschen seinen Qualitäten entsprach bzw. nicht entsprach.

Abb. Görke

15.2 Selbstfindungsprozess bei Jugendlichen

AUFGABE

Nennen Sie Gesprächsthemen, die für Jugendliche von Bedeutung sind?

Die Entwicklung des Jugendlichen drückt sich in unterschiedlichen, rasch zunehmenden Fähigkeiten aus:

▶ Er lernt zu planen und eigene Vorhaben selbstständig zu organisieren.
▶ Er lernt Verantwortung zu übernehmen und zu tragen.
▶ Er ist in der Lage, in bestimmten Situationen zügig und verantwortungsvoll zu reagieren und Pläne mit Ausdauer zu verfolgen.

Darüber hinaus beginnen Jugendliche aus Fehlern zu lernen und mögliche Schwierigkeiten bei der Lösung von Problemen vorher zu sehen, einzuplanen und zu überwinden.

Die Fähigkeit zum abstrakten, logischen Denken wird erworben mit dem Ergebnis, dass er sowohl induktiv wie deduktiv schlussfolgern kann. Er ist in der Lage, über sein eigenes Denken nachzudenken (Metadenken). Diese Fähigkeit zur Selbstreflexion ist eine Grundvoraussetzung für die Selbstfindung, die wiederum eines der wichtigsten Erziehungsziele ist.

Der Jugendliche möchte nicht in der Menge untergehen. Er legt Wert auf die persönliche Note, die er nach außen hin zeigen möchte.

15.2.1 Entdecken der Identität

AUFGABE

Gehen Sie auf die Bedeutung des „Selbstbildes" näher ein und notieren Sie dazu Stichworte.

Der Jugendliche entdeckt seine Identität, d. h. ein Bewusstsein von seiner Person. Dieses Bewusstsein wird auch als **Selbstbild oder Selbstkonzept** bezeichnet. Das Finden der Identität ist mit Problemen verbunden:

► Bei vielen Jugendlichen kommt es zu einer Identitätskrise, d. h. Krise im Wahrnehmen und Erleben der eigenen Person.
► Viele Jugendliche schwanken zwischen dem Erleben der eigenen Identität und einer Art Rollendiffusion.
► Die Gedanken der Jugendlichen kreisen häufig um die Fragen nach der subjektiven, erwünschten und zugeschriebenen Identität.

Dabei beschäftigen ihn die nachfolgenden Fragen:

► „Wer oder wie bin ich?"
► „Wie möchte ich sein?"
► „Für wen hält man mich?"

Unterschiedliche Antworten auf diese Fragen können zu Spannungen führen.

In relativ kurzer Zeit wirken weitere Veränderungen auf den Jugendlichen ein:

► Die **Geschlechtsreife:** Die körperlichen Veränderungen müssen kennengelernt und akzeptiert werden.
► Die **Berufswahl:** Auseinandersetzungen mit der Zukunft und einem neuen Rollenverständnis stehen an.
► Die **Selbstfindung** führt dazu, dass der Jugendliche über sich selbst nachdenkt.

Er entwickelt die Fähigkeit, Verständnis für psychische Vorgänge bei anderen Menschen, für Kunst und Natur sowie für komplexere Persönlichkeitsdarstellungen, z. B. in der Literatur, zu haben. Diese zusätzliche kognitive Flexibilität zeigt das Schulkind noch nicht. Die Selbsteinschätzung des Schulkindes richtet sich weitgehend nach dem Urteil der Erwachsenen und Gleichaltrigen.

Der **Selbstfindungsprozess** verläuft von außen nach innen. Der Jugendliche beschäftigt sich zunächst mit seinem Äußeren. Die Frisur und Kleidung werden wichtig. In seiner Unsicherheit identifiziert er sich im Aussehen mit den Gepflogenheiten von Gruppen und Personen, die Ansehen genießen oder das Gefühl von Zugehörigkeit geben. Der Jugendliche möchte sich vom Erwachsenen abheben.

Dem Jugendlichen wird bewusst, dass jeder Mensch anders ist, daher lässt er sich in **kein Schema** pressen.

Im Spannungsfeld verschiedener Umwelten, wie Elternhaus, Familie, Schule, Peer-group (Gleichaltrigengruppe) oder Beruf, entwickelt der Jugendliche seine eigene Persönlichkeit.

MERKSATZ

Die Jugendzeit ist geprägt von der Suche nach der eigenen Identität.

AUFGABE

Führen Sie eine Kartenabfrage über das typische Verhalten von Jugendlichen durch. Überlegen Sie, welche dieser Verhaltensweisen mit der Suche nach Identität zu tun haben.

LF 4

Abb. Görke

LF 4

15.2.2 Ablösung vom Elternhaus

FALLBEISPIEL

Im Elternhaus von Tanja K. gab es eine heftige Auseinandersetzung. Was war passiert? Tanja hatte ihren Eltern erzählt, dass sie mit ihrem Freund Olli in den Urlaub fahren möchte. Die Eltern waren fassungslos und konnten ihre Empörung kaum verbergen. „Du bist erst 16 Jahre alt," meinte ihr Vater, „wir verbieten dir den Urlaub mit Olli. Ihr schlaft wohl auch noch in einem Zimmer!" „Annelie darf auch mit ihrem Freund in den Urlaub fahren und sie ist sogar noch etwas jünger als ich", antwortete Tanja voller Empörung. „Wir wollen das nicht und das gibt es nicht, wir sind dagegen und nun Schluss und aus damit", meinte der Vater abschließend voller Zorn.
Bevor Tanja in ihrem Zimmer verschwand, rief sie ihren Eltern zu: „Ich hätte nie gedacht, dass ihr so spießig seid. Ich fahre doch!"

AUFGABEN

1. Beurteilen Sie das Verhalten von Tanjas Eltern. Wer hat Recht?
2. Stellen Sie die rechtliche Lage mit Hilfe des Gesetzes zum Schutz der Jugend in der Öffentlichkeit fest.

Auflehnung und Proteste, die im Jugendalter sichtbar werden, stehen im Dienst der Selbstfindung des Jugendlichen. Das ist ein schmerzhafter Prozess für die Eltern, den man mit Recht als „zweite Geburt" bezeichnen kann:

▶ Die Verhaltensweisen und Lebensweisen der Eltern werden in den seltensten Fällen toleriert, sondern scharf kritisiert.

▶ Ihre Fehler werden mit unbarmherziger Schärfe gesehen. Oft sinkt das Ansehen der Eltern in den Augen der Jugendlichen unter den Nullpunkt.

▶ Ansichten der Eltern werden als überholt kritisiert, ihre Handlungen abgewertet.

Die Eltern bekommen in diesem Stadium manchmal den Eindruck einer **völligen Erfolglosigkeit ihrer Erziehung**. Disharmonien und Streitereien im häuslichen Umkreis nehmen zu. Aber auch die Jugendlichen selbst geraten um so mehr in eine Stimmung **gereizter Vereinsamung** und **hilflosen Verlassenseins**, je schärfer sie sich gegenüber ihren Eltern äußern. Ähnlich wie bei der Geburt sind sie selbst Ausgelieferte an einen entwicklungspsychologisch notwendigen Werdeprozess.

Zerwürfnisse mit den Eltern, Fragen um die Ich-Identität, irreale Wunschphantasien und Minderwertigkeitskomplexe kennzeichnen die Situation dieser Jugendlichen. Besonders die Klage: „Mich versteht ja doch niemand" zeigt ihre Vereinsamung und fordert die Frage heraus: Gibt es erzieherische Hilfen bei der Selbstfindung Jugendlicher? Folgende Überlegungen zum Thema sind wichtig:

▶ Die Vereinsamung und aggressive Hilflosigkeit der Jugendlichen muss als Notwendigkeit verstanden werden. Die **Ablösungsschritte** dürfen daher nicht verhindert werden, sondern müssen unterstützt werden. Die beteiligten Erwachsenen sind in diesen Situationen ständig gefordert **Kompromisse auszuhandeln**, die dem Heranwachsenden noch genügend Rückhalt bieten bei gleichzeitig zunehmender Selbstbestimmung

▶ Erzieherische Hilfe kann niemals in direkten verbalen Ratschlägen bestehen, sondern die Eltern müssen den Jugendlichen für dessen **eigenes Leben** freigeben und ihm die Möglichkeit geben, ein **eigenes Lebensmodell** zu entwickeln.

▶ Eltern müssen warten, bis ihre Zeit zu **konstruktiven Hilfen** gekommen ist. Die Vorpubertät und Pubertät sind nicht dafür geeignet.

▶ Hilfen zur **Ich-Findung** in der Pubertät müssen aber in einem **Respektieren** der **Isolierungstendenzen** und in einem **Ernstnehmen des Jugendlichen** bestehen. Der Jugendliche benötigt ein eigenes Zimmer, das er nach eigenem Geschmack einrichten möchte.

Seine Briefe dürfen nicht unerlaubt geöffnet werden und er muss die Möglichkeit haben, ungestört telefonieren zu können. Wenn die Eltern genügend Distanz wahren, kann ein guter Kontakt zwischen ihnen und ihren Kindern bestehen bleiben. Heranwachsende müssen Ernst genommen werden. Äußerungen wie „Red' nicht so dummes Zeug!" oder „Du bist noch nicht trocken hinter den Ohren!" verstärken die Minderwertigkeitsgefühle.

▶ Die **Selbstfindung** und damit verbundene **Selbststeuerung** kann beschleunigt werden, wenn sich der Jugendliche aus seiner Isolierung löst und an Veranstaltungen teilnimmt, in denen er voll und ganz akzeptiert wird. Jugendliche benötigen in diesem Alter **Vorbilder**, an denen sie sich orientieren können.

▶ Jugendliche können **Stabilität** und **Toleranz** nur lernen, wenn sie Stabilität und Toleranz an ihren nahen Bezugspersonen erfahren und erlebt haben. Eine zu **schnelle Entlassung** aus der **elterlichen Kontrolle** erspart dem Jugendlichen zwar den Kampf um seine Freiheit, nimmt ihm aber auch die Gewissheit, dass er weiterhin in der Familie einen sicheren Platz hat. Dieser emotionale Überhang lässt ihn möglicherweise Zuflucht zu Banden und Cliquen gleichfalls vernachlässigter Jugendlicher suchen. Die eigentliche **Konfliktphase** der Ablösung ist das Alter zwischen **fünfzehn und siebzehn Jahren**. Die noch nötigen Kontrollen der Eltern veranlassen den Jugendlichen zu mehr oder weniger heftigen Rebellionen. In der nachfolgenden Adoleszenz erfolgt die Phase der Wertfindung. Jetzt wird es dem Jugendlichen bewusst, dass es im Leben nicht allein um das Erstreben und Durchsetzen eigener Wünsche geht, sondern dass jeder Mensch über sein Einzel-Ich hinaus in **überindividuelle Sinnzusammenhänge** einbezogen ist.

MERKSATZ

Selbstfindungs- und Selbststeuerungsprozesse des Jugendlichen führen in der Regel zu Disharmonien in den Familien. Wichtig ist die Kompromissbereitschaft der Eltern.

Abb. MEV

15.2.3 Sich selbst erziehen

Nach dem Gesetz sind junge Menschen mit 18 Jahren volljährig und damit im Besitz aller Rechte und Pflichten von Erwachsenen. Die meisten 18-Jährigen geben aber zu, dass sie sich noch nicht wie Erwachsene fühlen. Nach dem Ende des 21. Lebensjahres ist normalerweise auch der geistig-seelische **Reifungsprozess** so weit abgeschlossen, dass man von jungen Erwachsenen sprechen kann, die auf die Steuerung durch andere kaum noch angewiesen sind.

Wer gelernt hat, sich realistisch einzuschätzen, berechtigte Kritik anzunehmen und auf Korrekturen an seinem Wesen und Verhalten einzugehen, hat die notwendige **Reife zur Selbststeuerung** erlangt. Eltern handeln fahrlässig, wenn sie Jugendliche zu früh sich selbst überlassen. Der Jugendliche muss über eine innere charakterliche Festigkeit verfügen. Eltern müssen warten, bis der Jugendliche sich selber steuern kann, sie sollten ihm aber auch durch ihr langsames Loslassen die Möglichkeit zum Erproben seiner Selbststeuerung ermöglichen.

Menschen unseres Kulturraumes können nicht übergangslos aus der Kindheit in die Erwachsenenwelt wechseln.

Von der ersten kindlichen selbstkritischen Äußerung bis zur durchgängigen Selbststeuerung dauert es Jahre. Alle, die im Erziehungsgeschehen miteinander verbunden sind, brauchen Geduld.

MERKSATZ

Ein zentraler Bestandteil der Selbststeuerung ist das Erlangen der psychischen Unabhängigkeit vom Elternhaus. Sie bedeutet das Eingehen von Verpflichtungen, Mitverantwortung für andere, Aushaltenkönnen von Belastungen Verzichtbereitschaft und vieles mehr.

AUFGABEN

1. Überlegen Sie sich einige typische Streitthemen zwischen Eltern und Jugendlichen. Wie sollen die Eltern darauf reagieren? Entwickeln Sie daraus ein Rollenspiel.

2. Wie kann die Selbststeuerung des Jugendlichen gefördert werden? Nennen Sie dazu Beispiele.

Abb. links, MEV
Abb. rechts, Wilhelm Busch, Lehrer Lämpel

3. Durchdenken Sie rückwirkend noch einmal Ihre „Krisenjahre". Ziehen Sie daraus Folgerungen für Ihr Verhalten gegenüber Jugendlichen? Was hätte anders laufen können? Schreiben Sie sich Stichpunkte auf und berichten Sie darüber im Plenum.

4. Schon früher schimpfte die ältere Generation über „die Jugend von heute". Bitte schätzen Sie, aus welcher Zeit die folgenden Zitate stammen.
   a) „Unsere Jugend ist heruntergekommen und zuchtlos. Die jungen Leute hören nicht mehr auf ihre Eltern. Das Ende der Welt ist nahe."
   b) „Die Jugend von heute liebt den Luxus, hat schlechte Manieren und verachtet die Autorität. Sie widersprechen ihren Eltern, legen die Beine übereinander und tyrannisieren ihre Lehrer."
   c) „Ich habe überhaupt keine Hoffnung mehr in die Zukunft unseres Landes, wenn einmal unsere Jugend die Männer von morgen stellt. Unsere Jugend ist unerträglich, unverantwortlich und entsetzlich anzusehen."

Lösung zu Aufgabe 4

c) Aristoteles, gr. Philosoph, 384–322 v. Chr.
b) Sokrates, gr. Philosoph, 470–399 v.Chr.
a) Keilschrifttext aus Ur, Chaldäa, um 2000 vor Christus

LF 4

EXPERIMENT

Zeichnung über die „Straße des Lebens":
Geburt, Kindergarten, 1. Schultag, Schulentlassung, Beruf, eigene Familie, Alter

Teilnehmerinnen: Schülerinnen und Schüler einer Klasse oder einer Lerngruppe

Zeit: ca. 30 Minuten

Material: Große Papierbögen und Filz- oder Buntstifte pro Teilnehmerin

Anleitung: Nehmen Sie sich Ihren Bogen Papier sowie Filz- und Buntstifte zur Hand. Danach suchen Sie sich einen ruhigen Platz aus, so dass sie sich gut konzentrieren können. Stellen Sie sich nun vor, dass dieser Bogen ihr Leben darstellt, den Anfang, die Vergangenheit, die Gegenwart und die Zukunft. Zeichnen Sie alles auf, was Ihnen zu Ihrem Leben einfällt. Machen Sie keinen Plan, sondern versuchen Sie alles auszudrücken, was Sie in Ihrem Inneren empfinden. Gestehen Sie sich auch Widerstände und Probleme ein.

Kommen Sie nach ca. 30 Minuten zum Kreis zurück und teilen Sie den anderen mit, was Sie empfinden. Setzen Sie sich danach in Vierergruppen zusammen und teilen Sie den anderen mit, was Sie mit Ihrem Bild ausdrücken möchten.
Nach der Aussprache kommen Sie zum Kreis zurück und werten Sie Ihre Ergebnisse aus.

AUSWERTUNG

1. *Wie hat mir das Experiment gefallen?*
2. *Was habe ich beim Malen empfunden?*
3. *Welche Bedeutung haben Vergangenheit, Gegenwart und Zukunft für mich?*
4. *Was belastet mich besonders?*

LF 4

Zielsetzung des Experiments ist die Bewusstmachung der Etappen/Stufen im menschlichen Leben. In diesen Etappen vollziehen sich wichtige Reifungsprozesse, die die nächste Stufe vorbereiten. So kann der Mensch nur Erwachsener werden, wenn er vorher Kind und Jugendlicher gewesen ist. Diese Phasen seines Lebens muss er aber ausgiebig durchlebt haben. Dabei helfen ihm sein Umfeld und seine Lebensgestaltung.

Bereiche der Persönlichkeitsentwicklung sind:

▶ Wahrnehmung,
▶ körperliche und motorische Entwicklung,
▶ kognitive Entwicklung,
▶ sprachliche Entwicklung,
▶ sozial- emotionale Entwicklung,
▶ moralische Entwicklung.

Der Begriff Entwicklung wurde zu allen Zeiten unterschiedlich definiert: Früher wurde sie verstärkt naturwissenschaftlich als Entfaltung genetischer Anlagen gesehen. Heute dagegen wird das Umfeld mit einbezogen:

Nach Elizabeth B. Hurlock (Psychologin) ist **Reifung**: *Das Entfalten von Eigenschaften, die im Individuum als möglich angelegt sind und die aus seinem Erbgut stammen.*

Abb. Görke

16.1 Entwicklung der Wahrnehmung

FALLBEISPIEL

Die Kindergruppe der Sozialassistentin Annika sitzt auf der Terrasse des Kindergartens. Mit einem Mal schreit ein Kind laut auf. Es hat ein Eichhörnchen gesehen, das auf einen Baum hoch geklettert ist.
Alle Kinder springen auf und möchten das Eichhörnchen sehen. Sie denken nicht daran, die Sozialassistentin zu fragen, ob sie das Eichhörnchen überhaupt beobachten dürfen.

AUFGABE

Nennen Sie die Sinnessysteme, die an diesem Vorgang beteiligt sind.

Die Sinnesorgane entwickeln sich bereits im Mutterleib. Sie sind in der Lage, Reize aufzunehmen und an das Gehirn als zentraler Schaltstelle weiter zu geben. Dort wird der Reiz überprüft, verglichen mit früheren ähnlichen Reizen und schließlich entschieden, ob darauf reagiert werden soll oder nicht. Bei einer Reaktion wird der Reiz über die Nervenbahnen zu dem entsprechenden Körperteil weiter geleitet, z. B. springen wir auf, wenn uns eine Wespe gestochen hat.

Die Aufnahme und Verarbeitung von Reizen wird in der Psychologie als Wahrnehmung bezeichnet.

Der Mensch verfügt über sieben Sinne. Sie werden in Nahsinne und Fernsinne eingeteilt:

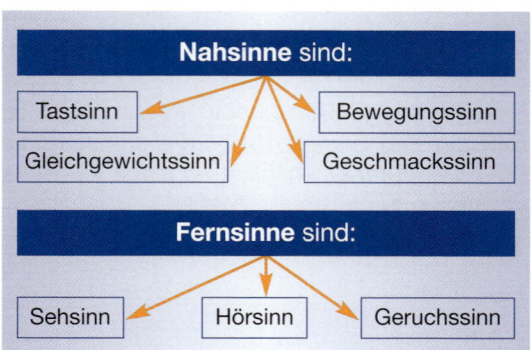

Nahsinne sind:	
Tastsinn	Bewegungssinn
Gleichgewichtssinn	Geschmackssinn

Fernsinne sind:		
Sehsinn	Hörsinn	Geruchssinn

DEFINITION

Wahrnehmung ist der Prozess der Reizaufnahme, der Reizverarbeitung und der Reaktion auf den Reiz.

AUFGABEN

1. Wie reagiert ein Mensch, wenn ein Sinnesorgan, z. B. das Auge, nicht funktionsfähig ist?

2. Wie können die Sinnessysteme gesund erhalten werden?

16.1.1 Sinnessysteme

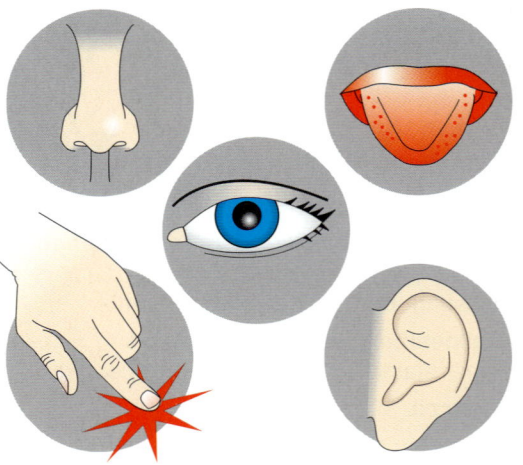

Nahsinne

Der Tastsinn: Die Haut ist Kontaktempfänger durch den Tastsinn. Die Meißner Tastkörperchen und feine Nervenendungen dienen der Oberflächenempfindung und Berührungserkennung. Die Tiefensensibilität und das Druck- und Vibrationsempfinden werden von den Vater-Pacini-Lamellenkörperchen vermittelt. Der Schmerz-Wahrnehmung dienen Nozizeptoren.

Bereits ab dem zweiten Monat entwickelt sich im Mutterleib der Tastsinn. Durch das Tasten erfährt das Kind etwas über seine Körpergrenze, seine Körperausdehnung und sein Umfeld, d. h. über Formen aller Art.

Das Kind kann sich berühren und an die Uteruswand anstoßen (Uterus: Gebärmutter). Durch das gleichmäßige Wärmemilieu im Mutterleib bei

37° C wird die Temperaturwahrnehmung abgeschwächt. Das ändert sich sofort mit der Geburt. Das Kind empfindet Temperaturunterschiede wie Kälte und Wärme oder Bewegungen.

Der Bewegungssinn: Der Bewegungssinn entwickelt sich ab dem dritten Schwangerschaftsmonat. Durch die Veränderung der Muskelspannung erfährt der Mensch die Bewegung. Dadurch bekommt der Mensch ein Gefühl für Stellung und Lage seines Körpers, für Bewegung und Kraft. Er gewinnt Orientierungssicherheit in Raum und Zeit und damit ein Freiheitsgefühl. Bewegung macht fröhlich und sie äußert Freude. Nicht zuletzt ermöglicht die Bewegung Begegnung mit anderen Menschen. Das Zusammenwirken von inneren Vorgängen und körperlichen Auswirkungen wird in vielen Redensarten ausgedrückt. Im Folgenden sind einige Beispiele angeführt:

▶ sich den Kopf über etwas zerbrechen,
▶ die Sache in die Hand nehmen,
▶ einen breiten Buckel oder zuviel auf den Schultern haben.

Der Gleichgewichtssinn: Das Gleichgesichtsorgan befindet sich im Innenohr und lässt uns die Stellung des Kopfes zum Körper und zur Schwerkraft erfahren, selbst wenn es dunkel ist.

Das Gleichgewichtssystem (vestibuläres System) wird im dritten und vierten Schwangerschaftsmonat angelegt und ist ungefähr im sechsten Monat ausgereift. Dieser Sinn wird unmittelbar

nach der Geburt aktiv. Er gibt uns die Möglichkeit, festzustellen, in welcher Richtung wir uns bewegen. Der gesamte Bewegungsapparat hängt vom Gleichgewichtssinn ab.

Der Geschmackssinn: Der Geschmacksinn (gustatorisches System) entwickelt sich im dritten Schwangerschaftsmonat. Bei der Geburt ist dieser voll ausgebildet. Durch die Geschmacksknospen (Papillen), die sich auf der Zunge und im gesamten Mundraum befinden, entstehen Geschmacksempfindungen, die die Speichel- und Magensaftproduktion anregen. Die Mundhöhle steht in enger Verbindung mit dem Nasenraum, weshalb der Geschmacks- und Geruchssinn auch voneinander abhängen. So kann der Geschmack der Nahrung bei Schnupfen nicht richtig wahrgenommen werden.

MERKSATZ

Tast-, Bewegungs- und Gleichgewichtssinn werden als Basissinne bezeichnet.

AUFGABEN

1. *Verbinden Sie sich Ihre Augen und versuchen Sie, sich im Klassenraum zurechtzufinden. Berichten Sie über Ihre Erfahrungen.*

2. *Kennen Sie weitere Redewendungen, die den Zusammenhang von Körpersprache und Gefühlen beschreiben?*

Arbeitsanleitung für den Bau eines Weges der Sinne.

Im Abstand von 50 cm heben Sie Erdlöcher in der Größe von 1 m Länge und 1 m Breite sowie einem Spatenstich, d. h. 30 cm Tiefe, aus. Die Löcher füllen Sie mit unterschiedlichem Material: z. B. Tannenzapfen, kleine Steine, Holzspäne u. a.

Weitere Materialien zum Ausfüllen der Vierekke sind Sand, Zweige oder im Herbst die Blätter. Zwischen den Erdlöchern können auch Holzstangen in der Höhe von 30 cm bis 40 cm zum Darübersteigen eingebaut werden. Die Seitenränder und der Untergrund der Erdlöcher können zusätzlich mit Steinen befestigt werden.

Abb. Nühs

Der Hörsinn:

Im siebten Monat entwickeln sich der Hörsinn und das damit verbundene auditive System. Stimmen und Geräusche werden vom Kind bereits im Mutterleib wahrgenommen. Neugeborene erkennen vertraute Stimmen und reagieren z. B. durch intensiveres Schnuller saugen, wenn sie die Stimme der Mutter hören. Bei der Geburt ist das Gehör bereits sehr leistungsfähig. Differenzierte Töne und verschiedene Tonhöhen werden vom Kind wahrgenommen. Am Klang der Stimme kann das Kind z. B. feststellen, in welcher Stimmung die Mutter ist.

Der Geruchssinn:

Der Geruchssinn dient dem Menschen genau wie dem Tier als Orientierungssinn. Gefahren, z. B. Brand- oder Fäulnisgerüche, können durch diesen Sinn rechtzeitig erkannt werden. Über den Geruch werden auch Sympathie und Antipathie vermittelt. Von Menschen, die man nicht ausstehen kann, sagt man auch, dass man sie nicht riechen kann. Ein Säugling erkennt seine Mutter am Geruch. Das Schmusetuch oder der Teddy haben einen eigenen Geruch, welcher dem Kind vertraut ist und ihm ein Gefühl der Sicherheit gibt. Problematisch kann es für das Kind werden, wenn das Schmusetuch gewaschen worden ist und der Geruch damit verloren ist.

AUFGABEN

1. *Begehen Sie diesen Weg der Sinne zunächst einmal selbst.*
2. *Lassen Sie ihn dann von Kindergruppen ausprobieren. Sinnvoll ist auch, den Kindern die Augen zu verbinden, damit sie die unterschiedlichen Materialien konzentrierter über den Tastsinn erfühlen.*

Fernsinne

Der Sehsinn:

Im achten Schwangerschaftsmonat entwickelt sich der Sehsinn als visuelles System. Durch den Sehsinn können Formen, Helligkeit und Dunkelheit, Schatten und Licht sowie das ganze Farbenspektrum aufgenommen werden. Das Neugeborene unterscheidet bereits hell und dunkel und es kann Gegenstände oder Menschen im Abstand von 20–40 cm relativ scharf sehen. Nach zwei Monaten ist die Fähigkeit, Augen auf unterschiedliche Entfernungen einzustellen, entwickelt sowie das Sehen mit beiden Augen. Das Sehen mit beiden Augen gibt die Möglichkeit des räumlichen Sehens und damit verbundene Tiefenwahrnehmung. Innere Vorstellungsbilder des Gesehenen können aufgenommen und gefestigt werden.

MERKSATZ

Bei den Fernsinnen wirken Reize von weiter her auf den Körper ein, z. B. ein Geräusch.

AUFGABEN

1. *Verbinden Sie die Augen einer Kindergruppe während Ihres Praktikums. Verursachen Sie Geräusche mit unterschiedlichen Gegenständen und lassen Sie diese von den Kindern erraten: Mit einem Holzlöffel auf einen Topf schlagen, an die Tür klopfen, mit einer Fahrradglocke klingeln usw.*
2. *Füllen Sie unterschiedlich duftende Flüssigkeiten in kleine Schälchen und lassen Sie die Düfte von den Kindern prüfen und erraten, z. B. Pfefferminz, Lavendelöl.*

Abb. Nühs

16.1.2 Wahrnehmungsvorgänge

AUFGABE

Welche Sinne werden bei dem Baby auf dem Foto angeregt?

Bereits kleine Kinder nehmen mit all ihren Sinnen ihre Umwelt wahr. Sie können schon bald vieles nachmachen, was sie sehen. Sie verstehen sehr viel, obwohl sie noch gar nicht sprechen können. Diese Fähigkeit wird auch als **sensomotorische Intelligenz** bezeichnet. Kinder sind dadurch in der Lage, alles intuitiv zu verstehen was sie durch die Sinne wahrnehmen. Sie können dies in einfachen Handlungen nachvollziehen.

Ihr Denken ist im Unterschied zur Denkfähigkeit eines Erwachsenen noch ganz unmittelbar mit der Sinneswahrnehmung verknüpft. Alle wahrgenommenen Informationen werden einsortiert und gedeutet, im Gehirn gespeichert, um für den alltäglichen Gebrauch als Handlung benutzt zu werden.

Das Kind erlangt dabei die Fähigkeit, wichtige Botschaften zu erkennen und zu verstehen und eine Antwort in Form einer Bewegung zu finden. Mit der Entwicklung des **abstrakten Denkvermögens** lässt die körperliche Verarbeitung von Sinneseindrücken nach.

MERKSATZ

Das Denken ist bei kleinen Kindern noch unmittelbar mit der Sinneswahrnehmung verbunden.

Abb. Nühs

AUFGABE

Außer durch die Kugelkette gibt es noch viele Möglichkeiten, die Wahrnehmung des Kindes zu fördern. Zählen Sie weitere Beispiele auf.

16.1.3 Definition der Wahrnehmung

Trifft ein Lichtstrahl (Reiz) das Auge, so schließt es sich automatisch (Reaktion). Beim Anblick eines Bohrers in der Zahnarztpraxis entstehen Angstgefühle.

AUFGABE

Welche anderen Reaktionen gibt es auf Reize?

Unter Wahrnehmung versteht man den Prozess der Informationsverarbeitung aus Umweltreizen (äußere Wahrnehmung) oder Körperreizen (innere Wahrnehmung). In diesen Prozess fließen frühere Erfahrungen, Gefühle, Motive oder Einstellungen mit ein. Reize sind Informationen aus dem Inneren oder von außerhalb des Organismus, die auf Empfangsapparate (Sinnesorgane, Rezeptoren) im Körper einwirken und mit Reaktionen beantwortet werden.

Nachfolgend ist der Weg vom Reiz zur Reaktion dargestellt:

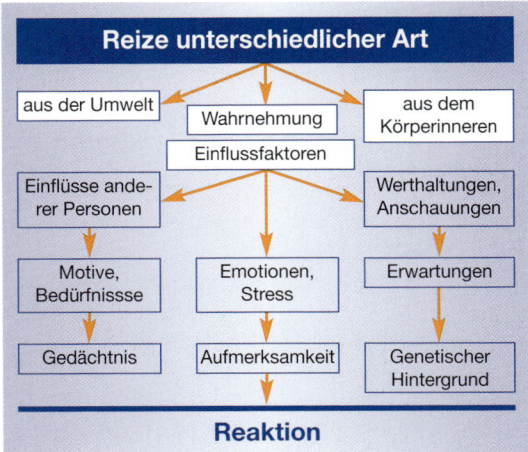

Die Wahrnehmung ist kein einfacher **Reiz-Reaktions-Vorgang**. Eine Vielzahl von Faktoren bestimmt, was der Mensch wahrnimmt, und wie

LF 4

er darauf reagiert. Schätzungen haben ergeben, dass pro Sekunde einige Millionen Informationen auf die Rezeptoren der Sinnessysteme treffen. Der Hauptteil davon wird auf dem physiologischen Wege als unwichtig herausgefiltert. Nur die **wichtigsten Informationen** gelangen bis in die höheren Zentren der Hirnrinde und werden dort zu **bewussten Wahrnehmungen** verarbeitet. Die Sinnesorgane erfassen nur einen Bruchteil der Vorgänge aus der Umwelt:

▶ Der Mensch nimmt keine Radiowellen wahr.
▶ Er spürt nicht die Erdanziehungskraft.

Jedes Sinnesorgan liefert nur ganz **bestimmte Informationen**, auch Empfindungen genannt. Das Auge liefert also nur Lichtempfindungen, das Ohr nur Ton- und Geräuschempfindungen usw.

Der erwachsene Mensch hat weniger neue Empfindungen als Kinder, denn Empfindungen werden mit Erfahrungen verknüpft und können dann nicht mehr losgelöst von diesen wahrgenommen werden.

MERKSATZ

Die Wahrnehmung ist kein einfacher **Reiz-Reaktions-Vorgang**. Nur die wichtigsten Informationen werden weiter verarbeitet.

AUFGABEN

1. Welche Gründe liegen vor, dass ein Großteil der Informationen herausgefiltert wird.
2. In Stresssituationen kann der Mensch nicht so viel wahrnehmen wie in einer entspannten Situation. Woran liegt das?
3. Erläutern Sie, warum man im folgenden Bild einen Kopf oder eine Landschaft erkennen kann.

Die Wahrnehmung unterliegt gewissen Gesetzmäßigkeiten, die zum Teil angeboren und zum Teil erlernt sind (siehe dazu Kapitel 14). Wahrnehmungsgesetze bringen Ordnung und Struktur in die Wahrnehmung.

MERKSATZ

Die Wahrnehmung unterliegt Gesetzmäßigkeiten. Wahrnehmungsgesetze bringen Ordnung und Struktur in die Wahrnehmung.

AUFGABEN

1. Wiederholen Sie die gestaltpychologischen Wahrnehmungsgesetze (siehe dazu auch Kapitel 14).
2. Woran liegt es, dass man von einem Schiff auf dem Meer zunächst nur den Mast oder Schornstein sieht und nicht den Rumpf?

16.1.4 Wahrnehmung von Zeit und Raum

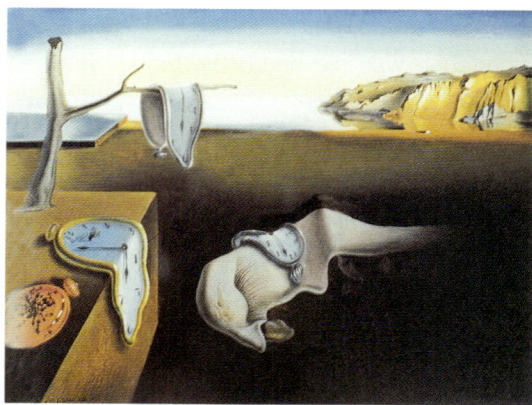

Das Wahrnehmen von Zeit und Raum ist eine sehr komplexe Leistung. Viele Faktoren tragen zu ihrem Zustandekommen bei, denn es gibt **keine spezifischen Raumsinne oder Zeitrezeptoren**. Informationen aus verschiedenen Sinnesorganen und aus dem Gedächtnis werden in der Wahrnehmung zusammengefügt. Raum und Zeit sind gedankliche Konstruktionen, die das Kind in den ersten Lebensjahren

Abb. Wenzel Hollar (1607–1677): Landschaftskopf, Abb. Salvador Dali, Gala-Salvador Dali Foundation/VG Bild-Kunst, Bonn 2006

aufgrund von Erfahrungen aufbaut. Mit etwa zwei Jahren kann es die Tiefe eines Raumes begreifen. Zuvor sind in seinem Verständnis nahe Dinge genau so groß wie sie wirklich sind, entfernte Dinge erscheinen ihm genau so klein, wie sie aussehen. So sieht ein Haus in der Ferne kleiner aus als ein Haus in der Nähe, obwohl beide gleich groß sind. Etwa mit vier Jahren kann ein Kind ähnlich wie ein Erwachsener Tiefen und Entfernungen sehen.

Mit der **Zeit** ist es ähnlich: Grundlage der Zeitwahrnehmung ist das Gedächtnis. So lebt ein Kind im ersten Lebensjahr ausnahmslos in der **Gegenwart**. Nach und nach lernt es die unterschiedlichen Zeiten kennen:

- ▶ Mit etwa zwei Jahren kann das Kind Ereignisse, die in der Zukunft passieren sollen, sprachlich wieder geben, z. B. „Morgen gehen wir zum Zoo!"
- ▶ Die Vergangenheit begreift es mit drei Jahren. „Gestern waren wir im Wald", kann es nun sagen.
- ▶ Die Wochentage kennt es mit fünf Jahren.
- ▶ Mit sieben Jahren hat es eine Vorstellung von den Monaten und Jahren.
- ▶ Noch weiter differenziert werden Vergangenheit und Zukunft sowie geschichtliche Zeiträume im Alter von 10 bis 12 Jahren.

Je nach dem wie schnell das Kind die Begriffe Raum und Zeit beherrscht, ist sein Entwicklungsstand. Es gibt Kinder, die mit den genannten Begriffen recht schnell umgehen können, andere benötigen mehr Zeit.

MERKSATZ

Die Wahrnehmung von Zeit und Raum unterliegt komplexen Vorgängen. Das Beherrschen der Begriffe Zeit und Raum gibt Aufschluss über den Entwicklungsstand des Kindes.

AUFGABE

Befragen Sie Kinder nach den Erlebnissen, die sie in der letzten Woche gehabt haben, und nach den Plänen für die kommenden Wochen.

16.1.5 Bedeutung der Wahrnehmung für die Entwicklung

AUFGABE

Stellen Sie Fortschritte in der Wahrnehmungsfähigkeit des Kindes an den Zeichnungen fest.

Die Wahrnehmung gibt dem Menschen die Möglichkeit, sich mit seiner personalen und dinglichen Umwelt auseinanderzusetzen. So ist festgestellt worden, dass Kinder, die keine Erfahrungen mit dem Tastsinn durch Berühren oder Streicheln machen, d. h. keine liebevolle Zuwendung einer Bezugsperson in Form von Streicheln oder Liebkosen haben, in ihrer körperlichen, geistigen, sozialen und emotionalen Entwicklung verarmen.

Aufgrund der genannten Erkenntnisse ist es wichtig die Wahrnehmung zu fördern. Das kann – wie folgt – geschehen:

LF 4

▶ Die **Wahrnehmung des Neugeborenen** kann durch verschiedenartige Reize wie Kugelkette, Mobiles, Püppchen und Greifspielzeug gefördert werden.

▶ Das ältere Kind kann in seiner Wahrnehmung durch Spielzeug, z. B. der Maria Montessori, gefördert werden. Das Spielmaterial besteht aus Farbtafeln und bunten Perlen. Spaziergänge und Besichtigungen tragen ebenfalls zur Förderung der Wahrnehmungsfähigkeit bei.

▶ Für Kinder aus so genannten sozialen Brennpunkten gibt es spezielle Förderprogramme, die stark visuell bzw. optisch ausgerichtet sind.

Die **soziale Zuwendung** darf neben der visuellen und geistigen Förderung nicht zu kurz kommen. Aufgabe der Bezugsperson ist die zärtliche Anerkennung und liebevolle Ansprache des Kindes. Doch nicht nur Säuglinge und Kleinkinder wollen diese Erfahrung machen, sondern auch Schulkinder und Jugendliche.

Eine **Überflutung mit Reizen** ist aber abzulehnen, da sie zu **psychischen Verarbeitungsproblemen** führen kann.

Mit zunehmendem Alter können Kinder Einzelheiten besser erkennen. Dieser Fortschritt ist an Kinderzeichnungen deutlich zu erkennen. Selbstverständlich besteht auch ein Zusammenhang mit den feinmotorischen Fertigkeiten, die sich bis zum Schulbesuch erheblich verbessern.

MERKSATZ

Für die Entwicklung der Wahrnehmung benötigen Kinder viele Anregungen aus ihrem Umfeld. Gutes Spielzeug kann die Anregungen unterstützen.

AUFGABEN

1. *Erklären Sie den Begriff der sensomotorischen Intelligenz und seine Bedeutung für die kindliche Entwicklung. Nehmen Sie dazu ein Wörterbuch zur Hand.*

2. *Stellen Sie die Raum- und Zeitwahrnehmung des Kindes in einer Übersichtstafel dar.*

3. *Erarbeiten Sie in Gruppen ein Projekt für einen Kindergarten, in dem die Wahrnehmungsfähigkeit der Kinder besonders gefördert wird.*

16.2 Körperliche und motorische Entwicklung

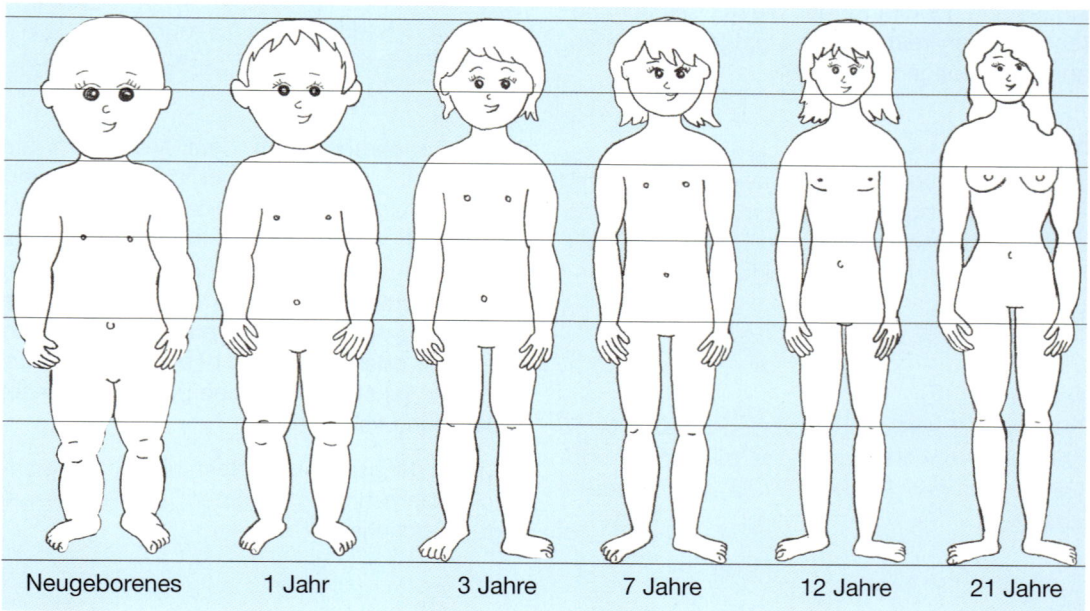

| Neugeborenes | 1 Jahr | 3 Jahre | 7 Jahre | 12 Jahre | 21 Jahre |

AUFGABEN

1. *Beurteilen Sie die Verschiebung der körperlichen Proportionen in den einzelnen Lebensstufen.*

2. *Bringen Sie Ihre Kinderfotos aus unterschiedlichen Altersstufen mit und lassen Sie Ihr Alter jeweils durch Ihre Mitschülerinnen bestimmen. Fragen Sie sie jeweils nach den Merkmalen der unterschiedlichen Altersstufen und schreiben Sie diese an die Tafel.*

3. *Erkundigen Sie sich bei Ihren Eltern nach besonderen Ereignissen oder Vorkommnissen in Ihrer Kindheit.*

Mit der körperlichen und motorischen Entwicklung wird die Gesamtheit der körperlichen Entwicklung mit allen Bewegungsabläufen bezeichnet. Bei den Bewegungsabläufen wird zwischen der **Grob- und Feinmotorik** unterschieden. Zur Grobmotorik zählen die Bewegungen des Kopfes, der Schultern, des Rumpfes, des Beckens, der Arme und Beine. Die Bewegungen der Finger, Zehen und des Gesichtes gehören zur Feinmotorik.

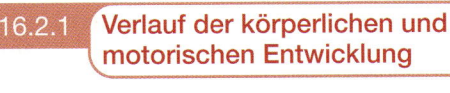

16.2.1 **Verlauf der körperlichen und motorischen Entwicklung**

Die **körperliche Entwicklung** des Kindes beginnt im Mutterleib. Die Muskeln nehmen ihre Tätigkeit ab der 11. Schwangerschaftswoche auf. Die Arme und Beine des Embryos sind nahezu in ständiger Bewegung, der Kopf kann sogar schon gedreht werden. Die Lippen öffnen und schließen sich, die Stirn runzelt sich und die Augenbrauen können hoch gezogen werden. Die Bewegungen des Embryos werden von der Mutter ab dem vierten Monat gespürt. Bis zur Geburt werden die Bewegungen immer heftiger. Ab dem siebten Monat wird es für das Kind im Mutterleib sehr eng. Bei einer Frühgeburt in diesem Alter hätte das Kind eine gute Überlebenschance. Ab dem neunten Monat

dreht sich das Kind normalerweise so, dass der Kopf in Richtung Gebärmutteröffnung liegt, damit die Geburt ohne Probleme vonstatten gehen kann.

Die Anpassung an die Lebensbedingungen außerhalb des Mutterleibes ist für das Neugeborene eine beachtliche Leistung. Seine Bewegungen sind zum großen Teil von Reflexen bestimmt. Es gibt den **Atmungs-, Such-, Saug-, Greif- und Schluckreflex.** Dabei handelt es sich um **unwillkürliche Bewegungen**, um Reaktionen des Organismus auf einen Reiz. Diese Reflexe sind zur Lebenserhaltung des Neugeborenen unbedingt erforderlich. Sie verlieren sich im Laufe der nächsten Wochen und Monate zugunsten **gezielter, willkürlicher Bewegungsformen**. Das erste Lebensjahr ist gekennzeichnet durch die Weiterentwicklung der Willkürbewegungen.

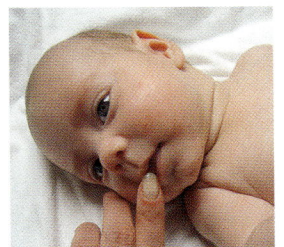

*Orale*r Such- und saugreflex: Beim Streicheln der Mundwinkel dreht das Kind den Kopf zum Finger und saugt daran.

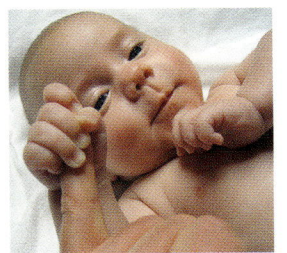

Handgreifreflex: Legt man den Finger auf die Handfläche des Kindes, greift es zu.

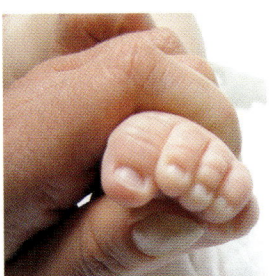

Fußgreifreflex: Drückt man mit dem Daumen gegen den Fußballen, beugt das Kind alle Zehen

Abb. Maier

▶ Mit **einem Monat** greift bzw. umfasst das Kind die Dinge reflexartig. Im Laufe der nächsten Monate wird sein Griff willkürlicher. Das Kind umfasst gezielt Gegenstände, entdeckt und begreift die eigenen Hände und kann mit ungefähr fünf Monaten die Füße zum Mund führen. **Sensorische Eindrücke beginnt es mit den motorischen Leistungen zu verknüpfen.** Diese Leistung kann es nur vollbringen, wenn bestimmte **Reifungsvorgänge** stattgefunden haben. Diesen Entwicklungsprozess nennt man auch **Sensomotorik** (Verknüpfung von geistigen Leistungen mit körperlichen). Die Bewegungsabläufe werden nun immer gezielter gesteuert und angewendet, so dass das Kind Gegenstände zwischen Daumen und Zeigefinger halten kann und es versucht sogar, seine Flasche selbstständig zu halten. Mit **einem Jahr** möchte es schon allein essen und Seiten umblättern.

▶ Mit **zwei Jahren** versucht das Kind Knöpfe auf- und zuzuknöpfen, Türen zu öffnen, Deckel von Flaschen abzudrehen, Stifte zu halten und erste Malversuche auszuprobieren.

▶ Mit **drei Jahren** kann es sich allein an- und ausziehen, Schuhschnallen öffnen und mit der Schere umgehen.

MERKSATZ

Die Bewegungen des Kindes werden in den ersten Lebensjahren immer gezielter. Das liegt daran, dass sich die sensorischen Eindrücke mit den motorischen Leistungen verknüpfen.

AUFGABE

1. Nennen Sie Beispiele dafür, wie die körperliche und motorische Entwicklung gefördert werden kann:
   – Beim An- und Ausziehen,
   – bei Anleitungsaufgaben,
   – während des Freispiels.

Entwicklung der aufrechten Haltung und Fortbewegung

AUFGABEN

1. Nennen Sie Möglichkeiten, die das Kind hat, wenn es aufrecht stehen kann.

2. In welchem Alter konnten Sie aufrecht stehen?

Die Entwicklung der aufrechten Haltung und Fortbewegung des Kindes erfolgt schrittweise:

▶ Bereits im **dritten Monat** kann es sich strecken, die Beine spreizen und den Kopf oben halten. Für kurze Zeit Sitzen ohne Unterstützung ist im **sechsten Monat** möglich. Bereits im **neunten Monat** beginnt es zu krabbeln und sich damit sein Umfeld zu erschließen. Während des **dreizehnten bis fünfzehnten Monats** lernt das Kind frei zu stehen und bis zum **sechzehnten Monat** allein zu gehen.

▶ Mit **ungefähr zwei** Jahren kann es die Treppen hinauf und hinunter hüpfen. Das Gleichgewicht ist verhältnismäßig stabil, so dass es in die Hocke gehen kann, um Sachen aufzuheben. Es kann sogar sekundenlang auf einem Bein stehen.

▶ Einen starken Bewegungsdrang entwickelt das Kind im **dritten Lebensjahr**: Es hüpft, klettert, rennt, fällt aber auch oft hin. Es versucht, mit Besteck zu essen und die Tasse zu halten. Die Koordination beider Hände gelingt immer besser.

▶ Mit **vier Jahren** beherrscht es alle Fortbewegungsarten wie laufen, rennen, klettern und hüpfen. Die Treppe wird sicher hinauf- und hinuntergelaufen. Es kann sogar mit zwei Füßen etwa 20 bis 30 cm hoch springen. Bis zum siebten Jahr findet ein beschleunigtes Muskelwachstum, das eine Zunahme an Kraft und Ausdauer bringt, statt. Die Körperproportionen ändern sich: Der Kopf wird im Verhältnis zum Rumpf kleiner, der Körper schlanker und die Arme und Beine sind länger als der Rumpf. Die grobmotorischen Be-

LF 4

wegungsabläufe werden harmonischer und geschickter. Seine feinmotorischen Leistungen sind so weit entwickelt, dass es gegenständlicher malen kann, Schnipsel reißen und große Formen ausschneiden kann. Mit der Schere kommt es immer besser zurecht.

▶ Mit **fünf bis sechs Jahren** nimmt der Bewegungsdrang des Kindes noch mehr zu. Es braucht Platz und Raum, um sich ausgiebig bewegen zu können. Den Umgang mit den Spielgeräten und dem Fahrrad kennt es nun und beherrscht sie weitgehend. Es kann im Sitzen und im Stehen schaukeln. Am liebsten spielt es im Freien, um sich dort so richtig auszutoben.

▶ **Siebenjährige Kinder** können über längere Strecken auf einem Bein hüpfen, sie beherrschen die Hampelmannssprünge und können Bälle aus unterschiedlichen Richtungen auffangen.

Der **grobmotorische Bewegungsablauf** wird beherrscht.

AUFGABEN

1. Beurteilen Sie die Fotos und nennen Sie Vorteile, die das Kind durch seine eigene Fortbewegung hat.
2. Wie kann die Fortbewegungsfähigkeit gefördert werden?

Abb. Morgenstern/Nühs

16.2.3 Entwicklung der Feinmotorik

FALLBEISPIEL

Sozialassistentin Petra sitzt mit ihrer Kindergruppe am Tisch im Gruppenraum Maulwurf. Die Kinder malen gerade Hasen und Igel, denn die Sozialassistentin hat ihnen das Märchen vom Hasen und Igel vorgelesen. Die Kinder haben den Auftrag, alles aus dem Märchen zu malen und zu gestalten, was sie interessant gefunden haben. Die meisten Kinder haben sich für das Malen von Hasen und von Igeln entschieden. Aber einigen genügt das nicht, sie haben ihre Tiere sogar ausgeschnitten und an die Fenster geklebt.
Als die Sozialassistentin die Kinder auffordert, die Malsachen und Scheren in den Schrank zu legen, zeigen einige Kinder Unmutsgefühle. Sie möchten noch weiter malen und ausschneiden.

AUFGABEN

1. Schreiben Sie die Fähigkeiten, die die Kinder im Fallbeispiel beherrschen, an die Tafel und ergänzen Sie diese durch weitere Fähigkeiten.
2. Hätte die Sozialassistentin die Kinder weiter malen lassen sollen oder ist der Abbruch gerechtfertigt?

Die **Feinmotorik** ist bei den älteren Kindergartenkindern so weit entwickelt, dass sie an der Linie entlang schneiden können und gegenständlich malen können. Es macht ihnen auch Spaß zu hämmern und zu sägen. Die gemalten Bilder sind meist großflächig. Das liegt daran, dass die Bewegungen der Hand vorwiegend vom **Schultergelenk** ausgehen und von den großen Muskeln gesteuert werden.

Mechanische Zusammenhänge werden für Kinder im Alter von **sieben Jahren** interessant. Sie bauen einfache Modelle nach Vorlage zusammen und sind stolz auf das vollbrachte Werk.

Mit **sechs Jahren** sind sie in der Lage zu schreiben. Die Steuerung der Schreibbewegungen erfolgt allerdings immer noch über die **Armmus-**

LF 4

keln. Erst nach und nach erfolgt sie aus dem Handgelenk heraus. Kinder schreiben daher im Anfang sehr großflächig und grobzeilig. Erst nach und nach können sie die Buchstaben kleiner und differenzierter schreiben.

Die **Wahrnehmungs- und Bewegungskoordination** spielt dabei eine wichtige Rolle, da sie die Schreibleistung des Kindes entscheidend bestimmt. Wenn sie noch nicht so gut funktioniert, dann ist die Schreibleistung noch nicht so, wie sie sein sollte.

Das Schreiben ist eine besondere motorische Leistung des **Schulkindes**. Die Schreibbewegungen gehen zunächst noch vom Unterarm aus und sind daher sehr großflächig. Nach und nach werden sie vom **Handgelenk** übernommen, so dass das **Schriftbild** besser wird. Das Kind kann nun feine Unterschiede bei den Buchstaben erkennen und diese dann zu Papier bringen.

Auch in diesem Alter ist die Koordination von Wahrnehmung und Bewegung von entscheidender Bedeutung.

MERKSATZ

Beim Schreiben kommt es nicht nur auf die Feinmotorik an, sondern die Koordination von Wahrnehmung und Bewegung ist genau so wichtig, um zu einer guten Schreibleistung zu kommen.

AUFGABE

Nehmen Sie Kontakt mit einer Grundschule auf und lassen Sie sich die Schreibhefte der Kinder in den ersten Schuljahren zeigen. Stellen Sie an den Schriftbildern fest, wie weit die Kinder in der Lage sind, gut leserlich zu schreiben.

16.2.4 Körperliche Entwicklung im Jugendalter

Im Jugendalter kommt es zunächst zu einem verstärkten Größenwachstum. Mädchen bekommen im Alter von **12 bis 13 Jahren**, **Jungen zwei Jahre später** einen regelrechten Wachstumsschub. Das Wachstum beginnt beim Kopf, den Händen und Füßen, geht dann auf Beine

und Arme über und erfasst zum Schluss den Rumpf. Die Folge davon ist, dass der Jugendliche vorübergehend schlaksig wirken kann und seine Bewegungen häufig ungeschickt sind. Mit 16 bis 18 Jahren bei Mädchen, mit 18 bis 20 Jahren bei Jungen ist das Wachstum abgeschlossen. Die Körperproportionen haben sich gründlich geändert: Der Kopf ist im Verhältnis zum Körper noch kleiner geworden, die Beine wirken länger und der obere Teil des Brustkorbes ist stark ausgeprägt. Daher spricht man auch vom zweiten Gestaltwandel.

Nach dem Längenwachstum setzt das **Breitenwachstum** ein, das im Zusammenhang mit der geschlechtlichen Entwicklung steht: Bei den Mädchen verbreitet sich das Becken, bei den Jungen nimmt die Schulterbreite zu.

Eine weitere Veränderung ist die Zunahme an **Muskelkraft** bei den männlichen Jugendlichen. Sie verfügen über wesentlich mehr Kraft als die gleichaltrigen Mädchen, was sich besonders im sportlichen Bereich bemerkbar macht. Die Beurteilung der sportlichen Leistungen muss nun getrennt nach den Geschlechtern erfolgen.

MERKSATZ

Bei Mädchen mit 16 bis 18 Jahren, bei Jungen mit 18 bis 20 Jahren ist das Wachstum abgeschlossen. Nach dem Längenwachstum und einem vorübergehenden schlaksigen Aussehen bekommt der Körper seine endgültige Form.

Abb. Görke

AUFGABE

Wie kann der Jugendliche dazu beitragen körperlich fit zu bleiben?

16.2.5 Bedeutung der Motorik

AUFGABEN

1. *Begründen Sie die Notwendigkeit viel Sport zu treiben.*
2. *Sind Sie in einem Sportverein organisiert?*
3. *Welche Sportarten – speziell für Kinder – werden in Ihrem Sportverein vor Ort angeboten?*

Für eine gesunde körperliche Entwicklung ist die Bewegung wichtig. Sie bringt den **Kreislauf** in Schwung und beugt **Haltungsschäden und Übergewicht** vor. In den letzten Jahren wurden vermehrt gesundheitliche Probleme bei Kindern festgestellt, die auf Bewegungsmangel zurückzuführen waren. So leidet schon heute jedes zehnte Kind an Übergewicht und 60 % aller Kinder haben Haltungsschäden, die vor allem auf langes Sitzen vor dem Fernseher zurückzuführen sind.

Durch Bewegung erwirbt das Kind ein Bild von seinem Körper und damit von sich selbst. Es lernt

▶ seine Fähigkeiten einzuschätzen,
▶ sich etwas zuzutrauen,
▶ das Gefühl von Energie, aber auch von Erschöpfung.

Die Erfahrungen haben Einfluss auf den sozial-emotionalen Bereich und tragen dazu bei, **Selbstbewusstsein** und **Selbstwertgefühl** aufzubauen. Kinder, die sich etwas zutrauen, probieren auch gern etwas Neues aus. Sie lassen sich nicht so leicht entmutigen, wenn etwas schief geht.

Ein Zusammenhang zwischen der **motorischen Leistung** und dem **Denkvermögen** ist nachgewiesen worden. Das Zusammenspiel von Wahrnehmung und Bewegung bildet die Grundlage für die Denkentwicklung. Kinder erschließen sich die Welt über Handlungen, die sie „begreifen".

Abb. Nühs

AUFGABEN

1. *Stellen Sie den Verlauf der motorischen Entwicklung in einer Collage dar.*
2. *Stellen Sie in Gruppen Bewegungsübungen für die einzelnen Entwicklungsstufen zusammen.*
3. *Welche Bedeutung hat die motorische Entwicklung für andere Entwicklungsbereiche?*

16.3 Denkentwicklung

Das gesunde Kind bringt die Grundvoraussetzungen für das Denken mit. Vielfältige Anregungen aus der Umgebung des Kindes sind aber notwendig, um den Prozess des Denkens in Gang zu setzen.

Denken ist ein Vorgang, den man nicht beobachten kann. Es werden Probleme und Situationen erfasst, verarbeitet und umgesetzt, die auf die Denkfähigkeit schließen lassen. Das Denken stellt einen psychischen Vorgang, einen geistigen Prozess, **ein inneres Problemhandeln**, dar. Denken ist eine Fähigkeit, die auf der Funktion der Intelligenz (Klugheit, Einsichtigkeit) beruht.

LF 4

16.3.1 Entwicklung des Denkens nach Piaget

FALLBEISPIELE

1. Die Mutter von zwei Kindern war wegen des ständigen Quengelns ihres Sohnes am Ende ihrer Geduld angelangt. Diesmal ging es um die Verteilung des Kuchens. Dem Elfjährigen hatte sie zwei Stücke Kuchen gegeben, dem Vierjährigen dagegen nur ein Stück Kuchen und versuchte ihm klar zu machen, dass er nur ein Stück bekäme, da er noch so klein sei. Das wollte dieser aber nicht einsehen und forderte beständig das zweite Stück ein. Verärgert nahm ihm die Mutter den Teller weg, teilte das Stück Kuchen in zwei Hälften und sagte zu ihrem Sohn: „Hier hast du zwei Stücke!" Dieser war überglücklich und machte sich zufrieden an seine Kuchenstücke.

2. Hannah (4 Jahre) und Carla (6 Jahre) streiten sich um ein Glas Milch. Beide wollen das schmale hohe Glas haben und nicht das breite niedrige. Als die Mutter nach dem Grund des Streites fragt, meint Carla: „Im Hohen ist mehr drin!" „Quatsch," sagt die Mutter, „in beiden Gläsern ist gleich viel drin" und schiebt Hannah das breite niedrige Glas hin. Damit ist Hannah aber nicht einverstanden und fängt an zu schreien.

AUFGABEN

1. *Warum ist der jüngere Bruder zufrieden, als er ebenfalls zwei Stücke Kuchen auf dem Teller hat?*
2. *Nennen Sie Gründe, aus denen Hannah nicht mit dem breiten niedrigen Glas einverstanden ist.*
3. *Welche Vorgehensweise empfehlen Sie der Mutter?*

Das Kind bringt die Fähigkeit zu denken mit auf die Welt. Wichtig ist aber, diese Fähigkeit zu fördern, damit sie sich entwickeln kann.

Jean Piaget

Kinder erleben die Welt anders als Erwachsene. Denkfehler aus der Sicht der Erwachsenen sind für eine bestimmte Altersstufe typisch. Der Schweizer Psychologe Jean Piaget (1896–1980) erkannte, dass Besonderheiten des kindlichen Denkens mit dem Verlauf der Intelligenzentwicklung im Zusammenhang stehen. Über 40 Jahre führte er Untersuchungen in diesem Bereich durch. Er beobachtete Kinder, befragte sie und führte kleine Experimente mit ihnen durch.

Piaget stellte eine kognitive (erkenntnismäßige) Entwicklungstheorie auf, die erklärt, wie der Mensch seine kognitiven Strukturen und damit seine Intelligenz entwickelt. Nach Piaget ist der Mensch in der Lage, seine Entwicklung aktiv zu gestalten und zu steuern. Mit Hilfe **kognitiver Schemata** (Denkmuster), die wie geistige Adaptionstechniken (Adaption: Anpassung) wirken, kann ein Kind Wissen aus seiner Umwelt erwerben und Umwelteindrücke verarbeiten.

Bei der Geburt verfügt der Säugling über eine geringe Anzahl solcher Schemata. Sie bestehen zunächst in reflexartigen Mustern. Der Greifreflex z. B. gibt dem Kind die Möglichkeit, verschiedene Dinge wie die Rassel oder Kugelkette anzufassen.

Bei der Entwicklung der Schemata spielen die nachfolgenden Prozesse eine grundlegende Rolle:

▶ **Assimilation** (Angleichung, Verschmelzung),
▶ **Akkomodation** (Anpassungsfähigkeit),
▶ **Äquilibration** (Gleichgewicht).

▶ **Assimilation**

Assimilation bedeutet, dass das Kind seine Erfahrungen mit der Realität in seine bestehenden Schemata einpasst. Zum Beispiel hat das Kind einen großen schwarzen Hund kennengelernt und die Mutter sagt „Wauwau." Später sieht das Kind einen kleinen weißen Hund und nennt ihn „Wauwau." Es hat erkannt, dass auch dieses Tier zum Schema „Hund" passt, obwohl es anders aussieht.

▶ **Akkomodation**

Nach und nach stellt das Kind fest, dass seine Schemata nicht immer passen. Es beginnt damit, die Schemata umzuorganisieren und zu erweitern. Zum Beispiel stellt es fest, dass es mit derselben Art des Greifens nicht die Rassel und den Badeschaum erfassen kann. Es wird nun eine neue Art des Greifens probieren, um auch den Badeschaum in die Hand nehmen zu können.

Das Anpassen bereits vorhandener kognitiver Schemata an die Erfordernisse der Realität (Badeschaum) bezeichnet Piaget als **Akkomodation**. Das Kind weiß, dass es seine Greifbewegung dem Badeschaum anpassen muss. Es akkomodiert bereits bestehende kognitive Schemata in ein geistig neu erfundenes Greifschema. Das Kind passt sich dabei auch biologisch (hier manuell) an.

Das Neugeborene kommt zwar mit einigen Schemata auf die Welt, doch schon im ersten Jahr bildet sich eine Reihe neuer Schemata aus, die untereinander immer komplexere Verbindungen eingehen.

▶ **Äquilibration**

Neben der Assimilation und Akkomodation spielt die **Äquilibration** eine entscheidende Rolle für die Weiterentwicklung des Kindes. Äquilibration bedeutet **Gleichgewicht**. Das Kind hat festgestellt, dass es den Badeschaum nicht mit der herkömmlichen Greiftechnik fassen kann. Diese Erfahrung schafft in ihm ein Ungleichgewicht, das es ausgleichen möchte. Mit einer neuen Greiftechnik schafft es den inneren Ausgleich. Es kann nun den Schaum fassen. Dieser Prozess läuft ständig bei alltäglichen Handlungen ab und trägt zur Weiterentwicklung des Kindes bei.

Entwicklung kann nach Piaget als stufenweise Erweiterung der Denk- und Handlungsmöglichkeiten aufgefasst werden.

Beispiel:

1. Schritt: Ein Kind lernt, mit dem Dreirad zu fahren.

2. Schritt: Es lernt immer sicherer mit dem Dreirad zu fahren und kann überall damit hinfahren.

3. Schritt: Es stellt fest, dass es nicht nur mit dem eigenen, sondern auch mit anderen Dreirädern fahren kann.

Nach Piaget werden die Verhaltens- und Denkweisen der tieferen Stufen in die höheren Stufen übernommen und in diese eingepasst. Die auf früheren Stufen erworbenen Fähigkeiten gehen nicht verloren, sondern bleiben, wenn auch in veränderter Form, erhalten.

MERKSATZ

Im Gleichgewicht zwischen Assimilation und Akkomodation erfolgt die Denkentwicklung des Kindes.

AUFGABEN

1. Beschreiben Sie Beispiele, die das Denkmodell von Piaget bestätigen.

2. Gibt es auch Beispiele, die das Gegenteil belegen?

16.3.2 **Vier-Stufen-Theorie Piagets der geistigen Entwicklung**

Piaget kam aufgrund seiner Studien zu dem Ergebnis, dass sich die geistige Entwicklung in vier Stufen vollzieht:

▶ Stufe der sensomotorischen Intelligenz

LF 4

▶ Stufe des voroperationalen anschaulichen Denkens

▶ Stufe des konkret-operationalen Denkens, logischen Denkens

▶ Stufe des formal-operationalen, abstrakten Denkens

Erste Stufe: Sensomotorische Intelligenz (0. – 2. Lebensjahr)

Geistige Leistungen, welche das Kind in diesem ersten Lebensabschnitt entwickelt, bilden die Voraussetzung für alle wesentlichen kognitiven Fähigkeiten, die später erworben werden. Piaget gliedert die sensomotorische Entwicklung in **sechs Stadien**, für die gilt, dass ihre Reihenfolge unumkehrbar ist und dass jedes Stadium notwendig auf das vorausgehende folgen muss.

Die Stadien sind:

▶ **Reflexe** und angeborene Bewegungsmuster.

▶ **Erste Verhaltensgewohnheiten:** Das Kind kann zwischen den Objekten unterscheiden.

▶ **Verstärkte Hinwendung zur Umwelt:** Verhaltensweisen, die dazu dienen, interessante Schauspiele andauern zu lassen: Es macht dem Kind Freude, wenn es das Spiel mit der Kugelkette oder mit der Rassel wiederholen kann.

▶ **Zielorientiertes Handeln:** Anwendung bekannter Schemata auf neue Situationen, z. B. wird das Kind einen Gegenstand suchen, der von seinem Gesichtsfeld verschwindet.

▶ **Experimentelles Vorgehen und Entdecken neuer Schemata**, um ein Ziel zu erreichen.

▶ Verinnerlichung der Verhaltensschemata, Beginn der **Vorstellungstätigkeit**: Das Kind kann sich nun vorstellen, wie es ein bestimmtes Ziel erreichen könnte.

Von Geburt an hat das Neugeborene die Fähigkeit zu Reflextätigkeiten, aber auch zu spontanem Verhalten. Die Koordination von motorischer Bewegung und Wahrnehmung hat hier eine entscheidende Bedeutung. Erst allmählich erwacht das Interesse für die Außenwelt, wird das Wiedererkennen beobachtet und das Bewusstsein des Säuglings richtet sich auf bestimmte Zwecke. Das Kind wird nun Phänomene andauern lassen oder immer neu erzeugen.

Das Kind begreift motorische Handlungen als solche und verinnerlicht sie. Es baut sich eine Welt auf, die es als klar von sich selbst zu unterscheiden lernt. Das Kind kann zwischen tatsächlichen und bloß vorgestellten (symbolischen) Gegenständen unterscheiden. Der Bauklotz kann zur Eisenbahn und im nächsten Moment zum Auto werden. Das Kind macht den Bauklotz zum Symbol für andere Gegenstände.

Zweite Stufe: Voroperationales anschauliches Denken (2. – 7. Lebensjahr)

Auf das Säuglingsalter, in dem die sensomotorische Intelligenz des Menschen entwickelt wird, folgt nach Piaget etwa im Alter zwischen eineinhalb und zwei Jahren das Auftreten der semiotischen Funktion (Semiotik: Lehre von den Zeichen), die für die spätere Entwicklung menschlicher Verhaltensweisen von grundlegender Bedeutung ist. Das heißt, dass das Kind nun begreift, dass Zeichen für die realen Dinge stehen können, z. B. ein Bild oder ein Wort für einen Gegenstand.

Das Kind entwickelt seine sprachlichen Fähigkeiten. Sie versetzen das Kind in die Lage, mit anderen Menschen zu kommunizieren, Worte als Gedanken zu verinnerlichen. Das Denken in Bildern wird mit zunehmender Sprachentwicklung durch das Denken in Worten ergänzt.

So wird der Bauklotz zum Hammer, der Hocker zur Garage oder Gegenstände werden lebendig. Die Puppe weint, sie ist traurig, das Stofftier wird wie ein echtes Tier behandelt. Das Kind neigt in dieser Lebensphase dazu, alle Erscheinungen und Gegenstände zu beleben. Diese Art des Denkens wird auch als animistisch (Anima: Lufthauch, Atem, Seele) bezeichnet. Das Denken hat Wirklichkeitswert, d. h. das Kind glaubt, dass das, was es denkt, auch so ist.

Das Kind macht sich zum Maßstab aller Dinge **(Egozentrismus).** Das ist Piagets Bezeichnung für das noch In-Sich-Selbst-Sein des Kindes, die Tendenz, die anderen, die Welt ausschließlich aus seiner Sicht wahrzunehmen und zu deuten. Das Kind kann Dinge und Situationen noch nicht aus der Perspektive eines anderen Menschen betrachten. Kinder in dieser Entwicklungsstufe können noch nicht richtig miteinander spielen, sondern sie spielen nebeneinander. Sie hören nicht auf den anderen und gehen auch nicht auf dessen Meinung ein. Geschichten können sie noch nicht im Zusammenhang nacherzählen, sondern sie geben nur einige Fragmente wieder.

Im Alter von vier bis fünf Jahren hat das Kind schon komplexere Vorstellungen. Es kann mit Hilfe der Sprache besser denken, dennoch ist das Denken sehr an die Anschauung gebunden. Logische Schlussfolgerungen gelingen ihm noch nicht, wie an dem nachfolgenden Beispiel deutlich wird:

Wenn man vor den Augen von vier- bis fünfjährigen Kindern eine Flüssigkeit aus einem breiten Glas in ein hohes Glas gießt, so wird die Mehrzahl der Kinder behaupten, dass sich die Flüssigkeitsmenge vermehrt hat.

Ab etwa sechs Jahren kann das Kind gedanklich Schlüsse ziehen, Lösungen innerlich vorwegnehmen und zunehmend den Gesetzen der Logik folgen im Gegensatz zum vorhergehenden intuitiven Denken. Im Unterschied zur nächsten Stufe bleibt das Denken aber an tatsächlichen Gegebenheiten gebunden. Man spricht deshalb auch vom **beschreibenden Denken**. Die Realität muss aber nicht mehr konkret gesehen werden, das Kind arbeitet mit innerer Anschauung.

Dritte Stufe: Konkret-operationales Denken, logisches Denken (7. – 11. Lebensjahr)

Das Kind eignet sich jetzt den Begriff der **Umkehrbarkeit** an. Das bedeutet, dass es nun in Gedanken Schritte umkehren oder zurückverfolgen kann. Das Kind lernt, mit Mengenbegriffen und Zahlen umzugehen, und Rechenaufgaben zu lösen. Es kann Gegenstände nach Merkmalen in Kategorien einordnen und Oberbegriffe für die Kategorien finden. Es ist in der Lage, eine Aufgabe wie die folgende zu lösen:

Beispiel:

Katrin hat 5 Möhren, Klaus legt noch drei Gurken dazu. Wie viele sind das insgesamt?

Während der konkret operationalen Stufe werden Kinder immer sicherer im Umgang mit geistigen Operationen. Der Egozentrismus verliert sich mit zunehmendem Alter. Das Kind entwickelt eine objektivere Sichtweise der Dinge und Situationen und mehr Verständnis für seine Mitmenschen.

Vierte Stufe: Formal-operationale Stufe, abstraktes Denken (11. – 15. Lebensjahr)

Das Kind bzw. der Jugendliche ist nun in der Lage, sich Bedingungen vergangener, gegenwärtiger oder zukünftiger Probleme vorzustellen und Hypothesen (begründete Vermutungen) aufzustellen. Je älter das Kind wird, umso komplexere Schemata werden gebildet und können angewendet werden.

Der Jugendliche ist nicht mehr an die innere Anschauung gebunden, sondern kann von abstrakten Voraussetzungen ausgehend logische Schlussfolgerungen ziehen. Darüber hinaus ist er in der Lage, Hypothesen zu bilden und diese systematisch zu überprüfen.

Auf die Frage: „Was wäre, wenn alle Menschen gleich viel Geld hätten?" würde ein jüngeres Kind seiner Fantasie freien Lauf lassen. Der Jugendliche, dagegen, wäre in der Lage, die Auswirkungen systematisch zu durchdenken und verschiedene Auswirkungen zueinander in Beziehung zu setzen.

Günstige Umweltbedingungen mit entsprechenden Lernanreizen sind für diese Stufe erforderlich, um sie positiv nutzen zu können.

Anmerkungen zu Piagets Theorie

Piaget hat eine umfangreiche und in sich geschlossene Theorie der Intelligenzentwicklung entworfen. Sie gibt Einblicke in die Entwicklung der kindlichen Intelligenz. Das Verständnis für Kinder sowie die Möglichkeit, sie zu fördern, hat zugenommen. Allerdings gibt es an der Theorie Piagets nach Meinung anderer Forscher einige Kritikpunkte.

LF 4

Zum Beispiel:

*Die Überwindung des **Egozentrismus** könne schon früher erfolgen als bei Piaget angegeben. Es gibt dreijährige Kinder, die ein anderes Kind trösten, weil es sich verletzt hat.*

MERKSATZ

Nach Piaget vollzieht sich die Denkentwicklung in den genannten vier Stufen. Günstige Umweltbedingungen können dazu beitragen, dass ein Kind die nächst höhere Stufe schon früher als angegeben erreicht.

AUFGABE

Forscher meinen, die Theorie Piagets sei zu starr. Kinder könnten bestimmte Fähigkeiten auch schon in jüngeren Jahren erwerben. Welche Erfahrungen haben Sie gemacht?

16.3.3 Förderung der Denkentwicklung

AUFGABEN

1. Begründen Sie, warum die Spielecke das Denken des Kindes fördert?
2. Stellen Sie geeignetes Spielzeug für die Sandkiste zusammen.

Anregungen und Anreize müssen dem Kind von Anfang an gegeben werden. Die sensomotorische Phase zeigt, wie wichtig und förderlich für die Denkentwicklung das Hantieren mit Gegenständen wie Rassel, Kugelkette und Bausteinen ist. Einfaches, aber anregendes Spielzeug, Naturmaterialien oder einfache Haushaltsgeräte sind oftmals besser geeignet als teures und kompliziertes Spielzeug.

Neben den Anregungen und Anreizen ist die Schaffung einer **kindgerechten Umwelt** wichtig. Kinder benötigen Freiraum, um etwas ausprobieren zu können, ohne dass ständig Verbote erlassen werden. Geeignet ist ein zusätzlicher Spielraum im Haus oder/und ein Garten mit einer Spielecke.

Angebote der Kindergärten sollten noch zusätzlich genutzt werden, da sie heute in den meisten Fällen ganzheitlich und spielerisch aufgebaut sind und den Interessen des Kindes entgegenkommen.

MERKSATZ

Die Denkentwicklung kann entscheidend gefördert werden, indem das Kind Anregungen und Anreize erhält und die Möglichkeit hat, selbst etwas auszuprobieren.

AUFGABEN

1. Fertigen Sie eine Collage über die Denkentwicklung und ihre Förderung bei Kindern an.
2. Was bedeuten die nachfolgenden Aussagen von Kindern:
   – „Teddy ist böse, er wird eingesperrt!"
   – „Tasse ist lieb, sie hat mir etwas zum Trinken gegeben."
3. Stellen Sie dazu weitere Aussagen von Kindern zusammen und teilen Sie mit, in welchem Alter sich Kinder in dieser Weise äußern.

Abb. links, Morgenstern
Abb. rechts, Nühs

16.4 Sprachentwicklung

Alter	Aussprache	Wortschatz	Satzbau
Geburt	Schreien		
ca. 2 Monate	Beginn der 1. Lallphase, Gurgel- und Sprudellaute (von taktilen Reizen im Mund gesteuert), Gurren		
ca. 4 Monate	Schmatz- und Zischlaute, Vokallaute, erste Silben		
ca. 6 Monate	Beginn der 2. Lallphase, (vom Hören gesteuert) Silbenketten: bababa …		
ca. 1 Jahr	Lallen großer Vielfalt an Lauten, Echolalie (Nachsprechen eines Wortes oder von Wortteilen)	Erste Wörter, Silbenverdoppelungen, Papa, Mama	
ca. 1½ Jahre	p, b, m, n, mit Lippen gebildete Laute. Kind fängt an, erste Laute gezielt zur Wortbildung einzusetzen	Bis zu 50 Wörter	Einwortsätze mit unterschiedlicher Betonung
ca. 2 Jahre	W, f, t, d mit Zunge/Zähne gebildete Laute.	Bis zu 200 Wörter, erste Verben und Adjektive	1. Fragealter, Zwei-Dreiwortsätze, grammatikalisch noch nicht richtig.
ca. 2½ Jahre	g, k, ch, r mit Gaumen gebildete Laute	Wortschatz nimmt weiter zu, Wortschöpfungen, erster Gebrauch von „ich"	Mehrwortsätze
ca. 3 Jahre	Bl-, kn-, kr-, gr-, … erste schwierige Konsonantenverbindungen	Wortschatz nimmt weiter zu.	2. Fragealter, (wer, wie, was, warum), Einfache richtige Sätze, erste Nebensatzbildung.
ca. 4 Jahre	Beherrschung der Laute der Muttersprache, schwierige Konsonantenverbindungen (kl-, gl-, dr-, br-, …) bis auf evtl. Zischlaute (s, z, sch)	Wortschatz nimmt stark zu (u. a. Farben, Pronomen).	Bildung längerer Sätze, schwierige Konstruktionen mit Nebensätzen, noch nicht immer korrekt.
ca. 6 Jahre	Korrekte Beherrschung aller Laute	Wortschatz ist nun groß genug zum differenzierten Ausdruck. Abstrakte Begriffe werden angewandt.	Grammatik wird gut beherrscht, Gedankengänge können beschrieben werden. Nacherzählen von Erlebnissen/Geschichten. Beherrschen von mehreren Zeitformen.

Die Tabelle gibt einen Überblick über die Sprachentwicklung bis zu Beginn des Schulalters. Dabei muss berücksichtigt werden, dass es große individuelle Unterschiede beim Fortschreiten der Sprachentwicklung gibt. Denk- und Sprachentwicklung sind eng miteinander verknüpft. Die Sprache ist das Werkzeug, mit dessen Hilfe Gedanken mitgeteilt werden.

16.4.1 Verlauf der Sprachentwicklung

FALLBEISPIEL

Jenny und ihre Mutter sitzen am Frühstückstisch. Jenny sagt: „Tuhl!" Die Mutter antwortet: „Du möchtest dich auf einen Stuhl setzen? Sie setzt Jenny auf einen Stuhl neben sich. Jenny sagt: „Ehse!" und zeigt auf den Käse auf dem Tisch. „Ach so, Käse" erwidert die Mutter. Sie gibt Jenny ein Stück Käse in die Hand.
Mit einem Mal schreit Jenny: „Hunta, hunta!" Die Mutter antwortet: „Du möchtest runter?

AUFGABEN

1. Kommentieren Sie das Gespräch zwischen Mutter und Tochter.
2. Schätzen Sie Jennys Alter.

Die Entwicklung der Sprache geht in den nachfolgend angegebenen Schritten vor sich:

Die Grundlage für das Sprachverständnis und die Sprechfähigkeit ist von Geburt an vorhanden. Man kann davon ausgehen, dass das Baby etwa 70 verschiedene Phoneme (kleinste Lauteinheiten) unterscheiden kann. Das sind wesentlich mehr, als das Kind zum Erlernen der

Muttersprache (etwa 40 für die deutsche Sprache) benötigt.

Wörter und Sätze werden normalerweise wie von allein gelernt. Begabte und geförderte Kinder haben bereits im Alter von drei bis vier Jahren einen sehr umfangreichen Wortschatz.

In der Schule lernen Kinder, sich schriftlich auszudrücken. In der Schriftsprache gibt es keine Betonung, daher ist ein anderer Grad an Bewusstheit erforderlich. Kinder drücken sich in ihren schriftlichen Ausarbeitungen zunehmend komplizierter aus und bringen Begründungen und Bedingungen zum Ausdruck.

Häufige Sprechdefizite sind:

▶ Laute werden nicht richtig gebildet z. B.: Dabel anstatt Gabel.
▶ Laute werden ausgelassen z. B. Tuhl anstatt Stuhl, Adio anstatt Radio.
▶ Lispeln oder Stottern.

Wenn bei einem Kind eine verzögerte Sprachentwicklung auffällt, sollte man die Eltern darauf aufmerksam machen und ihnen empfehlen, sich an einen Kinderarzt oder Logopäden zu wenden. Mit einer rechtzeitigen, gezielten Förderung können die Defizite gut behoben werden, bzw. späteren Problemen beim Schreiben- und Lesenlernen vorgebeugt werden.

MERKSATZ

Grundlage für die Sprachfähigkeit ist die Sprechfähigkeit, die das Kind mit auf die Welt bringt. Bis zum Schulalter ist das Kind in der Lage alle wichtigen Ereignisse zu formulieren und die Sprache als Kommunikationsmittel einzusetzen.

Durch die Sprache wird das Kind (der Mensch) informiert und sozialisiert. Dadurch kann es am kulturellen und gesellschaftlichen Leben teilnehmen.

16.4.2 Förderung der Sprachentwicklung

Wichtig ist es, ein Sprachvorbild zu sein, denn Kinder lernen über Nachahmung. Kurze klare Sätze mit Blickkontakt zum Kind sind wichtig. Ein weiteres Hilfsmittel ist das Verbalisieren der Tätigkeit des Kindes z. B. Ich sehe, du baust einen Turm.

Vervollständigen von kindlichen Sätzen, ohne sie zu korrigieren, ist förderlich, z. B. „Marko Burtstag" Sozialassistentin vervollständigt: „ja, Marko, du hast heute Geburtstag".

Zur sprachlichen Anregung kann man auch Selbstgespräche führen, indem man sein eigenes Tun kommentiert.

Lassen Sie dem Kind genügend Zeit, seine Gedanken sprachlich wiederzugeben. Drängen Sie es nicht.

AUFGABEN

1. Überlegen Sie, wie Sie Kinder im Kindergarten während Ihres Praktikums zum Sprechen anregen können.
2. Zählen Sie einige Fingerspiele auf und üben Sie sie mit den Kindern

16.5 Sozialentwicklung

Das Wort „sozial" bedeutet: die menschliche Gemeinschaft betreffend.

Der Mensch ist auf das Zusammenleben mit anderen Menschen angewiesen. Jedes Verhalten, das den Umgang mit anderen Menschen betrifft, bezeichnet man als **Sozialverhalten**. Dazu gehören das gemeinsame Spiel, Freundschaften, gemeinsames Arbeiten usw. Das Sozialverhalten ist nicht angeboren, sondern es muss gelernt werden.

16.5.1 Verlauf der Sozialentwicklung

Bereits das Neugeborene ist auf den Kontakt mit einer Betreuungsperson, meistens der Mutter,

Abb. Nühs

angewiesen, die es nicht nur versorgt und pflegt, sondern auch mit ihm spricht und ihm ihre Liebe zeigt. Soziale Kontakte baut das Kind aber nicht nur zu seiner Betreuungsperson auf, sondern auch zu den Menschen in seiner Umgebung. Das ist zunächst einmal die Familie. Später erweitert sich der Kreis der Kontaktpersonen durch den Kindergarten, in dem das Kind vor allem Kontakte zu den anderen Kindern sucht. Der Kreis wird umso größer, je älter es wird.

Nicht nur die Mutter nimmt Kontakt mit ihrem Kind auf, umgekehrt tut es auch das Kind. Dazu ist es mit **Merkmalen und Fähigkeiten** ausgestattet, die erwachsene Personen dazu bewegen, sich ihm zuzuwenden. Damit wird die soziale Versorgung des Kindes sichergestellt. Zu diesen Merkmalen und Fähigkeiten gehören:

▶ Das kindliche Aussehen des Kindes,
▶ die Fähigkeit, bestimmte Signale aus der Umwelt zu beachten,
▶ die Fähigkeit, Signale auszusenden, die sozial gedeutet werden.

Der Anblick eines Babygesichts löst ein Zuwendungsverhalten bei Erwachsenen aus. Das **Kindchenschema** sind kindliche Proportionen beim Menschen und den meisten höheren Tierarten, die beim Erwachsenen ein Fürsorgeverhalten auslösen. Folgende Merkmale gehören zum kindlichen Äußeren: eine hohe Stirn, große Augen, runde Pausbacken und ein überproportional großer Kopf.

Auf dieses Schema reagieren die Erwachsenen mit „niedlich" oder „süß".

Schon das Neugeborene reagiert auf Signale aus der Umwelt: Es lauscht auf die **Stimme der Mutter** und betrachtet interessiert **ihr Gesicht**. Darüber hinaus sendet es Signale wie **Lächeln** und **Anschmiegen** aus und bewirkt damit eine stärkere Zuwendung der Erwachsenen. In Situationen, die das Kind als bedrohlich empfindet, weint es und sucht Schutz und Trost bei seiner Betreuungsperson. Zunächst ist dieses **Verhalten** nicht an eine bestimmte Person gebunden, sondern das erfolgt erst mit etwa sechs Monaten, nachdem sich seine Wahrnehmung und kognitive Leistungen entsprechend entwickelt haben.

Am so genannten Fremdeln oder der **Acht-Monate-Angst** ist festzustellen, dass sich eine Bindung an die Mutter oder Betreuungsperson entwickelt hat. Das Kind reagiert auf fremde Personen abwehrend. Von dieser Angst ist die **Trennungsangst** zu unterscheiden. Sie tritt auf, wenn das Kind in einer unbekannten Umgebung von seiner Bezugsperson allein gelassen wird. Auch dann weint es. Fremdeln und Trennungsangst treten auch bei Kindern in anderen Kulturen auf.

Bindungen können auch zu **mehreren Personen** vorhanden sein. Dadurch kann die Grundlage zu einer weiteren Sozialentwicklung gelegt werden.

Mit gut zwei Jahren entdeckt das Kind die eigene Person. An Stelle seines Namens verwendet es jetzt das Wort **„ich"**. In diesem Alter möchte es alle möglichen Tätigkeiten ausführen. Wenn ihm diese nicht zugebilligt werden, kann es zu Wutausbrüchen kommen. Diese Zeit wird daher auch als erste Trotzphase bezeichnet. Besser ist es, vom **Autonomiealter** zu sprechen, da das Kind herausfinden möchte, was es alles kann.

Schritt für Schritt erweitert sich mit dem Eintritt in den Kindergarten und in die Schule der **Kreis der Bezugspersonen**. Erzieherinnen, Sozialassistentinnen und Lehrerinnen sind oft wichtiger als die Eltern. Die Kinder werden immer selbstständiger, aber auch kritischer gegenüber den Erwachsenen.

Im Kindergarten und in der Schule ist die Gelegenheit gegeben, **soziale Verhaltensweisen** einzuüben. Das geschieht durch das gemeinsame Spiel, durch gegenseitige Rücksichtnahme oder durch das Teilen von Spielsachen und Essen. Auseinandersetzungen und die Konfliktbewältigung sind ebenfalls soziale Erfahrungen, die wichtig für das Kind sind. So ergab sich im Kindergarten P. folgendes Gespräch:

FALLBEISPIEL

Olli hatte einen Turm gebaut, den er stolz Ben zeigt.
Olli: „Magst Du meinen Turm?"
Ben: „Nein! "
Olli: „Du musst ihn aber mögen!"
Ben: „Wenn ich nicht will, muss ich ihn nicht mögen!"
Olli: „Warum!"
Ben: „Weil ich ihn nicht mag. Darum!"

Erst im Jugendalter beginnt die bewusste emotionale Ablösung von den Eltern. Werte und Normen, die das Kind früher einfach von den Eltern übernommen hat, werden nun in Frage gestellt. Der Jugendliche will selbst entscheiden und sich nichts mehr von den Eltern sagen lassen. Gleichaltrige werden immer wichtiger für ihn und alle Probleme mit ihnen besprochen.

MERKSATZ

Das Sozialverhalten ist nicht von Natur aus vorhanden, sondern es muss gelernt werden. Das Kind ist mit Merkmalen und Fähigkeiten ausgestattet, die es ihm erleichtern mit Erwachsenen Kontakt aufzunehmen.

AUFGABEN

1. *Nennen Sie Merkmale und Fähigkeiten, die ein Säugling hat, um die Aufmerksamkeit der Erwachsenen auf sich zu ziehen.*

2. *Wie kann man feststellen, dass das Kind eine Bindung an seine Bezugsperson entwickelt hat?*

16.5.2 Bedeutung der Sozialentwicklung

Die Sozialentwicklung ist von großer Bedeutung für die Entwicklung eines Kindes. Kinder, die sozial vernachlässigt wurden, bleiben in ihrer Entwicklung zurück. Untersuchungen haben ergeben, dass Kinder, die in ihren ersten Lebensjahren eine feste Bezugsperson hatten,

▶ später ausgeglichener und selbstsicherer sind,
▶ eine positive Grundstimmung haben,
▶ mit Konflikten gut umgehen können.

Durch die feste Beziehung zu ihrer Bezugsperson haben Kinder ein **Urvertrauen** entwickelt, dass ihnen auch in späteren Konfliktsituationen weiter hilft und sie nicht so leicht verzagen lässt. Auch die **kognitive Entwicklung** wird durch eine sichere Bindung positiv gefördert. Diese Kinder sind eher bereit dazu, die Umwelt aktiv zu erforschen, was wiederum Einfluss auf die Denkentwicklung nimmt.

Im Umgang mit anderen Kindern und Erwachsenen können Kinder **Sozialerfahrungen** sammeln. Besonders der Umgang mit Gleichaltrigen ist wichtig, da hier kein Machtgefälle besteht. Sozialverhalten kann auf der gleichen Ebene ausprobiert werden. Ältere Kinder befinden sich auf einer höheren Entwicklungsstufe, sie sind aber dennoch nicht unerreichbar und bieten gute Möglichkeiten, **Austauschregeln** kennen zu lernen, d. h. das jüngere Kind übernimmt das Verhalten des älteren.

Das Beherrschen von Austauschregeln trägt dazu bei, in die Gruppe integriert zu werden und in schwierigen Situationen Hilfe von anderen zu bekommen.

Im Kindergarten sollten die Kinder bestimmte **soziale Fähigkeiten und Verhaltensweisen** lernen. Dazu gehören u. a.:

▶ Selbstkontrolle,
▶ Frustrationstoleranz,
▶ Kontaktfähigkeit.

Wenn diese Fähigkeiten nicht beherrscht werden, dann haben es die Kinder später schwer, mit anderen Menschen auszukommen. Die Förderung der Sozialentwicklung ist daher auf allen Entwicklungsstufen unbedingt notwendig.

MERKSATZ

Auch soziale Fähigkeiten und Verhaltensweisen müssen erlernt und geübt werden.

AUFGABEN

1. Nennen Sie Beispiele dafür, wie das Sozialverhalten der Kinder gefördert werden kann.
2. Begründen Sie, warum auch das Vorbild der Erwachsenen einen erheblichen Einfluss auf das Sozialverhalten des Kindes hat.

| 16.6 | Entwicklung der Moral |

AUFGABE

Erklären und beurteilen Sie den „pädagogischen Zeigefinder".

Das Zusammenleben in der Gesellschaft wird durch **Verhaltensvorschriften** geregelt. Diese Vorschriften werden als Normen bezeichnet. Sie geben an, was man darf und was nicht, welche Rechte und Pflichten der Einzelne hat.

Im Laufe des Lebens werden verschiedene Normen gelernt und verinnerlicht. Ein System an Normen wird mit **Moral** bezeichnet. Den Prozess der Verinnerlichung bezeichnet man als den **Aufbau des Gewissens oder der Moral**. Das Gewissen funktioniert wie eine innere

Stimme, die meldet, was den Normen entspricht und was nicht. Das Gewissen wird zur Richtschnur für das eigene Handeln.

| 16.6.1 | Verlauf der Moralentwicklung |

Die Moralentwicklung vollzieht sich aus der Sicht des amerikanischen Forschers Kohlberg in sechs Stufen:

▶ Die erste Stufe wird als **Lust-Schmerz-Orientierung** bezeichnet. Die Handlung ist in Ordnung, wenn sie nicht bestraft wird und umgekehrt ist sie nicht in Ordnung, wenn sie bestraft wird.

▶ Die zweite Stufe orientiert sich an den **eigenen Bedürfnissen**. Eine Handlung ist gut, wenn sie den eigenen Interessen dient. Diese Stufe wird daher auch als **Kosten-Nutzen-Orientierung** bezeichnet.

▶ Die dritte Stufe orientiert sich an den Normen wichtiger Bezugspersonen. Das Kind übernimmt die Normen seiner Bezugspersonen, um gut mit ihnen auszukommen. Diese Stufe heißt daher auch **Braves-Kind-Orientierung.**

▶ Die vierte Stufe orientiert sich an übergreifenden Systemen wie Religionsgemeinschaften oder dem Staat. Was diese Systeme vorschreiben, wird für richtig gehalten. Die Stufe heißt daher: **Recht-und-Ordnung-Orientierung.**

▶ Bei der fünften Stufe werden die Normen hinterfragt: Es besteht die Einsicht, dass die Normen das Zusammenleben regeln, daher müssen sie bewusst übernommen werden. Die Stufe wird mit **Orientierung am sozialen Vertrag** bezeichnet.

▶ Stufe sechs orientiert sich am eigenen Gewissen, welches sich in der Auseinandersetzung mit ethischen Fragestellungen entwickelt. Es wird das gemacht, was man für richtig hält. Die Stufe heißt daher: **Orientierung an ethischen Grundsätzen**.

Es lassen sich keine genauen Angaben darüber machen, in welchem Lebensalter die einzelnen Stufen erreicht werden. Möglich ist auch, dass Menschen auf frühere Stufen zurückfallen.

In der Regel kann gesagt werden, dass die ersten beiden Stufe moralischen Denkens mit zunehmendem Alter reduziert werden, während Stufe zwei und drei sowie fünf und sechs sich erst langsam entwickeln und danach gehalten werden können.

MERKSATZ

Stufe eins und zwei können als Vorläufer der Moral bezeichnet werden. Stufe drei und vier beinhalten eine fremdbestimmte Moral und Stufe fünf und sechs eine selbstbestimmte Moral.

AUFGABEN

1. *Überlegen Sie sich je ein Beispiel von Moralverhalten für jede der sechs Stufen.*
2. *Gab es Situationen in Ihrem Leben, in denen Sie Probleme mit Ihrem Gewissen hatten?*
3. *Wie kann die Gewissensbildung bei Kindern gefördert werden?*

16.6.2 Bedeutung der moralischen Entwicklung

Ohne Moral ist das Zusammenleben in einer Gesellschaft nicht möglich. Verhaltensvorschriften sind jedoch nicht starr, sondern einem **Veränderungsprozess** unterworfen. So können neue ethische Fragen etwa durch medizinische oder technische Fortschritte aufgeworfen werden. Beispielsweise erfordern die Möglichkeiten der Gentechnik oder der Präimplantationsdiagnostik, dass neue Regeln zum verantwortlichen Umgang erarbeitet werden.

Zwischen der moralischen Entwicklung und der Denkentwicklung besteht eine enge Verbindung. Die letzte Stufe des moralischen Urteilens setzt ein hohes Maß an **Abstraktionsvermögen** voraus. Das bedeutet, dass derjenige diese Stufe nicht erreicht, der nicht über die entsprechende Denkentwicklung verfügt.

Zur Sozialentwicklung besteht ebenfalls eine enge Verbindung, d. h. dass Kinder, die ein positives soziales Verhalten zeigen, auch in der Gruppe angesehen sind. Hinter den sozialen Verhaltensweisen stehen moralische Normen wie Hilfsbereitschaft, Rücksichtnahme u. a. Diese Normen helfen den Kindern, in ihren sozialen Beziehungen zurechtzukommen.

MERKSATZ

Moralvorstellungen unterliegen dem sozialen Wandel.

AUFGABEN

1. *Formulieren Sie soziale Werte, die aus Ihrer Sicht unbedingt erforderlich sind.*
2. *Erklären Sie die Verbindung zwischen moralischer Entwicklung und Denkentwicklung sowie zwischen moralischer Entwicklung und Sozialentwicklung an Beispielen.*

16.6.3 Störungen der moralischen Entwicklung

Entscheidenden Einfluss auf die Gewissensbildung hat das Erzieherverhalten. Forschungen haben ergeben, **dass autoritäres Erzieherverhalten** die Gewissensbildung ungünstig beeinflusst. Die Kinder halten sich zwar an die vorgegebenen Normen, aber nur aus Angst vor Strafe, so dass eine Verinnerlichung der Normen nicht stattfinden kann. Die Folge kann sein, dass sich das Kind nicht an die Normen halten wird, wenn es unbeobachtet ist.

Beim **Liebesentzug**, den manche Eltern verhängen, ist es ähnlich. Die Folge kann sein, dass das Gewissen übermäßig streng ausgeprägt wird, so dass die Kinder zukünftig Angst haben, etwas falsch zu machen. Die eigenen Bedürfnisse werden nicht mehr zugelassen.

MERKSATZ

Ohne Moral ist ein Zusammenleben in einer Gesellschaft nicht möglich. Bei kleineren Kindern ist es wichtig, Normen vorzugeben und auch vorzuleben.

AUFGABE

Beurteilen Sie das Verhalten der Kinder im nachfolgenden Fallbeispiel.

FALLBEISPIEL

Die Mutter gibt Lukas eine Handvoll Bonbons. Sie fordert ihn gleichzeitig auf, die Bonbons mit Simon, mit dem er gerade spielt, zu teilen. Lukas hält sich an die Anweisung der Mutter, da er weiß, dass sie böse werden kann, wenn er nicht macht, was sie sagt.

Am anderen Tag, als die Kinder im Kindergarten miteinander spielen, merkt Lukas, dass Simon Bonbons hat, die er eifrig allein isst. Am Tag danach bringt sich Lukas ebenfalls Bonbons von zu Hause mit und isst diese auch allein auf. Die Sozialassistentin wundert sich, denn sie ist dieses Verhalten von Lukas nicht gewöhnt. Als sie ihn fragt, meint Lukas, Simon habe am Tag davor auch nicht geteilt.

16.7 Entwicklung der Motivation

Die Psychologie stellt sich seit langem die Frage nach den unterschiedlichen Verhaltensweisen der Menschen in bestimmten Situationen. Was treibt die Menschen an? Was ist der Beweggrund, die Motivation für ihr Verhalten?

Motive sind Beweggründe für die Menschen, auf **ein bestimmtes Ziel hinzuarbeiten**. Motivation ist der Vorgang, bei dem Motive den Menschen antreiben.

Motive unterscheiden sich in der Art und Stärke. Meist ist nicht nur ein Motiv für das Verhalten verantwortlich, sondern meistens sind es mehrere. In der Psychologie wird zwischen den **Grundmotiven** und den **höheren Motiven** unterschieden, vgl. 10.1.1. die Maslow'sche Bedürfnispyramide. Zu den Grundmotiven zählen die Bedürfnisse nach Nahrung, Schlaf usw.

Die höheren Motive dienen der Selbstverwirklichung. Hierzu zählt das Leistungsbedürfnis. Man geht davon aus, dass die Grundbedürfnisse befriedigt sein müssen, bevor höhere Bedürfnisse angestrebt werden können.

Am besten erfasst ist die Leistungsmotivation. Sie definiert das Bedürfnis, sich mit einem Gütemaßstab auseinanderzusetzen.

Abb. Nühs

16.7.1 Entwicklung der Leistungsmotivation

AUFGABE

Welche Fähigkeiten kann das Kind beim Brettspiel entwickeln?

LF 4

Eine Grundvoraussetzung für die Leistungsmotivation ist die Fähigkeit zwischen Erfolg und Misserfolg unterscheiden zu können. Sie entsteht durch Anreize aus dem Umfeld.

▶ Versuche haben ergeben, dass Kinder im Alter von **dreieinhalb Jahren** verstehen, nach welchen Kriterien Leistungen bewertet werden. Ihnen ist z. B. bewusst, dass jemand, der als erstes mit einer Aufgabe fertig ist, der Sieger ist. Ihnen ist aber noch nicht bewusst, wie ihre Erfolgschancen sind. Sie gehen davon aus, dass sie gewinnen werden, selbst dann noch, wenn sie bereits viele Male verloren haben.

▶ Bei Kindern im Alter von **viereinhalb Jahren** sieht das schon anders aus. Sie schätzen ihre Leistungsfähigkeit realistischer ein. Zunehmend gelingt es ihnen auch, Misserfolge besser zu ertragen und den Erfolg der anderen anzuerkennen.

▶ Ab **fünfeinhalb Jahren** ist festzustellen, dass sich Kinder verstärkt anstrengen, um beim nächsten Mal ebenfalls zu gewinnen. Insgesamt steigt die Leistungsspanne bis zum Schulalter an.

▶ Im **Schulalter** spielt der Leistungsgedanke eine wichtige Rolle. Der Schulanfänger ist noch nicht in der Lage seine Fähigkeit im Verhältnis zur Schwierigkeit der Aufgabe zu sehen. Die Schule trägt aber dazu bei, dass sich die Fähigkeit zur Selbsteinschätzung entwickelt.

DEFINITION

Leistungsmotivation ist das Bestreben, die persönliche Tüchtigkeit zu steigern. Die Entwicklung der Leistungsmotivation erfolgt in Stufen. Die Fähigkeit zur Selbsteinschätzung lernt das Kind aber erst in der Schule.

AUFGABE

Wie können Sie die Leistungsbereitschaft der Kinder im Alter von dreieinhalb Jahren bis zum Schulalter fördern?

16.7.2 Bedeutung und Probleme der Leistungsmotivation

Ohne Leistungsmotivation gäbe es kein Lernen und damit keinen Fortschritt in der Entwicklung. Deshalb ist die Leistungsmotivation entscheidend für die gesamte Entwicklung.

Leistung wird in unserer Gesellschaft groß geschrieben. Wer etwas leistet, ist angesehen. Dabei besteht die Gefahr, dass die Leistung überbewertet wird und so ein übersteigertes Leistungsstreben zustande kommt. Menschen, die diese Leistungen nicht erbringen können, gehören nicht dazu und werden sehr leicht zur Seite gedrängt. Trotz dieser möglichen Gefahr ist Leistungsstreben nicht abzulehnen. Es handelt sich um ein **menschliches Bedürfnis** und sollte deshalb nicht verurteilt werden. Allerdings muss das Leistungsstreben ausgewogen sein und darf soziale Aspekte nicht übersehen. Eine weitere Gefahr ist zu hoher Leistungsdruck. Kinder im Schulalter leiden bereits unter dem Leistungsdruck, der meistens von den Eltern ausgeübt wird. Die Eltern möchten ihre Kinder möglichst gut auf die Leistungsgesellschaft vorbereiten und stellen dann zu hohe Anforderungen. Zu einem **negativen Selbstbild** bei den Kindern kann es kommen, wenn sie den Anforderungen der Eltern nicht genügen.

MERKSATZ

Das Erbringen von Leistungen ist ein Grundbedürfnis des Menschen. Jede Übertreibung kann negative Auswirkungen haben.

Abb. Nühs

AUFGABEN

1. Welche Folgen kann die Überbewertung der Leistung haben?

2. Berichten Sie von dem Einfluss Ihrer Eltern auf Ihre schulischen Leistungen.

16.7.3 Förderung der Leistungsmotivation

Die Leistungsmotivation des Kindes wird durch das Elternhaus, den Kindergarten und die Schule gefördert:

Besonders günstig wirken sich hierbei aus:

▶ die Erziehung zur Selbstständigkeit,
▶ eine anregend gestaltete Umgebung,
▶ angemessene Aufgaben,
▶ Vorbilder und Ermutigung durch die Eltern, Sozialassistentin und Lehrerin.

Wie bereits beschrieben, sind Kinder neugierig und haben Freude daran, Dinge selbst zu tun. **Selbermachen ist ein Vorläufer der Leis-**

tungsmotivation, darauf wird später aufgebaut. Beim Selbstständigwerden reicht es nicht aus, dass Kinder allein essen können oder sich allein anziehen können, sondern wichtig ist, dass sie selbst entscheiden können.

Die **Anforderungen** an das Kind sollten es nicht überfordern, sondern sie sollten angemessen sein. Kinder müssen in der Lage sein, die Aufgaben von sich aus zu bewältigen. Das gibt ihnen Mut, sich auch zukünftig selbstständig an Aufgaben heranzuwagen.

In einem engen Zusammenhang damit ist die **Umwelt** zu sehen. Sie muss so gestaltet sein, dass Kinder selber etwas machen können. Dabei sollten sie nicht mit Spielsachen „überschüttet" sein, sondern ein Mittelmaß reicht aus.

Das Erzieherverhalten hat ebenfalls Einfluss auf das Kind. Wenn Eltern ein gut **motiviertes Vorbild** sind, haben sie einen positiven Einfluss auf die Leistungsbereitschaft des Kindes. Das Kind hat den Ehrgeiz, es ihnen Recht zu machen. Der pädagogische Bezug spielt insbesondere auch in der Schule eine wichtige Rolle. Kinder zeigen Leistung, wenn sie die **Anerkennung** ihrer Lehrerin finden und die Leistung zu ihrer **eigenen Zufriedenheit** ausgefallen ist.

MERKSATZ

Die beste Motivation ist die, die das Kind von sich selbst aus empfindet. Von außen auferlegte Motivation muss sich an den Interessen des Kindes orientieren und darf es weder unter- noch überfordern.

AUFGABEN

1. *Nennen Sie Beispiele dafür, wie Sie Kinder zum Spielen, zum Basteln usw. motivieren können.*

2. *Wie können Sie sich zur Ausübung des Berufes Sozialassistentin immer wieder neu motivieren?*

3. *Zählen Sie Beispiele für ein gutes bzw. schlechtes Vorbild der Eltern auf.*

17 Entwicklungsfördernde und -hemmende Faktoren

Ab seiner Geburt hat der Mensch eine Fülle an Möglichkeiten, Verhalten und Eigenschaften zu entwickeln. Durch den Einfluss der Umwelt werden die Möglichkeiten gefördert oder eingeschränkt und in bestimmte Bahnen gelenkt. Sie werden kanalisiert oder verfestigt. Der Mensch kommt mit der Fähigkeit zum Spracherwerb auf die Welt. Durch die Umwelt lernt er aber eine bestimmte Sprache, z. B. Deutsch oder Englisch. Auch die Fähigkeit, sich gut auszudrücken, ist zu einem großen Teil auf die Umwelt zurückzuführen. Wenn sich die Eltern differenziert ausdrücken, übernehmen die Kinder deren Wortschatz.

Im Laufe der Zeit verfestigen sich Verhaltensweisen und werden zu **Gewohnheiten**, z. B. Übernahme der Essgewohnheiten.

Problematisch kann die Verfestigung werden, wenn sie zu starren Gewohnheiten oder Meinungen führt, denn heute ist der flexible, anpassungsfähige Mensch gefordert.

17.1 Möglichkeiten der Einflussnahme auf die kindliche Entwicklung

Zunächst einmal stellt sich die Frage danach, wie weit die kindliche Entwicklung durch Einflüsse von außen beeinflusst werden kann. Kann jedes Kind zu einem Sportler, Musiker oder Mathematiker erzogen werden? Erziehung möchte eine Veränderung herbeiführen. Sie hat dabei zu berücksichtigen, dass Erbanlagen (endogene Faktoren), Umwelt (exogene Faktoren) und die Selbststeuerung (autogene Faktoren) die Entwicklung des Menschen voranbringen. Das Wesentliche für jede Erziehende ist aber nicht nur das **Wissen über die Möglichkeiten der Einflussnahme, sondern auch um die Bereitstellung von Wissen zur Gestaltung der Einflussnahme.**

Es geht also um die Frage nach den Bedingungen, die die Erziehende schaffen muss, um optimal erzieherisch tätig zu werden und was sie unterlassen muss, da sie dadurch nicht förderlich auf das Kind einwirken kann.

MERKSATZ

Aufgabe der Erziehenden ist die Schaffung optimaler Bedingungen, damit sich die Kinder möglichst selbsttätig entwickeln können.

AUFGABE

Nennen Sie Beispiele für Projekte, bei denen die Kinder möglichst viel selbstständig erarbeiten müssen.

17.1.1 Räumliche Bedingungen im Kindergarten

AUFGABE

Beurteilen Sie die abgebildeten Räume. Wie können sie genutzt werden?

Untersuchungen haben ergeben, dass die Erziehung nicht nur von der pädagogischen Kompetenz der Erzieherinnen und Sozialassistentinnen in den Kindergärten beeinflusst wird, sondern auch von den **Umweltbedingungen**, wie Räume, Spielplatz und Lage.

Als günstig werden heute übersichtliche Räume mit möglichst flexibel einsetzbarem Mobiliar, sowie einer guten akustischen Dämpfung durch Teppiche und einer Schallschluckdecke empfunden. Kinder müssen die Möglichkeit haben, sich in Nischen zurückziehen zu können, um eigenständig spielen oder basteln zu können. Diese sollten mit eingeplant werden. Die Wände müssen für die Gestaltung verwendet werden können, damit die Kinder dort „ihre Arbeiten" – für alle sichtbar – anheften können.

Eine geschmackvolle und gemütliche Gestaltung der Räume fördert ebenfalls die Aktivität der Kinder. Sie fühlen sich in diesen Räumen wohl und dadurch zu einer aktiven Mitarbeit angeregt werden.

Auch die **Außenanlage** sollte nicht vernachlässigt werden. Sie ist der erste Eindruck, den das Kind von der Einrichtung hat, in der es nun viele Stunden verbringen wird. Eine ästhetisch gestaltete Außenansicht trägt dazu bei, Schwellenängste beim Kind zu überwinden und es gewinnt eher den Eindruck, ein zweites Zuhause zu haben.

Größe der Einrichtung

Die Größe einer Einrichtung kann ausschlaggebend für die Zahl der Lernangebote sein und damit einen Einfluss auf die Erziehung nehmen. In größeren Einrichtungen ist das Angebot in der Regel größer als in kleinen. Die Kinder können an **unterschiedlichen Aktivitäten** teilnehmen und dadurch zusätzliche Erfahrungen sammeln. Die **individuelle Förderung** ist aber in kleineren Einrichtungen leichter möglich, da hier auch die Anzahl der Kinder geringer ist. Die Kinder werden dort eher herausgefordert, an Aktivitäten teilzunehmen. Sie fühlen sich mit dieser Einrichtung schneller verbunden als mit einer großen und können dort intensivere Erfahrungen machen.

Die Gruppengröße und Zusammensetzung (altersgemischt oder nicht, Anteil der Jungen und Mädchen) ist eine weitere Bedingung, die die Entwicklung der Kinder beeinflusst. Die Gruppe sollte nicht zu groß sein, da die Erzieherin und Sozialassistentin dann den Überblick über die

Abb. Morgenstern (oben), Nühs (unten)

Kinder verlieren und sich nicht mehr dem einzelnen Kind widmen kann.

Die Einrichtungen müssen so gestaltet sein, dass sie den Kindern eine **Lebenswelt** schaffen, in der sie sich entwickeln und Erfahrungen sammeln können und fit für das Leben gemacht werden.

MERKSATZ

Die Förderung des Kindes hängt nicht nur mit der pädagogischen Kompetenz der Erzieherin und Sozialassistentin zusammen, sondern auch mit dem Umfeld. Ästhetisch gestaltete Innenräume und Außenanlagen tragen zum Wohlgefühl des Kindes bei und regen seine Aktivität an.

AUFGABEN

1. *Notieren Sie stichpunktartig die Einrichtung von Kindergärten, durch die die Selbsttätigkeit der Kinder gefördert wird. Teilen sie Ihre Notizen der Klasse mit.*

2. *Überprüfen Sie in Gedanken Ihren Praktikumskindergarten und stellen Sie fest, ob er so bleiben kann oder ob etwas geändert werden muss.*

17.1.2 Arbeitsbedingungen der Erziehenden

Die Erziehende findet in den Einrichtungen ganz unterschiedliche Arbeitsbedingungen vor, die einen starken Einfluss auf ihre Erziehungsarbeit und damit auf die zu betreuenden Kinder haben. Sie hängen von der Organisation ab, dem Handlungsspielraum, dem Träger, dem sozialen System u. a.

Abb. Thiele

Neben dem **äußeren Rahmen** gibt es Faktoren, die mit der **Persönlichkeit der Erziehenden** zusammenhängen und sie zu einer guten bzw. weniger guten Erziehenden machen. Ihre Arbeit wird bestimmt:

▶ durch die **Ziele**, die sie sich gesetzt hat,
▶ durch ihren **Erziehungsstil** und
▶ ihr **Wissen über Handlungsmöglichkeiten**.

Persönliche Faktoren wie Belastbarkeit, Emotionen und Motivationen haben ebenfalls einen starken Einfluss auf die Arbeit der Erziehenden.

Die Wirkung auf das Kind ist wiederum davon abhängig, wie gut sie sich auf das einzelne Kind einstellen und es fördern kann.

MERKSATZ

Die Arbeit der Erziehenden ist abhängig von ihrem Umfeld, den Erziehungszielen, dem Erziehungsstil, den Handlungsmöglichkeiten und von persönlichen Faktoren.

AUFGABEN

1. *Führen Sie eine Kartenabfrage über die „ideale" Erziehende durch.*

2. *Zählen Sie äußere Rahmenbedingungen auf, die die Arbeit unterstützen.*

17.1.3 Förderung in den sensiblen Phasen

FALLBEISPIEL

Iris hat Probleme mit dem Sprechen

Das Kind Iris geht ungern in den Kindergarten. Auf die Frage der Mutter nach den Gründen meint diese, die anderen Kinder würden sie oft nicht verstehen und über ihre Sprache lachen. Die Mutter stutzt und erwidert, dass sie das nicht verstehen könne, denn sie wüsste genau, was ihre Tochter meine. „Die anderen aber nicht", schreit ihr die Tochter ungeduldig entgegen.

Beim Gespräch mit der Gruppenleiterin wird der Mutter klar, dass Iris viele Wörter nicht richtig aussprechen kann und eine ärztliche Untersuchung sinnvoll ist.

LF 4

AUFGABEN

1. Welche Maßnahmen hätten früher ergriffen werden können?

2. Nennen Sie mögliche Gründe für die Sprechprobleme von Iris.

Für die pädagogische Arbeit ist es wichtig zu wissen, welche Fähigkeiten ein Kind in welchem Alter erwerben kann und wie diese gefördert werden können.

Beispiele:

▶ Ein Kind kann erst gehen, wenn sich sein Gleichgewichtssinn (endogener Faktor) entwickelt hat. Fängt es aber an zu gehen, dann kann diese Fähigkeit durch Mithilfe (exogener Faktor) der Erwachsenen unterstützt werden. Das Kind darf aber nicht überfordert werden, da es dann beim Gehen Ängste entwickeln könnte und sich weigern würde, zu gehen. Andererseits kann das Kind seine Gehfähigkeit nicht entwickeln, wenn es keine Möglichkeit zum Gehen hat.

▶ Bestimmte Sportübungen kann ein Kind auch erst in der entsprechenden Altersstufe lernen. Sind diese Fähigkeiten vorhanden, dann sollten sie gefördert werden.

▶ An den Umgang mit der Schere kann das Kind auch erst heran geführt werden, wenn es über die entsprechende Handgeschicklichkeit verfügt. Hat es diese erworben, dann sollte ihm alles Mögliche zum Schneiden hingelegt werden.

▶ Der Mensch kommt mit der Fähigkeit zum Spracherwerb auf die Welt. Zunächst kann er nur Lallmonologe von sich geben, danach erfolgt der Ein-Wort-Satz, Zwei- und Mehrwortsätze, Drei- und Mehrwortsätze usw. Durch Übung kann die Sprechfähigkeit verbessert werden.

▶ Manches, was das Kind nicht zu einem bestimmten Zeitpunkt lernt, lernt es später nur sehr mühsam. So hat man bei einem zunächst blinden, später sehendem Mädchen festgestellt, dass es nicht in der Lage war, zwei Psychologen, die sich für vier Wochen intensiv mit ihm beschäftigt hatten, auseinander zu halten. Diese Fähigkeit war nicht im richtigen Moment geschult worden.

Es gibt **genetisch festgelegte Reifungsprogramme** oder sensible Phasen, in denen bestimmte Erfahrungen eine prägende Wirkung zeigen, die später in pädagogischer Hinsicht kaum verändert werden können. Erzieherische Einflussnahme ist aber dabei nicht grundsätzlich in Frage gestellt.

Ein internes oder genetisches Programm steuert die Reifung.

Reifung erfolgt nicht unabhängig von Umwelteinflüssen. Artspezifische Verhaltensweisen entwickeln sich genetisch. Untersuchungen haben ergeben, dass Kinder durchschnittlich mit etwa 15 Monaten ihre ersten freien Schritte gehen. Sie vorher zum Laufen zu zwingen, ist nicht sinnvoll.

Als **sensible Phase** wird ein begrenzter Zeitraum bezeichnet, in dem der Mensch besonders empfänglich für bestimmte Einflüsse von außen ist.

Eltern und Betreuerinnen der Kinder müssen darauf achten, dass sie die Entwicklungsabschnitte fördern, die dem Reifungsstand des Kindes entsprechen. Wenn die Reifung verzögert ist, dann müssen Gegenmaßnahmen ergriffen werden.

MERKSATZ

Alle Menschen sind mit einem genetischen Programm ausgestattet, das die Entwicklung bestimmter Bereiche steuert. In jeder Entwicklungsstufe ist es Aufgabe der Erwachsenen, das Kind positiv zu fördern.

AUFGABE

Nennen Sie Beispiele dafür, wie die Fähigkeiten des Kindes beim Gehenlernen, Sprechenlernen, beim Umgang mit der Schere gefördert werden können.

17.1.4 Einflussnahme durch die Umwelt

Der Einfluss der Umwelt auf die Entwicklung eines Menschen war schon immer ein Thema, das die Wissenschaftler interessiert hat. Von besonderer Bedeutung ist dabei die **Intelligenz**:

Ist sie angeboren oder anerzogen, das ist die Frage, der die Wissenschaftler nachzugehen versuchten:

▶ Die **Zwillingsforschung** ist eine Möglichkeit, herauszufinden, inwiefern die Gene (endogene Faktoren) oder die Umwelt (exogene Faktoren) die Entwicklung beeinflussen.

▶ Eine weitere Möglichkeit ist der Vergleich von **adoptierten Kindern** bei den Adoptiveltern und Kindern bei ihren leiblichen Eltern. Auf diese Weise hofft man festzustellen, was angeboren oder durch die Umwelt verursacht ist.

Alle Bemühungen haben zu keinem sicheren Ergebnis geführt. Nach wie vor ist man sich nicht sicher, ob die Merkmale Intelligenz, Begabungen u. a. angeboren oder anerzogen sind.

Hinzu kommt, dass sich der Organismus im Laufe der Entwicklung und durch Auseinandersetzungen mit der Umwelt verändert. Umgekehrt wirkt er auf die Umwelt (autogene Faktoren) ein und verändert diese. Aus dem Wechselspiel zwischen den Veränderungen auf der Organismusseite und den Veränderungen auf der Umweltseite ergibt sich, dass es sinnlos ist, nach den **Anteilen** der einen oder anderen Seite zu fragen.

Als sicher gilt, dass Kinder, die in einer anregungsreichen familiären Umwelt aufwachsen, sich besser entwickeln, als Kinder, deren Umwelt wenig Anregungen bietet.

Beispiel:

▶ Die Kinder, die in einer Familie zuerst geboren werden, sind oft etwas unruhiger als die Nachgeborenen. Nach Meinung der Psychologen liegt das nicht an den Erbanlagen des Kindes, sondern an der Unsicherheit der Mutter, die beim ersten Kind noch nicht weiß, wie sie mit dem Kind umgehen muss. In Familien, in denen schon Kinder sind, wachsen die nachfolgenden Kinder viel ruhiger auf. Die Mutter kennt den Umgang mit dem Kind und sie weiß um die Fähigkeiten, die es in den einzelnen Entwicklungsstufen erworben haben muss.

AUFGABE

Denken Sie darüber nach, wie weit Ihre Umwelt Einfluss auf Ihre Entwicklung genommen hat. Notieren Sie sich dazu Stichpunkte und teilen Sie das Ergebnis Ihren Mitschülerinnen mit.

17.2 Förderung der kindlichen Entwickung in der Familie

LF 4

AUFGABE

Die Familienstruktur hat sich in den letzten Jahren erheblich geändert. Nennen Sie Gründe dafür.

Aufgabe der Familie, der Pflegeperson, ist es, die Kinder in körperlicher, seelischer und kognitiver Hinsicht zu fördern. Je nach Lebensalter überwiegen die einen oder anderen Entwicklungsschritte. Die Eltern (Pflegeperson) müssen sich über die Entwicklungsschritte der Kinder im Klaren sein. Hilfen und Unterstützung können sie bekommen durch

▶ Fachbücher,
▶ Früherkennungsuntersuchung beim Arzt,
▶ Angebote der Volkshochschulen (Elternschulen, Mütterzentren),
▶ Familienbildungszentren.

Bei Erziehungsproblemen erhalten Eltern bei staatlich geförderten Stellen Unterstützung.

In der Familie (bei der Pflegeperson) werden die Grundlagen für die wichtigsten Erfahrungen der Kinder gelegt. Sie lernen

▶ die Regeln und Normen der Gesellschaft,
▶ was „man" tut oder nicht tun darf,

Abb. Morgenstern

▶ wie man sich kleidet,
▶ wie man isst,
▶ was man sagen darf oder lieber für sich behält.

Durch die Familie werden die Kinder mit der sie umgebenden Welt vertraut gemacht.

MERKSATZ

Die Familie hat die Aufgabe, die Entwicklung der Kinder zu fördern und sie zu eigenverantwortlichen und gemeinschaftsfähigen Persönlichkeiten zu erziehen.

AUFGABEN

Viele Familien kommen den an sie gestellten Aufgaben nicht nach:

1. *Was bedeutet dies für Ihre Arbeit als angehende Sozialassistentin in einem Kindergarten?*

2. *Diskutieren Sie im Klassenverband, in wie weit sich die Situation der Familien heute gegenüber früheren Zeiten geändert hat.*

17.2.1   Erziehungsstil in der Familie

Die Bedingungen, die Kinder – besonders kleine Kinder – in der Familie vorfinden, sind von besonderer Bedeutung und Prägung für sie, denn die Familie ist ihre Umwelt. Diese „Umwelt" versorgt sie mit materiellen Gütern wie Essen, Kleidung, Wohnung und Nahrung und gibt ihnen Geborgenheit und emotionelle Unterstützung.

Das erzieherische Verhalten der Eltern wirkt sich direkt auf das Kind aus, es ist diesem Verhalten ausgeliefert. So konnten namhafte Psychologen feststellen, dass ein direkter Zusammenhang besteht zwischen

▶ **Vermeidungsverhalten und häufiger Bestrafung,**
▶ **Zuwendungsverhalten und häufiger Belohnung.**

So haben streng erzogene Kinder höhere Ängstlichkeitswerte als unterstützend erzogene Kinder.

Die **Selbstakzeptanz** nimmt bei Kindern, wenn sie wertschätzend erzogen worden sind, eher zu als umgekehrt. Eine starke Lenkung in der Erziehung führt häufig zu einer **Konformitätstendenz**.

In Familien, in denen Macht und Autorität wichtige Werte sind, werden die Kinder meistens **autoritär** erzogen. Sie sind auch strengeren Kontrollen unterworfen als in Familien, in denen diese Werte nicht so wichtig sind.

Die beste Erziehungsmethode ist die **demokratische**, in der Toleranz, Anerkennung, Vertrauen und Optimismus die vorherrschenden Merkmale sind. Dem Kind muss **freier Raum zur Entfaltung seiner Persönlichkeit** gegeben werden. Der Freiraum ist aber nicht grenzenlos, sondern er wird eingeengt, wenn es darum geht, die Rechte des anderen zu achten.

Der **Laissez-faire-Erziehungsstil** ist daher nicht für die Kindererziehung geeignet. Bei diesem Erziehungsstil dürfen Kinder machen, was sie möchten. Die Aufsichtsperson greift nur ein, wenn sie dazu aufgefordert wird bzw. die Kinder gefährdet sind. Bei dem Laissez-faire-Erziehungsstil werden den Kindern keine Grenzen aufgezeigt. Sie wissen nicht, was richtig bzw. falsch ist. Hilfen werden nicht gegeben.

Kinder, die die Möglichkeit haben, in der Familie ihrem Alter entsprechend mitzubestimmen, sind als Erwachsene bereit, Verantwortung für sich und andere zu übernehmen.

MERKSATZ

Der Erziehungsstil in der Familie hat einen entscheidenden Einfluss auf das spätere Verhalten von Kindern. Eine wertschätzende Erziehung fördert das Selbstbewusstsein der Kinder, während eine autoritäre und Laissez-faire-Erziehung das Gegenteil bewirkt.

AUFGABEN

1. *Berichten Sie über Erziehungsstile und deren Auswirkungen auf das Verhalten der Kinder im Kindergarten.*

2. *Beurteilen Sie das nachfolgende Fallbeispiel.*

FALLBEISPIEL

Frau M. berichtet, sie hätte sehr gern den Beruf der Kinderpflegerin erlernt, aber ihr Vater habe gesagt, sie müsse zu Hause bei den vier Geschwistern mithelfen, da ihre Mutter auch noch einige Stunden auswärts arbeiten würde. So sei es dazu gekommen, dass sie in keinem Beruf ausgebildet worden sei.

17.2.2 Interaktion von Mutter bzw. Pflegeperson mit dem Kind

Die Interaktion (wechselseitig aufeinander bezogenes Handeln) mit der Mutter oder einer anderen Bezugsperson hat einen starken Einfluss auf das zukünftige Leben eines Kindes. So konnte festgestellt werden, dass die Babys von Müttern bzw. Betreuungspersonen, die sensibel auf das Schreien ihrer Babys reagierten, nach einem Jahr wesentlich weniger schrieen, als die anderen Babys, denen diese Fürsorge nicht zuteil wurde. Daher ist davon auszugehen, dass die weniger schreienden Babys einen Weg der Verständigung, der Kommunikation mit ihrer Mutter herausgefunden haben. Einfühlsames Verhalten der Mutter hat einen positiven Einfluss auf die Entwicklung der Kommunikationsfähigkeit. Darüber hinaus beeinflusst die **Einfühlsamkeit** der Mutter die kognitive und emotionale Entwicklung des Kindes. Während das Baby in den ersten Monaten nur über Emotionen verfügt, wird die kognitive Entwicklung durch das sensible Verhalten der Mutter gefördert. Das erste Wiederlächeln des Babys kann als kognitive Leistung aufgefasst werden. Das Baby hat ein „Gesicht" wieder erkannt.

Weinen ist häufig ein Zeichen für missglückte Annäherungsversuche bzw. für das Nichteingehen der Mutter auf die Wünsche des Babys.

Feinfühliges Beobachten des Kindes fördert die Kommunikation zwischen Mutter und Kind und trägt dazu bei, positive Emotionen beim Baby hervorzurufen. Das Beschäftigen der Mut-

ter mit dem Baby führt auch dazu, dass sich das Baby nach einer angespannten Situation schnell wieder beruhigt.

Ständig weinende Babys können sich nicht so gut um die Dinge ihrer Umwelt kümmern, da sie zuviel mit sich selbst beschäftigt sind. Damit hängt auch zusammen, dass Kinder, die gefühlsmäßig zu wenig betreut worden sind, ein starkes **Vermeidungsverhalten** in Form von Protest oder übertriebener Vorsicht zeigen.

MERKSATZ

Die Interaktion von Mutter bzw. Pflegeperson und Kind fördert die kognitive und emotionale Entwicklung des Kindes.

AUFGABE

Erklären Sie mit eigenen Worten, warum Babys, um die sich die Mutter intensiv kümmert, nach einem Jahr weniger weinen als Babys, bei denen das nicht der Fall ist.

17.2.3 Der Einfluss von Geschwistern und anderen Kindern

Bereits in den zwanziger Jahren konnte Alfred Adler (Psychologe, 1870–1937) nachweisen, dass Geschwister zum Einüben von **Rollenverhalten**

Abb. Nühs

und damit für die soziale Kompetenz wichtig sind. Ältere Geschwister übernehmen häufig Führungs- und Verantwortungsrollen, während die jüngeren die Abhängigkeits- oder Oppositionsrolle einnehmen. Auch außerhalb der Familie werden diese Rollen erfolgreich weiter ausgefüllt.

Daran wird deutlich, dass Kinder Erfahrungen mit Kindern unterschiedlichen Alters machen müssen, um das Rollenverhalten zu lernen. Im Umgang mit kleineren Kindern erleben sie, dass sie mehr wissen als diese, kräftiger und größer sind und schon mehr Erfahrungen mitbringen. Bei älteren Kindern stellen sie fest, dass diese ihnen überlegen sind und sie zurückstehen und Rücksicht nehmen müssen.

MERKSATZ

Verschiedene Rollen zu übernehmen ist eine wichtige Kompetenz, um im späteren Leben bestehen zu können. Dafür benötigt das Kind den Umgang mit Kindern unterschiedlichen Alters.

AUFGABEN

1. *Welches Rollenverhalten zeigten die Kinder im Kindergarten?*

2. *Konnte das Rollenverhalten der Kinder im Kindergarten in Verbindung mit dem Rollenverhalten im Elternhaus gebracht werden?*

17.2.4 Beziehungen in der Familie

In der Familie sind die besten Entwicklungschancen für ein Kind gegeben, wenn es nicht eingeengt wird, sondern genug **Freiraum und Eigenständigkeit** hat, um seinen Weg zu finden:

▶ Wenn Kinder mit dem Gehen beginnen möchten, so müssen sie auch Möglichkeiten zum Gehen haben, d. h. dass die Eltern ihnen einen Platz dafür anbieten müssen.

▶ Beim selbstständigen Essen ist es ähnlich: Da müssen ebenfalls die Voraussetzungen geschaffen werden, d. h. Kinder müssen einen Löffel in die Hand bekommen, um selbstständig essen zu können.

▶ Die ersten Versuche gelingen noch nicht so gut, nach und nach wird es besser.

Ob Eltern ihren Kindern optimale Entwicklungsbedingungen bereitstellen, ist manchmal schwer nachzuvollziehen. Häufig lassen sie sich von ihrer eigenen Entwicklungsgeschichte leiten und von ihren Fähigkeiten, Werten, Zielen und Vorstellungen.

Sinnvoll wäre es, wenn Eltern bei Bedarf **Hilfe** von außen für die Erziehung ihrer Kinder in Anspruch nehmen würden.

MERKSATZ

Freiraum und Eigenständigkeit sind für die Entwicklung eines Kindes notwendig. Darüber hinaus benötigt es aber auch Hilfen und Unterstützung.

AUFGABEN

1. *Nennen Sie weitere Bedingungen in der Familie, die die Entwicklung von Kindern fördern.*

2. *Denken Sie noch einmal über Ihre Kindheit nach und schreiben Sie entwicklungsfördernde und entwicklungshemmende Faktoren Ihrer Kindheit auf.*

3. *Stellen Sie fest, wie weit die Elternhäuser der von Ihnen betreuten Kinder im Kindergarten förderlich auf diese eingewirkt haben.*

Abb. Krill

17.2.5 Grenzen in der Erziehung

Jeder Erziehung sind Grenzen gesetzt: Sie liegen im Kind und in seinem Umfeld. Nachfolgend sind einige Grenzen aufgeführt, mit denen sich die Erziehenden auseinandersetzen müssen:

▶ **Genetische Grenzen:** Das sind die ererbten Anteile, die ein Kind besitzt, wie Persönlichkeitsmerkmale, Intelligenz oder Begabungen.

▶ **Erworbene Grenzen:** Sie können durch Umwelteinflüsse wie Ängste, Unsicherheiten oder negative Umgangsformen verursacht worden sein oder durch Medikamente, Krankheit der Mutter (z. B. Röteln) und Komplikationen bei der Geburt (z. B. Sauerstoffmangel). Misshandlung des Kindes kann zu behandlungsbedürftigen Unsicherheiten und Ängsten führen.

▶ **Der Entwicklungsstand des Kindes:** Bei der Annahme von Erziehungsangeboten spielen die Denk- und Entscheidungsfähigkeit des Kindes, seine Wünsche und Bedürfnisse eine entscheidende Rolle. So wird es kaum gelingen, dass ein vierjähriges Kind stundenlang Sport treibt, auch wenn es dafür begabt ist.

▶ **Begrenzte Möglichkeiten der Erziehenden:** Die erzieherischen Möglichkeiten der Erziehenden können begrenzt werden durch das Angebot im Kindergarten, die finanziellen Möglichkeiten, den Träger u. a.

▶ **Ethische Vorgaben:** Bei jeder Erziehung ist die Würde des Menschen zu achten und sein Recht aus Selbstbestimmung zu berücksichtigen. Erziehung muss sich an bestimmten ethischen Vorstellungen, Normen und Werten einer Gesellschaft halten. Die Grundsätze von Achtung und Selbstbestimmung der Individuen sind auch in der UN-Kinderschutzkonvention enthalten.

LF 4

MERKSATZ

Grenzen in der Erziehung hängen ab von der genetischen Disposition, den Umwelteinflüssen und dem individuellen Entwicklungsstand des Kindes.

AUFGABEN

1. Nennen Sie Grenzen in der Erziehung, die Ihnen während Ihres Praktikums im Kindergarten aufgefallen sind.

2. Laden Sie sich die UN-Kinderschutzkonvention aus dem Internet herunter und sprechen Sie in der Klasse über den Inhalt.

3. Denken Sie darüber nach, wie weit die Konvention Einfluss auf Ihre Arbeit nimmt.

Abb. Morgenstern

summen (Prinzip der Kumulation) und Störungen der Entwicklung verursachen.

> „Ich lehne jede Weltanschauung, jede Ideologie und jedes System ab, in dem kein Raum für behinderte und unheilbar kranke Menschen, für missbrauchte, entwurzelte und entgleiste Menschen ist, in dem die Letzten niemals die Ersten sein können."
>
> (aus „Liebe wirkt Wunder, Phil Bosman, Herder Verlag)

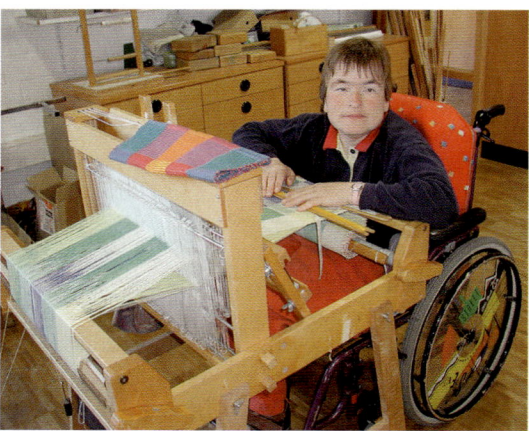

AUFGABEN

1. *Nehmen Sie Stellung zum Text von Phil Bosman.*
2. *Berichten Sie über Erfahrungen, die Sie mit Menschen mit Behinderungen gemacht haben.*
3. *Besichtigen Sie eine Einrichtung für Menschen mit Behinderungen oder machen Sie dort ein Praktikum.*

Angeborene Behinderungen, Schäden die während der Geburt entstanden sind, Krankheiten, Unfälle, können Ursachen für Behinderungen sein. Aber auch traumatische Erlebnisse oder Mangelernährung in den ersten Lebensjahren können sich zu einer pathogenen Wirkung auf

18.1 Schwierigkeiten im Umgang mit Entwicklungsabweichungen

FALLBEISPIEL

Mike, fünf Jahre alt, kann nicht länger als fünf Minuten auf seinem Platz sitzen und sich mit einem Spiel oder einem Buch beschäftigen. Dieses Verhalten zeigt er sowohl im Kindergarten als auch zu Hause.

AUFGABEN

1. *Beurteilen Sie Mikes Verhalten.*
2. *Welche Vorgehensweise schlagen Sie der zuständigen Sozialassistentin vor, um mit Mikes Unruhe umzugehen?*

Das Verhalten des Kindes wird als abweichendes Verhalten bezeichnet, wenn es erheblich und dauerhaft vom Verhalten von Gleichaltrigen abweicht.

Abweichendes Verhalten, das keine Verbindung mit einer organischen Störung hat, wird als **Entwicklungsabweichung** bezeichnet. Wenn Kinder mit Entwicklungsabweichungen keine angemessene Hilfe erhalten, dann besteht die Gefahr, dass sie unter einem dauerhaften Missverhältnis zwischen den Ansprüchen der Umwelt und ihrem individuellen Beitrag, den Ansprüchen gerecht zu werden, leiden. Auch die Umwelt empfindet dieses Missverhältnis als Problem. Sinnvoll ist es, den Kontakt zu einer Erziehungsberatungsstelle aufzunehmen.

DEFINITION

Eine Entwicklungsabweichung besteht, wenn sich ein Kind dauerhaft und erheblich anders verhält als die Mehrzahl der Gleichaltrigen.

LF 4

Abb. Lobetalarbeit e. V., Markus Weyel

AUFGABEN

1. Welche Erfahrungen haben Sie mit Kindern mit einer Entwicklungsabweichung gemacht?

2. Zählen Sie Informationen und Beobachtungen auf, die erforderlich sind, um festzustellen, ob ein Kind tatsächlich an einer Entwicklungsabweichung leidet.

FALLBEISPIEL

Seit acht Wochen liegt die fünf Monate alte Natascha aufgrund einer Infektionskrankheit auf der Quarantänestation des Krankenhauses C. Ihre Mutter darf sie nur durch das Sichtfenster sehen.
Über Nataschas Gesundheitszustand ist der Arzt, der sie betreut, besorgt. Obwohl die Krankheit abnimmt, kann sie nicht gut schlafen. Sie hat keinen Appetit und verliert an Gewicht. Sie wimmert vor sich hin und ihr Gesichtsaudruck ist starr. Zur Krankenschwester verweigert sie den Kontakt, obwohl diese sie sehr liebevoll betreut.

AUFGABEN

1. Welche Verhaltensauffälligkeiten hat Natascha?

2. Welche Möglichkeiten gibt es, ihr zu helfen?

FALLBEISPIEL

Monique, fünf Jahre, wirkt schüchtern und traut sich nichts zu. Bevor sie ein Spiel aus dem Schrank nimmt, fragt sie jedes Mal die Mutter, ob sie spielen darf. Beim Spielen in der Sandkiste hat sie ihre Jeanshose beschmutzt. Heulend sitzt sie am Rand und traut sich nicht nach Hause. Sie hat große Angst, dass ihre Mutter schimpfen wird.

AUFGABEN

1. Wie äußert sich die Überängstlichkeit von Monique?

2. Berichten Sie über Erfahrungen, die Sie mit der Überängstlichkeit gemacht haben.

3. Wie können Sie im Kindergarten dazu beitragen, überängstlichen Kindern Mut zu machen?

FALLBEISPIEL

Lukas, fünf Jahre, verbringt den Tag auf der Straße. Seine Mutter steckt ihm am Morgen etwas Geld in die Tasche, damit er sich mittags einen Hamburger kaufen kann. Am Abend, wenn es dunkel wird, macht er sich auf den Heimweg. Ab und an verprügelt ihn sein Vater, wenn seine Kleidung zu stark verdreckt ist.

AUFGABEN

1. Beurteilen Sie das Verhalten der Eltern.

2. Erkundigen Sie sich beim Jugendamt, ob es in diesem Fall eingreifen müsste.

3. Ein Kind mit Anzeichen von Vernachlässigung kommt in Ihre Gruppe im Kindergarten. Wie gehen Sie mit ihm um?

4. Nennen Sie Beispiele für Vernachlässigung, bei denen das Jugendamt eingeschaltet werden muss.

FALLBEISPIEL

Niklas, sechs Jahre alt, würgt den gleichaltrigen Marvin so stark, dass dieser bewusstlos zu Boden sinkt. Als Niklas zu seinem Verhalten befragt wird, gibt er zur Antwort. „Marvin hat schlecht über meine Schwester gesprochen, dafür musste er büßen!"

AUFGABEN

1. Diskutieren Sie in Gruppen in der Klasse über das Verhalten von Niklas.

2. Überlegen Sie mögliche Alternativen seines Verhaltens.

3. Wie kann ihm geholfen werden? (Auswertung der Gruppenarbeit!)

4. Erarbeiten Sie eine Collage über aggressives Verhalten von Kindern und Jugendlichen. Sammeln Sie dazu Zeitungsartikel, in denen dieses Verhalten beschrieben wird.

5. Erkundigen Sie sich in Ihrem Praktikumskindergarten und in der nachfolgenden Grundschule nach der Häufigkeit des Auftretens von aggressivem Verhalten und wie dagegen vorgegangen wird.

LF 4

Übersicht über Entwicklungsabweichungen

Störung	Symptome	Ursachen	Maßnahmen
Störungen des Sozialverhaltens als Folge von Vernachlässigung	▶ Kind handelt nach dem Lustprinzip, von spontanen Eingebungen geleitet, ▶ sucht nach seinem Vorteil und wehrt vermeintliche Benachteiligungen ab, ▶ hat nicht gelernt, sich an Regeln und Ordnungen zu halten und sein Verhalten kritisch zu hinterfragen.	▶ Mangel an Pflege, Zuneigung und Erziehung ▶ inkonsequente Erziehung, ▶ labile, unberechenbare Beziehungen	▶ Dem Kind zeigen, dass es erwünscht ist, ▶ es an Regeln und Ordnungen des Zusammenlebens gewöhnen, ▶ seine Selbstständigkeit fördern, ▶ ihm Entscheidungsmöglichkeiten einräumen, ▶ die Fähigkeit des Kindes fördern, Probleme wahrzunehmen und damit umzugehen.
Aggression	▶ Gewalt gegenüber Schwächeren, ▶ unangemessenes Reiz-Reaktionsverhalten, z. B. folgt eine heftige Auseinandersetzung auf ein falsches Wort, ▶ Gewalt gegen Sachen, ▶ Gewalt gegen sich selbst (Autoaggression)	▶ Aggressive Vorbilder, ▶ Schutz durch Aggression vor Leiderlebnissen oder Frustration	▶ Viel Zeit und Aufmerksamkeit, damit die aggressiven Energien umgeleitet werden und die Kinder wieder positives Sozialverhalten aus eigenem Antrieb erlernen.
Überängstlichkeit	▶ Hemmungen, ▶ mangelndes Selbstvertrauen, ▶ Angst vor neuen Situationen, ▶ Angst vor neuen Kontakten	▶ Angst vor Strafe, Liebesverlust, nicht erwünscht zu sein, ▶ Angst, unbestimmten Gefahren allein ausgeliefert zu sein, z. B., wenn das Kind oft allein zu Hause ist.	▶ Mut machen, einen Platz in der Gemeinschaft vermitteln, ▶ eigene Entscheidungsmöglichkeiten einräumen, ▶ angemessene Leistungsanforderungen geben, ▶ nicht mit Liebesentzug drohen, ▶ positives Sozialverhalten verstärken.
Hyperaktivtät	▶ Mangel an Ausdauer bei Beschäftigungen, die Konzentration erfordern, ▶ Neigung, von einer Tätigkeit zur anderen zu wechseln, ohne etwas zu Ende zu bringen, ▶ unkontrollierte und überschießende Aktivität	Ursachen ungeklärt	▶ Heilpädagogische oder kindertherapeutische Behandlung, ▶ Ruheübungen machen, ▶ dem Kind Aufgaben für die Gemeinschaft übertragen, ▶ die Stärken des Kindes betonen, ▶ das Kind so akzeptieren, wie es ist, ▶ Sport, Bewegung, ▶ sich viel in der Natur aufhalten.

LF 4

18.2 Behinderungen und ihre Folgen

FALLBEISPIEL

Das Sprachvermögen von Jonas, fünf Jahre, ist aufgrund einer Funktionsstörung des Gehirns nicht altersentsprechend entwickelt. Sein Wortschatz ist begrenzt. Er kann seine Wünsche nicht ausdrücken, sondern nur Bruchstücke von Worten hervorstoßen und keine zusammenhängenden Sätze formulieren.
Jonas Sprachentwicklung ist über die Stufe eines gerade mit dem Sprechen beginnenden Kleinkindes noch nicht hinausgekommen.

AUFGABE

Gibt es Möglichkeiten, Jonas zu helfen?

Der Begriff „Behinderung" fasst verschiedene Behinderungsarten zusammen. Behinderungen sind Folgen von **Schädigungen**, die angeboren oder erworben sind und die Teilhabe des betroffenen Menschen am Leben in der Gemeinschaft erschweren. Die Behinderung eines Menschen hängt aber nicht allein von der erkennbaren Funktionsstörung ab, sondern auch davon, wie die Umwelt reagiert, wenn jemand von der üblichen Norm der Gesunden und Leistungsfähigen abweicht.

Merkmale von Behinderungen

▶ Die Ursachen liegen in körperlichen oder psychischen Schädigungen, z. B. in einer Schädigung des Rückenmarks, die zu einer Lähmung führt.

Abb. Archiv Karl-Schubert-Schule, Stuttgart

▶ Der betroffene Mensch kann die Auswirkungen der Schädigungen nicht allein bewältigen, sondern er benötigt die Hilfe anderer.
▶ Die Auswirkungen der Schädigung können nicht gänzlich behoben werden, sondern der Mensch muss lernen, mit seiner Beeinträchtigung zu leben.

Menschen mit Behinderungen werden in besonderen Einrichtungen, z. B. Heimen, Werkstätten, gefördert. Das hat in der Vergangenheit häufig dazu geführt, dass Menschen mit Behinderungen in der Öffentlichkeit kaum in Erscheinung getreten sind. Dies hat nicht selten Unsicherheit im Umgang mit Menschen mit Behinderungen zur Folge. Förderpädagogische Konzepte bemühen sich zur Zeit vermehrt um **Inklusion** von Menschen mit Behinderungen, d. h. ihre Anwesenheit bei und Beteiligung an allen sozialen Prozessen.

MERKSATZ

Menschen mit Behinderung sind infolge einer körperlichen oder psychischen Schädigung dauerhaft auf die Hilfe anderer Menschen angewiesen.

18.2.1 Probleme von Kindern mit speziellem Förderbedarf

Die Geburt eines Kindes mit einer Behinderung ist für die Eltern zunächst eine schmerzliche Erfahrung. Sie müssen ihr Kind akzeptieren, denn das Kind spürt, wie seine Eltern zu ihm stehen.

Wenn die Eltern Probleme mit der Annahme ihres Kindes haben, kann das Auswirkungen auf das Verhalten des Kindes haben: Es wird ihm schwer fallen, sich selbst anzunehmen und eine positive Einstellung zu seinem Leben zu bekommen. Die Folge kann **verstärktes Misstrauen** und **Rückzug von Sozialkontakten** sein.

Je nach der Art der Behinderung kann es **Verständigungsprobleme** zwischen dem Kind und seinen Betreuern geben. So kann es vorkommen, dass es Signale aussendet, die aber nicht von der Umwelt verstanden werden.

Kinder mit speziellem Förderbedarf werden oft **ausgegrenzt**. Viele Menschen sind unsicher im Umgang mit Menschen mit Behinderungen. Manchmal verwehren auch Eltern ihren gesunden

LF 4

Kindern das Spielen mit Geschwistern oder Freunden mit Behinderung, weil sie Nachteile für deren Entwicklung befürchten. Die Folge ist, dass das Kind mit speziellem Förderbedarf noch **weniger Sozialkontakte** hat und immer mehr vereinsamt.

Behinderungen haben einen starken Einfluss auf das **Selbstbild** des betroffenen Kindes. Die Erfahrung, immer auf die Hilfe anderer Menschen angewiesen zu sein, führt häufig dazu, dass die Kinder sich selbst wenig zutrauen.

Wichtig ist es daher, dass Eltern rechtzeitig Einrichtungen der Frühförderung aufsuchen, in denen das Kind lernen kann, mit seiner Behinderung umzugehen.

MERKSATZ

Für ein Kind mit speziellem Förderbedarf ist es wichtig, dass es von seinem sozialen Umfeld angenommen wird, um Kontakte mit anderen Menschen herzustellen und sich ihnen vertrauensvoll zuzuwenden.

AUFGABE

Nennen Sie Beispiele dafür, wie das Ausgrenzen von Kindern mit speziellem Förderbedarf verhindert werden kann.

18.2.2 Behinderungsarten und Ursachen von Behinderungen

FALLBEISPIEL

Felix traut sich nicht, mit dem Bus zur Schule zu fahren. Regelmäßig muss er sich dumme Bemerkungen über seine Figur anhören.

Abb. Archiv Karl-Schubert-Schule, Stuttgart

Felix ist kleinwüchsig. Es fällt ihm schwer, Kontakte zu Gleichaltrigen zu knüpfen. Er fühlt sich den anderen gegenüber minderwertig und zieht sich zurück.

AUFGABEN

1. Beurteilen Sie das Verhalten „der anderen" und das von Felix.
2. Geben Sie Felix Tipps, besser mit den Bemerkungen der anderen fertig zu werden.

Allen Menschen mit einer Behinderung ist gemeinsam, dass ihre Teilnahme am Leben durch die Schädigung erschwert ist.

In der Art ihrer Behinderung unterscheiden sie sich erheblich. Man unterscheidet fünf Gruppen von Behinderungen:

▶ **Körperbehinderungen**, z. B. Behinderungen der Muskeln und des Skelettsystems, des Gehirns und des Nervensystems usw.,
▶ **Behinderungen der Sinnesorgane**, z. B. Behinderung des Seh- oder des Hörvermögens,
▶ **Intelligenzstörungen**, z. B. Lernbehinderungen oder geistige Behinderungen,
▶ **Psychische Gefährdungen und Behinderungen**, z. B. Psychosen,
▶ **Sprachbehinderungen**, z. B. Stottern.

Ursachen von Behinderungen

Die Ursachen von Behinderungen werden je nach dem Zeitpunkt ihres Auftretens unterteilt:

▶ **Pränatal** (vor der Geburt): Dazu zählen genetische Schädigungen.
▶ **Perinatal** (während der Geburt): Dazu zählen Schädigungen bei Frühgeburten, Sauerstoffmangel bei der Geburt, Verletzungen durch Zangengeburt.
▶ **Postnatal** (nach der Geburt): Schädigungen in den ersten Tagen und Wochen nach der Geburt etwa durch Viruserkrankungen (z. B. Hirnhautentzündung), Impfschäden, Infektionen, Unfälle usw.
▶ Schädigungen, die sich zu einem **späteren Zeitpunkt im Leben** ereignen, z. B. durch Krankheiten und Unfälle. Diese Schädigungen sind insgesamt für den größten Teil der Behinderungen verantwortlich.

AUFGABE

Beschäftigen Sie sich mit einer Behinderung genauer und halten Sie darüber ein Referat.

18.2.3 Hilfe durch Frühförderung

In der Frühförderung werden Säuglinge und Kinder im Alter von **0 bis 6 Jahren** betreut, bei denen ein Entwicklungsrückstand und spezieller Förderbedarf festgestellt wurde oder vermutet wird.

Die Frühförderung hat zum Ziel, im Zusammenwirken von Eltern und Fachkräften die Entwicklung der Kinder anzuregen und zu unterstützen.

Entscheidend sind insbesondere die ersten drei Lebensjahre, da Kinder in diesem Alter eine große **Lernbereitschaft und Auffassungsgabe** besitzen (siehe sensible Phasen). Darüber hinaus werden zu diesem Zeitpunkt wichtige Weichen für die Entwicklung der Fähigkeiten eines Menschen und seiner Persönlichkeit gestellt. Dies gilt besonders für Kinder, die in der Entwicklung verzögert sind. Bei vielen dieser Kinder konnte durch eine frühe und gezielte Förderung die Entwicklungsverzögerung aufgeholt und einer dauerhaften Beeinträchtigung vorgebeugt werden.

In den Förderstellen, die es in fast allen Städten gibt, arbeiten Heilpädagoginnen, Erzieherinnen, Pädagoginnen und Krankengymnastinnen, Kinderärztinnen und Beschäftigungstherapeutinnen zusammen. Der Weg zur Frühförderstelle erfolgt in der Regel über den Haus- oder Kinderarzt.

Vorgehensweise der Frühförderstelle

▶ Fachkräfte in der Frühförderstelle stellen als erstes den Entwicklungsstand des Kindes in den Bereichen Wahrnehmung, Motorik, Intelligenz, Sozialverhalten und Sprachentwicklung fest (Diagnose).
▶ Nach der Diagnose wird entschieden, ob den Eltern eine Erziehungsberatungsstelle empfohlen wird oder das Kind in der Frühförderstelle weiter behandelt wird.
▶ In der Frühförderstelle wird mit den Eltern ein individueller **Förderplan** für das Kind erarbeitet.

Die Förderung erfolgt

▶ durch das Spiel und die Erweiterung der Umwelterfahrung,
▶ allein oder in der Gruppe,
▶ meistens in der elterlichen Wohnung oder im Kindergarten. Dort wird die Förderung des Kindes und ggf. die Beratung der Eltern durchgeführt.

Die Förderung findet in der Regel einmal wöchentlich und eine Stunde lang statt.

Die Erziehungsberatungsstelle bietet

▶ psychologische Behandlung bei Störung der frühkindlichen Persönlichkeits- und Sozialentwicklung,
▶ Familientherapie, d. h. Hilfe für die ganze Familie,
▶ Beratung von Eltern und Pflegepersonen.

Die Mitarbeiterinnen der Erziehungsberatungsstelle sind die richtigen Ansprechpartnerinnen, wenn die Entwicklungsverzögerung des Kindes auf Erziehungsfehler, Konflikte im Elternhaus oder psychische Störungen zurückzuführen ist.

Grundsätze der Frühförderung

▶ Sie dient als **Hilfe zur Selbsthilfe** in der Familie.
▶ Sie setzt bei den **Eigenkräften des Kindes** an, die sie wahrzunehmen, zu stützen und zu entwickeln versucht.
▶ Sie beachtet das **Eingebundensein des Kindes in die Familie**.
▶ Sie arbeitet, wenn nötig, mit auswärtigen Fachkräften zusammen.

LF 4

Abb. Archiv Karl-Schubert-Schule, Stuttgart

Frühförderung hat die Ziele

▶ Entwicklungsverzögerungen aufzuholen,

▶ dauerhaften Beeinträchtigungen vorzubeugen,

▶ Fördermaßnahmen individuell zu planen und anzubieten,

▶ Eltern zu beraten und anzuleiten, so dass Fördermaßnahmen zu Hause durchgeführt werden können,

▶ den Umgang mit einer bleibenden Beeinträchtigung zu lernen und zu üben.

Die Frühförderung wird in den so genannten Schulvorbereitenden Einrichtungen (SVE) fortgesetzt. Im Anschluss an die Schulvorbereitende Einrichtung kann das Kind die Regelschule oder eine Förderschule besuchen.

MERKSATZ

Durch Frühförderung kann in vielen Fällen bleibenden Beeinträchtigungen vorgebeugt werden.

AUFGABE

Erarbeiten Sie eine Mind-Map, in der Sie auf Entwicklungsverzögerungen und Behinderungen bei Kindern im Alter bis zu sechs Jahren eingehen und auf Hilfen zur Frühförderung verweisen.

Abb. Archiv Karl-Schubert-Schule, Stuttgart

Glossar

Adipositas:
Fettsucht, Fettleibigkeit, übermäßige Vermehrung oder Bildung von Fettgewebe

Akzeptanz:
Bereitschaft etwas anzunehmen, zu akzeptieren

Anthropologie:
„Menschenkunde", umfasst in der Naturwissenschaft Abstammungslehrer, Rassenkunde, Vererbungslehre; in der Geisteswissenschaft Lehre vom Wesen des Menschen

Anthropomorphisierung:
vermenschlichende Gestaltung

Anthropomorphismus:
Vermenschlichung

Antizipation:
Vorwegnahme, Vorgriff

antizipierendes Lesen:
den Inhalt vorwegnehmen

Assoziation:
Vereinigung, Verknüpfung, Zusammenschluss

audiovisuelle Medien:
audiovisuell = hör- und sehbar, audiovisuelle Medien = Fernsehen, Kino, Videos, Computerspiele

auditive Medien:
auditiv = hörbar, auditive Medien = Radio, Schallplatten, Kassetten, CDs

autogen:
1. selbsttätig, ursprünglich, unmittelbar. 2. vom gleichen Individuum stammend

Autonomie:
Unabhängigkeit, Selbstbestimmtheit,

Autonomiealter:
In der Regel ist das Kind im Autonomiealter 2 Jahre alt. Es erprobt seine Eigenständigkeit, in dem es gegen die Anordnungen seiner Bezugspersonen angeht.

Defizit:
Mangel

Depression:
Niedergeschlagenheit

Deprivation:
lat. Absetzung, Mangel, Entzug von etwas Erwünschtem, von körperlichen oder psychischen Bedürfnissen, wie Schlaf, Liebe u. a.

Dreierstruktur:
kommt beim Märchen vor, sie bedeutet Einleitung, Hauptteil und Schluss

dynamisch:
lebendig bewegt, schwungvoll, auch anpassungsfähig

Empathie:
Einfühlungsvermögen

Evaluation:
Bewertung, Beurteilung

Ethik:
Lehre vom sittlichen Verhalten und Handeln auf der Grundlage von Werten

exogen:
griech., von außen entstehend, von außen wirkend

Feed-back (engl.):
Rückmeldung, Mitteilung an eine Person, wie ihr Verhalten wirkt

Frustration:
Enttäuschung durch erzwungenen Verzicht oder Versagung von Befriedigung

frustrieren:
enttäuschen

Hospitalismus:
körperliche Schäden bei Kindern durch längeren Krankenhaus- oder Heimaufenthalt

heteronom:
von anderen abhängig

Heteronomie:
Abhängigkeit von fremden Gesetzen, „Fremdgesetzlichkeit", Abhängigkeit von fremden Einflüssen, vom Willen anderer

Identität:
völlige Gleichheit, Übereinstimmung, Wesenseinheit; in der Psychologie die Unverwechselbarkeit und Einmaligkeit einer Person

Identifikation:
Feststellung der Identität

identifizieren:
jemandes Identität feststellen, jemanden wieder erkennen

identisch:
ein und dasselbe

Illusion:
Sinnestäuschung, bei der Reize von außen falsch wahrgenommen werden

Individuum:
Bezeichnung der unverwechselbaren und unaustauschbaren Eigenschaften des Menschen

Infantilismus:
Zurückgebliebensein auf kindlicher Entwicklungsstufe

Infantilität:
kindisches Wesen

Initiative:
der erste Schritt einer Unternehmung, entschlossener Beginn, Tatkraft

Innovationen:
Erneuerung, Neuerung durch Anwendung neuer Verfahren

Instinkte:
1. angeborener Trieb zu bestimmten Verhaltensweisen, 2. übertragene Bedeutung: sicheres Gefühl

instrumentelle Konditionierung:
Lernen aus den angenehmen und unangenehmen Konsequenzen, die auf ein Verhalten folgen

Integration:
Eingliederung, Miteinbeziehen

Integrität:
Unversehrtheit, Makellosigkeit, Unbestechlichkeit,

Interaktion:
wechselseitig aufeinander bezogenes Handeln zweier oder mehrerer Personen
inter zwischen; Aktion: Handlung

interaktive Medien:
Computer, Handy usw., interaktiv = wechselweise handelnd

Interkulturelle Erziehung:
nach der Empfehlung der Kultusministerkonferenz (1996): Einbeziehen der Lebensweise von Menschen aus anderen Kulturen in den Alltag durch Projekte, gemeinsame Feste, um die Toleranz zwischen den verschiedenen Kulturen zu fördern

Interrollenkonflikt:
Konflikt, der entsteht, wenn an einen Menschen in unterschiedlichen Rollen widersprüchliche Erwartungen gestellt werden

Intrarollenkonflikt:
Konflikt, der entsteht, wenn an einen Menschen in derselben Rolle widersprüchliche Erwartungen gestellt werden

Kindchenschema:
Typisch sind eine hohe Stirn, große Augen, runde Pausbacken

klassische Konditionierung:
Lernen von Reaktionen und Reflexen auf einen als Signal gegebenen Reiz hin

kognitiv:
auf Erkenntnis beruhend; auf Prozesse wie Wahrnehmung, Vorstellen, Denken, Erinnern bezogen. Das Erkennen und das Bewusstsein betreffend

Kompetenz:
Zuständigkeit für einen bestimmten Bereich, Fähigkeit, einen bestimmten Lebensbereich oder ein Arbeitsgebiet effektiv organisieren zu können

komplex:
vielschichtig

Konditionierung:
Erlernen von Reaktionen, Reflexen oder komplexen Verhaltensweisen, die von Reizen oder von erwarteten Konsequenzen ausgelöst werden

Kongruenz:
Übereinstimmung, Echtheit

konkav:
nach innen gewölbt

Kontext:
Zusammenhang

konvex:
nach außen gewölbt

Konzept:
Plan, Programm, Entwurf, theoretische Vorstellung

Kooperation:
(Zusammenarbeit) ist das Zusammenbringen von Handlungen zweier oder mehrerer Personen/Systeme, derart, dass die Wirkungen der Handlungen zum Nutzen aller dieser Personen/Systeme führen

kumulativ:
sich anhäufend

Metakommunikation:
Kommunikation über die Kommunikation, Austausch über den Verlauf eines Gesprächs

moralisieren:
das Handeln anderer Menschen nach moralischen Gesichtspunkten beurteilen

Motiv:
Beweggrund für eine Handlung

Motivation:
Gesamtheit der Beweggründe, die der innere Antrieb für eine Handlung sind.

motorisch:
die willkürlichen, aktiven Bewegungen betreffend

motorische Störungen:
Störungen der Willkürbewegungen

Norm:
Regeln, die das Verhalten von Mitgliedern einer Gesellschaft oder einer Gruppe bestimmen

objektiv:
sachlich, unvoreingenommen, vorurteilslos

Objektivität:
Sachlichkeit, Unvoreingenommenheit; die Fähigkeit, sich in der Beurteilung von Menschen oder Sachverhalten nicht beeinflussen zu lassen

Ökologie:
Lehre von Beziehungen der Lebewesen zur Umwelt

optimieren:
bestmöglich gestalten

Printmedien:
gedruckte Medien: Bücher, Zeitschriften usw.

Protagonisten:
Hauptdarsteller, Vorkämpfer

prozessuales Konzept:
Die Ziele werden in einem Prozess entwickelt, welcher die unterschiedlichen Vorstellungen und Sichtweisen aller Beteiligten mit bedenkt.

Psychoanalyse:
von Sigmund Freud begründetet psychologische Theorie, die sich mit dem Einfluss des Unterbewussten auf das Verhalten und Erleben beschäftigt

Psychologie:
Wissenschaft, die sich mit der Beschreibung, Erklärung, Voraussage und Veränderung menschlichen Verhaltens und Erlebens beschäftigt

rational:
vernünftig, vom Verstand geleitet

Rationalisierung:
das Anführen von vernünftigen Gründen für ein Verhalten oder eine Entscheidung

Reifung:
genetisch gesteuerter Entwicklungsprozess

Reiz:
über die Sinnesorgane wahrnehmbare Informationen aus der Umwelt oder dem Körperinneren

relativistisches Konzept:
Die Qualitätsziele beruhen auf einem so genannten relativistischen Qualitätskonzept, das heißt, die Ziele orientieren sich an Werten und Vorstellungen

repräsentativ:
vertretend, typisch; eine repräsentative Stichprobe spiegelt die Merkmale der Grundgesamtheit wider.

Ressourcen:
Quellen, Reserven

Rezeptorzellen:
auf den Empfang bestimmter Reize spezialisierte Zellen in den Sinnesorganen

Satire:
Literaturgattung, Dichtung, die Personen oder gesellschaftliche Zustände verspottet

Solidarität:
Zusammengehörigkeitsgefühl, gegenseitige Unterstützung,

sozial:
die Gesellschaft, die Gemeinschaft betreffend

Sozialpsychologie:
Teilgebiet der Psychologie, das sich schwerpunktmäßig mit der Erforschung des individuellen Verhaltens und Erlebens in Interaktionen mit anderen Menschen befasst

Soziologie:
Gesellschaftswissenschaft; die Wissenschaft vom Zusammenleben von Menschen innerhalb einer Gemeinschaft

Soziometrie:
Untersuchung der sozialen Beziehungen innerhalb einer Gruppe

semantisch:
die Bedeutung eines Wortes oder Textes betreffend

sensorisch:
die Sinnesorgane oder die sinnliche Wahrnehmung betreffend

statisch:
unbeweglich

subjektiv:
von individuellen Vorstellungen und Erfahrungen beeinflusst

Subjektivität:
persönliche Auffassung, Einfluss von persönlichen Merkmalen und Einstellungen auf Wahrnehmung und Beurteilung

Suizid:
Selbsttötung

Supervisand:
Teilnehmer/in an einer Supervision

Supervision:
Begleitung und Beratung bei beruflichen Belastungen und Konflikten durch einen Experten

Supervisor/in:
qualifizierte Fachkraft, die eine Supervision durchführen kann

taktil:
den Tastsinn betreffend, taktile Lerntypen fassen den Lerngegenstand zuerst einmal kennen zu lernen

verbalisieren:
in Worte fassen, formulieren

vestibular:
vestibular, lat.: vestibulum = Vorhof, dem Vestibularapparat zugehörig, den Gleichgewichtssinn betreffend, auf den Gleichgewichtsnerv bezogen

visuell:
das Sehen betreffend. Ein visueller Lerntyp lernt leichter, wenn der Lernstoff für das Auge aufbereitet ist (z. B. durch Schaubilder, Video, Graphiken, Bilder etc.)

Sachwort- und Personenverzeichnis

Literaturverzeichnis

Andres, B., Laewen, H.-J. (Hrsg.) (2002). *Forscher, Künstler, Konstrukteure.* Berlin: Cornelsen.

Ayres, A. J., Robbins, J. (1998). *Bausteine der kindlichen Entwicklung. Die Bedeutung der Integration der Sinne für die Entwicklung des Kindes.* Berlin: Springer.

Baacke, D. (2000). *Die 0- bis 5jährigen: Einführung in die Probleme der frühen Kindheit.* Weinheim: Beltz.

Bensel, J., Haug-Schnabel, G. (2004). *Vom Säugling zum Schulkind – Beiträge zur Entwicklungspsychologie.* Kindergarten heute spezial. Freiburg: Herder.

Bensel, J., Haug-Schnabel, G. (2005). *Kinder beobachten und ihre Entwicklung dokumentieren. Kindergarten heute spezial.* Freiburg: Herder.

Berthold, E., Grüber, E. (1995). *Erzieherinnen sind doof. 20 Geschichten über einen Beruf im Umbruch.* Neuwied: Luchterhand.

Bröder, M. (2004). *Gesprächsführung in Kita und Kindergarten – Ein praktischer Leitfaden.* Freiburg: Herder.

Bruer, J. T. (2000). *„Der Mythos der ersten drei Jahre." Warum wir lebenslang lernen.* Weinheim: Beltz.

Deutscher Kinderschutzbund Landesverband NRW e.V., Institut für soziale Arbeit e.V. (2006). *Kindesvernachlässigung. Erkennen – Beurteilen – Handeln.* Münster, Wuppertal.

Dittmann, M. (Hrsg.) (2000). *Werkstatt Situationsansatz in der Kindergartenpraxis.* Ein Arbeitsbuch. Berlin: Cornelsen.

Dornes, M. (1993). *Der kompetente Säugling. Die präverbale Entwicklung des Menschen.* Frankfurt: Fischer.

Dornes, M. (1997). *Die frühe Kindheit.* Frankfurt: Fischer.

Doyé, G, Lipp-Peetz, C. (2000). *Wer ist denn hier der Bestimmer? Das Demokratiebuch für die Kita.* Weinheim: Beltz.

Elschenbroich, D. (2002). *Weltwissen der Siebenjährigen.* München: Goldmann.

Frank, A. (2008). *Kinder in ihrer sozial-emotionalen Entwicklung fördern.* Kindergarten heute spezial. Freiburg: Herder.

Fried, L., Dippelhofer-Stiem, B., Honig M.-S., Liegle, L. (2003). *Einführung in die Pädagogik der frühen Kindheit.* Weinheim: Beltz.

Fthenakis, W. E. (Hrsg.) (2003). *Elementarpädagogik nach PISA.* Wie aus Kindertagesstätten Bildungseinrichtungen werden können. Freiburg: Herder.

Grüner, H. (2010). *Auf dem Weg zur Erzieherin: Eine Praxisbegleitung im Kindergarten.* Arbeitsheft für das Kindergartenpraktikum. Donauwörth: Auer.

Gugel, G. (1999). *Praxis politischer Bildungsarbeit. Methoden und Arbeitshilfen.* Tübingen: Verein für Friedenspädagogik Tübingen e. V.

Heller, E. (Hrsg.) (2010). *Der Situationsansatz in der Praxis – Von Erzieherinnen für Erzieherinnen.* Berlin: Cornelsen.

Hobmair, H. (2008). *Pädagogik.* Troisdorf: Bildungsverlag Eins.

Kazemi-Veisari, E. (1998). *Partizipation – Hier entscheiden Kinder mit.* In: Ministerium für Justiz, Frauen, Jugend und Familie des Landes Schleswig-Holstein (Hrsg.): Die Kinderstube der Demokratie. Partizipation in Kindertagesstätten. Begleitbroschüre zum gleichnamigen Videofilm von Lorenz Müller und Thomas Plöger, Kiel.

Klein, L. (2000). *Mit Kindern Regeln finden.* Freiburg: Herder.

Klippert, H. (2002). *Methoden-Training. Übungsbausteine für den Unterricht.* Weinheim: Beltz.

Krenz, A. (1994). *Kompendium zur Beobachtung und Beurteilung von Kindern und Jugendlichen.* Ein Lehrbuch für Schülerinnen/Studentinnen der Sozial- und Heilpädagogik und Fachkräfte in der Praxis. Heidelberg: Universitätsverlag Winter

Krenz, A. (2009). *Beobachtung und Entwicklungsdokumentation im Elementarbereich.* München: Olzog.

Krenz, A. (2009). *Kinder brauchen Seelenproviant. Was wir ihnen für ein glückliches Leben mitgeben können.* München: Kösel.

Krenz, A. (2010). *Kindorientierte Elementarpädagogik.* Göttingen: Vandenhoeck und Ruprecht.

Landesstelle Jugendschutz Niedersachsen (Hrsg.) (2006). *Wenn Eltern überfordert sind … Sucht – Armut – Vernachlässigung. Handlungsorientierungen für die Arbeit in Kindertagesstätten und Grundschulen.* Hannover.

Liegle, L., Treptow, R. (Hrsg.) (2002). *Welten der Bildung in der Pädagogik der frühen Kindheit und in der Sozialpädagogik.* Freiburg: Lambertus.

Martin, E., Wawrinowski, U. (2006). *Beobachtungslehre.* Weinheim, München: Juventa.

Marwedel, U. (2010). *Gerontologie und Gerontopsychiatrie lernfeldorientiert.* Haan-Gruiten: Europa-Lehrmittel.

Nickel, H., Schmidt-Denter, U. (1995). *Vom Kleinkind zum Schulkind. Eine entwicklungspsychologische Einführung für Erzieher, Lehrer und Eltern.* München: Ernst Reinhardt.

Niedersächsisches Ministerium für Soziales, Frauen, Familie und Gesundheit; Deutscher Kinderschutzbund, LV Niedersachsen; Landesvereinigung für Gesundheit Niedersachsen e.V.; Landesstelle Jugendschutz Niedersachsen (Hrsg.) (2007). *Gewalt gegen Kinder. Leitfaden zur Früherkennung, Handlungsmöglichkeiten und Kooperation in Niedersachsen.* Hannover.

Oerter, R., Montada, L. (2002). *Entwicklungspsychologie. Ein Lehrbuch.* Weinheim: Beltz.

Pausewang, F. (1994). *Ziele suchen – Wege finden: Arbeits- und Lehrbuch für die didaktisch-methodische Auseinandersetzung in sozialpädagogischen Berufen.* Berlin: Cornelsen.

Piaget, J. (1980). *Psychologie der Intelligenz.* Stuttgart: Klett-Cotta.

Piaget, J. (2003). *Das Weltbild des Kindes.* München: Deutscher Taschenbuch Verlag.

Regel, G. (2006). *Plädoyer für eine offene Pädagogik der Achtsamkeit. Zur Zukunft des Offenen Kindergartens.* Hamburg: EB-Verlag.

Regel, G., Kühne, T. (2007). *Pädagogische Arbeit im offenen Kindergarten. Profile für Kitas und Kindergärten.* Freiburg: Herder.

Regel, G., Wieland, A. (Hrsg.) (1993). *Offener Kindergarten konkret.* Hamburg: EB-Verlag.

Remsperger, R. (2008). *Feinfühligkeit im Umgang mit Kindern.* Kindergarten heute spezial. Freiburg: Herder.

Schröer, W., Struck, N., Wolff, M. (Hrsg.) (2002). *Handbuch Kinder- und Jugendhilfe.* Weinheim und München: Juventa.

Schulz von Thun, F. (2011). *Miteinander reden 1–3.* Reinbek: Rowohlt Taschenbuch.

Seifert, J. W. (2010). *Visualisieren. Präsentieren. Moderieren.* Offenbach: Gabal Verlag.

Spitz, R. A. (2005). *Vom Säugling zum Kleinkind. Naturgeschichte der Mutter-Kind-Beziehung im ersten Lebensjahr.* Stuttgart: Klett- Cotta.

Sting, S. (2005). *Bildung in der frühen Kindheit. Zur Neuprofilierung der pädagogischen Arbeit in Kindertageseinrichtungen am Beispiel Sachsens.* In: Sozialextra (29), H. 1, S. 15–18.

Textor, M. (1999). *Bildung, Erziehung, Betreuung.* In: Unsere Jugend 51 (12), S. 527–533. München: Ernst Reinhardt.

Wawrinowski, U., Martin, E. (2003). *Beobachtungslehre. Theorie und Praxis reflektierter Beobachtung und Beurteilung.* Weinheim, München: Juventa.

Ziegenhain; U, Fegert, J. (Hrsg.) (2007). *Kindeswohlgefährdung und Vernachlässigung.* München: Ernst Reinhardt.

Zimbardo, P., Gerrig, R. Graf, R. (2008). *Psychologie.* München: Pearson Studium.

Webseiten:

www.entdeckungskiste.de

www.erzieherin.de

www.erzieherin-online.de

www.kindergartenpaedagogik.de